〔宋〕黄士毅 編
徐時儀 楊艷 彙校

朱子語類彙校

修訂本

叁

上海古籍出版社

晦庵先生朱文公語類卷第二十九

論語十一

公冶長篇下

子路有聞章

問："『子路有聞，未之能行，惟恐有聞』，因舉子路事數件[一]，以明子路好學如此，而仕衛之出處[二]如彼。不知如何？[三]"先生曰："今只當且[四]就『子路有聞』一段[五]上考究，不須如此牽二三説。子路『未之能行，惟恐有聞』，却纏做子路仕衛不是處去，[六]不知要就此處學子路『未之能行，惟恐有聞』，還只要求子路不是處也？如此看恐將本意處[七]失了。就此言之，見得子路勇於爲善處，他這處直是見得如此分明。到得聞其正名處却鶻突。學者正要看他這處，在衛又是别項説話也。"又曰："可見古人爲己之實處。子路急於爲善，唯恐行之不徹。譬如人之飲食有珍羞異饌，須是喫得[八]方好。若喫不透，亦是[九]徒然。子路却[一〇]不急於聞而急於行。今人惟恐不聞，既聞得了，寫在册子上便了着[一一]，不去行處着工夫。」又曰：「文字可汲汲看，悠悠不得。急看方接得前面看了底，若放慢，則與前面意思不相接矣。」先生因自謙曰：「莫學某，看文字看到六十一歲方略見得通透。今老矣，看得做甚？使學某，不濟事，公宜及早向前。」[一二]賀孫。[一三]

孔文子何以謂之文也章[一四]

問孔文子之謚。曰：「古人有善雖多而舉一以爲謚。如有十事皆善，只舉一善可以包之。如九事不善，只有一善，則亦可以一善爲謚。皆無一善而後名之曰『幽』、『厲』。凡二字謚，非禮也。如『貞惠文子』、『睿聖武公』，皆是饒兩字了。周末王亦有二字謚。」淳。

問：「文如何經天緯地？」答曰：「如織布絹，經是直底，緯是横底。」或問：「文之大者，莫是唐虞成周之文？」答曰：「『裁成天地之道，輔相天地之宜』，此便是經天緯地之文。」問：「文只是發見于外者爲文？」答曰：「處事有文理，是處是文。」[一五]

甘吉甫[一六]問：「『孔文子何以謂之文？』某不曉所謂經天緯地之文理。[一七]」先生曰：「經天緯地，是有文理。一横一直皆有文理，故謂之『文』。孔文子之文是其小者，如本朝楊文公之屬，亦謂之『文』。」蓋卿。

「孔文子何以謂之文也」，此一段專論謚，故注云：「非經天緯地之『文』也。」周禮，謚只有二十八字。如「文」字，文王謚曰「文」，周公亦謚爲「文」，今孔文子亦謚爲「文」，不成説孔文子與文王一般？蓋人有善多者，則摘其尤一事爲謚。亦有只有一善則取一善爲謚而隱其他惡者，如孔文子事是也。[一八]

問：「孔文子『敏而好學』，與顏子之好學，如何？」曰：「文子與顏子所以不同者，自是顏子所好之學不同，不干『以能問於不能』事。使文子『以能問於不能』，亦只是文子之學。」伯羽。

子産有君子之道四焉章[一九]

問：「子産温良慈愷，莫短於才否？」曰：「孔子稱子産『有君子之道四』，安得謂短於才？子産政事儘做得好，不專愛人，做得不是，他須以法治之。孟子所言『惠而不知爲政』者，偶一事如此耳。」僩。

問：「孔子謂子産『有君子之道四』：『其行己也恭』，謂遜讓；『其事上也敬』，謂謹恪；『其養民也惠』，謂有愛利及民；[二〇]『其使民也義』，如『都鄙有章，上下有服，田有溝洫，廬井有伍』之類，謂爲之裁處得是當，使之得其定分也。『有君子之道四』者，必是其他猶有所未至，故特舉此四事以稱之。若能盡君子之道，則無所不善矣。[二一一]」先生云：「『義』字説得未是。『義』字有剛斷之意。其養民則惠，使民則義。『惠』字與『義』字相反，便見得子産之政不專在於寬。就『都鄙有章』處看，見得『義』字在子産上，不在民上。」[二一二]

節[二一三]問：「『使民也義』，是教民以義？」先生應。節。

甘吉甫[二一四]問「都鄙有章，上下有服」。先生曰：「『有章』是有章程條法，『有服』是貴賤衣冠有其[二一五]制度。鄭國[二一六]謂『取我田疇而伍之，取我衣冠而褚之』，是子産爲國時衣服有定制，不敢着底皆收之囊中，故曰『取而褚之』。」從周。[二一七]

甘吉甫問「都鄙有章，上下有服」。先生曰：「『有章』是一都一鄙各有規矩，『有服』是衣冠服用皆有等級高卑。故鄭人歌曰『取我衣冠而褚之』。」[二一八]

臧文仲居蔡章

先生云：「『山節藻梲』，爲藏龜之室，以瀆鬼神，便是不智。古人卜筮之事固有之，但一向靠那上去便是無智意[二一九]了。如祀爰居，是見一鳥飛來便去祀他，豈是有意知？看他三不知，皆是瀆鬼神之事。山節藻梲不是僭，若是僭時，孔子當謂之不仁。臧文仲在當時既没，其言立，人皆説是非常底人，孔子直是見他不是處。此篇最好看，便見得聖人『微顯闡幽』

處。」〔三〇〕

臧文仲無大段善可稱，但他不好處，論語中言居蔡之事，左氏言「不仁不智者三」，却占頭項多了。然他是個會説道理底人，如教行父事君之禮；如宋大水，魯遣使，歸言宋君之意，臧曰：「宋其興乎！成湯罪己，其興也勃焉；桀紂罪人，其亡也忽焉。」皆是他會説。燾。

令尹子文章〔三一〕

三仕三已所以不得爲仕〔三二〕，蓋不知其事是如何。三仕之中是無有〔三三〕合當仕否？三已之中又不知合當〔三四〕已否？明作。

問：「令尹子文之事，集注言：『未知皆出於天理而無人欲之私，故聖人但以忠許之。』切詳子文告新令尹一節，若言徒知有君而不知有天子，徒知有國而不知有天下，推之固見其不皆出於天理也。至於三仕無喜，三已無愠，分明全無私欲。先生何以識破他有私處？」先生曰：「也不曾便識破，但是夫子既不許之以仁，必是三仕三已之間猶或有未善也。」處謙。〔三五〕

問：〔三六〕「令尹子文之忠，若其果無私意，出於至誠惻怛，便可謂之仁否？」曰：「固是，然不消泥他事上説，須看他三仕三已還是當否。以舊政告新令尹，又須看他告得是否。只緣他大概既不是了，故其小節有不足取。如管仲之三歸、反坫，聖人却與其仁之功者，以其立義正也。

故管仲是天下之大義，子文是一人之私行。且[三七]譬如伏[三八]節死義之人，視坐亡而立化者，雖未必如他之脩然，然大義却是。彼雖去得好，却不足取也。」時舉。

履之説令尹子文與陳文子[三九]。先生曰：「公推求得二子太苛刻，不消如此説。某注中亦説得甚平，不曾如公之説。據[四〇]聖人之語，本自渾然，不當如此搜索他後手。今若有個人能三仕三已無喜愠，也是個甚麽樣人！這個强不得，若强得一番無喜愠也，第二番定是動了。又如有馬千[四一]乘，也自是個巨室有力量人家，誰肯棄而違之！陳文子却脱然掉了去，也自是個好人，更有多少人捹捨去不得底，所以聖人亦許其忠與清，只説『未知，焉得仁』。聖人之語本自渾然，不當如此苛刻搜人過惡，兼也未消論到他後來在。」僩。[四二]

問子張問令尹子文、陳文子一節。[四三]先生曰：「今人有些小利害便至於頭紅面赤，令尹子文[四四]却三仕三已略無喜愠。有些小所長，便不肯輕以告人，而子文乃盡以舊政告之新尹。此豈是容易底事！其地位亦甚高矣。今人有一毫係累便脱灑不得，而陳文子[四五]有馬十乘，乃棄之如敝屣然。此亦豈是易事，常人豈能做得！後人因孔子不許他以仁，便以二子之事爲未足道，此却不可。須當思道[四六]，二子所爲如此高絶而聖人不許之以仁者，因如何未足以盡仁。就此處子細看，便見得二子不可易及，而仁之體段實是如何，切不可容易看也。」時舉。

問：「令尹子文章，[四七]先生謂『當理而無私心則仁矣』，先言當理而後言無私心者，莫只是指其事而言之歟？」曰：「然。」廣。

問：「集注論忠、清與本文意似不同。」先生曰：「二子忠、清而未甚當理，故止可謂之忠、清，而未得爲仁。此是就其事上着實研究出來，若不如此即不知忠、清與仁有何分別。此須做個題目入思議始得，未易如此草草説過。」賜。

問：「令尹子文[四八]之忠、陳文子[四九]之清，何如曰[五〇]『未知，焉得仁』？」曰：「此只就二子事上説，若比干、伯夷之忠、清是就心上説。若論心時，比干、伯夷已是仁人，若無讓國、諫紂之事，亦只是仁人，蓋二子忠、清元自仁中出。若子文、文子，夫子當時只見此兩件事是清與忠，不知其如何得仁也。」又曰：「夫欲論仁，如何只將一兩件事便識得此人破！須是盡見得他表裏，方識得破。」祖道。[五一]

「令尹子文、陳文子等是就人身上説仁。若識得仁之統體，即此等不難曉矣。」或曰：「南軒解此，謂『有一毫私意皆非仁』。如令尹子文、陳文子以終身之事求之，未能無私，所以不得爲仁』。」先生曰：「孔子一時答他，亦未理會到他終身事。只據子張所問底事，未知是出於至誠惻怛，未知是未能無私，孔子皆不得而知，故曰『未知，焉得仁』。非是以仕已無慍喜，與棄而違之爲非仁也。這要在心上求。然以心論之，令尹子文[五二]之心勝陳文子[五三]之心。只是心中有些小不慊快處，便不是仁。」文蔚曰：「所以孔子稱夷、齊曰：『求仁而得仁，又何怨！』」曰：「便是要見得到此。」文蔚。

問：「令尹子文[五四]若能止僭王猾夏，陳文子[五五]去就若明，是仁否？」曰：「若此却是以事上論。」曰：「注中何故引此？」曰：「但見其病耳。」可學。

夷、齊之忠、清是本有底，故依舊是仁。子文、文子之忠、清，只得喚做忠、清。賜。

「三仁」只且[五六]據他去就、死生論之，然以此一事推及其他，則其所爲之當理[五七]亦可知。閎祖。[五八]

五峰説令尹子文、陳文子處，以知爲重。[五九]今知言中有兩章，在兩處，一章説令尹，一章説文子。[六〇]説令尹處云：「楚乃古之建國，令尹爲相，不知首出庶物之道。」若如此，則是謂令尹爲相，徒使其君守僭竊之位，不能使其君王於楚[六一]耳。南軒謂恐意不如此。然南軒當曉[六二]，與五峰相與往復亦只是講得[六三]大體。南軒只做識仁體認，恐不盡知[六四]五峰意耳。五峰疑二子[六五]之説，周遮全不分曉。若是恁地分疏二子[六六]，剗地沉淪，不能得出！僩。五峰謂子文輔佐楚成，不知首出庶物之道，安於僭竊，侵陵諸夏，與齊晉爭衡，務强大以濟私欲而已，可謂知乎？故曰：「未知，焉得仁！」又謂仁者處斯，出必思有以易天下，因污隆而起變化，無可無不可也。文子不然，幾至無所容其身，則可謂有知乎？故曰：「未知，焉得仁！」

季文子三思而後行章

問「季文子三思而後行」一〔六七〕章。先生曰：「思之有未得者，須着子細去思。到思而得之，這方是一思。雖見得已是，又須平心更着思一遍。如此則無不當者矣。若更過思，則如秤子秤物相似，推來推去，輕重却到不定了。」時舉。

問：「看雍也，更有何商量處？」賀孫曰：「向看公冶長一篇，如『微生高』『季文子三思』二章，覺得於人情未甚安。」曰：「是如何未安？如今看得如何？」曰：「向者時，如乞醯事也道是着如此委曲，三思事也道是着如此審細。如今看來乃天理、人欲相勝之機。」曰：「便是這般所在本是平直易看，只緣被人説得支蔓，故學者多看不見這般所在。如一件物事相似，自恁地平平正正，更不着得些子蹺攲。是公鄉里人去説這般所在，却都勞攘了。凡事固是着審細，纔審一番，又審一番，這道理是非已自分曉。少間纔去計較利害，千思百筭，不能得了，少間都衮得一齊没理會了。」問：「這差處是初間略有些意差，後來意上生意，不能得了。」〔六八〕「天下事那裏被你筭得盡！纔計較利害，莫道三思，雖百思也只不濟事。如今人須要計較到有利無害處，所以人欲只管熾，義理只管滅。横渠説：『聖人不教人避凶而趍吉，只教人以正信勝之。』此可破世俗之論。這不是他看這道理洞徹，如何説得到這裏。若不是他堅勁峭絶，如何説得到這裏。」

又云：「聖人於微處一一指點出來教人。他人看此二章也只道匹似閑。」又云：「看文字且須平帖看他意，緣他意思本自平帖。如夜來説『不遷怒，不貳過』，且看不遷、不貳這[六九]是如何。顏子到這裏直是渾然，更無些子查滓。『不遷怒』如鑑懸水止，『不貳過』如冰消凍釋。如『三月不違』，又是已前事。到這裏已自渾淪都是天理，是甚次第！」問：「『過』字[七〇]是指已前底説否？」曰：「然。」問：「過是逐事上見得，如何？」曰：「固是逐事上見。也不是今日有這一件不是，此後更不做；明日又是那一件不是，此後更不做。只顏子地位高，纔是[七一]見一不善不爲，這一番改時，其餘是這一套須頓消了。當那時須頓進一番。他聞一知十，觸處貫通。他覺得這一件過，其餘若有千頭萬緒，是這一番一齊打併掃斷了。」賀孫[七二]云：「如此看『不貳過』，方始見得是『三月不違』以後事。」曰：「只這工夫原頭，却在『非禮勿視，非禮勿聽，非禮勿言，非禮勿動』上面。若是『不遷怒』時，更無這[七三]形迹，但初學如何硬[七四]要教他『不遷怒，不貳過』得？這也便要如此不得，只是克己工夫。孔子不以告其他門人，却獨以告顏子，可見是難事，不是顏子擔當不得這事，其他人也只逐處教理會。道無古今，且只將克己事時時就身己檢察，下梢也便會到『不遷怒，不貳過』地位，是亦顏子而已。須是子細體認他工夫是如何，然後看他氣象是如何，方看他所到地位是如何。如今要緊只是個分別是非：一心之中便有是有非，言語便有是有非，動作便有是有非，以至於應接賓朋、看文字都有是有非。須着分別，教無些子不分曉始得。中心[七五]思慮纔起，便須[七六]見得那個是是，那個是非。纔去動作行事，也須便見得那個是是，那個是非。應接朋友交遊，也須便見得那個是是，那個是非。看文字，也[七七]須便見得那個是是，那個是非。日用之間，若此等類須是分別教盡，毫釐必計始得。孔子曰：『三人行，必有我師焉。擇其善者而從之，其不善者而改之。』且如今見人行事，聽人言語，便須着分別個是非。若是他做不是，說不是，雖不可誦言之，自家是非須先明諸心始得。若只管恁地鶻突不分別，少間一齊都袞做不好處去，都不解知。孟子亦說道：『我知言：詖辭知其所蔽，淫辭知其所陷，邪辭知其所離，遁辭知其所窮。』這不是分別得分明，如何得胸次恁地瞭然！天下只是個分別是非。若見得這個分明，任你千方百計，胡說亂道，都着退聽，緣這個是道理端的着如此。如一段文字，纔看也便要知是非。若是七分是，還他七分是；三分不是，須[七八]還他三分不是。如公鄉里人議論只是要酌中，這只是自家這裏不曾見得道理分明。這個也[七九]是，那個也似是，且捏合做一片，且恁地過。若是自家見得是非分明，看他千度萬態都無遯形。如天下分裂之時，東邊稱王，西邊稱帝，似若不復可一。若有個真主出來，一齊即皆退聽，不朝者來朝，不服者歸順，不貢者入貢。如太祖之興，所謂劉李孟錢終皆受併，天下混一。如今道理個個說一樣，各家自守以爲是，只是未得見這公共道理是非。前日曾說見道理不明。如『居天下之廣居，立天下之正位，行天下之大道』，是必[八〇]丈夫，非[八一]若後車千乘、傳食諸侯喚做大丈夫也[八二]。」問：「是非本吾心之固有，而萬物萬事是非之理莫不各具。所以是非不明者，只緣本心先蔽了。」曰：「固是。若知得事物上是非分明，便是自家心下是非分明。程先生所以説『纔明彼，即曉此』。自家心下合有許多道理，事物上面各家[八三]也有許多道理，無古今，無先後。所以説『先聖後聖，其揆則一』，下又説道『若合符節』。如何得恁地？只緣道理只是一個道理。一念之初，千事萬事，究竟於此。若能光[八四]明諸心，看事物如何來，只應副將去。如尺度、如權衡設在這裏，看甚麽物事來，長底短底，小底大底，只秤量將去，可使不差毫厘。世上許多要説道理，若[八五]各家理會得是非分明，少間事迹雖不一一相合，於道理却無差錯，一齊都得如此，豈不甚好！這個便是其[八六]真同。只如今諸公都不識所謂真同，各家自[八七]理會得半截便道是了，做事都不敢盡，且只消做四五分。這邊也不説那邊不是，那邊也不説這邊不是，且得人情不相惡，且得相和同，這如何會好？此乃所以不同。只是要得自家[八八]道理分明也不是易，須是常常檢點，事事物物要分別教十分分明，是非之間有些子鶻突也不得。只管會恁地，這道理自然分明。分別愈精則處事愈當，故書曰『惟精惟一，允執厥中』。堯舜禹數聖人出治天下是多多少少事，到末後相傳之要却只在這裏。只是這個『精一』直是難。」[八九]

又問「乞醯」及「三思」章。曰：「三思是亂了是非。天下事固有難易。易底，是非自易見。若難事，初間審一審未便決得是非，更審一審，這是非便自會分明。若只管思量利害，便紛紛雜雜不能得了。且如只是思量好事，若思得紛雜，雖未必皆邪，已自是[九〇]不正大，漸漸便入於邪僻。況初來原頭自有些子私意了。如乞醯，若無便説無，若恁地曲意周旋，這不過要人道好，不過要得人情。本是要周旋，不知這心下都曲小了。若無便説無，是多少正大！至若有大恁[九一]急難，非己可成，明告於衆，以共濟其急難，這又自不同。若如乞醯，務要得人情，這便與孟子所謂『可與言而不與之言，不可與言而與之言，[九二]是皆穿喻[九三]之類也』同意。易比之九五云：『顯比。王用三驅，失前禽。邑人不誡，吉。』聖人之於人，來者不拒，去者不追。如前[九四]一一要曲意周旋，纔恁地便滯於一偏，況天理自不如此。」賀孫。

甯武子邦有道則知章

問甯武子。先生曰：「此無甚可疑。邦有道，安、[九五]分做去，故無事可稱。邦無道，則全身退聽非難，人皆能如此。惟其不全身退聽，却似愚。然又事事處置得去，且不自表著其能，此所以謂『其愚不可及也』。」賜。

問：「甯武子『邦有道則知』，言能明曉事理，分別是非。『無道則愚』，言能沉晦以遠害。然就其智與愚而觀之，武子嘗仕於衛文公有道之時，無所建明、無事可見，若此之知，人皆可得而及也。惟於衛成公無道之時，武子周旋其間，畢心竭力，不避險難。雖智巧之士所深避而不肯爲者，武子能不露圭角以濟其事，卒使其身不陷於患難。若此之愚，人不可得而及也。」先生云：「武子不可不謂知，但其知，時人可得而及。」〔九六〕

或謂：「孔子稱『其愚不可及也』如何？」先生曰：「此孔子稱贊甯武子之辭。」人傑。〔九七〕

通老問：「甯武子所以謂之愚如何？」〔九八〕先生曰：「愚，非愚魯之謂，但是有才不自暴露。觀衛侯爲晉文公所執，他委曲調護，此豈愚者所能爲！故文公以爲忠而免之。忠豈愚之謂！當亂世而能如此，此其所以免禍也。」可學。

問：「甯武子『其愚不可及』，如何？〔九九〕」先生曰：「他人於邦無道之時，要正救者不能免患，要避患者又却偷安。若甯武子之愚，既能韜晦以免患，又自處不失其正，此所以爲不可及。」因舉晉人有送酒者云：「『可力飲此，勿預時事。』如此之愚，則人皆能之也。」人傑。

問「甯武子，邦有道則智，邦無道則愚。其智可及也，其愚不可及也」。先生曰：〔一〇〇〕「甯武子當衛成公出奔時，煞曾經營着力來。愚，只是沉晦不認爲己功，故不可及。若都不管國家事，以是爲愚，豈可以爲不可及也！」祖道。〔一〇一〕

器之問：「甯武子，『邦無道則愚』。〔一〇二〕當衛之無道，武子却不明進退之義，而乃周旋其間，不避艱險，是如何？」曰：「武子九世公族，與國同休戚，要與尋常無干涉人不同。若無干涉人，要去也得，住也得。若要去時，須早去始得。到那艱險時節却要去，是甚道理！」〔一〇三〕

木之〔一〇四〕問甯武子愚處。曰：「蓋不自表暴而能周旋成事，伊川所謂『沉晦以免患』是也。」木之。〔一〇五〕

問：「甯武子世臣，他人不必如此。」曰：「然。又看事如何。若羇旅之臣，見幾先去則可。若事已爾，又豈可去！此事最難，當權其輕重。」可學。

問：「程子曰：『甯武子，邦無道，沉晦以免禍，故曰不可及也。亦有不當愚者，比干是也。』〔一〇六〕比干何以不當愚？」先生曰：「世間〔一〇七〕做一律看不得。聖人不是要人人學甯武子，但如武子亦自可爲法。比干却是父族，微子既去之後，比干不容於不諫〔一〇八〕而死，乃正也。人當武子之時則爲武子，當比干之時則爲比干，執不得〔一〇九〕也。」時舉。

問：「甯武子『無道則愚』，〔一一〇〕先生謂武子仕成公無道之君，至於失國，而武子周旋其間，盡心竭力，不避艱險。凡其所處皆智巧之士所深避而不肯爲者，而能卒保其身以濟其君，〔一一一〕此其愚之不可及也。後面又取程子之説曰：『邦無道，能沉晦以免患，故曰「不可及也」』。亦有不當愚者，比干是也。』若所謂『亦有不當愚者』，固與先生之意合。若所謂『沉晦以免患』者，却似與先生意異。」曰：「武子不避艱險以濟其君，忠〔一一二〕也。然卒能全其身者，知也。若當時不能沉晦以自處，則爲人所害矣，尚何君之能濟哉！故當時稱智，又稱其忠〔一一三〕也。」廣。

子在陳章

問：「孔子在陳曰：『歸歟！歸歟！』此蓋夫子歷聘諸國，見當時不能行其道也，故欲歸而傳之門人。『狂簡』者，立高遠之志，向慕聖人之道，但簡率不精細，其躬行踐履多有疏略處。『斐然成章』，謂其言行之間亦自粲然有條理可觀。〔一一四〕但其〔一一五〕過高而忽略，恐其〔一一六〕流於異端，不知割正以歸於中道。〔一一七〕故子〔一一八〕思歸，將以裁正之也。」先生云：「孟子謂『不忘其初』，使是只管一向過高了。」又曰：「文振說文字，大故細。」〔一一九〕

「子在陳，曰：『歸歟！歸歟！吾黨之小子狂簡，斐然成章。』」當時從行者朝夕有商量，無可憂者。但做〔一二〇〕在魯國之人，惟其狂簡，故各自成章，有頭有尾，不知裁度。若異端邪說，佛〔一二一〕老之學，莫不自成一家，此最害義。如坐井觀天，彼自以爲所見之盡。蓋窟在井裏，所見自以爲足，及到井上，又却尋頭不着。寧可理會不得，却自無病。人傑。

先之問：「孔子在陳，小子狂簡，欲歸而裁之。然至後來曾皙之徒弔喪而歌，全似老莊。不知聖人既裁之後，何故如此？」曰：「裁之在聖人，而聽不聽在他也。」時舉。

「斐然成章」，也是自成一家了，做得一章有頭有尾。且如狂簡，真個了得狂簡底事，不是半上落下。雖與聖賢中道不同，然必竟是他做得一項事完全，與今學者有頭無尾〔一二二〕不同。聖人不得中道者與之，故不得已取此等狂狷之人，尚有可裁節，使過不及歸于中道。不似如今人不曾成得一事，無下手脚裁節處。且如真個了得一個狂簡地位，已自早不易得。釋老雖非聖人之道，却被他做得成一家。明作。

成章，是做得成片段，有文理可觀。蓋他狂也是做得個狂底人成，不是做得一上又放掉了。狷也是他做得這個[一二三]狷底成，不是今日狷，明日又不狷也。如孝真個是做得孝成，忠真個是做得忠成。子貢之辯、子路之勇都是真個做得成了，不是半上落下，今日做得，明日又休也。僩。

問：「先生解『斐然成章』[一二四]云：『斐，文貌。成章，言其文理成就，有可觀者。』不知所謂文，是文辭邪？亦指事理言之邪？」曰：「非謂文辭也，言其所爲皆有文理可觀也。」又問：「狂簡既是『志大而略於事』，又却如何得所爲成章？」曰：「隨他所見所習，有倫有序，有首有尾也。便是異端，雖與聖人之道不同，然做得成就底，亦皆隨他所爲，有倫序，有首尾可觀也。」廣。

不念舊惡章[一二五]

「伯夷叔齊不念舊惡」，要也[一二六]得他胸中都是義理。壽仁。[一二七]

文振問「不念舊惡，怨是用希」。先生曰：「此與顏子『不遷怒』意思相似。蓋人之有惡，我不是惡其人，但是惡其惡耳。到他既改其惡，便自無可惡者。今人見人有惡便惡之，固是。然

那人既改其惡，又從追而惡之[一二八]，此便是因人一事之惡而遂惡其人，却不是惡其惡也。」時舉。[一二九]

問：「『伯夷叔齊不念舊惡，怨是用希』，觀孟子説：『伯夷叔齊不立於惡人之朝，不與惡人言。立於惡人之朝，與惡人言，如以朝衣朝冠坐於塗炭。』極是個清介底人，宜若爲人所怨。然以其不念舊惡，故人亦不甚怨之。不念舊惡者，所惡之人能改即止，此見其心公平廣大。尋常清底人便是迫窄。今其心如此，故伊川以爲此乃清者之量。」先生曰：「此與『不遷怒』一般。其所惡者，因其人之可惡而惡之，而所惡不在我。及其能改，又只見他善處。[一三〇]聖賢之心皆是如此。」

「不念舊惡」，非惡其人也，惡其人之無狀處。昨日爲善，今日爲惡，則惡之而不好矣；昨日爲惡，今日爲善，則好之而不惡矣，皆非爲其人也。聖人大率如此，但伯夷平日以隘聞，故特明之。閎祖。[一三一]

寓[一三二]問：「『伯夷叔齊不念舊惡，怨是用希』，[一三三]蘇氏言：『二子之出，意其父子之間有違言焉，若申生之事歟！』『不念舊惡』，莫是父子之間有違言處否？」曰：「然。」問：「孟子所言伯夷事自是如此孤潔，諫武王伐商處[一三四]又都是伯夷，而叔齊之事不可得見，未知其平時行事如何，却並以『不念舊惡』稱之。」先生曰：「讓國，二子同心，度其當時，必是有怨惡處。」問：「父欲立叔齊，不立伯夷，在叔齊何有怨惡？」先生曰：「孤竹君不立伯夷而立叔齊，想伯夷當時之意亦道：『我不當立，我弟却當立。』叔齊須云：『兄當立不立，却立我！』兄弟之間自不能無此意。」問曰：「兄弟既遜讓，安得有怨？」先生曰：「只見得他後來事。當其初豈無怨惡之心？夫子所以兩處皆説二子無怨。」問曰：「某看『怨是用希』之語，不但是兄弟間怨希。這人孤立，易得與世不合，至此無怨人之心，此其所以爲伯夷叔齊歟？」曰：「是如此。」[一三五]

問：「『伯夷叔齊不念舊惡』章，[一三六]蘇氏『父子違言』之説，恐未穩否？」曰：「蘇氏之説爲己怨，而『希』字有些怨。只得從伊川説，[一三七]怨是人怨。舊惡，如『衣冠不正，望望然去』之類。蓋那人有過，自家責他，他便生怨。然聞[一三八]過能改即止，不復責他，便不怨矣。其所怨者，只是至愚無識、不能改過者耳。」淳。

問：「『不念舊惡』，蘇氏違言之説如何？」先生曰：「伯夷既長且賢，其父無因舍之而立叔齊，此必有故，而蘇氏且疑之，觀子貢問『怨乎』之意似亦有此意。然不足疑，但看後來『求仁得仁便無怨』處，則可以見聖賢之心，便有甚死讎亦只如此消融了。」僩。[一三九]

孰謂微生高直章

問「孰謂微生高直，或乞醯焉，乞諸其鄰而與之」。先生曰：[一四〇]「醯，至易得之物，尚委曲如此，若臨大事如何？當有便道有，無便道無。纔枉其小便害其大，此皆不可謂誠實也。」祖道。

謨、人傑録同。[一四一]

問：「微生高以直得名，聖人謂，微生高安得爲直？嘗有人問他乞醯，有則言有，無則言無，便是直。今乃不言無，却轉而求諸鄰以與之，此其心果何爲？」[一四二]不過是『曲意徇物，掠美市恩』而已。所枉雖小，害直甚大。聖人觀人，每於微處便察見心術不是。」先生曰：「所謂『曲意徇物，掠美市恩』，其用心要作甚？」[一四三]

問：「看孔子説微生高一章，雖一事之微，亦可見王霸心術之異處：一便見得皞皞氣象，一便見得驩虞氣象。」曰：「然。伊川解『顯比』一段，説最詳。」賀孫。『顯比』謂當顯明其比，道誠意待之。親己與否在人，而已不可巧言令色，曲從苟合，以求人之比己也。[一四四]

寓[一四五]問：「微生高乞醯，[一四六]范氏言『千駟萬鍾，從可知焉』，莫是説以非義而予，必有非義而取否？」曰：「不是説如此予，必如此取。只看他小事尚如此，到處千駟萬鍾亦只是這模樣。微生高用心也是怪，醯有甚難得之物！我無了，那人有，教他自去求可矣。今却轉乞與之，要得恩歸於己。若教他自就那人乞，恩便歸那人了，此是甚心術！[一四七]若曰宛轉濟人急難，則猶有説。今人危病，轉求丹藥之類則有之。」問曰：「『取予』二字有輕重否？寓以爲寧過於予，必嚴於取，如何？」曰：「如此却好，然看『一介不以與人，一介不以取人』，本不分輕重。今看予，自是予他人，不是入己，寧過些不妨，却不干我事。取，則在己取之，必當嚴。」楊問：「文中

子言『輕施者必好奪』，如何？」曰：「此説亦近人情。」人傑。〔一四八〕

問：「『孰謂微生高直』一章，〔一四九〕張子韶有一片論乞醯不是不直，上蔡之説亦然。」曰：「此無他，此乃要使人回互委曲以爲直爾。噫！此鄉原之漸，不可不謹。推此以往，而不爲『枉尺直尋』者幾希！」大雅。

行夫問「微生高」此章〔一五〇〕。曰：「人煞有將此一段做好説，謂其不如此抗直，猶有委曲之意。自張子韶爲此説，今煞有此説。昨見戴少望論語講義亦如此説道。這一段下連『巧言、令色、足恭』都是一意。當初孔門編排此書，已從其類。只自看如今有人來乞些醯，亦是閑底事，只是與他説自家無，鄰人有之，這是多少正大，有何不可！須要自家取來，却做自底與之，是甚氣象！這本心是如何？凡人欲恩由己出皆是偏曲之私，恩由己出則怨將誰歸！」賀孫。

巧言令色章〔一五一〕

「巧言令色足恭」，〔一五二〕「足」，去聲讀，求足恭也，是加添之意。蓋能恭則禮已止矣，若又欲〔一五三〕去上面加添些子，求足乎恭，便是私欲也。僩。

或問「巧言令色足恭，左丘明恥之，丘亦恥之；匿怨而友其人，左丘明恥之，丘亦恥之」。先生曰：〔一五四〕「巧言、令色、足恭與匿怨，皆不誠實者也。人而不誠實，何所不至！所以可恥，

與上文乞醯之義相似。」謨。人傑、去僞録同。〔一五五〕

又〔一五六〕問：「『巧言、令色、足恭』，是既失本心而外爲諂媚底人。『匿怨而友其人』，是內懷險詖而外與人相善底人。此二樣人皆是心術不正，故古之人有左丘明者甚耻之，我亦耻之。言丘明亦『竊比老彭』之意，且使學者以此爲戒而立心以直。〔一五七〕」先生云：「門人記此二事相連。若是微生高之心，弄來弄去，便做得這般可耻事出來。」〔一五八〕

問：「左丘明，謝氏以爲『古之聞人』，則左傳非丘明所作。」先生曰：「左丘，是古有此姓。名明，自是一人。作傳者乃左氏，别自是一人。是撫州鄧大著名世，字元亞。如此説，他自作一書辨此。」義剛。

顔淵季路侍章

問：「『施勞』之『勞』是張大示誇意否？」曰：「然。」淳。

問：「安老懷少，恐其間多有節目。今只統而言之，恐流兼愛。」答云：「此是大概規模，未説到節目也。」人傑。

或問：「『老者安之』一段，〔一五九〕集注云『安於我，懷於我，信於我』，何也？」曰：「如大學『君子賢其賢而親其親，小人樂其樂而利其利』一般，蓋無一物不得其所也。老者，我去安他，他便安於我；少者，我去懷他，他便懷於我；朋友，我去信他，他便信於我。」又問顏子子路所答。曰：「此只是各説身己上病痛處。子路想平日不能與朋友共裘馬，顏子平日未能忘伐善施勞，故各如此言之。如新病安來説方病時事，譬[一六〇]如説我今日病較輕得些，便是病未曾盡去，猶有些根脚，更服藥始得。彼云『願』則猶有未盡脱然底意思。又如人[一六一]病起時説願得不病，便是曾病來。然二子如此説時，便是去得此病了，但尚未能如夫子自然而已。如夫子則無此等了，曠然如太空，更無些滯礙。其所志但如此耳，更不消着力。」又曰：「古人揀己偏重處去克治。子路是去得個『吝』字，顏子是去得個『驕』字。」祖道。[一六二]

問或問集注「安之，安我也；信之，信我也；懷之，懷我也」。先生曰：「此只謂老者安於我，朋友信於我，少者懷於我。猶『君子賢其賢而親其親，小人樂其樂而利其利』。」元秉。[一六三]

舊或説「老者安之」一段，謂老者安於我，朋友信於我，少者懷於我。此説較好，蓋老者安於我，則我之安之必盡其至；朋友信於我，則我之爲信必無不盡；少者懷於我，則我之所以懷之必極其撫愛之道。却是見得聖人説得自然處。義剛。[一六四]

問：「『老者安之』，[一六五]一説：『安之，[一六六]安我也。』恭父謂兩説只一意。」先生曰：「語意向背自不同。」賀孫云：「若作安老者説，方是做去。老者安我説，則是自然如此了。」先生曰：「然。」因舉史記魯世家及漢書地理志云：「『魯道之衰，洙泗之間齗齗如也。』謂先魯盛時，少者代老者負荷，老者即安之。到後來少者亦知代老者之勞，但老者自不安於役少者，故道路之間只見遜讓，故曰『闇闇[一六七]如也』。注云：『和悅而諍也。[一六八]』」賀孫。

問：「『老者安之，朋友信之，少者懷之。』孔子只舉此三者，莫是朋友則是其等輩，老者則是上一等人，少者則是下一等，此三者足以該盡天下之人否？」曰：「然。」廣。

子路有濟人利物之心，顏子有平物我之心，夫子有萬物得其所之心。道夫。

恪問「子路顏子言志」章。曰：[一六九]「子路如此做工夫，畢竟是疏。是有這個車馬輕裘，方做得工夫；無這車馬輕裘，不見他做工夫處。若顏子，則心常在這裏做工夫，然終是有些安排在。」季札。[一七〇]

「顏子言志是治個『驕』字，子路言志是治個『吝』字。」又曰：「二子言志恰如新病起人一般，雖是去得此病了，但須着服藥隄防，願得不再發作。若聖人之志，則曠然大空，無一物。」又曰：「古人爲學大率體察自家病痛，就上面克治將去。」元秉。[一七一]

顏淵子路只是要克去「驕」、「吝」二字。如謝氏對伊川云，知矜之爲害而改之，然謝氏終有矜底意。如解「孟之反不伐」，便着意去解。人傑。

「顏淵季路侍」一段，子路所以小如顏子[一七二]者，只是工夫粗，不及顏子[一七三]細密。工夫粗，便有不周遍隔礙處。」又曰：「子路只是願車馬、衣服與人共，未有善可及人也。」[一七四]

問「願車馬、衣輕裘與朋友共」。曰：「這只是他心裏願得如此。他做工夫只在這上，豈不大段粗。」又曰：「子路所願者粗，顏子較細向裏來，且看他氣象是如何。」僩。

節〔一七五〕問「『顏淵季路侍』一章，顏子、子路優劣如何分？」〔一七六〕曰：「子路粗，用心常在外。願車馬之類亦無意思，若無此，不成不下工夫？然却不私也〔一七七〕。顏子念念在此。」節復問：〔一七八〕「『顏季皆是願，夫子則無『願』字。」曰：「夫子也是願。」又曰：「子路底收斂，也可以到顏子；顏子底純粹〔一七九〕熟，可以到夫子。」節。

問「顏淵季路侍」一章。曰：「子路與顏淵固均於無我，然子路做底都向外，不知就身己上自有這工夫。如顏子『無伐善，無施勞』，只是就自家這裏做。」恭甫問：「子路後來工夫進，如『衣弊緼袍，與衣狐貉者立而不耻』，這却見於裏面有工夫。」曰：「他也只把這個做了。自着破弊底，却把好底與朋友共，固是人所難能，然亦只是就外做。較之世上一等切切於近利者，大不同。」賀孫。

子路「願車馬、衣輕裘與朋友共」，以朋友有通財之義。然子路底較小又淺，能舍得車馬輕裘，未必能舍得勞善。有善未必不伐，有勞未必不施。若能退後省察則亦深密，向前推廣則亦太闊。顏子是就理義上做，深潛縝密，自別。子路是就意氣上做，有些戰國俠士氣象。學者亦須如子路恁地割捨得。士而懷居，不足以爲士矣。若今人恁地畏首畏尾、瞻前顧後、粘手惹脚，

如何做得事成！淳。[一八〇]

問顏淵、季路、夫子言志。先生曰：「今學者只從子路比上去，不見子路地位煞高。是上面有顏子底一層，方見子路地位低了。[一八一]更有夫子一層，又見顏子低了。學者望却[一八二]子路地位，如何如會做得底[一八三]。他這氣象煞大，不如是，何以爲聖門高弟！」[一八四]

文振問顏淵、季路侍一章[一八五]。先生曰：「子路是不以外物累其心，方剥得外面一重粗皮子去。顏淵却又高一等，便是又剥得一重細底皮去，猶在軀殼子裏。若聖人，則超然與天地同體矣。」時舉。[一八六]

亞夫問子路言志處。先生曰：「就聖人上看，便如日出而爝火息，雖無伐善無施勞之事，皆不必言矣。就顏子上看，便見得雖有車馬衣裘共敝之善，既不伐不施却不當事了，不用如子路猛[一八七]着力去做。然子路雖不以車馬輕裘爲事，然畢竟以此爲一件功能。此聖人、大賢氣象，所以不同也。」時舉。

吳伯英講及子路、顏淵與[一八八]夫子言志。先生因[一八九]問衆人曰：「顏子、季路所以未及聖人者何？」衆人未對。先生曰：「子路之[一九〇]所言，只爲對着一個不與朋友共敝之而有憾在。顏子之[一九一]所言，只爲對着一個伐善施勞在。非如孔子之言，皆是循其理之當然，初無待乎有所懲創也。子路之志，譬如一病人之最重者，當其既甦，則曰『吾當謹其飲食起居也』。顏子之志，亦如病之差輕者，及其既甦，則曰『吾當謹其動静語默也』。夫出處起居動静語嘿之知所謹，蓋由不知謹者爲之對也。曾不若一人素能謹護調攝，渾然無病，問其所爲則不過曰飢則食而渴則飲也。此二子之所以異於聖人也。至就二子而觀之，則又不容無優劣。季路之所志者不過朋友而已，顏子之志則又廣矣。季路之所言者粗，顏子之所言者細也。」處謙。〔一九二〕

子路、顏淵、夫子言志。曰：〔一九三〕「伊川諸説固皆至當，然二子之所以異於夫子者更有一意。子路曰『願車馬衣輕裘與朋友共，敝之而無憾』，此對憾而言也。顏淵曰『願無伐善，無施勞』，此對伐施而言也。〔一九四〕二子日前想亦未免此病，今方不然。如人病後，始願不病，故有此言。如夫子則更無懲創，不假修爲，此其所以異也。」閎祖。按此條與前條一時所聞。〔一九五〕

子路、顏淵、孔子言志，須要知他未言時如何。讀書須迎前看，不得隨後〔一九六〕。所謂「考跡以觀其用，察言以求其心」。且如公説從仁心上發出，所以忘物我，言語也無病，也説得去，只是尚在外邊。程先生言「不私己而與物共」，是三段骨體。須知義理不能已之處，方是用得。大抵道理都是合當。〔一九七〕若到是處，只得個恰好。「事親若曾子可也。」從周。

文蔚問：「『顏淵、季路侍，子曰：「盍各言爾志。」』伊川謂『孔子安仁，顏子不違仁，子路求仁』。〔一九八〕『孔子安仁』，固無可言。『顏子不違仁』乃是已得之，故不違，便是『克己復禮』底事。子路方有與物共之志，故曰『求仁』。」答曰：「然。」又曰：「這般事，如今都難説。他當時只是因子路説出那一段，故顔子就子路所説上説，便見得顔子是個已得底意思。孔子又就顔子所説上説，皆是將己與物對説。子路便是個舍己忘私底意思。今若守定他這説，曰此便是求仁，不成子路每日都無事，只是如此！當時只因子路偶然如此説出，故顔子、孔子各就上面説去，其意思各自不同。使子路若別説出一般事，則顔子孔子又自就他那一般事上説，然意思却只如此。」文蔚。

問：「仲由願車馬、衣輕裘共敝〔一九九〕，何以見其求仁？」曰：「他人於微少物事尚戀戀不肯捨，仲由能如此，其心廣大而不私己矣，非其意在於求仁乎？」升卿。

叔蒙問「夫子安仁，顔子不違仁，子路求仁」。先生曰：「就子路、顔子、聖人，只是見處有淺深大小耳，皆只是盡我這裏底。子路常要得車馬輕裘與朋友共，據他煞是有工夫了。輕財重義，有得些小潑物事與朋友共，多少是好！今人計較財物，這個是我底，那個是你底，如此見得子路是高了。顔子常要得無伐善施勞，顔子工夫是大段細〔二〇〇〕密，就顔子分上正恰好了，也只得如此。到聖人是安仁地位。大抵顔子『無伐善，無施勞』，也只與願車馬輕裘與朋友共敝相似；夫子安老、懷少、信朋友，也與『無伐善，無施勞』相似，但有淺深大小不同。就子路地位更收斂近裏，便會到『無伐善，無施勞』處；就顔子地位更極其精微廣大，便到安老、懷少、信朋友爾。」文蔚。〔二〇一〕

問：「子路『願車馬、衣輕裘與朋友共，敝之而無憾』。看此氣象是輕富貴而薄勢利，其志尚可謂高遠，豈物欲所能累係者？顔淵不欲誇其能，不欲張大其功，其氣象又廣大。蓋其性分上工夫已到，故不私其己而無矜大之意。至孔子則老者養之以安，朋友與之以信，少者懷之以恩，皆因其當然而使之當其分，如天地之於萬物，使之各得其所。〔二〇二〕觀子路、顔子、孔子之志，皆是與物共者也，纔與物共便是仁，然有小大之別。故〔二〇三〕子路，求仁者也；顔子，不違仁者也；孔子，安仁者也。是〔二〇四〕有志於此理，故其氣象高遠，可以入道，然猶自車馬輕裘上做工夫。顔子則就性分上做工夫，能不私其己，可謂仁矣。然未免於有志，只是不違仁氣象。若孔子則不言而行，不爲而成，渾然天理流行而不見其迹，此安仁者也。」先生曰：「說得也穩。大凡人有己則有私。子路『願車馬、衣輕裘與朋友共』，其志可謂高遠，然猶未離這軀殼裏。顔子不伐其善，不張大其功，則高於子路。然『願無伐善，無施勞』，便是猶有此心，但願無之而已，是一半出於軀殼裏。孔子則離了軀殼，不知那個是己，那個是物。凡學，學此而已。」〔二〇五〕

問「『夫子安仁，顔淵不違仁，子路求仁』，如何？〔二〇六〕」曰：「伊川云：『孔子、二子之志皆與物共者也，有淺深小大之間耳。』子路底淺，顔子底深。二子底小，聖人底大。子路底較粗，顔子底較細膩。子路必待有車馬輕裘方與物共，若無此物又作麼生？顔子便將那好底物事與人共之，見得那子路底又低了，不足爲，只就日用間無非是與人共之事。顔子底儘細膩，子路底只是較粗。然都是去得個私意了，只是有粗細。子路譬如脱得上面兩件塵糟底衣服了，顏子又脱得那近裏面底衣服了，聖人則和那裏面貼肉底汗衫都脱得赤骨立了。」僩。

顏子之志，不以己之長方人之短，不以己之能愧人之不能，是與物共。道夫。

寓〔二〇七〕問：「『子曰：盍各言爾志』，〔二〇八〕伊川言：『子路勇於義者，觀其志，豈可以勢利拘之哉！』」曰：「能輕己之所者〔二〇九〕以與人共，勢利之人豈肯如此！子路志願正學者事。」〔二一〇〕

問：「浴沂地位恁高。程子稱『子路言志，亞於浴沂』，何也？」曰：「子路學雖粗，然他資質也高。如『人告之〔二一一〕以有過則喜』，『有聞未之能行，惟恐有聞』，見善必遷，聞義必徙，皆是資質高；車馬輕裘都不做事看，所以亞於浴沂。故明道謂〔二一二〕：『子路只爲不達「爲國以禮」道理，若達，便是這氣象也。』」淳。

木之〔二一三〕問：「顏淵、季路言志章，〔二一四〕看子路〔二一五〕車馬輕裘與朋友共，亦常人所能爲之事。子路舉此而言，却似有車馬衣裘爲重之意，莫與氣象煞遼絶否？」曰：「固則是。只是如今人自有一等鄙吝者，直是計較及於父子骨肉之間，或有外面勉强而中心不然者，豈可與子路同日而語！子路氣象非富貴所能動矣。程子謂：『豈可以勢利拘〔二一六〕哉！』」木之。

子路知識〔二一七〕甚高，若打疊得些子過，謂粗。〔二一八〕便是曾點氣象。〔二一九〕

或問：「有人於此，與朋友共，實無所憾，但貧乏不能復有所置，則於所敝未能恝然忘情，則如之何？」曰：「雖無憾於朋友，而眷眷不能忘情於己敝之物，亦非賢達之心也。」道夫。〔二一〇〕

問：「子路欲車馬、衣輕裘與朋友共敝之，〔二一一〕此是子路有志求仁、能與物共底意思，但其心不爲車馬衣裘所累耳，而程子謂其『亞於浴沂』。據先生解，曾點事煞好〔二一二〕，子路只此一事，如何便亞得他？」曰：「子路是個資質高底人，要不做底事便不做。雖是做工夫處粗，不如顏子之細密，然其資質却自甚高。若見得透，便不干事。」廣。

問：「『願聞子之志』，雖曰此〔二一三〕子路、顏子分明氣象不同，然觀曾點言志一段，集注盛贊其雖答言志之問，而初實未嘗言其志之所欲爲，以爲曾點但知樂所樂而無一毫好慕之心、作爲之想，然則聖人殆不及曾點邪？」先生曰：「聖人之言〔二一四〕雖有及物之意，然亦莫非循其理之自然，使物各得其所而已不勞焉，又何害於天理之流行哉！蓋曾點所言却是意思，聖人所言盡是事實。」處謙。

寓〔二一五〕問：「施勞與伐善意思相類？」曰：「是相類。」問：「看來善自其平生之所能言，施〔二一六〕勞以其一時之功勞言。」曰：「亦是。勞是就事業上說。」問：「程子言：『不自私己，故無伐善；知同於人，故無施勞。』看來『不自私己』與『知同於人』亦有些相似。」曰：「不要如此疑。以善者，己之所有不自有於己，故無伐善；以勞事，人之所憚，知同於人，故無施勞。」寓。

問：「孔子、顏子、季路言志一章，集注説：『聖人之心，猶天地之化工付與萬物。』又云：[二二七]『羈靮，以御馬而不以制牛。』這個只是天理自合如此。」[二二八]「如『老者安之』，是他自帶得安之理來；『朋友信之』，是他自帶得信之理來；『少者懷之』，是他自帶[二二九]懷之理來。聖人爲之，初無形迹。季路、顏子[二三〇]便先有自身了方做去。如穿牛鼻、絡馬首都是天理如此，恰似他生下便自帶得剪滅之理來。[二三一]若不驅除剪滅便不是天理，所以説道『有物有則[二三二]』。不問好惡底物事，都自有個則子。」又云：「子路更修細密便是顏子[二三三]，顏子若展拓發[二三四]開便是孔子地位。子路只緣粗了。」又問：「集注云：『皆與物共者也，但有小大之差耳。』」曰：「這道理只爲人不見得全體，所以都自狹小了。最患如此。聖人如何得恁地大！人多不見道理，形骸之隔，而物我判爲二義[二三五]。」又云：「『强恕而行，求仁莫近焉。』若見得『萬物皆備於我』，如何不會開展！」又問：「顏子恐不是强恕意思。子路却是强恕否？」曰：「顏子固不是强恕，然學者須是强恕始得。且如今人有些小物事，有個好惡，自定去把了好底，却把惡底[二三六]與人。這般意思如何得開闊？這般在學者正宜用工，漸漸克去，便是求仁矣。」賀孫。

胡叔器[二三七]問：「『先識聖賢氣象』，如何？」曰：「也不要如此理會。聖賢等級自分明了，如子路定不如顏子，顏子定不如夫子，只要看如何做得到這裏。且如『願車馬、衣輕裘，敝之無憾』，自家真能如此否？有善真能無伐否？有勞真能無施否？今不理會聖賢做起處，[二三八]

只〔二三九〕去想他氣象，則精神却只在外，自家不曾做得着實工夫。須是『切問而近思』。向時朋友只管愛説曾點、漆雕開優劣，亦何必如此，但當思量何緣得到漆雕開田地，何緣得到曾點田地。若不去學他做，只管較他優劣，〔二四〇〕便較得分明，亦不干自己事。如祖公年紀自是大如爺，爺年紀自是大如我，只計較得來也無益。」〔二四一〕淳。〔二四二〕

已矣乎章

時可問：「『吾未見能見其過而内自訟者也。』〔二四三〕伊川云：『自訟不置，能無改乎！』譬如人争訟，一訟未決，必至於再，必至於三，必至於勝而後已。有過則亦必當改，責己〔二四四〕不已，必至於改而後已。不知是如此否？〔二四五〕」曰：「伊川先生怕人有過只恁地訟了便休，故説教着力。看來世上也自有人徒恁地訟，訟了便休。只看有多少事來，今日又恁地自訟，明日又恁地自訟，今年又恁地自訟，明年又恁地自訟。看來依舊不曾改變，只是舊時人。他也只知個自訟是好事，只是不誠於自訟。」賀孫。

十室之邑章

或問：「美底資質固多，但以聖人爲生知，不可學，而不知好學？」曰：「亦有不知所謂學底。如三家村裏有好資質底人，他又那知所謂學，又那知聖人如何是聖人，又如何是生知，堯如何是堯，舜如何是舜。若如此，則亦是理會不得底了。」燾。

【校勘記】

〔一〕子路事數件　成化本爲「子路數事」。
〔二〕成化本此下有「乃」。
〔三〕不知如何　成化本無。
〔四〕且　成化本無。
〔五〕一段　成化本無。
〔六〕子路未之能行……子路仕衛不是處去　成化本無。
〔七〕處　成化本無。
〔八〕喫得　成化本爲「喫得盡」。
〔九〕是　成化本無。
〔一〇〕却　成化本無。

〔一一〕着　成化本無。

〔一二〕又曰文字可汲汲看……公宜及早向前　成化本無。

〔一三〕成化本此下注曰：「寓録略。」

〔一四〕孔文子何以謂之文也章　成化本爲「子貢問曰孔文子章」。

〔一五〕成化本此下注有「節」。

〔一六〕甘吉甫　成化本爲「吉甫」。

〔一七〕孔文子何以謂之文某不曉所謂經天緯地之文理　成化本爲「經天緯地之文」。

〔一八〕成化本此下注有「僩」。

〔一九〕子産有君子之道四焉章　成化本爲「子謂子産章」。

〔二〇〕孔子謂子産……謂有愛利及民　成化本無。

〔二一〕有君子之道四者……則無所不善矣　成化本無。

〔二二〕成化本此下注有「南升」。

〔二三〕節　成化本無。

〔二四〕甘吉甫　成化本爲「吉甫」。

〔二五〕有其　成化本爲「各有」。

〔二六〕鄭國　成化本爲「鄭國人」。

〔二七〕從周　成化本作「至」，且此下注曰：「蓋卿録云：『「有章」是都鄙各有規矩，「有服」是衣冠服用皆有等級高卑。』」

〔二八〕此條成化本無，但據卷二十九至録末尾所注，疑此條爲蓋卿録。參上條。

〔二九〕智意　成化本爲「意智」。

〔三〇〕成化本此下注曰：「南升。時舉録見下。」

〔三一〕令尹子文章　成化本爲「子張問曰令尹子文章」。

〔三二〕仕　成化本作「仁」。

〔三三〕無有　成化本爲「有無」。

〔三四〕合當　成化本爲「有無合當」。

〔三五〕成化本此下「集注」。

〔三六〕問　成化本爲「或問」。

〔三七〕且　成化本作「耳」，屬上讀。

〔三八〕伏　朱本作「仗」。

〔三九〕令尹子文與陳文子　成化本爲「子文文子」。

〔四〇〕據　成化本無。

〔四一〕千　成化本作「十」。

［四二］成化本此下注曰：「燾録别出。」

［四三］問子張問令尹子文陳文子一節　成化本爲「黄先之問子文文子一節」。

［四四］令尹子文　成化本爲「子文」。

［四五］陳文子　成化本爲「文子」。

［四六］道　成化本無。

［四七］令尹子文章　成化本無。

［四八］令尹子文　成化本爲「子文」。

［四九］陳文子　成化本爲「文子」。

［五〇］何如曰　成化本無。

［五一］祖道　成化本爲「去僞」。

［五二］令尹子文　成化本爲「子文」。

［五三］陳文子　成化本爲「文子」。

［五四］令尹子文　成化本爲「子文」。

［五五］陳文子　成化本爲「文子」。

［五六］只且　成化本爲「且只」。

［五七］理　成化本此下有「無私」。

〔五八〕此條閎祖録成化本載於卷四十八。

〔五九〕成化本此下有「説『未知，焉得仁』，知字絶句」。

〔六〇〕在兩處……一章説文子　成化本無。

〔六一〕王於楚　成化本爲「王天下」。

〔六二〕曉　成化本作「時」。

〔六三〕得　成化本爲「得個」。

〔六四〕知　成化本爲「領會」。

〔六五〕二子　成化本作「孟」。

〔六六〕二子　成化本爲「孟子」。

〔六七〕一　成化本無。

〔六八〕成化本此下有「曰」。

〔六九〕這　成化本無。

〔七〇〕字　成化本作「容」。

〔七一〕是　成化本無。

〔七二〕賀孫　成化本無。

〔七三〕這　成化本無。

〔七四〕硬　成化本作「須」。

〔七五〕中心　成化本爲「心中」。

〔七六〕須　成化本爲「須是」。

〔七七〕也　成化本無。

〔七八〕須　成化本無。

〔七九〕也　成化本作「似」。

〔八〇〕必　成化本作「大」。

〔八一〕非　成化本無。

〔八二〕也　成化本爲「也得」。

〔八三〕各家　成化本爲「各各」。

〔八四〕光　成化本作「先」。

〔八五〕若　成化本無。

〔八六〕其　成化本無。

〔八七〕自　成化本作「只」。

〔八八〕自家　成化本爲「各家」。

〔八九〕此條下成化本注有「賀孫」，且分作兩條：其中「問看雍也……也只道匹似閑」爲一條，載於卷三十九；「又云看文字且須平帖看他意……只是這個精一直是難」爲一條，載於卷三十。又，底本卷三十重複出現「看文字且須平帖看他意……方看他所到地位是如何」，參卷三十。

［九〇］是　成化本無。

［九一］恁　成化本無。

［九二］可與言而不與之言不可與言而與之言　成化本爲「士未可以言而言可以言而不言」。

［九三］喻　成化本作「窬」。

［九四］如前　成化本爲「如何」。

［九五］安　此字原缺，據成化本補。

［九六］此條成化本無。

［九七］此條人傑録成化本無。

［九八］甯武子所以謂之愚如何　成化本爲「甯武子之愚」。

［九九］如何　成化本無。

［一〇〇］問甯武子……先生曰　成化本無。

［一〇一］祖道　成化本爲「去僞」。

［一〇二］甯武子邦無道則愚　成化本無。

［一〇三］成化本此下注有「寓」。

〔一〇四〕木之　成化本無。

〔一〇五〕成化本此下注有「集注」。

〔一〇六〕程子曰甯武子邦無道……比干是也　成化本無。

〔一〇七〕世間　成化本爲「世間事」。

〔一〇八〕成化本此下有「諫」。

〔一〇九〕執不得　成化本爲「執一不得」。

〔一一〇〕甯武子無道則愚　成化本無。

〔一一一〕先生謂武子仕成公無道之君……而能卒保其身以濟其君　成化本爲「先生謂武子仕成公無道之君云云」。

〔一一二〕忠　成化本作「愚」。

〔一一三〕忠　成化本作「愚」。

〔一一四〕向慕聖人之道……亦自粲然有條理可觀　成化本無。

〔一一五〕其　成化本無。

〔一一六〕其　成化本無。

〔一一七〕不知割正以歸於中道　成化本無。

〔一一八〕子　成化本爲「孔子」。

［一一九］成化本此下注有「南升」。
［一二〇］做　成化本作「留」。
［一二一］佛　成化本作「釋」。
［一二二］成化本此下有「底」。
［一二三］這個　成化本無。
［一二四］斐然成章　成化本無。
［一二五］天道　朱本爲「道理」。
［一二六］不念舊惡章　成化本爲「伯夷叔齊章」。
［一二七］也　成化本作「見」。
［一二八］壽仁　成化本爲「拱壽」。
［一二九］從追而惡之　成化本爲「從而追惡之」。
［一三〇］成化本此下注曰：「南升録云：『此與「不遷怒」一般。其所惡者，因其人之可惡而惡之，而所惡不在我。及其能改，又只見他善處，不見他惡處。聖賢之心皆是如此。』」而底本南升録另作一條，參下條。
［一三一］成化本此下有「不見他惡處」。
［一三二］閎祖　成化本爲「方子」。

〔一三三〕寓　成化本無。
〔一三四〕伯夷叔齊不念舊惡怨是用希　成化本無。
〔一三五〕處　成化本無。
〔一三六〕成化本此下注曰：「寓。或問。」
〔一三七〕伯夷叔齊不念舊惡章　成化本無。
〔一三八〕而希字有些怨只得從伊川説　成化本爲「而希字猶有些怨在然所謂又何怨則絶無怨矣又不相合恐只得從伊川説」。
〔一三九〕聞　成化本作「他」。
〔一四〇〕此條僩録成化本無。
〔一四一〕問孰謂微生高直……先生曰　成化本無。
〔一四二〕祖道謨人傑録同　成化本爲「去僞」。
〔一四三〕以直得名……此其心果何爲　成化本無。
〔一四四〕成化本此下注曰：「南升。集注。」
〔一四五〕顯比謂當顯明其比……以求人之比己也　成化本無。
〔一四六〕寓　成化本無。
〔一四七〕微生高乞醯　成化本無。

［一四八］成化本此下注曰：「淳録云：『若是緊要底物，我無則求與之猶自可。』」
［一四九］人傑　成化本作「寓」。
［一五〇］孰謂微生高直一章　成化本無。
［一五一］微生高此章　成化本爲「此一章」。
［一五二］巧言令色章　成化本爲「巧言令色足恭章」。
［一五三］巧言令色足恭　成化本無。
［一五四］欲　成化本無。
［一五五］或問巧言令色足恭……先生曰　成化本無。
［一五六］謨人傑去僞録同　成化本爲「去僞」，下注曰：「燾録云：『這便是乞醯意思一般，所以記者類於此。』」
［一五七］又　成化本無。
［一五八］此二樣人……而立心以直　成化本無。
［一五九］成化本此下注有「南升」。
［一六〇］老者安之一段　成化本無。
［一六一］譬　成化本無。
［一六二］人　成化本無。

［一六三］成化本此下附夔孫録，參底本此卷元秉録。

［一六四］此條元秉録成化本無。

［一六五］成化本此下注有「集注」。

［一六六］成化本此下有「云云」。

［一六七］安之　成化本爲「安者」。

［一六八］誾誾　成化本爲「齗齗」。

［一六九］和悦而諍也　成化本爲「分辯之意也」。

［一七〇］恪問子路顔子言志章曰　成化本無。

［一七一］季札　成化本作「恪」。

［一七二］此條元秉録成化本無，但卷二十九祖道録後所附夔孫録與此相似，其載曰：夔孫録云：「『二子言志，恰似新病起人，雖去得此病了，但着服藥隄防，願得不再發作。若聖人之志，則曠然太虚，了無一物。』又曰：『古人爲學，大率體察病痛，就上面克治將去。』」

［一七三］顔子　成化本爲「顔淵」。

［一七四］顔子　成化本爲「顔淵」。

［一七五］成化本此下注有「僩」。

［一七六］節　成化本無。

［一七七］顔淵季路侍一章顔子子路優劣如何分　成化本爲「顔子子路優劣」。

［一七八］也　成化本作「己」。

［一七九］節復問　成化本作「問」。

［一八〇］粹　成化本無。

［一八一］此條淳録成化本無，但卷二十九載義剛録曰：叔器曰：「子路但及朋友，不及他人，所以較小。」曰：『願車馬，衣輕裘，與朋友共。』以朋友有通財之義，故如此説。那行道之人，不成無故解衣衣之。但所以較淺小者，他能舍得車馬輕裘，未必能舍得勞善。有善未必不伐，有勞未必不施。若能退後省察，則亦深密；向前推廣，則亦闊大。」范益之云：「『顔子是就義理上做工夫，子路是就事上做工夫。』」曰：「子路是就意氣上做工夫。顔子自是深潛淳粹，較别。子路是有些戰國俠士氣象，學者亦須如子路恁地割捨得。『士而懷居，不足以爲士矣』。若今人恁地畏首畏尾、瞻前顧後、粘手惹脚，如何做得事成！恁地莫道做好人不成，便做惡人也不成！」先生至此，聲極洪。叔器再反覆説前章。先生曰：「且粗説，人之生，各具此理。但是人不見此理，這裏都黑卒卒地。如貓兒狗子，飢便待物事喫，困便睡。到富貴便極聲色之奉，一貧賤便憂愁無聊。聖人則表裏精粗無不昭徹，其形骸雖是人，其實只是一團天理，所謂『從心所欲，不踰矩』。左來右去，盡是天理，如何不快活！」

［一八二］方見子路地位低了　成化本爲「見子路低了」。

［一八三］却　成化本無。

〔一八四〕做得底　成化本爲「做得他底」。

〔一八五〕成化本此下注有「植」。

〔一八六〕顔淵季路侍一章　成化本爲「此章」。

〔一八七〕此條時舉録成化本卷二十九附於南升録後。參本卷「問子路願車馬……凡學學此而已」條。

〔一八八〕猛　成化本作「樣」。

〔一八九〕與　成化本無。

〔一九〇〕因　成化本無。

〔一九一〕之　成化本無。

〔一九二〕之　成化本無。

〔一九三〕處謙　成化本爲「壯祖」，且此下附有閎祖録，而底本以閎祖録另作一條，參下條。

〔一九四〕曰　成化本無。

〔一九五〕子路曰願車馬衣輕裘與朋友共……此對伐施而言也　成化本爲「無伐無施對伐施而言也」。

〔一九六〕按此條與前條一時所聞　成化本無。

〔一九七〕隨後　成化本爲「隨後看」。

〔一九八〕大抵道理都是合當　成化本爲「大抵道理都是合當恁地不是過當」。

〔一九九〕文蔚問顔淵……子路求仁　成化本作「問」。

〔二〇〇〕願車馬衣輕裘共敝　成化本無。

〔二〇一〕細　成化本作「縝」。

〔二〇二〕文蔚　成化本作「寓」。

〔二〇三〕子路願車馬……使之各得其所　成化本無。

〔二〇四〕故　成化本無。

〔二〇五〕是　成化本此上有「求仁者」。

〔二〇六〕成化本此下注有「南升」，且其下又附時舉録，參本卷時舉録「文振問顔淵季路侍一章……則超然與天地同體矣」。

〔二〇七〕如何　成化本無。

〔二〇八〕寓　成化本無。

〔二〇九〕子曰盍各言爾志　成化本無。

〔二一〇〕者　成化本作「有」。

〔二一一〕成化本此下注有「寓」。

〔二一二〕之　成化本無。

〔二一三〕明道謂　成化本爲「程子曰」。

〔二一四〕木之　成化本無。

［二一五］顏淵季路言志章　成化本無。

［二一六］看子路　成化本無。

［二一七］拘　成化本爲「拘之」。

［二一八］知識　成化本爲「品格」。

［二一九］粗　成化本爲「粗暴」。

［二二〇］成化本此下注有「升卿」。又，此條底本卷四十重複載録，但内容稍有差異，參底本該卷處謙録「子路品格甚高……便是曾點氣象」條。

［二二一］成化本此下注有「附」。

［二二二］子路欲車馬衣輕裘與朋友共敝之　成化本爲「車馬輕裘與朋友共」。

［二二三］好　成化本作「高」。

［二二四］此　成化本作「比」。

［二二五］之言　成化本爲「言言」。

［二二六］寓　成化本無。

［二二七］施　成化本無。

［二二八］孔子顏子季路言志一章……又云　成化本爲「集注云」。

［二二九］自合如此　成化本爲「聖人順之而已曰這只是天理炎録云天下事合恁地處便是自然之理」。

［二三〇］帶　成化本爲「帶得」。

［二三一］顏子　成化本爲「顏淵」。

［二三二］恰似他生下便自帶得剪滅之理來　成化本爲「恰似他生下便自帶得此理來又如放龍蛇驅虎豹也是他自帶得驅除之理來如剪滅蝮虺也是他自帶得剪滅之理來」。

［二三三］有物有則　成化本爲「有物必有則」。

［二三四］更修細密便是顏子　成化本爲「更修教細密便是顏子地位」。

［二三五］發　成化本作「教」。

［二三六］義　成化本無。

［二三七］惡底　成化本爲「不好底」。

［二三八］胡叔器　成化本爲「叔器」。

［二三九］成化本此下注曰：「義剛録作：『今不將他做處去切己理會，體認分明着。』」

［二四〇］只　成化本爲「却只」。

［二四一］成化本此下注曰：「義剛録作：『如此去做，將久便解似他。他那優劣自是不同，何必計較。』」

［二四二］成化本此下有「叔器云：『希顏録曾子書，莫亦要如此下工夫否？』曰：『曾子事雜見他書，他只是要聚做一處看。顏子事亦只要在眼前，也不須恁地起模畫樣。而今緊要且看聖人是如何，常人是如何，

自家因甚後不似聖人，因甚後只似常人。就此理會得，自是超凡入聖』」。底本此部分内容另作一條，載於卷一百二，參該卷淳録「問希顔録曾子書……不須恁地起模畫樣」條。

〔二四三〕成化本此下注有「義剛同」。

〔二四四〕吾未見能見其過而内自訟者也　成化本無。

〔二四五〕改責己　成化本爲「攻責」。

〔二四六〕不知是如此否　成化本無。

晦庵先生朱文公語類卷第三十

論語十二

雍也篇一

雍也可使南面章

問「雍也可使南面」。曰：「以仲弓有寬洪簡重之度也。」[一]

榦[二]問：「子曰[三]『雍也可使南面』，伊川先生曰『仲弓才德可使爲政也』，尹氏曰『南面謂可使爲政也』。右[四]第一章凡五説，今從伊川、尹氏之説。范氏曰『仲弓可以爲諸侯』，似不必指諸侯爲『南面』，不如『爲政』却渾全。謝氏曰『「仁而不佞」，其才宜如此』，楊氏亦曰『雍也仁矣』。據『仁而不佞』，乃或人之問。夫子曰『不知其仁』，則與『未知，焉得仁』之語同，謂仲弓爲仁矣。不知兩説何所據，恐『仁』字聖人未嘗輕許人。」先生曰：「南面者，人君聽政之位，言仲弓德度簡嚴，宜居此[五]位。不知其仁，故未以仁許之，然謂仲弓未仁，則下語太重矣。」榦。

仲弓問子桑伯子章

諸生問「雍也可使南面」以下章，先生云：[六]「仲弓見聖人稱之，故因問子桑伯子如何。想見仲弓平日也疑這人，故因而發問。夫子所謂『可也』者，亦是連上面意思説也。仲弓謂『居敬而行簡』，固是居敬後自然能簡，然亦有居敬而不行簡者。蓋居敬則凡事嚴肅，却要亦以此去律事。凡事都要如此，此便是居敬而不行簡也。」時舉。

問：「『仲弓問子桑伯子，子曰：「可也簡。」仲弓曰：「居敬而行簡。」』蓋聖人若居之以敬，則自治甚嚴，而此心不至於走失，自然静虚而動直。凡事自有一個條理，不至繁曲細碎。若居之以簡，是不做工夫，但聽其疏略，帥意而行。以此治民，必至於無法度，故爲太簡。」先生云：[七]「仲弓爲人簡重，見夫子許其可以南面，故以子桑伯子亦是一個簡底人來問孔子看如何。夫子云此人亦可者，以其簡也。然『可』乃僅可而有未盡之辭，故仲弓乃言『居敬行簡』，夫子以爲然。」[八]

徒務行簡，老子是也，乃所以爲不簡。子桑伯子，或以爲子桑户。升卿。子桑户事見莊子大宗師篇。[九]

行夫問「仲弓問子桑伯子，子曰『可也簡』」。〔一〇〕答曰：「行簡，是〔一一〕就臨民上說。此段若不得仲弓下面更問一問，人只道『可也簡』便道了，也是利害。故孔子復之曰『雍之言然』，這亦見仲弓地步煞高，是有可使南面之基，亦見得他深沉詳密處。論來簡已是好資禀，較之繁苛瑣細，使人難事，亦然〔一二〕不同。然是居敬以行之方好。」賀孫。

節〔一三〕問：「『居敬行簡』之『居』，如『居室』之『居』？」先生應。節〔一四〕復問：「何謂簡？」曰：「簡是凡事據見定。」又曰：「簡靜。」節〔一五〕復問：「『簡者不煩之謂』，何謂煩？」曰：「煩是煩擾。」又曰：「居敬是所守正而行之以簡。」節。

居敬、行簡，是兩件工夫。若謂「居敬則所行自簡」，則有偏於居敬之意。人傑。

問「居敬而行簡」。曰：「這個是兩件工夫。如公所言，則只是居敬了自然心虛理明，所行自簡。這個只說得一邊。居敬固是心虛，心虛固能理明。推着去固是如此，然如何會居敬了便自得他理明？更有幾多工夫在？若如此說，則居簡〔一六〕行簡底又那裏得來？如此則子桑伯子大故是個居敬之人矣。世間有那居敬而所行不簡，如上蔡說呂進伯是個好人，極至誠，只是煩擾，便是請客也須臨時兩三番換食次，又自有這般人。又有不能居敬而所行却簡易者，每事不能勞攘得，只從簡徑處行。如曹參之治齊專尚清靜，及至爲相，每日酣飲不事事，隔墻卜吏〔一七〕酣歌叫呼，參亦酣飲歌呼以應之，何有於居敬！非〔一八〕據仲雍〔一九〕之言，自是兩事，須子細看始得。」又曰：「須是兩頭盡，不只偏做一頭。如云内外，不只是盡其内而不用盡其外；如云本末，不只是致力於本而不務乎其末。居敬了又要行簡，聖人教人爲學皆如此，不只偏説一邊。」僩。

問：「居敬則内直，内直則外自方。居敬而行簡，亦猶内直而外方歟？若居簡而行簡，則是喜静惡動，怕事苟安之人矣。」曰：「程子説『居敬而行簡』只作一事，今看得來恐是兩事。居敬是自處以敬，行簡是所行得要。」[二〇]

賀孫[二一]問：「『居簡而行簡』章，[二二]伊川説：『居敬則心中無物而自簡。』意覺不同。」曰：「是有些子差，但此説自不相害。若果能居敬，則理明心定，自是簡。這説如一個物相似，内外都貫通。行簡是外面説，居敬自簡又就裏面説。看這般所在，固着知得命文與本文少異，[二三]又着[二四]知得與本文全不相妨。」賀孫。

居敬行簡，是有本領底簡；居簡行簡，是無本領底簡。此是仲弓因子桑伯子之簡而言之。[二五]程子云：「居敬則所行自簡。」此是程子之意，非仲弓本意也。人傑。

寓[二六]問：「『仲弓問子桑伯子』，[二七]注言：『自處以敬，則中有所主而自治嚴。』程子曰：『居敬則心中無物，故所行自簡。』二説不相礙否？」先生又問：「爲[二八]如何？」寓[二九]曰：「看集注是就本文説，伊川就居簡處發意。」先生曰：「伊川説有未盡。」寓。[三〇]

胡問：「『居敬行簡』，[三一]何謂行簡？」曰：「所行處簡要，不恁煩碎。煩碎，[三二]則在下者如何奉承得？故曰『臨下以簡』，須是簡。程子謂敬則自然簡，只說[三三]敬中有簡底人。亦有人自處以敬，而所行不簡，却說不及。聖人所以曰居敬，曰行簡，二者須要周盡。」淳。

問：「『仲弓問子桑伯子，子曰：「可也簡。」仲弓曰：「居敬而」止「雍之言然」。』[三四]伊川先生曰：『內主於敬而簡則爲要直，內存乎簡則爲疏略。仲弓可謂知旨者。』但下文曰：『子桑伯子之簡，雖可取而未盡善，故夫子云可也。』恐未必如此。『可也簡』止以其簡爲可爾，想其他有未盡善，特有簡可取，故曰可也。游氏曰：『子桑伯子之可也，以其簡。若上[三五]之以敬而行之，則簡爲善。』楊氏曰：『子桑伯子爲聖人之所可者，以其簡也。』夫主一之謂敬，居敬則其行自簡，但下文『簡而廉』一句，舉不甚切。今從伊川、游氏、楊氏之說。伊川第二第三說皆曰，居簡、行簡乃所以不簡，先有心於簡，則多却一簡。恐推說太過。既曰疏略，則太簡可知，不必云『多却一簡』。如所謂『乃所以不簡』，皆太過。范氏曰：『敬以直內，簡以臨人，故堯舜修己以敬，而臨下以簡。』恐敬、簡不可太分說。『居』字只訓『主』字，若以爲主之敬而行之簡則可，以爲居則敬而行則簡則不可。若云『修己』『臨下』則恐分了，仲弓不應下文又總說『以臨其民也』。」又曰：「子桑伯子其處己亦若待人。據夫子所謂『可也簡』，乃指子桑伯子說。仲弓之言乃發明『簡』字，恐非以子桑伯子爲居簡行簡也。尹氏亦曰：『以其居簡，故曰可也。』亦范氏之意。呂氏以爲引此章以證前章之説，謝氏以爲因前章以發此章之問，皆是旁説，然於正説亦無妨。謝氏又曰：『居敬而行簡，舉其大而略其細。』於『敬』字上不甚切，不如楊氏作『主一而簡自見』。」先生曰：「『可也簡』，當從伊川説。『剩却一「簡」字』，正是解太簡之意。『乃所以不簡』之説，若解文義則誠有剩語，若以理觀之恐亦不爲過也。范固有不密處，然敬、簡自是兩事，以伊川語思之可見。據此文及家語所載，伯子爲人亦誠有太簡之語[三六]。謝氏『因上章而發明』之説是。」僩。[三七]

問弟子孰爲好學章[三八]

内有私意而至於遷怒者，志動氣也；有爲怒氣所動而遷者，氣動志也。伯恭謂：「不獨遷於他人爲遷，就其人而益之便是遷。」此却是不中節，非遷也。[三九]

問「不貳過」。[四〇]曰：「過只是過。不要問他太[四一]念慮之過與形見之過，只消看他不貳處。既能不貳，便有甚大底罪過也自消磨了。」時舉。

顏子「不遷怒，不貳過」。[四二]尋常解「不貳過」者[四三]，多只説「過」字，不曾説「不貳」字。所謂不貳者，「有不善未嘗不知，知之未嘗復行也」。如顏子之克己，既克己私，便更不萌作矣。人傑。

問：「顏子能克己，不貳過，何爲三月之外有違仁處？」曰：「孔子言其『有不善未嘗不知』，便須亦有不善時。」又問：「顏子之過如何？」曰：「伊川復卦所言自好。未到『不勉而中，不思而得』，猶常用力，便是心有未順處。只但有纖毫用意處，便是顏子之過。」㽦。

「不遷怒，不貳過。」據此之語，怒與過自不同。怒，却在那不遷上。過，纔說是過便是不好矣。僩。

問：[四四]「顏子『不遷怒，不貳過』，莫只是靜後能如此否？」先生曰：「聖賢之意不如此。如今卒然有個可怒底事在眼前，不成說且教我去靜！蓋顏子只是見得[四五]道理透，故怒於甲時，不欲遷於乙。既知有過自不復然。[四六]如人錯喫烏喙，纔覺了自不復喫。若專守虛靜，此乃釋老之謬學，將來和怒也無了，此成甚道理？聖賢當怒自怒，但不遷耳。見得道理透，自不遷不貳。所以伊川先生謂顏子之學，『必先明諸心，知所往，然後力行以求至』，蓋欲見得此道理透也。」立之因問：「『能[四七]於怒時遽忘其怒，而觀理之是非』。又是怎生？」先生曰：「此是明道爲學者理未甚明底說，此語[四八]言於怒時且權停閣這怒，而觀理之是非，少間自然見得當怒不當怒。蓋怒[四九]易發難制，如水之澎漲。能權閣[五〇]這怒，則如水漸漸歸港。若顏子分上，不消恁地說，只見得理明，自不遷不貳矣。」時舉。[五一]

問：「聖人稱顏子好學，特舉『不遷怒，不貳過』二事，若不相類，何也？」先生曰：「『聖人因見其有此二事，故從而稱之。』柄竊[五二]謂喜怒發於當然者，人情之不可無者也，但不可爲其所動耳。過失則不當然而然者，既知其非則不可萌於再，所謂『頻復之吝』也。二者若不相類，而其向背實相對待[五三]。」先生云：「聖人雖未必有此意，但能如此看亦好。」柄。

敬之問：「『不遷怒，不貳過』，顏子多是静處做工夫。」曰：「不然，此正是交頭[五四]。顏子此處無他，只是看得道理分明。且如當怒而怒，到不當怒處要遷自不得。不是處便見得，自是不合[五五]貳。」敬之又問：「顏子深潛純粹，所謂不遷不貳，特其應事之陳迹。」曰：「若如此説，當這時節，此心須别有一處安頓着。看公意，只道是不應事接物方存得此心。不知聖人教人多是於動處説，如云『出門如見大賓，使民如承大祭』，又如告顏子『克己復禮爲仁』，正是於視聽言動處理會。公意思只是要静，將心頓放在[五六]黑卒卒地，説道只於此處做工夫。這不成道理，此却是佛家之説。佛家高底也不如此，此是一等低下底如此。這道理不是如此。人固有初學未有執守，應事紛雜，暫於静處少息，也只是略如此。然做個人，事至便着應。如何事至且説道待自家去静處？當怒即怒，當喜即喜，更無定時。只當於此警省如何是合理，如何是不合理。如何要將心頓放在閑處得？事父母便有事父母許多酬酢，出外應接便有出外許多酬酢。」賀孫。

賀孫[五七]問：「『今也則亡，未聞好學』，覺語意上句重，下句寬，恐有引進後人意否？」曰：

「如今[五八]看文字，且要將他正意平直看去，只要見得正道理貫通，不須滯在這般所在。這兩句意只同。與哀公言，亦未有引進後學意，此意[五九]要緊只在『不遷怒，不貳過』六字上。看道理要得他如水相似，只要他平直滔滔流去。若又且[六〇]去看偏旁處，如水流時，這邊壅一堆泥，那邊壅一堆沙，這水便自[六一]不得條直流去。看文字且把着要緊處，平直看教通透，十分純熟。見得道理，如人一身從前面直望見背後，從背後直望見前面，更無些子遮蔽方好。」賀孫。

賀孫[六二]問：「前夜承教，以『不遷怒，不貳過』乃顏子極至處，又在『三月不違仁』之後。據賀孫看，若『不貳』是逐事不貳，不是統體説，而『三月不違』乃是統説。前後淺深，殊有未曉。」先生曰：「不須泥這般所在。某那夜是偶然説如此，實亦不見得甚淺深，只一個是死後説，一個是在生時説。讀書且要理會要緊處。如某舊時專揀切身要緊處理會，若偏旁有窒礙處只恁地且放下。如看這一章，只認取『不遷怒，不貳過』意思是如何，自家合如何，便是會做工夫。如射箭要中紅心，他貼上面煞有許多圈子，善射者不須問他外面圈子是白底，是黑底，是朱底，只是一心直要中紅心始得。『不貳過』，不須看他已前，只看他不貳後氣象。顏子固是於念慮處少差輒改。而今學者未到顏子地位，只須逐事上檢點。過也不論顯微，如大雷雨也是雨，些子雨也是雨，無小大[六三]都喚做過。只是晴明時節，青天白日，便無些子雲翳，這是甚麽氣象！」賀孫。

「看[六四]文字，且須平帖看他意，緣他意思本自平帖。如夜來説『不遷怒，不貳過』，且看不遷不貳這[六五]是如何。顔子到這裏，直是渾然，更無些子查滓。『不遷怒』如鑑懸水止，『不貳過』如冰消凍釋。如『三月不違』，又是已前事。到這裏已自渾淪，都是天理，是甚次第！」問：「『過』字是指已前底説否？」曰：「然。」問：「過是逐事上見得，如何？」曰：「固是逐事上見。也不是今日有這一件不是，此後更不做；明日又是那一件不是，此後更不做。只顔子地位高，纔是[六六]見一不善不爲，這一番改時，其餘是這一套須頓消了。當那時須頓進一番。他聞一知十，觸處貫通。他覺得這一件過，其餘若有千頭萬緒，是這一番一齊打併掃斷了。」賀孫[六七]

云：「如此看『不貳過』，方始見得是『三月不違』以後事。」曰：「只這工夫原頭却在『非禮勿視，非禮勿聽，非禮勿言，非禮勿動』上面。若是『不遷怒』時更無形迹，但初學如何須要教他『不遷怒，不貳過』得？這也便要如此不得，只是克己工夫。孔子不以告其他門人，却獨以告顔子，可見是難事，不是顔子擔當不得這事。其他人也只逐處教理會。道無古今，若[六八]只將克己事時時就身己檢察，下梢也便會到『不遷怒，不貳過』地位，是亦顔子而已。須是子細體認他工夫是如何，然後看他氣象是如何，方看他所到地位是如何。」賀孫。[六九]

或問：「『不遷怒，不貳過』，看集注説『乃是顔子克己工夫到後，其效驗自然如此』。」曰：「顔淵克己之學，『非禮勿視聽言動』到純熟處後自然如此。」人傑。[七〇]

又曰：〔七一〕「不遷不貳，非言用功處，言顔子到此地位，有是效驗耳。若夫所以不遷不貳之功，不出於非禮勿視、勿聽、勿言、勿動四者〔七二〕耳。」伯羽。〔七三〕

行夫問顔子「不遷怒，不貳過」。先生曰：「此是顔子好學之效驗如此，却不是只學此二件事。顔子學處專在非禮勿視聽言動上。至此純熟，乃能如此。」時舉。〔七四〕

顔子自無怒。因物之可怒而怒之，又安得遷！

義剛呈問目曰：「人之遷怒亦非是故意欲遷，但是義理未明而血氣未曾消釋。當未接物時已有個怒底種子在裏面了，又物來觸撥動着則自遏不住，所以乘此血氣之動，惟好惡之怒不能得休歇，而至於有所移也。若顔子，則是磨得心地光明，而無一毫物事雜在其間，或喜或怒皆是物之當喜當怒，隨其來而應之；而在我初無容心，及事過則又便忘了，更不留在胸中，故不至以此動其血氣而至於有所遷也。但此是顔子克己工夫到後方如此，却不是以此方爲克己工夫也。不知恁地説得近否？伏乞指教。」〔七五〕先生批云：〔七六〕「夫子當時〔七七〕説時也是從他克己效驗上説，但克己工夫不〔七八〕到時也須照管。不成道我工夫不〔七九〕到那田地，而遷怒、貳過只聽之邪！」義剛。

恭父云：「顔子工夫盡在『克己復禮』上。」曰：「『回雖不敏，請事斯語矣』，是他終身受用只在這上。」賀孫。〔八〇〕

問：「『不遷怒』是見得理明，『不貳過』是誠意否？」曰：「此二者拆開不得，須是橫看。他這個是層層趲上在〔八一〕，一層了又一層。『不遷怒，不貳過』是工夫到處。」又曰：「顏子只是得孔子説『克己復禮』，終身受用只是這四個字。『不違仁』也只是這個，『不遷怒，不貳過』也只是這個，『不改其樂』也只是這個。『克己復禮』，到得人欲盡、天理明，無些查滓，一齊透徹，日用之間都是這道理。」賀孫。

賀孫〔八二〕問：「不遷不貳，是〔八三〕顏子十分熟了如此否？」曰：「這是夫子稱他，是他終身到處。」問：「若非禮勿視聽言動，這是克己工夫。這工夫在前，分外着力，與不遷不貳意思不同。」曰：「非禮勿視聽言動，是夫子告顏子，教他做工夫。要知要緊〔八四〕工夫却只在這上。如『無伐善，無施勞』是他到處，『不遷怒，不貳過』也是他到處。」問：「就不遷不貳上看，也似有些淺深。」曰：「這如何淺深？」曰：「『不遷怒』是自然如此，『不貳過』是略有過差，警覺了方會不復行。」曰：「這不必如此看。只看他『不遷怒，不貳過』時心下如何。」賀孫。

植〔八五〕問：「顏子『不遷怒』，〔八六〕集注『怒不在血氣則不遷』，只是不爲血氣所動否？」曰：「固是。」因舉公廳斷人，而自家元不動。又曰：「只是怒〔八七〕平。」植。〔八八〕

問：「『不貳過』乃是略有便止。如韓退之説『不貳之於言行』，却粗了。」曰：「自是文義不如此。」又問：「『不貳過』却有過在，『不遷怒』已至聖人，只此一事到。」曰：「纔云不遷，則與聖人之怒亦有些異。」曰：「如此，則程先生引舜事[八九]且借而言。」曰：「然。」可學。伊川云：「如舜誅四凶，怒在四凶，舜何與焉！蓋因人有可怒之事而怒之，聖人之心本無怒也。」[九〇]

問：「『不遷怒，不貳過』，[九一]伊川曰[九二]：『顏子地位豈有不善！所謂不善，只是微有些[九三]差失。纔有差失便能知之，纔知之便更不萌作。纔有差失便能知之，纔知之便更不萌作。[九四]』」先生曰：「如今學者且當理會『不遷』、『不貳』字，便不遷不貳也難。[九五]」元秉。[九六]

陳後之名昜，泉州人。[九七]問：「顏子『不遷怒』，伊川說得太高，渾淪是個無怒了。『不貳過』又却低。」曰：「『喜怒哀樂發而皆中節』，『天下之達道』，那裏有無怒底聖人！只聖人分上着『不遷』字不得。顏子『不遷怒』便尚在夾界處，如曰『不改其樂』然。」問：「『不貳過』，只是此過不曾[九八]再生否？」曰：「只是不萌於再。」淳。

問：「黎兄疑張子謂顏子『不貳過』是[九九]『慊於己者，不使萌於再』，云：『夫子只說「知之未嘗復行」，不是說其過再萌於心。』廣疑張子之言尤更[一〇〇]精密。至于[一〇一]程子說『更不萌作』，則兼說『行』字矣。」曰：「萌作亦只是萌動，蓋孔子且恁大體說。至程子、張子又要人理會得分曉，故復如此說到精極處。只管如此分別，便是他不會看，枉了心力。」廣。[一〇二]

問顏子「不遷怒，不貳過」處[一〇三]。先生曰：「這處便好看，程先生顏子所好何學論，其間說得條理，[一〇四]只依此學便可以盡其心[一〇五]也。」立之因問：「先生前此云：『不遷怒、貳過，是「克己復禮」底效驗。』今又以爲學即在此，何也？」曰：「爲學是總説，『克己復禮』又是所學之目也。」又云：「天理人欲相爲消長，克得人欲乃能復禮。顔子之學只在這上理會。仲弓從莊敬持養處做去，到透徹時也則一般。」時舉問：「曾了爲學工夫比之顔子如何？」曰：「曾子只是個守。大抵人若能守得定，不令走作，必須透徹。」時舉云：「看來曾子所守極是至約。只如守一個『孝』字，便後來無往而不通，所謂『推而放諸四海而準』。與夫居處、戰陣，無不見得是這道理。」曰：「孝者，百行之源，只爲他包得闊故也。」時舉。

蔡元思名念誠，江州人。〔一〇六〕問：「好學論似多頭項。」曰：「伊川文字都如此多頭項，不恁纏去，其實只是一意。如易傳『包荒便用馮河，不遐遺便朋亡』，意只是如此。他成四項起，不〔一〇七〕纏説，此論須做一意纏看。『其本也真而静』，是説未發。真，便是不雜，無人僞；静，便是未感。『覺者約其情，使合於中，正其心，養其性』，方是大綱説。學之道『必先明諸心，知所往，然後力行以求至』，便是詳此意。一本作『知所養』。恐『往』字爲是，『往』與『行』字相應。」淳。

問：「『天地儲精』，如何是儲精？」曰：「儲謂儲蓄。天地儲蓄得二氣之精聚，故能生出萬物。」廣。

節〔一〇八〕問：「『天地儲精，得五行之秀者爲人，其本也真而静』，〔一〇九〕何謂儲精？」曰：

「儲，儲蓄；精，精氣。精氣流過，[一一〇]若生物時欄定。『本』是本體，『真』是不雜人僞，『靜』是未發。」節[一一一]復問：「上既言靜，下文又言未發，何也？」曰：「疊這一句。」節[一一二]復問：「下文『明諸心，知所養』，一本作『知所往』，孰是？」曰：「『知所往』是，應得力行求至。」陳與叔録云：「『真』是不雜人僞，『靜』是未感。」[一一三]節。

問程子云「情既熾而益蕩，其性鑿」。「與孟子所謂鑿一般，[一一四]故孟子只說『養其性』。養，謂順之而不害。」[一一五]

問：「顏子之所學者，蓋人之所生[一一六]五常之性渾然一心之中。未感物之時寂然不動而已，而不能不感於物，於是喜怒哀樂七情出焉。既發而易縱，其性始鑿。故顏子之學見得此理分明，必欲約其情以合於中，剛決以克其私。私欲既去，天理自明，故此心虛靜，隨感而應。或有所怒，因彼之可怒而怒之，而己無與焉。怒纔過，而此心又復寂然，何遷移之有？所謂過者，只是微有差失。張子謂之『慊於己』，只是略有些子不足於心便自知之，即隨手消除，更不復萌作。爲學工夫如此，可謂真好學矣。不幸死矣。蓋顏子地位去聖人只一息，若天假之年，則化矣。自顏子之没，真個就心性上做工夫以求復其初者，未有其人也。[一一七]」先生曰：「所謂學者，只是學此而已。伊川所謂『性情[一一八]』，大學所謂『明德[一一九]』，中庸所謂『天命之謂性』，皆是此理。」[一二〇]

「程先生云〔一二二〕『明諸心，知所往』，窮理之事也。『力行求至』，踐履之事也。窮理，非是專要明在外之理。如何而爲孝弟，如何而爲忠信，推此類通之，求處至當，即窮理之事也。」〔一二三〕

問：「聖人無〔一二三〕怒容否？」曰：「怎生無怒容？合當怒時必也形見〔一二四〕於色。如要去正邪人〔一二五〕之罪，自爲笑容則不可。」曰：「如此則恐涉忿厲之氣否？」曰：「天之怒，雷霆也〔一二六〕震。舜誅『四凶』，當其時也〔一二七〕須怒。但當怒而怒便中節，事過便消了，更不積。」淳。〔一二八〕

問「不遷怒，不貳過」。先生曰：「重處不在怒與過上，只在不遷不貳上。而〔一二九〕今不必問過之大小，怒之淺深。只不遷不貳是甚力量！便見工夫。佛家所謂『放下屠刀，立地成佛』。若有過能不貳，直是難。貳，如貳官之『貳』，言〔一三〇〕有一個又添一個也。」又問「守之也，非化之也」。先生曰：「『聖〔一三一〕則都無這個。顏子則疑於遷貳與不遷貳之間。」賜。〔一三二〕

聖人無怒，何待於不遷？聖人無過，何有〔一三三〕於不貳？所以不遷不怒〔一三四〕者，猶有意存焉，與「願無伐善，無施勞」之意同，猶今人所謂願得不如此。是固當〔一三五〕如此，而今且得其不如此也。此所謂「守之，非化之也」。人傑。

文振再説「顏子好學」一章，因説程先生所作好學論。先生曰：「此是程子二十歲時已做得。這文好，這個說話便是所以爲學之本，惟知所本然後可以爲學。若不知〔一三六〕大本上理會，只恁地茫茫然，却要去文字上求，恐也未得。」時舉。

問：「顔子短命是氣使然。劉質夫所録一段又别。」曰：「大綱如此説。」可學。明道曰：「顔子短命，以一人言之，顔之不幸，可也。以大目觀之，天地之間如一家有子五人焉，三人富且貴，而二人貧且賤，以二人言之則不足，以父母言之則美且多矣。以孔子之至德而又處乎盛位，則是化工之全爾。以孔顔言之，於一人有所不足；以堯舜禹湯文武周公群聖人言之，天地之間亦云富有也。」〔一三七〕

問：「呂與叔引横渠説解遷怒事，又以『三月不違』爲氣不能守，恐是張子、呂氏皆是以己之氣質論聖人之言。」先生云：「不須如此説。如説這一段，且只就這一段平看。若更生枝節，又外面討一個意思横着〔一三八〕，都是病。」人傑因曰：「須從〔一三九〕這裏過一番，既聞教誨，可造平淡。」先生云：「此説又是剩了。」〔一四〇〕

「『哀公問弟子孰爲好學』一章。〔一四一〕伊川曰：『顔子之怒在物不在己，故不遷。有不善未嘗不知，知之未嘗復行，不貳過也。』游氏曰：『不遷怒者，怒適其可而止，無溢怒之氣也。』傳所謂『怒於室而色於市』者，遷其怒之甚也。不遷怒則發而中節矣。喜怒哀樂不能無也，要之，每發皆中節之爲難耳。不貳過者，一念少差而覺之早，不復見之行事也。蓋惟聖人能寂然不動，故無過。顔子能非禮勿動而已，故或有不善始萌于中，而不及復行，是其過在心，而行不貳焉。

但其間正心、修身之説，若以不貳過作正心，不遷怒作修身，[一四二]恐不必如此分[一四三]。右第三章凡八説，今從伊川、游氏之説。伊川外五説大率相類，其説皆正，故不盡録，然亦不出第一説之意。横渠第一第二説皆曰：『怒於人者，不使遷乎其身。』吕氏亦曰：『不使可怒之惡反遷諸己，而爲人之所怒。』此説恐未安。如此，只是不貳過之意。聖人何以既曰『不遷怒』，又曰『不貳過』？若使[一四四]不遷諸己，則只説得『不貳過』。又横渠曰：『慊於己者不使萌於再。』『萌』字説太深，不如游氏作『行不貳』，伊川作『未嘗復行』，乃正。范氏曰：『不遷怒者，性不移於怒也。』此説不可曉。若謂性不移於怒而後能不遷怒，却穩，與伊川『怒不在己』之説同。若謂不遷怒則性不移於怒，恐未當。以『移』字訓『遷』字則説太深，餘説亦寬。謝氏曰：『不患有過，蓋不害其爲改。』其説又太淺。顔子不應有過而後改，特[一四五]知之未嘗復行爾。又與横渠不萌之説相反，皆未爲當。楊氏不放心之説無甚差，但稍寬爾。其他皆解得，何止不放心而已。又説『今也則亡』一句作『無』字説，不知合訓『無』字，合作死亡之『亡』？若訓『無』字，則與下句重，若作死亡之『亡』，則與上句重，二句[一四六]未知孰是。尹氏用伊川説，故不録。」先生曰：「游説不貳過，乃韓退之之意，與伊川不同。伊川意却與横渠同。外書第五卷有一段正如此，可更思之。須見游氏説病處。横渠遷怒之説固未然，然與貳過殊不相似。亡，即無也，或説當讀作無。」榦。

【校勘記】

［一］此條成化本無。
［二］榦　成化本無。
［三］子曰　成化本無。
［四］右　成化本無。
［五］此　成化本無。
［六］諸生問雍也可使南面以下章先生云　成化本無。
［七］問仲弓問子桑伯子……先生云　成化本無。
［八］成化本此下注有「南升」。
［九］子桑户事見莊子大宗師篇　成化本無。
［一〇］仲弓問子桑伯子子曰可也簡　成化本爲「子桑伯子」。
［一一］是　成化本作「只」。
［一二］然　成化本作「煞」。
［一三］節　成化本無。
［一四］節　成化本無。

〔一五〕節　成化本無。

〔一六〕簡　成化本作「敬」。

〔一七〕卜吏　成化本爲「小吏」。

〔一八〕非　成化本作「耶」，屬上讀。

〔一九〕仲雍　成化本爲「仲弓」。

〔二〇〕成化本此下注有「廣」。

〔二一〕賀孫　成化本無。

〔二二〕居簡而行簡章　成化本無。

〔二三〕固着知得命文與本文少異　成化本爲「固要知得與本文少異」。

〔二四〕着　成化本作「要」。

〔二五〕此是仲弓因子桑伯子之簡而言之　成化本無。

〔二六〕寓　成化本無。

〔二七〕仲弓問子桑伯子　成化本無。

〔二八〕爲　成化本無。

〔二九〕寓　成化本無。

〔三〇〕成化本此下注有「集注」。

［三一］居敬行簡　成化本無。

［三二］煩碎　成化本爲「居上煩碎」。

［三三］説　成化本爲「説得」。

［三四］仲弓問子桑伯子……雍之言然　成化本爲「仲弓問子桑伯子章」。

［三五］上　成化本作「主」。

［三六］語　成化本作「病」。

［三七］軫　成化本作「軨」。

［三八］問弟子孰爲好學章　成化本爲「哀公問弟子章」。

［三九］成化本此下注有「道夫」。

［四〇］問不貳過　成化本爲「或問顔子不貳過」。

［四一］太　成化本作「是」。

［四二］顔子不遷怒不貳過　成化本無。

［四三］者　成化本無。

［四四］問　成化本爲「敬之問」。

［四五］成化本此下有「個」。

［四六］不欲遷於乙既知有過自不復然　成化本爲「雖欲遷於乙亦不可得而遷也見得道理透則既知有過自

不復然」。

〔四七〕能　成化本此前有「明道云」。

〔四八〕此語　成化本無。

〔四九〕怒　成化本爲「怒氣」。

〔五〇〕閣　成化本爲「停閣」。

〔五一〕成化本此下注曰：「賀孫録别出。」

〔五二〕竊　成化本無。

〔五三〕對待　成化本作「對」。

〔五四〕交頭　成化本爲「交衮頭」。

〔五五〕合　成化本作「會」。

〔五六〕頓放在　成化本爲「頓於」。

〔五七〕賀孫　成化本無。

〔五八〕如今　成化本無。

〔五九〕此意　成化本無。

〔六〇〕又且　成化本無。

〔六一〕自　成化本無。

〔六二〕賀孫　成化本無。

〔六三〕小大　成化本爲「大小」。

〔六四〕看　成化本此上有「又云」。

〔六五〕這　成化本無。

〔六六〕是　成化本無。

〔六七〕賀孫　成化本無。

〔六八〕若　成化本作「且」。

〔六九〕此條賀孫録與底本卷二十九賀孫所録一條重複，參卷二十九。

〔七〇〕此條人傑録成化本無。

〔七一〕又曰　成化本無。

〔七二〕者　成化本作「句」。

〔七三〕成化本此下注曰：「謨録云：『此平日克己工夫持養純熟，故有此效。』」

〔七四〕成化本此下注曰：「賀孫録云：『行夫問云云，曰：「『不遷怒，不貳過』不是學，自是説顏子一個證驗如此。」恭父云：「顏子工夫盡在『克己復禮』上。」曰：「『回雖不敏，請事斯語矣』，是他終身受用只在這上。」』」

〔七五〕義剛呈問目曰……伏乞指教　成化本爲「問不遷怒貳過是顏子克己工夫到後方如此却不是以此方

爲克己工夫也』」。

〔七六〕先生批云　成化本作「曰」。

〔七七〕當時　成化本無。

〔七八〕不　成化本作「未」。

〔七九〕不　成化本作「未」。

〔八〇〕此條賀孫録成化本卷三十附於時舉録後。其時舉録曰：行夫問「不遷怒，不貳過」。曰：「此是顏子好學之符驗如此，却不是只學此二件事。顏子學處，專在非禮勿視聽言動上。至此純熟乃能如此。」且成化本賀孫録於「恭父云」前有「行夫問云云，曰：『「不遷怒，不貳過」不是學，自是説顏子一個證驗如此』」。

〔八一〕在　成化本作「去」。

〔八二〕賀孫　成化本無。

〔八三〕是　成化本爲「這是」。

〔八四〕要緊　成化本爲「緊要」。

〔八五〕植　成化本無。

〔八六〕顏子不遷怒　成化本無。

〔八七〕怒　成化本作「心」。

〔八八〕成化本此下注有「集注」。

［八九］事　成化本無。

［九〇］伊川云……聖人之心本無怒也　成化本無。

［九一］不遷怒不貳過　成化本無。

［九二］曰　成化本作「謂」。

［九三］些　成化本無。

［九四］纔有差失便能知之纔知之便更不萌作　成化本無。

［九五］如今學者……便不遷不貳也難　成化本爲「如今學者且理會不遷不貳便大過不貳也難」。

［九六］元秉　成化本爲「儒用」。

［九七］名易泉州人　成化本無。

［九八］曾　成化本作「會」。

［九九］顔子不貳過是　成化本無。

［一〇〇］更　成化本作「加」。

［一〇一］于　成化本無。

［一〇二］成化本此下注曰：「士毅録云：『程子、張子怕後人小看了，故復説到精極處，其實則一。』」

［一〇三］處　成化本無。

［一〇四］這處便好看……其間説得條理　成化本爲「看程先生顔子所好何學論説得條理」。

［一〇五］盡其心　成化本爲「終其身」。
［一〇六］名念誠江州人　成化本無。
［一〇七］不　成化本爲「不恁」。
［一〇八］節　成化本無。
［一〇九］天地儲精……其本也真而静　成化本無。
［一一〇］過　成化本作「通」。
［一一一］節　成化本無。
［一一二］節　成化本無。
［一一三］陳與叔録云真是不雜人僞静是未感　成化本無。
［一一四］情既熾而益蕩其性鑿與孟子所謂鑿一般　成化本爲「情既熾而益蕩其性鑿矣性上如何説鑿曰性固不可鑿但人不循此理任意妄作去傷了他耳鑿與孟子所謂鑿一般」。
［一一五］成化本此下注有「廣」。
［一一六］所生　成化本爲「有生」。
［一一七］不幸死矣……未有其人也　成化本無。
［一一八］性情　成化本爲「性其情」。
［一一九］明德　成化本爲「明明德」。

［一二〇］成化本此下注有「南升」。

［一二一］程先生云　成化本無。

［一二二］成化本此下注有「人傑」。

［一二三］無　成化本爲「恐無」。

［一二四］也形見　成化本爲「亦形」。

［一二五］去正邪人　成化本爲「去治那人」。

［一二六］也　成化本作「亦」。

［一二七］也　成化本作「亦」。

［一二八］此條淳録成化本載於卷九十五。

［一二九］而　成化本無。

［一三〇］言　成化本作「已」。

［一三一］聖　成化本爲「聖人」。

［一三二］成化本此下注曰：「祖道録云：『貳不是一二，是長貳之「貳」。』餘同。」

［一三三］有　成化本作「待」。

［一三四］怒　成化本作「貳」。

［一三五］當　成化本作「嘗」。

〔一三六〕知　成化本作「去」。

〔一三七〕明道曰顔子短命……天地之間亦云富有也　成化本無此内容，但有注曰：「按，此條集義在先進篇章。」

〔一三八〕着　成化本作「看」。

〔一三九〕從　成化本作「是」。

〔一四〇〕成化本此下注有「人傑」。

〔一四一〕哀公問弟子孰爲好學一章　成化本無。

〔一四二〕成化本此下有「亦可」。

〔一四三〕分　成化本無。

〔一四四〕使　成化本爲「□惡」，「惡」上缺一字；朱本爲「使惡」。

〔一四五〕特　成化本作「持」。

〔一四六〕二句　成化本無。

晦庵先生朱文公語類卷第三十一

論語十三

雍也篇二

子華使於齊章

子升兄[一]問："「子華使齊，冉子爲請粟，聖人不與之辨而與之、益之之意。[二]」曰："「聖人寬洪，『可以予，可以無予』，予之亦無害，但不使傷惠耳。」木之。

行夫問「冉子請粟」。曰：[三]「『冉子與之粟五秉』，聖人亦不大段責他，而原思辭祿，又謂『與爾鄰里鄉黨』，看來聖人與處却寬。」[四]

張子曰："「於斯二者，可見聖人之用財。」雖是小處，也莫不恰好，便是「一以貫之」處。夔孫。[五]

「子華使齊」至「原思爲之宰」一段。[六]范氏曰：「夫子之道，循理而已，故『周急，不繼富』，以爲天下之通義，使人可繼也。」游氏曰：「『餼廩稱事』，所以食功也。今原思爲之宰而辭禄不受，則食功之義廢矣。蓋義所當得，則雖萬鍾不害其爲廉。借使有餘，猶可以及鄰里鄉黨。」蓋鄰里鄉黨有相賙之義。尹氏曰：「『赤之適齊也，乘肥馬，衣輕裘』，而冉求乃資之。『與之釜』者，所以示不當與也。求不達其意而請益，與之五秉，故夫子非之。」又曰：「原思爲之宰，使其禄苟有餘，[七]則分諸鄰里鄉黨者，凡取予一適於義而已。」右第四章凡七説，今從范氏游氏尹氏之説。伊川謂：「師使弟子，不當有所請。」其説雖正，然恐非本意。據冉求乃爲其母請，其意欲資之也。使冉求爲子華請，則猶可責之以弟子之禮；若爲其母請，則止欲附益之，故責之以繼富。恐或外生一意，非夫子責冉求之意。范氏第二説與楊氏、謝氏之説，大率以辭受取舍順理合義爲文，只説大綱，其間曲折詳備則不如尹氏之深切。吕氏曰：「富而與人分之，則廉者無辭於富。」造語未盡，不能無差。向使不義之富可以分人，廉者所必辭也。富之可辭與不可辭在於義不義，而不在於分人[八]也。謝氏曰：「『與之釜』，『與之庾』，意其禄秩所當得者。」此説恐未穩。使禄秩當得，夫子不待冉子之請而與之。禄有常數，夫子何心輕重於其間哉！「爲其母請粟」，觀其文勢，非禄秩也明矣。曰「爲其母請」，即爲子華請也。吕氏説只據原憲[九]辭禄而言，非謂不義之富也。榦。

犂牛之子騂且角章[一〇]

問：「子謂仲弓曰：『犂牛之子，騂且角。』伊川謂多一『曰』字，意以仲弓爲犂牛子也。考之家語，仲弓生於不肖之父。其説可信否？」答曰：「聖人必不肯對人子説人父不善。」謨。家語弟子解篇載：「仲弓，伯牛之族，生於不肖之父，以德行著名也。」[一一]

問：「此章前後，作用人不以世類。南軒以仲弓言『焉知賢才』之故，故孔子教之用人。此説雖[一二]合，然亦似有理脈。」答曰：「横渠言：『大者既立，則其小者所不棄也。[一三]』今欽夫此説無他，只是要回互，不欲説仲弓之父不肖爾。何不虚心平氣與他看，古人賢底自賢，不肖底自不肖。稱其賢可以爲法，語其不肖可以爲戒。」或曰：「恐是因仲弓之父不肖而微其辭。」曰：「聖人已是説了，此亦何害。大抵人被人説惡不妨，但要能改過，過而能改則前愆頓釋。昔日是不好底人，今日自[一四]好，事自不相干，何必要回互？若不能改過，徒與回互，反益其惡爾。至伊川却不回互，[一五]然又要除却『曰』字，此『曰』字留亦何害？如『子謂顔淵曰：「吾見其進也。」』不成是與顔淵説！况此一篇大率是論他人，不必是與仲弓説也。蘇氏[一六]却説此乃論仲弓[一七]，非是與仲弓言也。」大雅。

回也其心三月不違仁章[一八]

義剛說：「『回也其心三月不違仁。』集注云：『仁者，心之德。』切推此義，以爲天生一人只有一心。這腔子裏面更無些子其他物事，只有一個渾全底道理，更無些子欠缺，所謂仁也。天生斯人皆有是心，皆有此德，然自外物有以觸其形，則其中動而其情始生，既有此情則私欲由之而長。纔有私欲，便是此心雜了其他物事；纔是雜了其他物事，則所謂渾全者便爲有欠缺；纔是有些子欠缺，便不是本來道理而爲不仁矣。顏子所以平日用工於『非禮勿視聽言動』者，所以禁絶此私意也。惟其用工切近而縝密如此，故其用力之至，至於無纖毫私欲少有間斷，而所謂渾全者，不違於心至於如此之久也。[一九]」先生曰：「莫只將渾全道理說，須要解得那仁字親切便是，不可只把做一個渾全底物事說了。[二〇]」義剛。

問：「『回也三月不違仁。』心猶穀種也，仁猶生理也，生理所以爲穀種之妙，穀種所以爲生理之舍，實非二物也。故曰『仁者，心之德』，言心之得乎此理，無有虧欠也。若無私欲，則一心之中生理流行，無有止息。回心三月不違仁者，其久矣。過此只是聖人無有間斷。其餘門人或日一至，或月一至，蓋此心或在或亡。至者，自外而至。此理本在内而爲一身之主，今自外至，若爲客然，言至而不能久也。[二一]」先生云：「仁與心本是一物。便[二二]被私欲一隔，心便違仁去，却爲二物。若私欲既無，則心與仁便不相違，合成一物。心猶鏡，仁猶鏡之明。鏡本來明，被塵垢一蔽遂不明。若塵垢一去，則鏡明矣。顔子三個月之久無塵垢。其餘人或日一次無塵垢，少間又暗；或月一次無塵垢，二十九日暗。亦不可知。」[二三]

問：「『三月不違仁』，如何？[二四]」曰：「三月，只是言久爾，非謂三月後必違也。此言顔子能久於仁爾，雖念慮之間間有不善處，却能『知之而未嘗復行也』。」祖道。謨録同。[二五]

又讀「回也三月不違仁」一段，云：「工夫既能向裏，只要常提省此心。心纔在這裏，外面許多病痛自然不見。」時舉。[二六]

問：「回心[二七]三月不違仁，三月後亦有違否？」曰：「畢竟久亦有間斷。」曰：「這間斷亦甚微否？」曰：「是。如『不貳過』，過便是違仁。非禮勿視聽言動四句，照管不到便是過。」淳。

寓[二八]問：「『回也其心三月不違仁』云云。[二九]如何是日至月至？」曰：「某舊説作[三〇]其餘人有一日不違仁，有一月不違仁者。近思之，一日不違仁固應有之，若一月不違，似亦難得。近得一説：有一日一番見得到，有一月一番見得到。比之一日，猶勝如一月之遠。若顔子方能三月不違，天理純然，無一毫私僞間雜，夫子所以獨稱之。」賀孫。[三一]

問：「『回也其心三月不違仁，其餘則日月至焉而已矣。』[三二]且[三三]如今之學者，一日是幾遍存省。當時門人乃或日一至焉，或月一至焉，不應如是疏略。恐仁是渾然天理，無纖毫私欲處。今之學者雖曰存省，亦未到這境界。他孔門弟子至便是至這[三四]境界否？」曰：「今人能存得，亦是這意思。但觸動便不得，被人叫一聲便走了。他當那至時，應事接物都不差。又不知至時久近如何，那裏煞有曲折。日至者却至得頻數，恐不甚久。月至者或旬日，或一二日，皆不可知。」又問：「横渠云：『始學之要，當知「三月不違」與「日月至焉」内外賓主之辨，使心意勉勉循循而不能已。過此幾非在我者。』」[三五]文蔚竊謂『三月不違』者，天理爲主，人欲爲賓；『日月至焉』者，人欲爲主，天理爲賓。學者工夫只得勉勉循循，以克人欲存天理爲事。其成與不成，至與不至，則非我可必矣。」曰：「是如此。」文蔚。

問：「『回也其心三月不違仁，其餘則日月至焉而已矣。』[三六]伊川言『不違』是無[三七]纖毫私欲，横渠言要知内外賓主之辨。」曰：「前後説是如此。」劉仲升云：「與久而不息者氣象迥別。」大雅云：「『久而不息』，自是聖人事。」曰：「『三月不違』是自家已有之物，三月之久，忽被人借去，自家旋即取回了。『日月至焉』，是本無此物，暫時問人借得來，便被人取去了。」大雅。

「顏子『三月不違仁，其餘則日月至焉而已矣』，此正内外賓主之辨。仁便是人一坐宅子，主人則常常在裏面住，到得賓客或一日來一番、一月來一番，不可知。」或問：「一日來一番，比一月來一番者，如何？」曰：「畢竟不如一日來一番底。」泳。[三八]

「『其心三月不違仁』[三九]者，我爲主而常在内也；『日月至焉』者，我爲客而常在外也。

仁猶屋，心猶我。常在屋中則爲主，出入不常爲主則客也。『過此幾非在我者』，如水漲船行，更無着力處。」銖。

正卿問：「集注『不知其仁也』云：『雖顏子之賢，猶不能不違於三月之後。』如何？」曰：「不是三月以後一向差去，但其〔四〇〕於這道理久後，略斷一斷便接續去，只是有些子差便接了。若無些子間斷，便全是天理，便是聖人。所以與聖人一間者，以此。舊説只做有一月至者，有一日至者，與顏子〔四一〕三月至者有次第。看來道理不如此。顏子地位下〔四二〕比諸子煞有優劣，如『賜也聞一以知二，回也聞一以知十』，此事争多少！此是十分争七八分。張氏内外賓主之辨，〔四三〕這道理譬如一屋子，是自家爲主，朝朝夕夕時時只在裏面。如顏子三月不能不違，只是略暫出去便又歸在裏面，是自家常做主。若日至者，一日一番至，是常在外爲客，一日一番暫入裏面來又便出去。月至者亦是常在外爲客，一月一番入裏面來又便出去。」又云：「『三月不違』者，如人通身都白，只有一點子黑。『日月至焉』者，如人通身都黑，只有一點白。」又云：「顏子一身，已自不見其身，日用之間只見許多道理。」賀孫。〔四四〕

「回也〔四五〕三月不違仁」，是在屋底下做得主人多時。「其餘則日月至焉而已矣」，是有時從外面入來屋子底下。横渠所謂内外賓主之辨者是也。又曰：「學者須是識得屋子是我底始得。」元秉。〔四六〕

問：「橫渠説：『始學之要，當知「三月不違」與「日月至焉」[四七]内外賓主之辨。』若以顔子爲内與主，不成其他門人之所學便都只在外？」曰：「他身己是都在道外，恰似客一般。譬之一個屋，聖人便常在屋裏坐。顔子也常在屋裏，只有時誤行出門外，然便覺不是他住處，便回來。其他却常在外面，有時入來，不是他活處，少間又自出去了。而今人硬把心制在這裏，恰似人在路上做活計，百事都安在外，雖是他自屋舍，時暫入來，見不得他活處，亦自不安，又自走出了。雖然，也須漸漸把捉，終不成任他如何！」又曰：「『日月至焉』者，是有一日得一番至，有一月得一番至。」賀孫。

問「日月至焉」一句。曰：「看得來日却是久底，月却是暫時底。」因説横渠内外賓主之辨，曰：「顔子一似主人，長在家裏，三月而後[四八]或有出去時節，便會回歸。其餘是賓，或一日一至，或一月一至。以日較月，月又却疏。」又曰：「『不違』者是内[四九]，『至焉』者是外[五〇]。」又問「幾非在我者」。曰：「舍三月不違去做工夫，都是在外[五一]，不在我這裏了。」希遜。[五二]

問「三月不違仁」章，先生云：「只如一室之内，主人便是常常在此室中者。顔子是常在，有時而出外者。其餘人只是一日一次至其室者，一月一次至其室者。」卓。[五三]

問：「張子謂：『始學之要，當知「三月不違」與「日月至焉」内外賓主之辨。』[五四]如何是[五五]内外賓主之辨？」先生曰：「『不違仁』者，仁在内而爲主，然其未熟，亦有時而出於外。『日月至焉』者，仁在外而爲賓，雖有時入於内而不能久也。」廣。

「三月不違」，主有時而出；「日月至焉」，賓有時而入。人固有終身爲善而自欺者，不特外面，蓋有心中欲爲善而常有一個不肯底意，便是自欺。從周。

「三月不違仁」，則主有時而出；「日月至焉」，則賓有時而入。[五六]「過此幾非在我者」，到此則進進不能已，亦無着力處。仁。[五七]

問：「『三月不違仁』與『日月至焉而已矣』，[五八]横渠有[五九]内外之説。如何？[六〇]」曰：「譬如一家有二人，一人常在家，一人常在外。在家者出外常少。在外者常不在家，間有歸家時，只是在外多。」謨。

問「三月不違仁」。曰：「仁即是心。心如鏡相似，仁便是個鏡之明。鏡從來自明，只爲有少間隔便不明。顔子之心已純明了，所謂『三月不違仁』者，[六一]只緣也曾有間隔處。」又問：「張子謂『使心意勉勉循循而不能已，過此幾非在我者』，是如何？」曰：「學者只要『勉勉循循而不能已』。纔能如此，便後面雖不用工，大段着力也自做去。如推個輪車相似，纔推得轉了，他便滔滔自去。所謂『學而時習之，不亦説乎』者，正謂説後不待着力而自不能已也。」時舉。

「張子言『勉勉循循而不能已』，須是見得此心自不能已方有進處。『過此幾非在我』，謂過

『三月不違』，非工夫所能及，如『末由也已』，真是着力不得。」又云：「『勉勉循循』之説，須是真個到那田地，實知得那滋味，方自不能已，要住不得，自然要去。『過此幾非在我』，言不由己[六二]了。 如推車子相似，纔著手推動輪子了，自然轉運不停。 如人喫物，既得滋味，自然愛喫。『日月至焉』者，畢竟也是曾到來，但不久耳。」明作。

或問：「張子『幾非在我者』一句，如何看？」[六三]曰：「既有循循勉勉底工夫，自然住不得。『幾非在我者』，言不待用力也，如易傳中説『過此以往，未之或知也』之意。 爲學正如推車子相似，纔用力推得動了，便自轉將去，更不費力。 故論語首章只説個『學而時習之，不亦説乎』，便言其效驗也[六四]，蓋學至説處則自不容已矣。」廣。[六五]

味道問：「『過此幾非在我者』，疑横渠止謂始學之要，唯常[六六]知内外賓主之辨，此外非所當知。」曰：「不然。 學者只要撥得這車輪轉，到循循勉勉處，便無着力處，自會長進去。 如論語首章言學只到『不亦説乎』處便[六七]住，下面便不説學了，蓋到説時此[六八]便活。」因言：「韓退之、蘇明允作文，只是學古人聲響，盡一生死力爲之，必成而後止。 今之學者爲學，曾有似他下工夫到豁然貫通處否？」可學。

周貴卿問「幾非在我者」意義[六九]。曰：「如推車子樣，初推時須要我着力。 及推發了後，却是被他車子移將去，也不由在我了。 某嘗説『學而時習之，不亦悦[七〇]乎』，若是做到這裏後，自不肯住了，而今人只是不能得到悦處。」義剛。

問：「横渠言『始學者當知「三月不違」與「日月至焉」内外之辨。使心意勉勉循循，過此幾非在我者。』是如何？[七一]」曰：「『過此，即是『過此以往，未之或知』底意思。若工夫到此，蓋有用力之所不能及，自有不可已處。雖要用力，亦不能得。」又問：「是[七二]内外賓主之辨？」答曰：「『三月不違』爲主，『日月至焉』爲賓。主則常在其中，賓則往來無常，蓋存主之時少，在外之時多。『日月至焉』，爲其時暫而不能久。若能致其賓主之辨而用其力，則工夫到後自有不可息者。」寓。

問：「『始學之要，當知「三月不違」與「日月至焉」内外賓主之辨。使心意勉勉循循而不能已，過此幾非在我者。』[七三]何謂『幾非在我者』？」曰：「此即『過此以往，未之或知』之意。蓋前頭事皆不由我，我也不知前面之分寸，我也不知前面之淺深。我[七四]只理會這裏工夫，使外内賓主之辨常要分曉，使心意勉勉循循不已。只如此而已，便到顏子『既竭吾才，如有所立卓爾』之地。『雖欲從之，末由也已』，然[七五]也只恁地。」淳。

問：「横渠先生云所謂『使心意勉勉循循而不能已，過此幾非在我者』，不審『幾非在我』之義是如何？[七六]」先生云：「『非在我，言更不着得人力也。人之爲學，不能得心意勉勉循循而不已。若能如是了，如推車子一般，初間着力推得行了，後來只是衮將去。所謂『學而時習之，不

亦悦乎』，若得説了，自然不能休得。如種樹一般，初間栽培灌溉，及既成樹了，自然抽枝長葉，何用人力。」[七七]

子升兄[七八]問：「『回也三月不違仁』，横渠云『過此幾非在我者』，[七九]莫是過此則[八〇]聖人之意否？」曰：「不然。蓋謂工夫到此，則非我所能用其力而自然不能已。如車已推而勢自去，如船已發而纜自行。若不能辨内外賓主，不能循循不已，則有時而間斷矣。孟子所謂『夫仁，亦在乎熟之而已矣』，此語説得盡了。」木之。

節[八一]問「回心[八二]三月不違仁」。先生曰：「如何是心？如何是仁？」節對云[八三]：「心是知覺底，仁是理。」曰：「耳無有不聰，目無有不明，心無有不仁。然耳有時不聰，目有時不明，心有時不仁。」節[八四]問：「莫是心與理合而爲一？」曰：「不是合。心自是仁，然私欲一動便不仁了，所以説[八五]『仁，人心也』。學者[八六]理會甚麽事？只是理會這些子。」節[八七]又問：「注下[八八]張子之説，莫是『三月不違』者是仁常在内，常爲主；『日月至焉』者是仁常在外，常爲賓？」曰：「此倒説了。心常在内，常爲主；心常在外，常爲客。如這一間屋，主常在此居，客雖在此，不久着去。」節復[八九]問：「如此則心不違仁者，是心在仁内？」先生曰：「不可言心在仁内，略略地是恁地意思。」又曰：「便是難説。」節[九〇]問：「『過此幾非在我者』，如何？」曰：「不用着力，如決江河，水至而舟自浮。如説學，只説到説悦處[九一]，以上不用説。至説處則自能尋將上去。不到説處是不曾時習，時習則相將自然説。」又曰：「人只是一個不肯學。須是如喫酒：自家不愛喫，硬將酒來喫；相將自然要喫，不待强他。如喫藥，人不愛喫，硬强他喫。」節。

問：「横渠説[九二]『過此幾非在我者』，還[九三]莫只見許多道理，不見自身己，如何？」曰：「這只是説循循勉勉便自住不得，便自不由自身己。只是這個關難過，纔過得，自要住[九四]，住不得，如顔子所謂『欲罷不能』。這個工夫入頭都只在窮理，只這道理難得便會分明。」又云：「今學者多端：固有説得道理是却自不着身，只把做言語用了；固有要去切己做工夫，却硬理會不甚進者。」又云：「看得道理透，少間見聖賢言語句句是爲自家身己設。」又云：「内外賓主，只是如今人多是不能守得這心。如一間屋，日月至焉者，是一日一番入裏面來，或有一月一番入裏面來，他心自不着這裏，便又出去了。若説在内，譬如自家自在自屋裏作主，心心念念只在這裏，行也在這裏，坐也在這裏，睡卧也在這裏。『三月不違』，是時復又暫出外去，便覺不是自家屋，便歸來。今舉世日夜營營於外，直是無人守得這心。若能收這心常在這裏，便與一世都背馳了。某嘗説，今學者别無他，只是要理會這道理。此心元初自具萬物萬事之理，須是理會得分明。」賀孫。

至之問：「横渠言始學之要，當知『三月不違仁[九五]』此[九六]『過此，幾非在我者』。」答曰：「且以屋喻之：『三月不違』者，心常在内，雖間或有出時，然終是在外不穩便，纔出即便入。蓋心安於内，所以爲主。『日月至焉』者，心常在外，雖間或有入時，然終是在内不安，纔入即便出。蓋心安於外，所以爲賓。日至者，一日一至此；月至者，一月一至此，自外而至也。不違者，心常存；日月至者，有時而存。此無他，知有至未至，意有誠未誠。知至矣，雖驅使爲不善亦不爲；知未至，雖軋勒使不爲，此意終迸出來。故貴於見得透，則心意勉勉循循，自不能已矣。『過此幾非在我者』，猶云[九七]『過此以往，未之或知』，言過此則自家着力不得，待他自長進去。」又曰：「『三月不違』之『違』，猶白中之黑；『日月至焉』之『至』，猶黑中之白。今須且將此一段反覆思量，渙然冰釋，怡然理順，使自會淪肌浹髓。夫子謂『君子上達，小人下達』，只在這些子。學者[九八]若拗不轉便下達去了。」又曰：「此知如『誠意』章相似。知善之可好而好之極其至焉[九九]，知不善之可惡而惡之極其深，以至於慊快充足，方始是好處。」道夫。

問：「『三月不違仁』，伊川舉『得一善則拳拳服膺』。仁乃全體，何故以善稱？」曰：「仁是合衆善。一善尚不棄，況萬善乎！」[一〇〇]

問：「呂與叔引橫渠説解遷怒事，又以『三月不違』爲氣不能守，恐是張子、呂氏皆是以己之氣質論聖人之言。」曰：「不須如此説。如説這一段，且只就這一段平看。若更生枝節，又外面討個[一〇一]意思橫着[一〇二]，都是病。」人傑因曰：「須從[一〇三]這裏過一番，既聞教誨，可造平淡。」曰：「此説又是剩了。」人傑。[一〇四]

寓〔一〇五〕問：「伊川解『三月不違仁』，『得一善則拳拳服膺而弗失』。看見『不違仁』〔一〇六〕是此心純然天理，其所得在内。『得一善則服膺而弗失』，恐是所得在外。如何？〔一〇七〕」曰：「『得一善則服膺弗失』，便是『三月不違仁』處。」又問：「是如何？」曰：「所謂善者，即是收拾此心之理。顔子『三月不違仁』，豈直恁虚空湛然，常閉門合眼静坐，不應事，不接物，然後爲不違仁也？顔子有事亦須應，須飲食，須接賓客，但只是無一毫私欲耳。」道夫。

寓〔一〇八〕問：「伊川謂：『「日月至焉」與久而不息者所見規模雖略相似，其意味自〔一〇九〕别。』寓〔一一〇〕看來日月至與不息者全然别，伊川言『略相似』，何也？」曰：「若論到至處，却是與久而不息底一般。只是日月至者，至得不長久；不息者，純然無間斷。」寓。

問：「子曰『回也其心三月不違仁』一章。〔一一一〕伊川曰：『三月言其久，天道小變之節。』蓋言顔子經天道之變而爲仁如此，其終久於仁也。又曰：『「三月不違仁」，蓋言其久也，然成德事。』范氏曰：『回之於仁，一時而不變，則其久可知。其餘則有時而至焉，不若回愈久而弗失也。夫子之於仁，慎其所以取予〔一一二〕人者至矣。「有能一日用其力於仁矣乎」，猶不得見焉。惟獨稱顔子三月不違，其可謂仁也已。』謝氏曰：『回之爲人，語其所知，雖出於學，然鄰於生知矣；語其成功，雖未至於從容，亦不可謂勉强矣。「三月不違仁」，仁矣，特未可以語聖也，亦未達一間之稱耳。三月，特以其久故也。古人「三月無君則弔」，去國三月則復；詩人以「一日不見，如三月兮」；夫子聞韶，「三月不知肉味」。皆久之意。』右第六章凡九說，今從伊川、范氏、謝氏之說。

伊川第一說以『得一善則服膺弗失』，作『三月不違仁』，未甚切。第二說曰：『三月言其久，過此則聖人也。』呂氏亦曰：『以身之而未能信，故[一一三]久則不能不懈。』又曰：『至於三月之久，猶不能無違。』又曰：『至於三月之久，其氣不能無衰，雖欲勉而不違仁，不可得也。』楊氏曰：「『三月不違仁』，未能無違也。」侯氏亦曰：「『三月不違仁』，便是不遠而復也。過此則通天通地，無有間斷。」尹氏亦曰：『三月言其久，若聖人則渾然無間矣。』此五說皆同而有未安，惟呂氏爲甚。切謂此章論顏子『三月不違仁』，其立言若曰能久不違仁而已；其餘『日月至焉』者，亦若曰至於仁而不久而已。若以爲顏子『三月不違』，既過三月則違之，何以爲顏子？此呂氏之說爲未安。楊氏亦此意。伊川、侯氏、尹氏之說亦與呂氏、楊氏相類，特不顯言之耳。故愚以三月特以其久，不必泥『三月』字。顏子視孔子爲未至者，聖人則不思不勉，顏子則思勉也。諸子視顏子爲未至者，則以其[一一四]久近不同耳。若謂顏子三月則違，恐未安。伊川第三說與橫渠同，皆說學者事，但橫渠『內外賓主』四字不知如何說。恐只是以『三月不違』者爲有諸己，故曰內、曰主；『日月至焉』者若存若亡，故曰外、曰賓。未審然否？[一一五]游氏說『仁』字甚切，恐於本文不甚密。」先生曰：「能久不違仁，不知能終不違耶，亦有時而違耶？顏子若能終不違仁，則又何思勉之有！易傳復之初九爻下有論此處，可更思之。游氏引『仁，人心也』，則仁與心一物矣，而曰『心不違仁』，何也？」榦。易傳曰：「既未能不勉而中、所欲不踰矩，是有過也。然其明而剛，故一有不善未嘗不知，既知未嘗不遽改，故不至於悔，乃『不遠復』也。」〔一一六〕

仲由可使從政章〔一一七〕

寓〔一一八〕問：「季康子問仲由從政，由之果、賜之達可見，不知求之藝可得而聞否？」〔一一九〕曰：「看他既爲季氏聚斂，想見是有藝。」問：「龜山解以爲『知禮樂射御書數，然後謂之藝』。」曰：「不止是禮樂射御書數。」〔一二〇〕

「求也藝」，於細微上事都理會得。緣其材如此，故用之於聚斂必有非他人所及者。惜乎其有才而不善用之也。僩。

「『季康子問仲由可使從政也與』一章。〔一二一〕呂氏曰：『果則有斷，達則不滯，藝則善裁，皆可使從政也。』右第七章六説〔一二二〕，今從呂説。伊川曰：『人各有所長，能取其長，皆可用也。』尹氏亦用此意。若謂從政，則恐非人人可能。范氏惟説三子之失，恐非本文解則未須説失處。謝氏論季氏之意，以謂『陋儒所短正在此』，亦恐季氏未必有此意。其問至於再三，乃是有求人才之意。使季氏尚疑其短，則其問必不〔一二三〕至反覆再三也。楊氏論果、達、藝〔一二四〕三德，不如呂氏謹嚴。」曰：「此段所説得之，但破范説非是。」榦。

季氏使閔子騫爲費宰章

「謝氏曰：『學者能知内外之分，則皆可以樂道而忘勢。況閔子親得聖人爲之依歸，彼其視季氏不義之富貴不啻犬彘，又從而臣之，豈其心哉？』下文推得亦穩。〔一二五〕右〔一二六〕第八章五説，今取謝氏之説。伊川、范、楊、尹氏四説大率皆同，只略説大綱。」曰：「謝氏固好，然辭氣亦有不平和處。」榦。

謝氏説得也粗。某所以寫放這裏，也是可以警那懦底人。若是常常記得這樣在心下，則可以廉頑立懦，不至倒了。今倒了底也多。義剛。

伯牛有疾章

「『伯牛有疾』一章。〔一二七〕侯氏曰：『夫子嘗以「德行」稱伯牛矣。於其將亡也，宜其重惜之，故再歎曰：「亡之，命矣夫！斯人也，而有斯疾也！斯人也，而有斯疾也！」言非可愈之疾，亦不幸短命之意。』尹氏曰：『牖，牖下也。』包氏謂有惡疾不欲人知，恐其不然也。』右第九章五説，今從尹氏、侯氏之説。范氏曰：『冉伯牛盡其道而死，故曰命。』楊氏亦曰：『不知謹疾，則其疾有以致之而至者，伯牛無是也，故曰「命矣夫」。』此説於義理正當，但就本文看，説『命矣夫』較深。

聖人本意只是惜其死，歎之曰命也，若曰無可奈何而安之命爾。方將問人之疾，情意悽愴，何暇問其盡道與否也？況下文以爲『斯人有斯疾』，則以爲不當有此疾也。豈有上文稱其盡道而死，下文復歎其不當疾而疾？文勢亦不相聯屬。謝氏同，尹氏謹嚴。」先生曰：「此説非是，更思之。」榦。

賢哉回也章

問：「顏子『不改其樂』，莫是樂個貧否？」曰：「顏子私欲克盡，故樂，却不是專樂個貧事。[一二八]元自有個樂，始得。」時舉。

伯豐問：「顏子之樂不是外面别有甚事可樂，只顏子平日所樂[一二九]之事是矣。見得既分明了，又無私意於其間，自然而樂。」曰：「顏子見得既盡，行之又順，便有樂底滋味。」㽦。

問：「顏子樂處，恐是工夫做到這地位則私意脱落、天理洞然，有個樂處否？」先生曰：「未到他地位則如何便能知得他樂處，且要得就他實下工夫處做，下梢亦須會到他樂時節。」寓。

問顏子樂處。曰：「顏子之樂亦如曾點之樂，但孔子只説顏子是恁地樂，曾點却説許多樂底事來。點之樂淺而易見，顏子之樂深微而難知。點只是見得如此，顏子是工夫到那裏了。從本原上看方得。」賜。

「顏子之樂平淡，曾點之樂已勞攘了。至那康節〔一三〇〕云『真樂攻心不奈何』，樂得大段顛蹶。」或曰：「顏子之樂，只是心有這道理便樂否？」曰：「不須如此說，且就實處做工夫。」〔一三一〕

又曰：〔一三二〕「顏子是孔子稱他樂，也〔一三三〕不曾自說道我樂。大凡人自說樂時便已不是樂了。」淳。〔一三四〕

胡問：「顏子之樂是到樂天知命地位，便不以貧窶累其心否？」曰：「又加却『樂天知命』四字，加此四字又壞了這樂。顏子胸中自有樂地，雖在貧窶之中而亦不以累其心，不是將那不以貧窶累其心底做樂。明道曰：『百官萬務，金革百萬之衆，曲肱飲水，樂亦在其中。』觀它有扈游山詩，是甚次第！」淳說：「明道那時未有年齒。」曰：「亦是他自有個見成底樂。」淳。〔一三五〕

問：「顏子『不改其樂』，是私欲既去，一心之中渾是天理流行，無有止息。此乃至富至貴之理，舉天下之物無以尚之，豈不大有可樂！故顏子雖貧，處之泰然，不以貧窶而害此心之樂也。〔一三六〕」先生云：「周子所謂至貴至富〔一三七〕，乃是對貧賤而言。今引此說恐淺。只是私欲未去，如口之於味，耳之於聲，皆是欲。得其欲，即是私欲，反爲所累，何足樂！若不得其欲，只管求之，於心亦不樂。惟是私欲既去，天理流行，動静語默日用之間無非天理，胸中廓然，豈不可樂！此與貧窶自不相干，故不以此而害其樂。」黄直卿〔一三八〕云：「與浩然之氣如何？」曰：「也是此意，但浩然之氣説得較粗。」又云：「『説樂道，便不是』，是如何？」曰：「纔説樂道，只是冒罩説，不曾説得親切。」又云：「伊川所謂『其字當玩味』，是如何？」曰：「是元有此樂。」又云：「『見其大則心泰』，周先生[一三九]何故就見上説？」曰：「見便是識此味。」畬。[一四〇]

「不改其樂者，僅能不改而已。不能改其樂者，是自家有樂在此，他自無奈自家何」，伊川之説，初看似未甚好，細看甚密。某作六先生贊，呂伯恭云伊川贊尤好。蓋某當初見得個意思恁地，所謂「布帛之文，穀粟之味，知德者希，孰識其貴」也。伯恭亦看得好。夔孫。[一四一]

道夫[一四二]問：「程子云『昔受學於周茂叔，每令尋顏子仲尼樂處所樂何事』[一四三]，道夫[一四四]竊意孔顏之學固非若世俗之着於物者，但以爲孔顏之樂在於樂道，則是孔顏與道終爲二物。要之，孔顏之樂只是私意盡[一四五]，天理融[一四六]，自然無一毫私累[一四七]耳。」曰：「然。但今人説樂道説得來淺爾[一四八]。要之，説樂道亦無害。」道夫曰：「觀周先生[一四九]之問，其爲學者甚切。」曰：「然。」頃之復曰：「人[一五〇]能克己則心廣體胖，仰不愧，俯不怍，其樂可知。有息則餒矣。」道夫。

問：「濂溪教程子尋孔顏樂處，如何？[一五一]」曰：「先賢到樂處已自成就向上去了，非初學所能求。況今之師非濂溪之師，所謂友者非二程之友，所以説此事却似茫廣[一五二]。不如且就聖賢着實用工處求之，如『克己復禮』，致謹於視聽言動之間，久久自當純熟充達向上去。」

賀孫。[一五三]

恭父問：「孔顏之分固不同。其所樂處莫只是一般否？」曰：「聖人都忘了身，只有個天理。若顏子猶着[一五四]照管在。」恪。

行夫問「不改其樂」。曰：「顏子先自有此樂，到貧處亦不足以改之。」「夫子[一五五]自言蔬食飲水，樂在其中。其樂只一般否？」曰：「雖同此樂，然顏子未免有意，到聖人則不然[一五六]。」賀孫。

「樂在其中矣，回也不改其樂。」[一五七]子善謂：「夫子之樂雖在飯蔬食飲水之中，而忘其樂。顏子不以簞瓢陋巷改其樂，是外其簞瓢陋巷。」曰：「孔顏之樂大綱相似，難就此分淺深。唯是顏子止說『不改其樂』，聖人却云『樂亦在其中』。『不改』字上恐與聖人略不相似，亦只爭些子。聖人自然是樂，顏子僅能不改。如云『得』與『不失』，『得』是得了，若說『不失』亦只是得，但說『不失』則僅能不失耳，終不似『得』字是得得穩。此亦有內外賓主之意。」或問：「與『不違仁』如何？」曰：「僅能不違。」賀孫。

讀「回也不改其樂」與「樂在其中矣」一般。[一五八]先生曰：「說得雖巧，然子細看來，不須如此分亦得。向見張欽夫亦要如此說，某謂不必如此。所謂樂之淺深乃在『改』[一五九]上面。所謂不改，便是方能免得改，未如聖人從來安然。譬之病人，方得無病，比之從來安樂者便自不同。

如此看其深淺乃好。」時舉。

「聖人之樂，且粗言之，人之生各具此理，但是人不見此理，這裏都黑窣窣地。如猫子狗兒相似，飢便求食，困便思睡。一得富貴，便是極聲色之娛，窮四體之奉；一遇貧賤，則憂戚無聊。所謂樂者，非其所可樂；所謂憂者，非其所可憂也。聖人之心直是表裏精粗，無不昭徹，方其有所思，都是這裏流出。所謂德盛仁熟，『從心所欲，不踰矩』，莊子所謂『人貌而天』。蓋形骸雖是人，其實是一塊天理，又焉得而不樂！」又曰：「聖人便是一片赤骨立底天理。顔子早是有個物包裹了，但其皮薄，剥去容易。聖人一爲指出這是天理，這是人欲，他便洞然都得了。」夔孫。

問：「『回也[一六〇]不改其樂』與『樂在其中矣』，二者輕重如何？」先生曰：「不要去孔顔身上問，只去自家身上討。」敬仲。[一六一]

「顔樂」章近改「非禮勿視聽言動」爲「博文約禮」，和前面都説，要得備。「非禮勿視聽言動」，只是約禮底工夫。若不博文，約那禮也不住。淳。[一六二]

先生問胡叔器：[一六三]「看文字如何？」對[一六四]曰：「兩日方在思量顔子樂處。」先生疾言曰：「不用思量！他只是『博我以文，約我以禮』後見得那天理分明，日用間義理純熟後不被[一六五]那人欲來苦楚，自恁地快活。你[一六六]而今只去博文約禮便自見得。將次思量得人成病，皆只由索之於杳冥無朕之際作去，何處討這樂處？〔一六七〕而今一部論語説得恁地分明，自不用思量，只要你〔一六八〕着實去用工。如前日所説人心、道心便只是這兩事。你〔一六九〕只去臨時思量那個是人心，那個是道心。便顔子也只是使得人心聽命於道心後〔一七〇〕，不被人心勝了道心。你而〔一七一〕今便須是常〔一七二〕揀擇教精，使道心常常在裏面如個主人，人心只如客様。常常如此無間斷，則〔一七三〕便能『允執厥中』。」義剛。

問伊川説「顔子非樂道」。「蓋謂非以道爲樂，到底所樂只是道。蓋非道與我爲二物，但熟後便樂也。」祖道。〔一七四〕

初八日，留泗洲之驛舍。蓋卿問：〔一七五〕「昔鄒道鄉論伊川所見極高處，以謂鮮于侁問於伊川曰：『顔子「不改其樂」，不知所樂者何事？』伊川曰：『尋常道顔子所樂者若有道可樂，便不是顔子。』〔一七六〕蓋卿以爲〔一七七〕豈非顔子工夫至到，道體渾然與之爲一，顔子之言樂自默於存心，〔一七八〕人見顔子之不改其樂，而顔子不自知也。以此而言，未知是否？〔一七九〕」先生曰：「正謂世之談經者，往往有前所説之病：本卑而抗之使高，本淺而鑿之使深，本近而推之使遠，本明而必使之至於晦。且如『伊尹耕於有莘之野，由是以樂堯舜之道』，未嘗以樂道爲淺也。直謂顔子爲樂道，有何不可！」蓋卿。

問：「『顔子樂道』，〔一八〇〕伊川謂『使顔子以道爲樂而樂之〔一八一〕，不足爲顔子』，如何？」

曰：「樂道之言不失，只是説得不精切，故如此告之。今便以爲無道可樂，走作了。」問：「如[一八二]鄒侍郎聞此，謂『吾今始識伊川面』，已入禪去。」曰：「大抵多被如此看。」因舉張思叔問「子在川上」，曰：「便是無窮？」伊川曰：「如何一個『無窮』便了得他？」曰：「『無窮』之言固是，但爲渠道出不親切，故以爲不可。」可學。

問「回也不改其樂」，鮮于侁言樂道，伊川不然之。曰：「説個樂道，便是出頭撞了。到得公説，越是死殺了。這個且未要説，留這一段時時看，待久後説。」[一八三]

劉黼問：「『顏子不改其樂』，[一八四]伊川以爲『若以道爲樂，不足爲顏子』，又却云『顏子所樂者仁而已』。不知道與仁何辨？」曰：「非是樂仁，唯仁故能樂爾。是他有這仁，日用間無些私意，故能樂也。而今却不要如此論，須求他所以能不改其樂者是如何。緣能『非禮勿視，非禮勿聽，非禮勿言，非禮勿動』，這四事做得實頭工夫透，自然至此。」辛。[一八五]

節[一八六]問：「程子謂：『使顏子以道爲樂，則非顏子。』周子[一八七]通書顏子章又却似言以道爲樂。」先生曰：「顏子之樂非是自家有個道至富至貴，只管把來弄後樂。見得這道理後自然樂，故曰『見其大則心泰，心泰則無不足，無不足則富貴貧賤處之一也』。」節。

問：「『子曰賢哉回也』一章。[一八八]明道先生曰：『簞瓢陋巷非可樂，蓋自有其[一八九]樂耳。「其」字當玩味，自有深意。』伊川先生曰：『顏子之樂，非[一九〇]簞瓢陋巷也，不以貧窶累其心而改其所樂也，故夫子稱其賢。』又曰：『天下有至樂，惟反身者得之，而極天下之樂[一九一]不與存焉。』又曰：『顔子簞瓢非樂也，忘也。』吕氏曰：『禮樂悦心之至，不知貧賤富貴可爲吾之憂樂。』右第十章八説，今從明道、伊川、吕氏之説。明道第二説，伊川第二、第三、第七説，范氏説，皆是推説，於本文未甚密。伊川第四説答鮮于侁曰：『使顔子以道爲樂而樂之，則非顔子矣。』切意伊川之説，謂顔子與道爲一矣，若以道爲可樂則二矣。不知然否？謝氏曰：『回也心不與物交，故無所欲。』不與物交，恐説太深。游氏用伊川説。楊氏之説亦穩，但無甚緊要發明處。尹氏謂『不以衆人之所憂改其樂』，却[一九二]不如伊川作『不以貧窶累其心而改其所樂』。蓋聖人本意，在簞瓢陋巷上見得顔子賢處。『人不堪其憂』，特輔一句。伊川之説乃其本意，而尹氏乃取其輔句，説顔子賢處未甚緊。」先生曰：「所論答鮮于侁語，大概得之，而未子細，更就實事上看。『心不與物交』，非謂太深，蓋無此理，雖大聖人之心，亦不能不交物也。」榦。

【校勘記】

［一］子升兄　成化本爲「子升」。

［二］子華使齊……益之之意　成化本爲「冉子請粟聖人不與之辨而與之益之」。

〔三〕 行夫問冉子請粟曰　成化本無。
〔四〕 成化本此下注有「恪」。
〔五〕 成化本此下注曰：「義剛録云：『聖人於小處也區處得恁地盡，便是一以貫之處。聖人做事着地頭。』」
〔六〕 子華使齊至原思爲之宰一段　成化本無。
〔七〕 原思爲之宰使其禄苟有餘　成化本爲「原思之辭常禄使其苟有餘」。
〔八〕 分人　成化本爲「分人與不分人」。
〔九〕 原憲　成化本爲「原思」。
〔一〇〕 犂牛之子騂且角章　成化本爲「子謂仲弓章」。
〔一一〕 家語弟子解篇載……以德行著名也　成化本無。
〔一二〕 雖　成化本作「牽」。
〔一三〕 大者既立則其小者所不棄也　成化本爲「大者苟立雖小未純人所不棄也」。
〔一四〕 自　成化本同，朱本、王本作「有」。
〔一五〕 若不能改過……至伊川却不回互　成化本無。
〔一六〕 蘇氏　成化本爲「只蘇氏」。
〔一七〕 仲弓　成化本爲「仲弓之德」。

〔一八〕回也其心三月不違仁章　成化本爲「子曰回也章」。

〔一九〕天生斯人皆有是心……不違於心至於如此之久也　成化本無。

〔二〇〕須要解得那仁字親切便是不可只把做一個渾全底物事説了　成化本爲「雖看教那仁親切始得」。

〔二一〕回也三月不違仁……言至而不能久也　成化本爲「三月不違仁」。

〔二二〕便　成化本無。

〔二三〕成化本此下注有「南升」。

〔二四〕如何　成化本無。

〔二五〕祖道謨録同　成化本爲「去僞」。

〔二六〕時舉　成化本無，且此條載於卷一百十四。

〔二七〕回心　成化本無。

〔二八〕寓　成化本無。

〔二九〕回也其心三月不違仁云云　成化本無。

〔三〇〕作　成化本無。

〔三一〕賀孫　成化本作「寓」。

〔三二〕回也其心三月不違仁其餘則日月至焉而已矣　成化本無。

〔三三〕且　成化本無。

〔三四〕這　成化本無。
〔三五〕横渠云……過此幾非在我者　成化本爲「横渠云云」。
〔三六〕回也其心三月不違仁其餘則日月至焉而已矣　成化本無。
〔三七〕無　成化本作「有」。
〔三八〕此條泳録成化本無。
〔三九〕其心三月不違仁　成化本爲「三月不違」。
〔四〇〕其　成化本無。
〔四一〕顔子　成化本爲「顔淵」。
〔四二〕下　成化本無。
〔四三〕張氏内外賓主之辨　成化本爲「張子云云」。
〔四四〕成化本此下注曰：「今集注『不知其仁』章無此説。」
〔四五〕回也　成化本無。
〔四六〕元秉　成化本爲「儒用」。
〔四七〕始學之要當知三月不違與日月至焉　成化本無。
〔四八〕而後　成化本爲「以後」。
〔四九〕是内　成化本爲「是在内」。

［五〇］是外　成化本爲「是在外來」。
［五一］外　成化本爲「我外」。
［五二］希遜　成化本爲「謙之」。
［五三］此條卓録成化本無。
［五四］張子謂……内外賓主之辨　成化本無。
［五五］如何是　成化本無。
［五六］三月不違仁……則賓有時而入　成化本無。
［五七］仁　成化本爲「拱壽」。
［五八］三月不違仁與日月至焉而已矣　成化本無。
［五九］有　成化本無。
［六〇］如何　成化本無。
［六一］所謂三月不違仁者　成化本爲「所謂三月不違」。
［六二］己　成化本作「我」。
［六三］張子幾非在我者一句如何看　成化本爲「張子幾非在我者」。
［六四］也　成化本作「者」。
［六五］成化本此下注曰：「南升録别出。」且此下接南升録，參底本本卷「問横渠先生云……何用人力」條。

［六六］常　成化本作「當」。

［六七］便　成化本無。

［六八］此　成化本爲「此心」。

［六九］意義　成化本無。

［七〇］悦　成化本作「説」。

［七一］横渠言始學者……是如何　成化本爲「過此幾非在我者」。

［七二］是　成化本無。

［七三］始學之要……過此幾非在我者　成化本無。

［七四］我　成化本無。

［七五］然　成化本無。

［七六］横渠先生云……不審幾非在我之義是如何　成化本爲「幾非在我之義」。

［七七］成化本此下注有「南升」。

［七八］子升兄　成化本爲「子升」。

［七九］回也三月不違仁横渠云過此幾非在我者　成化本爲「過此幾非在我」。

［八〇］則　王本作「到」。

［八一］節　成化本無。

〔八二〕回心　成化本無。

〔八三〕節對云　成化本作「曰」。

〔八四〕節　成化本無。

〔八五〕説　成化本無。

〔八六〕者　成化本無。

〔八七〕節　成化本無。

〔八八〕注下　成化本無。

〔八九〕節復　成化本無。

〔九〇〕節　成化本無。

〔九一〕成化本此下有「住」。

〔九二〕横渠説　成化本無。

〔九三〕還　成化本無。

〔九四〕住　成化本無。

〔九五〕仁　成化本無。

〔九六〕此　王本作「止」。

〔九七〕云　成化本作「言」。

［九八］學者　成化本無。
［九九］極其至焉　成化本爲「極其篤」。
［一〇〇］成化本此下注曰：「可學。集義。」
［一〇一］個　成化本爲「一個」。
［一〇二］着　成化本作「看」。
［一〇三］從　成化本作「是」。
［一〇四］此條人傑録成化本載於卷三十。又，底本卷三十亦載此條，參卷三十。
［一〇五］寓　成化本無。
［一〇六］伊川解三月不違仁……看見不違仁　成化本爲「不違仁」。
［一〇七］如何　成化本無。
［一〇八］寓　成化本無。
［一〇九］自　成化本作「迥」。
［一一〇］寓　成化本無。
［一一一］子曰回也其心三月不違仁一章　成化本無。
［一一二］予　成化本作「與」。
［一一三］故　成化本作「性」。

〔一一四〕其　成化本無。

〔一一五〕未審然否　成化本作「否」。

〔一一六〕易傳曰……乃不遠復也　成化本無。

〔一一七〕仲由可使從政章　成化本爲「季康子問仲由」。

〔一一八〕寓　成化本無。

〔一一九〕季康子問仲由從政……可得而聞否　成化本爲「求之藝可得而聞否」。

〔一二〇〕成化本此下注有「寓」。

〔一二一〕季康子問仲由可使從政也與一章　成化本無。

〔一二二〕六説　成化本爲「凡六説」。

〔一二三〕必不　成化本爲「不必」。

〔一二四〕果達藝　成化本爲「果藝達」。

〔一二五〕謝氏曰……下文推得亦穩　成化本無。

〔一二六〕右　成化本無。

〔一二七〕伯牛有疾一章　成化本無。

〔一二八〕却不是專樂個貧事　成化本爲「却不是專樂個貧須知他不干貧事」。

〔一二九〕樂　成化本作「學」。

［一三〇］至那康節　成化本爲「至邵康節」。

［一三一］成化本此下注有「學蒙」。

［一三二］又曰　成化本無，另有「問：『曾點浴沂氣象與顔子樂底意思相近否？』曰：『顔子底較恬静，無許多事。曾點是自恁説却也好，若不已便成釋老去，所以孟子謂之狂。』」

［一三三］也　成化本作「他」。

［一三四］此條淳録成化本載於卷四十，底本卷四十則重複載録，參底本該卷「問曾點浴沂氣象……便已不是樂了」條。

［一三五］此條淳録成化本以部分内容爲注夾於義剛録中，參成化本卷三十一義剛録「叔器問顔子樂處……也是有個見成底樂」條。

［一三六］故顔子雖貧處之泰然不以貧窶而害此心之樂也　成化本無。

［一三七］至貴至富　成化本爲「至富至貴」。

［一三八］黄直卿　成化本爲「直卿」。

［一三九］周先生　成化本爲「周子」。

［一四〇］甾　成化本爲「南升」。

［一四一］此條夔孫録成化本無，但卷三十一載義剛録與此相類，參成化本該卷「叔器問不改其樂……大段光明」條。

〔一四二〕道夫　成化本無。

〔一四三〕昔受學於周茂叔……所樂何事　成化本爲「周茂叔令尋顏子仲尼樂處所樂何事」。

〔一四四〕道夫　成化本無。

〔一四五〕盡　成化本爲「凈盡」。

〔一四六〕融　成化本爲「昭融」。

〔一四七〕私累　成化本爲「繫累」。

〔一四八〕爾　成化本作「了」。

〔一四九〕周先生　成化本爲「周子」。

〔一五〇〕人　成化本此上有「程子云」。

〔一五一〕如何　成化本爲「蓋自有其樂然求之亦甚難」。

〔一五二〕茫廣　成化本爲「莽廣」。

〔一五三〕賀孫　成化本作「寓」。

〔一五四〕着　成化本無。

〔一五五〕夫子　成化本此上有「曰」。

〔一五六〕不然　成化本爲「自然」。

〔一五七〕樂在其中矣回也不改其樂　成化本無。

［一五八］讀回也不改其樂與樂在其中矣一般　成化本爲「呈回也不改其樂與樂在其中矣一段問目」。

［一五九］改　成化本爲「不改」。

［一六〇］回也　成化本無。

［一六一］成化本此下注曰：「以下論孔顔之樂。」

［一六二］此條淳録成化本無。

［一六三］先生問胡叔器　成化本爲「問叔器」。

［一六四］對　成化本無。

［一六五］被　底本闕，據成化本補。

［一六六］你　成化本卷三十一同，但卷一百二十無。

［一六七］將次思量得人成病……何處討這樂處　成化本卷三十一爲「今却去索之於杳冥無朕之際你去何處討將次思量得人成病」。成化本卷一百二十爲「今却索之於杳冥無朕之際去何處討這樂處將次思量得成病」。

［一六八］你　成化本無。

［一六九］你　成化本無。

［一七〇］後　成化本卷三十一同，但卷一百二十無。

［一七一］你而　成化本卷三十一同，但卷一百二十無。

〔一七二〕常　成化本卷三十一同，卷一百二十爲「常常」。

〔一七三〕則　成化本卷三十一同，但卷一百二十無。

〔一七四〕此條祖道録成化本無，但卷三十一載燾録與此相似，參該卷「或問程先生不取樂道之説……自理會得方得」條。

〔一七五〕初八日留泗洲之驛舍蓋卿問　成化本作「問」。

〔一七六〕伊川曰尋常道顔子所樂者若有道可樂便不是顔子　成化本爲「伊川曰尋常道顔子所樂者何事曰不過説顔子所樂者道伊川曰若有道可樂便不是顔子」。

〔一七七〕蓋卿以爲　成化本無。

〔一七八〕顔子之言樂自默於存心　成化本爲「顔子之至樂自默存於心」。

〔一七九〕以此而言，未知是否　成化本無。

〔一八〇〕顔子樂道　成化本無。

〔一八一〕以道爲樂而樂之　成化本爲「而樂道」。

〔一八二〕如　成化本無。

〔一八三〕此條成化本無。

〔一八四〕顔子不改其樂　成化本無。

〔一八五〕辛　成化本無。

〔一八六〕節　成化本無。

〔一八七〕周子　成化本無。

〔一八八〕子曰賢哉回也一章　成化本無。

〔一八九〕其　此字原缺，據成化本補。

〔一九〇〕非　成化本爲「非樂」。

〔一九一〕樂　成化本作「欲」。

〔一九二〕却　成化本無。

晦庵先生朱文公語類卷第三十二

論語十四

雍也篇三

冉求曰非不悦子之道章

問：「夫子告冉求云：『力不足者，中道而廢，今汝畫。』[一]所謂[二]力不足者，非干志否？」曰：「雖非志，志[三]亦在其中。所見不明，氣質昏弱，皆力不足之故。冉求乃自畫耳。力不足者，欲爲而不能爲；自畫者，可爲而不肯爲。」寓。

問冉求自畫。曰：「如駑駘之馬，固不可便及得騏驥，然且行向前去，行不得，死了，没奈何。却不行，便甘心説行不得，如今如此者多。」問：「自畫與自棄如何？」曰：「也只是一般。只自畫是就進上説，到中間自住了；自棄是全不做。」賀孫。

「『冉求曰非不説子之道』一章。[四]伊川曰：『冉求言：「非不悦子之道，力不足也。」夫子告以爲學爲己，未有力不足者。所謂力不足者，乃中道而自廢耳。今汝自止，非力不足也。』自廢與自止，兩「自」字意不同。自廢則罪不在己，自止乃己之罪。謝氏曰：『欲爲而不能爲，是之謂力不足；能爲而不欲爲，是之謂畫。以畫爲力不足，其亦未知用力與！使其知所以用力，豈有力不足者。其亦未知説夫子之道與！使其知説夫子之道，豈肯畫也。』右[五]第十一章，凡六説。伊川、謝氏之説。范氏、楊氏之説亦正，但無甚緊切處。呂氏發明伊川之説，以中道而廢作『不幸』字，甚親切；『廢』字作『足廢』，太鑿。不知伊川只上一『自』字便可見。尹氏用伊川之説，但於『廢』字上去一『自』字，便覺無力。」先生曰：「伊川兩『自』字恐無不同之意。觀其上文云『未有力不足者』，則是所謂力不足者，正謂其人自不肯進爾，非真力不足也。此説自與本文不合，而來説必令牽合爲一，故失之耳。謝氏與伊川不同，却得本文之説。」榦。

汝爲君子儒章[六]

問：「『子謂子夏曰：[七]「汝爲君子儒，無爲小人儒。」』儒，學者之稱也。[八]君子儒於學只欲得於己，小人儒於學只欲見知於人。子夏文學雖有餘，而爲己工夫有所未至，故夫子以是語之。[九]」曰：「今只就面前看便見。君子儒、小人儒，同爲此學者也。若不就己分上做工夫，只

要説得去，以此欺人，便是小人儒。」[一〇]

問孔子誨子夏「勿爲小人儒」。曰：「子夏是個細密謹嚴底人，中間忒細密，於小小事上不肯放過，便有委曲周旋人情投時好之弊，所以能流於入[一一]小人之儒也。子游與子夏絶不相似。子游高爽疏暢，意思闊大，似個蕭散底道人，觀與子夏争『洒掃應對』一段可見。如爲武城宰，孔子問：『女得人焉爾乎？』他却説個澹臺滅明。及所以取之，又却只是『行不由徑，未嘗至於偃之室』兩句，有甚干涉？可見這個意思好。他對子夏説：『本之則無，如之何？』他資禀高明，須是識得這些意思，方如此説。」又問：「子張與子夏亦不同。」曰：「然。子張又不及子游。子游却又實。子張空説得個頭勢太大了，裏面工夫都空虚，所以孔子誨之以『居之無倦，行之以忠』，便是救其病。子張較聒噪人，愛説大話而無實。」僩。[一二]

寓[一三]問：「君子儒、小人儒，[一四]謝[一五]説：『子夏之學雖有餘，意其遠者大者或昧焉。』子張篇中載子夏言語如此，豈得爲『遠者大者或昧』？」曰：「上蔡此説，某所未安。其説道子夏專意文學，未見個遠大處，看只當如程子『君子儒爲己，小人儒爲人』之説。」問：「或以夫子教子夏爲大儒，毋爲小儒，如何？」曰：「不須説子夏是大儒小儒，且要求個自家使處。聖人爲萬世立言，豈專爲子夏設！今看此處，正要見得個義與利分明。人多於此處含糊去了，不分界限。君子儒上達，小人儒下達，須是見得分曉始得，人自是不覺察耳。今自道己會讀書、看義理、做文章，便道别人不會；自以爲説得行，便謂强得人，此便是小人儒。毫釐間便分君子小人，豈謂子夏，決不如此。」問：「五峰言：『天理人欲，同體而異用，同行而異情。』先生以爲『同體而異用』説未穩，是否？」曰：「亦須是實見此句可疑始得。」又曰：「今人於義利處皆無辨，只恁鶻突去。是，須還他是；不是，還他不是。若都做得是，猶自有淺深，況於不是？」寓。[一六]

問：「『子謂子夏曰女爲君子儒』一章，謝氏曰：『志於義則大，是以謂之君子；志於利則小，是以謂之小人。君子、小人之分，義於利之間也。然所謂利者，豈必殖貨利之謂？以私滅公，適己自便，凡可以害天理者皆利也。子夏文學雖有餘，而意其遠者大者或昧焉，是以夫子語之以此。』右第十二章凡五説，今從謝氏之説。伊川、尹氏以爲爲人爲己；范氏以爲舉内徇外，治本務末；楊氏以義利爲君子小人之别。其説皆通，而於淺深之間似不可不别。竊謂小人之得名有三，而爲人爲利，徇外務末，其過亦有淺深。蓋有直指其爲小人者，此人也，其陷溺必深。有對大人君子而言者，則特以其小於大人君子而得是名耳，與溺者不同。雖均於爲人爲利，均於徇外務末，而過則有淺深也。夫子告子夏以『無爲小人儒』，乃對君子大人而小者耳。若只統説，則與世俗之真小人者無異，尚[一七]何以儒爲哉？」曰：「伊川意可包衆説。小人固有等第，然此章之意却無分别。」榦。

子游爲武城宰章

又問：「『子游爲武城宰，子曰：女得人焉耳乎？』爲政以得人爲先，故孔子以得人爲問。曰：『有澹臺滅明者，行不由徑，非鄉飲鄉射之類，未嘗至於偃之室。』以此二事觀之，則滅明之爲人，動必由正道而無見小欲速之意，又有以自守而無枉己徇人之私，其正大之情亦可見矣。凡人持身，當以滅明爲法，則無苟賤之羞。取人當以子游爲法，則無邪媚之惑。」〔一八〕先生云：「公事不可知，但不以私事見邑宰，意其鄉飲、讀法之類也。」〔一九〕

聖人之言寬緩，不急迫。如「焉爾乎」三字〔二〇〕是助語。節。

節〔二一〕問：「楊氏曰：『爲政以人才爲先。如子游爲武城宰，縱得人，將焉用之？』似說不通。」曰：「古者士人爲吏，恁地說也說得通。更爲政而得人講論，此亦爲政之助，恁地說也說得通。」節。

問：「子游喜滅明，〔二二〕集注取楊氏說云：『觀其二事之小，而正大之情可見矣。』」曰：「看這氣象便不恁地猥碎。」問：「非獨見滅明如此，亦見得子游胸懷也恁地開廣，故取得這般人。」曰：「子游意思高遠，識得大體。」問：「與琴張、曾皙、牧皮相類否？」曰：「也有曾皙氣象。如與子夏說：『抑末也，本之則無，如之何！』此一着固是失了，只也見得這人是曠闊底人。

如問孝，則答以『今之孝者，是謂能養；不敬，何以別』，見得他於事親愛有餘而敬不足。又如説『事君數，斯辱矣；朋友數，斯疏矣』與『喪至乎哀而止』，亦見得他不要如此。若孔子之武城聞絃歌，[二三]子游舉『君子學道愛人』等語，君子是大人，小人是小民。昨日丘子復[二四]出作論題，皆曉不得子游意。謂君子學道，及其臨民則愛民；小民學道，則知分知禮，而服事其上。所以絃歌教武城，孔子便説他説得是。這也見子游高處。」賀孫問：「檀弓載子游、曾子語，多是曾子不及子游。」曰：「人説是子游弟子記，故子游事詳。」問：「子游初間甚高，如何後來却不如曾子之守約？」曰：「守約底工夫實。如子游這般人，却怕於中間欠工夫。」問：「子謂子夏曰：『女爲君子儒，無爲小人儒。』看子夏煞緊小，故夫子恐其不見大道，於義利之辨有未甚明。」先生曰：「子游與子夏全相反。只子夏洒掃應對事，却自是切己工夫。如子夏促狹。如子游説：『抑末也，本之則無，如之何！』是他見得大源頭，故不屑屑於此。如孔子答問孝於子夏曰『色難』，與子游全是兩樣。子夏能勤奉養，而未知愉色婉容之爲美。」賀孫。

問：「『子游爲武城宰』一章，謝氏曰：『善觀人者，於小事猶足以觀之。如觀水之瀾可以知其有源也。行不由徑，非公事未嘗至於偃之室，亦可以知滅明之賢矣。行不由徑，蓋其意無欲速。非公事未嘗至於偃之室，蓋其意不爲呴濡以媚悦人。觀此則澹臺滅明簡易正大之情可見矣。』」[二五]右第十三章凡五説。伊川兩説。伊川、尹氏解『行不由徑』作『動必從正道』，楊氏謂『直道而行』，皆是疑『行不由徑』爲非中理。竊意滅明之爲人未至成德，但有一節一行可取。如非公事不至偃室，自成德者觀之，此特其一行爾，而子游尚稱之，則『行不由徑』亦但以其不欲速而遵大路可知也。伊川兩説，蓋權時者之事也。范氏乃就推人君説。」先生曰：「來説得之。」榦。

孟之反不伐章

問「孟之反不伐」。曰：「孟之反資禀也高，未必是學。只世上自有這般人，不要争功。胡先生説：『莊子所載三子，云孟子反、子桑户、子琴張。子反便是孟之反。子桑户便是子桑伯子，「可也簡」底。子琴張便是琴張，孔子所謂「狂者」也。但莊子説得怪誕。』但他是與這般人相投，都自恁地没檢束。」賀孫。

立之問「孟之反不伐」一章〔二六〕。先生曰：「人之矜伐都從私意上來。纔有私意，便有甚好事也做不得。孟之反不伐，便是克、伐不行，與顔子無伐善施勞底意思相似。雖孟之反别事未知如何，只此一節便可爲法。人之私意多端，聖人所以言此者，正提起與人看，使人知所自克也。」時舉。

又問：「軍敗而殿其後，此功也，乃曰：『非敢後，乃馬不進。』以此言自揜其功，乃不伐也。〔二七〕凡人所以矜伐者，其病根在甚處？只爲有欲上人之心。纔有欲上人之心，則人欲日長，天理日消，凡可以矜己誇人者無所不至。故學者當去其欲上人之心，則天理自明，凡可以矜己誇人者自消矣。此聖人所以稱孟之反也。[二八]」先生云：「欲上人之心便是私欲。聖人四方八面提起向人[二九]，只要人去得私欲。孟之反其他事不可知，只此一事便可爲法也。」[三〇]

問：「『孟之反不伐。』人之伐心固難克，然若非先知得是合當做底事，則臨事時必消磨不去。諸葛孔明所謂『此臣所以報先帝而忠陛下之職分也』。若知凡事皆其職分之所當爲，只看做得甚麼樣大功業，亦自然無伐心矣。」曰：「也不是恁地。只是個心地平底人，故能如此。若使其心地不平，有矜伐之心，則雖十分知是職分之所當爲，少間自是走從那一邊去，遏捺不下。少間便說，我却盡職分，你却如何不盡職分！便自有這般心。孟之反只是個心地平，所以消磨容受[三一]得去。」僩。

讀「孟之反不伐」章，曰：「此與馮異之事不同。蓋軍敗以殿爲功，殿於後，則人皆屬目其歸。他若不恁地說，便是自承當這個殿後之功。若馮異，乃是戰時有功，到後來事定，諸將皆論功，他却不自言也。」時舉。

問：「呂氏謂人之不伐，能不自言而已。孟之反不伐，則以言以事自揜其功，加於人一等矣。右[三二]第十四章凡六說，今從呂說。范、楊、侯、尹論其謙讓不伐，只統說大綱，於聖人所稱孟之反之意有未盡，不如呂氏說得『馬不進也』之意出。謝氏說學者事甚緊切，於本文未密。」先生曰：

「若不自揜，即是自居其功矣。恐不必如呂氏說。」榦。集義。〔三三〕

不有祝鮀之佞章

「『不有祝鮀之佞，而有宋朝之美，難乎免於今之世矣。』程伊川曰：『祝鮀佞，所謂口才；宋朝美，所謂令色。當衰世，非此難免。』夫巧言令色，聖人之所深惡，豈遂以爲非此不免於世哉？夫佞者，才也。若左氏傳所稱不佞，皆不才也。衛靈公之無道，得仲叔圉、祝鮀、王孫賈而不喪。然則祝子魚，衛之賢大夫也。孔子謂其能治宗廟，必忠信誠恪人也，豈巧言者哉？宋公子朝，姿容之美通於南子，實亂衛國。或者謂，使當世不有祝鮀之才而徒有宋朝之美，則靈公將不免於今。其說可從否？」〔三四〕先生曰：「此孔子歎亂〔三五〕也。言衰世好諛悅色，非此不能免，蓋深傷之。當只從程先生之說。」謨。

問：「此章伊川曰：『無祝鮀之巧言與宋朝之令色，難乎免於今之世，必見憎疾也。』右第十五章，凡七說。〔三六〕伊川說〔三七〕。今從伊川此說。伊川第二、第三說，呂、范、尹之說皆一意，與伊川第一說同，故不錄。〔三八〕范氏曰：『有朝之令色，無鮀之巧言，猶難免於當世。』據范氏主意，乃在疾時之好佞，故曰『猶難免於當世』。非加一『猶』字，則其說不通。文意恐不如此。謝氏曰『善觀世之治亂者如此』，乃推說。侯氏曰：『「而」字疑爲「不」字。』說恐未必是文錯，或文勢如此。」先生曰：「當從伊川說。」榦。

子曰[三九]誰能出不由户章

問：「『子曰誰能出不由户』一章，[四〇]呂氏曰：『出而不能不由户，則何行而非達道也哉！』楊氏曰：『道無適而非也，孰不由斯乎？猶之出必由户也，百姓日用而不知耳。』尹氏曰：『道不可離，可離非道，猶出入必由户。』右[四一]第十六章凡六説，今從呂、楊、尹之説。伊川、范氏、謝氏皆正，但伊川『事必由其道』一句未粹，范、謝説稍寬。」先生曰：「此言人不能出不由户，何故却行不由道？怪而歎之之辭也。伊川雖不如此説，然『事必由其道』一句不見其失，不可輕議，更宜思之。」榦。

質勝文則野章

史，掌文籍之官。如「二公及王乃問諸史」，并周禮諸屬，各有史幾人。如内史、御史，皆掌文籍之官。秦有御史大夫，亦掌制度文物者也。僩。

「質勝文則野，文勝質則史」，是不可以相勝。纔勝便不好。龜山云：「則可以相勝。」「則」字怕誤，當作「不」字。賀孫。

問：「伊川曰：『君子之道，文質得其宜也。』范氏曰：『凡史之事，皆文勝質者也。失其義，陳其數者，史也。國有史記，主於文而已，無取於質也。野人則曰：「質而已矣，何以文爲？」故野與史，文、質之反也。庶人之在官亦曰史，則與野人異矣。不野不史，然後謂之君子。』[四二]右[四三]第十七章，凡七説，今從伊川、范公[四四]之説。伊川第二説、呂氏説論『史』字皆通。謝氏專指儀容説，恐未當。大綱且論文質，故有野與史之别。若專以爲儀容，則説『史』字不通，史無與儀容事。楊氏云：『文猶質也，質猶文也，二者不可以相勝，故文質彬彬，然後君子。然質之勝文，則有其質矣，猶之甘可以受和，白可以受采也；文勝而至於滅質，則其本亡矣，雖有文，將安施乎？然則與其史也，寧野。』[四五]自『質之勝文』以下皆推説，與本文不類。尹氏曰：『史文勝而理不足。』『理』字未安。如此，則野可謂之理勝也。既謂之勝，則理必不足。野與史，皆可謂之理不足也。」先生曰：「史既給事官府，則亦習於容止矣。謝説之失不在此，却是所説全以觀人爲言，無矯揉着力處，失却聖人本旨。楊説推得却有功。『文勝則理不足』，亦未有病。野，固理勝而文不足也。」榦。

子曰[四六]人之生也直章

生理本直。人不爲直便有死之道，而却生者是「幸而免」也。夔孫。

程明道曰："生理本直。『罔』，不直也，而亦生者，『幸而免』耳。"[四七]"罔之生也"之"生"，與上面"生"字微有不同。此"生"字是生存之"生"。人之絶滅天理，便是合死之人。今而不死，蓋幸免也。人傑。

節[四八]問："或問中[四九]：『上"生"字爲始生之生，下"生"字爲生存之生。雖若不同，而義實相足。』何也？"曰："後日生活之生，亦是保前日之生。所以人死時，此生便絶。"節。

天地生生之理只是直，纔直便是有生生之理。不直則是枉天理，宜自屈折也，而亦得生，是幸而免耳。如木方生，須被折了便不直，多應是死。到得不死，幸然如此。賀孫。

問："『人之生也直。』蓋理本直，自本至末皆是直下之正理，無些子私曲，故人受此理以生未有不直者。如此，『罔之生也，幸而免』。若或不直，便是被私意隔了，不見所謂生理，只是一個頑物，故不直而亦生者，特幸而免耳，然與死亦何異？[五〇]"曰："『生理本直』，順理而行便是合得生。若不直便是不合得生，特幸而免於死耳。"晏亞夫[五一]問："如何是『生理本直』？"曰："如父子，便本有親；君臣，便本有義。"[五二]

讀"人之生也直"一章，曰："未見所謂『本直』底意思，只玩味程先生『生理本直』四字，便自有味。如見孺子入井便有怵惕之心，只便是直；纔有『内交要譽』之意，便是曲了。『仁者先難而後獲』，[五三]只是無期必之心。"時舉。[五四]

「罔，只是脱空作僞，做人不誠實，以非爲是，以黑爲白。如不孝於父，却與人說我孝；不弟於兄，却與人說我弟，此便是罔。據此等人，合當用死，却生於世，是幸而免耳。生理本直，如耳之聽、目之視、鼻之齅、口之言、心之思，是自然用如此。若纔去這裏着些屈曲支離，便是不直矣。」又云：「凡人解書，只是這一個粗近底道理，不須別爲高遠之說。如云不直，只是這個不直。却云不是這個不直，別有個不直，此却不得。所謂淺深者，是人就這明白道理中見得自有粗細，不可說這說是淺底，別求一個深底。若論不直，其粗至於以鹿爲馬，也是不直；其細推至一念之不實，惡惡不『如惡惡臭』，好善不『如好好色』，也是不直。只是要人自就這個粗說底道理中看得越向裏來較細耳，不是別求一樣深遠之說也。」僩。

問：「明道云：『「民受天地之中以生」，「天命之謂性」也。「人之生也直」，亦是此意。』莫微有差別否？」曰：「如何有差別！便是這道理。這道理[五五]本直，孔子却是爲欲說『罔之生也』，所以說個『直』字，與『民受天地之中』義理一般。」僩。集義。

問：「伊川曰：『人類之生以直道也，欺罔而免者幸耳。』謝氏曰：『順理爲直，天地人神之所共好也。人有一不慊於理義，則仰不愧，俯不怍，不見非於明，不見責於幽，其血氣亦將安佚恬愉，此其所以能生與！罔則不直而生者，不惟內焦勞於血氣，亦天地人神之所共怒也，此其不死亦幸矣。[五六]』」右[五七]第十八章，凡九說，楊氏兩說。

「今從伊川、謝氏之説。明道曰『生理本直』，范氏曰『人之性善，故其生直』，尹氏曰『直，性也』，此三説者，皆以『生』字作『始生』之『生』，未安。據此章，正如禮所謂『失之者死，得之者生』，乃『生存』之『生』。若以爲生本直，性本直，則是指人之始生言之。人之始生，固可謂之直，下文又不當有始生而罔者。下句若作『生存』之『生』，則上句不應作『始生』之『生』。横渠解『幸而免』，似鑿，本文上句却無吉凶莫非正之意。吕氏曰：『罔，如網，無常者也。』『罔』字只對『直』字看便可見，似不必深説。謝氏雖誠有未盡，[五八]大綱亦正。楊氏曰：『人者，盡人道者。』其意以『人』字作一重字解，似對『罔』字言之，未當。『人』字只大綱説。第二説大略。」先生曰：「此兩『生』字，上一字是『始生』之『生』，下一字是『生存』之『生』。當從明道之説，[五九]則得之矣。」幹。

知之者不如好之者章

「知之者不如好之者。」人之生，便有此理。然被物欲昏蔽，故知此理者已少。及能知之又不如好之者，[六〇]好之者是知之已至，分明見得此理可象[六一]可求，故心誠好之。雖能好之，然又不如樂之者，[六二]樂之者是好之已至，而此理已得之於己，凡天地萬物之理皆具足於吾身，則樂莫大焉。知之者如五穀之可食，好之者是食而知其味，樂之者是食而飽。[六三]

問：「若是真知，安得不如好之？若是真好，安得不如樂之？」曰：「不説不是真知與真好，只是知得未極至，好得未極至。如數到九數，便自會數到〔六四〕十與十一去；數到十九數，便自會數過二十與二十一去。不着得氣力，自然如此。若方數得六七，自是未易過十；數得十五，自是未易過二十數，這都是未極至處。如行到福州，須行到福州境界極了，方到興化界這邊來；也行盡福州界了，方行到南劍界。若行未盡福州界，自是未到得别州境界。行得盡福州境界了，自會到别州。自南劍行盡南劍界，建寧府自到。〔六五〕『樂則生矣，生則惡可已』也。」賀孫。

問：「明道曰：『篤信好學，未如自得之樂。好之者，如游他人園圃；樂之者，則己物耳。然只能信道，亦是人之難能也。』伊川曰：『非有所得，安能樂之？』又曰：『知之者在彼，而我知之也。好之者雖篤，而未能有之。至於樂之，則爲己之所有。』右〔六六〕第十九章，凡七説，伊川三説。今從明道、伊川之説。伊川第二説，推説教人事，曰：『知之必好之，好之必求之，求之必得之。古人此個學是終身底事，果能造次顛沛必於是，豈有不得之理？』范氏曰『樂則生矣』，吕氏亦曰『樂則不可已』，皆推説樂以後事。若原其所以樂，則須如伊川之説。吕氏曰：『知之則不惑。』據此章『知』字，只謂好學者耳，未到不惑地位，其説稍深。楊氏曰：「『夫婦之愚，可以與知焉』，則知之非艱矣。」此説『知』字又太淺。人而知學者亦不易得。夫婦之知，習之而不察者耳，未足以爲知。二説正相反，吕氏過，楊氏不及。謝氏曰：『樂則無欣厭取捨。』謂之無厭無捨則可，若謂之無所欣，無所取，則何以謂之樂？尹氏大綱與伊川同意，但以『安』字訓『樂』字，未緊。」先生曰：「所論『知』字甚善，但此亦謂知義理之大端者耳。謝說大抵太過。」榦。集義。[六七]

中人以上可以語上[六八]章

行夫問「中人以上可以語上」一章[六九]。曰：「理只是一致。譬之水，也有把與人少者，有把與人多者。隨其質之高下而告之，非謂理有二致也。」時舉。

寓[七〇]問：「聖人教人，不問智愚高下，未有不先之淺近，而後及其高深。今中人以上之資，遽以上焉者語之，何也？」曰：「他本有這資質，又須有這工夫，故聖人方以上者語之。今人既無這資質又無這工夫，所以日趨於下流。」寓。

或說此一段。曰：「正如告顏淵以『克己復禮』，告仲弓以『持敬行恕』，告司馬牛以言之訒。蓋清明剛健者自是一樣，恭默和順者自是一樣，有病痛者自是一樣，皆因其所及而語之也。」僩。

問：「明道曰：『上智高遠之事，非中人以下所可告，蓋踰涯分也。』橫渠曰：『中人以上可與語上，中人以下不可以語上，此只就上、中、下而言也。語，告語之語。上只謂上等之事。下愚者不可以語上，則是人生有不可勉者乎？何有是也！「乃若其情則可以爲善矣」，其人心願爲善，斯善矣。所以不語上者，爲躐等也。下愚進至於中人，由中人然後可以語上也。』[七一]右[七二]

第二十章，凡六說。伊川兩說，横渠說在外。伊川第二說曰：『「中人以上，中人以下」，皆謂才也。』第一說與尹氏之說同。此意謂之才者，其[七三]以爲稟受然爾。楊氏亦曰：『有中人上、下者，氣稟異也。』此三說皆以其上、中、下爲係所稟受。范氏則曰：『由學與不學故也。』謝氏亦曰：『特語其操術淺深，非不移之品。』此二說，又以其上、中、下爲係於學術。五說正相反。據本文，只大綱論上、中、下，初未嘗推原其所以然也。若推原其所以然，則二者皆有之。或以其稟受不同，或以其學術有甚[七四]異，不可偏舉。」先生曰：「伊川第二說已具二者之意矣。」榦。

樊遲問知章

問：「『敬鬼神而遠之』，莫是知有其理故能敬，不爲他所惑故能遠？」曰：「人之於鬼神，自當敬而遠之。若見得那道理分明，則須著如此。如今人信事浮圖以求福利，便是不能遠也。又如卜筮，自伏羲堯舜以來皆用之，是有此理矣。今人若於事有疑，敬以卜筮決之，有何不可？如義理合當做底事却又疑惑，只管去問於卜筮，亦不能遠也。蓋人自有人道所當爲之事。今若不肯自盡，只管去諂事鬼神，便是不智。」因言：「夫子所答樊遲問仁智一段，正是指那[七五]中間一條正當路子[七六]與人。大凡人於所當做者[七七]却不肯去做，纔去做時又便生個計獲之心，皆是墮於一偏。人能常以此提撕，則心常得其正矣。」廣。

問「敬鬼神而遠之」。曰：「此鬼神是指正當合祭祀者。且如宗廟山川，是合當祭祀底，亦當敬而不可褻近泥着，纔泥着便不是。且如卜筮用龜，所不能免，臧文仲却爲山節藻梲之室以藏之，便是不智也。」銖。

問：「樊遲問知，孔子説『敬鬼神而遠之，可謂智矣』，[七八]諸家皆作兩事説。」先生曰：「此兩句恐是一意。民者，人也；義者，宜也。如詩所謂『民之秉彝』，即人之義也。此則人之所宜爲者不可不務也。此而不務，而反求之幽冥不可測識之間，而欲避禍以求福，此豈謂之智者哉？『先難後獲』即仲舒所謂『仁人明道不計功』之意。呂氏説最好，辭約而義甚精。呂氏曰：『當務爲急，不求所難知；力行所知，不憚所難。』爲此樊遲可進於知與仁之實也。[七九]」

節[八〇]問：「『敬鬼神而遠之』，如天地山川之神與夫祖先，此固當敬。至如世間一種泛然鬼神，果當敬否？」曰：「他所謂『敬鬼神』，是敬正當底鬼神。『敬而遠之』，是不可褻瀆，不可媚。如卜筮用龜，此亦不免。如臧文仲山節藻梲以藏之，便是媚，便是不知。」節。

問：「程子説鬼神，如孔子告樊遲，乃是正鬼神。如説今人信不信，又別是一項，如何袞同説？」曰：「雖是有異，然皆不可不敬不遠。」可學。

須「先難而後獲」。不探虎穴，安得虎子！須是捨身入裏面去，如搏寇讎，方得之。若輕輕地説得，不濟事。方子。

又曰：〔八一〕「只是我合做底事便自做將去，更無下面一截。纔有計獲之心，便不是了。」恪。

問「仁者先難而後獲」。曰：「獲，有期望之意。學者之於仁，工夫最難。但先爲人所難爲，不必有期望之心，可也。」祖道。按周謨録同。〔八二〕

黄問：「『先難後獲』未是仁，只是仁者之心否？」曰：「此等外面恁地，然裏面通透也無界限。即『先難後獲』便是仁。如『克己復禮』是爲仁之事，然即『克己復禮』便是仁。『我欲仁，斯仁至矣』，即『欲仁』便是仁。聖人之言有個階級底，一句上面説高，下面説低；有平直朗説底，若此等句是也。」淳。〔八三〕

亞夫問：「『先難而後獲』，『先事後得』，莫是因樊遲有計較功利之心，故如此告之？」曰：「此是後面道理，而今且要知『先事後得』如何可以崇德。蓋做合做底事便純是天理，纔有一毫計較之心便是人欲。若只循個天理做將去，德便自崇。纔有人欲，便這裏做得一兩分，却那裏缺了一兩分，這德便消削了，如何得會崇！聖人千言萬語，正要人來這裏看得破。」時舉。〔八四〕

因論「先難後獲」，有問云：「先生解『勿正』字頗有後獲之意。」曰：「然。頗有此意。」問者云：「如此解則於用工者儘有條理。」曰：「聖賢之言，條理未嘗不精密，但看得不切，錯認了他文義，則并與他意而失之耳。」希遜。〔八五〕

問：「『仁者先難而後獲。』難者，莫難於去私欲。私欲既去，則惻然動於中者，不期見而自見。」曰：「仁畢竟是個甚形狀？」對云：[八六]「仁者與天地萬物爲一體。」曰：「此只是既仁之後，見得個體段如此。方其初時仁之體畢竟是如何？要直截見得個仁底表裏。若不見它表裏，譬猶此屋子，只就外面貌得個模樣，縱説得着亦只是籠罩得大綱，不見屋子裏面實是如何，要[八七]須就中實見得子細方好。」又問：「就中間看，只是惻然動於中者，無所係累昏塞，便是否？」曰：「此是已動者。若未動時，仁在何處？」曰：「未動時流行不息，所謂那活潑潑地便是。」曰：「諸友所説仁皆是貌模。今且爲老兄立個標準，要得就這上研磨，將來須自有個實見得處。譬之食糖，據别人説甜不濟事，須是自食，見得甜時，方是真味。」大雅。

問：「樊遲問智，當專用力於人道之所宜，而不惑於鬼神之不可知，此智者之事也。若不務人道之所宜爲而褻近鬼神，乃惑也。須是敬而遠之乃爲智。『先難而後獲』，謂先其事之所難，而後其效之所得，此仁者之心也。若方從事於克己，而便欲天下之歸仁，則是有爲而爲之，乃先獲也。若有先獲之心，便不可以爲仁矣。」曰：「何故有先獲之心，便不可以爲仁？」南升云：[八八]「方從事於仁，便計較其效之所得，此便是私心。」曰：「此一句説得是。克己，正是要克去私心，又却計其效之所得，乃是私心也。只此私心便不是仁。」又曰：「『務民之義』只是就分明處用力，則一日便有一日之效。不知『務民之義』，褻近鬼神，只是枉費心力。[八九]」南升。

常人[九〇]之所謂知，多求知人所不知。聖人之所謂知，只知其所當知而已。自常人觀之，

此兩事若不足以爲知。然果能專用力於人道之宜，而不惑於鬼神之不可知，却真個是知。燾。〔九一〕

問集注「仁之心，智之事」。曰：「『務民之義，敬鬼神』，是就事上説。『先難後獲』，是就處心積慮處説。『仁』字就〔九二〕較近裏，『智』字説較近外。」夔孫。

古注「先其事之所難而後有所獲」，「後」字説得輕了。程先生把「後」字作重説，較有力。「後獲」猶「先事後得」及「事君敬其事而後其食」之「後」同。淳。〔九三〕

胡叔器〔九四〕問集注心與事之分。曰：「這個有〔九五〕難曉處？事，便是就事上説；心，便是就裏面説。『務民之義，敬鬼神而遠之』，這是事。『先難後獲』，這是仁者處心如此。事也是心裏做出來，但心是較近裏説。如一間屋相似，説心底是那房裏，説事底是那廳上。」義剛。

問：「此一章，〔九六〕明道曰：『「先難」，克己也。』伊川曰：『以所難爲先而不計所獲，仁也。』又曰：『民，亦人也。務人之義，知也。鬼神不敬，則是不知；不遠，則至於瀆。敬而遠之，所以爲智。』又曰：『有爲而作，皆先獲也，如利仁是也。古人惟知爲仁而已，今人皆先獲也。』右第二十一章，凡七説，明道三説，伊川四説。今從明道、伊川之説。明道第一説曰：『民之所宜者，務之。所欲，與之聚之。』第三説亦曰：『「務民之義」，如項梁立義帝，謂從民望者，是也。』伊川第一説亦曰：『能從百姓之所義者，知也。』尹氏用伊川説。此三説，皆以『務民之義』作從百姓之所宜，[九七] 恐説『知』字太緩。伊川第三説鬼神事。范氏[九八]作『振民育德』，其説寬。振民之意，亦與明道、伊川從百姓之所宜之意同，皆恐未穩否？吕氏曰：『當務爲急，不求所難知。』似將『務民之義，敬鬼神而遠之』作一句解。看此兩句，正與『非其鬼而祭之，諂也。見義不爲，無勇也』相類。兩句雖連説，而文意則異。謝氏曰：『「敬鬼神而遠之」，知鬼神之情狀也。』伊川第三説似未須説到如此深遠，正以其推言之耳。楊氏曰：『樊遲學稼圃，務民之事而已，非義也。』莫非事也，而曰事而非義，則不可。但有義不義之異，事與義本無異。」先生曰：「民之義，謂人道之所宜也，來説得之。但所謂『「居天下之廣居」，與己之廣居無異』，則天下只有此一廣居，何必更説無人我之異乎？吕氏説，詞約而義甚精，但伊川説『非其鬼而祭之』，兩説相連却費力。若如范氏説，則可以相因矣。楊氏所引本無意義，然謂事即是義則不可，且如物還可便謂之理否？」榦。

子曰仁者樂山章[九九]

「『知者樂水，仁者樂山』，不是兼仁智而言，是各就其一體而言。如『仁者見之謂之仁，智者見之謂之智』。」人傑問：「『樂』字之義，釋曰『喜好』，是智者之所喜好在水，仁者之所喜好在山否？」曰：「且看水之爲體，運用不窮，或淺或深，或流或激；山之安静篤實，觀之儘有餘味。」

某謂：「如仲尼之稱水曰：『水哉！水哉！』『子在川上曰：「逝者如斯夫！」』皆是此意否？舊看伊川説『非體仁智之深者，不能如此形容之』，理會未透。自今觀之，真是如此。」曰：「不必如此説〔一〇〇〕泛濫，且理會樂水樂山，真要〔一〇一〕看得意思窮盡，然後四旁莫不貫通。苟先及四旁，却終至於與本説都理會不得也。」人傑。

子善問「智者樂水，仁者樂山」。先生曰：「看聖人言須知其味。如今只看〔一〇二〕『樂山』、『樂水』字，將仁、智來比類，湊合聖言而不知味也。譬如喫饅頭只喫些皮，元不曾喫餡，謂之知饅頭之味，可乎？且今〔一〇三〕以智者樂水言之，須要子細看這水到隈深處時如何，到峻處時如何，到淺處時如何，到曲折處時如何。地有不同，而水隨之以爲態度，必至於達而後已，此可見知者處事處。『仁者樂山』亦以此推之。」〔一〇四〕

胡問「仁者樂山，知者樂水」章〔一〇五〕。曰：「聖人之言，有淺説底，有深説底，這處只是淺説。仁似今之重厚底人，智似今之靈利底人，〔一〇六〕亦在人看。」淳。義剛録同。〔一〇七〕

林正卿〔一〇八〕問：「『智者樂水，仁者樂山』，是以氣質言之，不知與『仁者安仁，智者利仁』有高下否？」曰：「此『仁者』〔一〇九〕二字亦説得淺，不可與『安仁利仁』較優劣。如中庸説『智仁勇』，這個『仁智』字是〔一一〇〕説得煞大。」賀孫。

問「仁者樂山，智者樂水」一章。舉東坡之説，〔一一一〕曰：「此一章只要理會得如何是仁，如何是智。若理會這兩個字通透，如動、靜等語自分曉。」賀孫。

問：「仁智動靜之説，與陰陽動靜之説同否？」曰：「莫管他陽動陰靜，公看得理又過了。大抵看理只到這處便休，又須得走過那邊看，便不是了。然仁主於發生，其用未嘗不動，而其體却靜。知周流於事物，其體雖動，然其用深潛縝密，則其用未嘗不靜。其體用動靜雖如此，却不須執一而論，須循環觀之。蓋仁者一身混然全是天理，故靜而樂山，且壽，壽是悠久之意；知者周流事物之間，故動而樂水，且樂，樂是處當得理[一一二]而不擾之意。若必欲以配陰陽，則仁配春，主發生，故配陽動；知配冬，主伏藏，故配陰靜。然陰陽動靜又各互爲其根，不可一定求之也。此亦在學者默而識之。」祖道。

問：「智者淵深不測而周流無滯，有似于水，故樂水；仁者包藏發育而安重不遷，有似於山，故樂山。各以類相合也。[一一三]『智者動，仁者靜』，動是運動周流，靜是安靜不遷，此以成德之體而言也。若論仁智之本體，智則淵深不測，衆理於是而斂藏，所謂『誠之復』，則未嘗不靜；仁者包藏發育，一心之中生理流行而不息，所謂『誠之通』，則未嘗不動。今此言『智者動，仁者靜』，是就君子成德之體而言也。動而不括自是樂，靜而有常則有必得其壽之理，此以效言也。[一一四]」先生云：「知者動意思常多，故以動爲主；仁者靜意思常多，故以靜爲主。今夫水淵深不測，是靜也；及滔滔而流，日夜不息，故主於動。山包藏發育之意，是動也；而安重不

遷，故主於静。今以椀盛水在此，是静也，畢竟它是動物。故知動仁静，是體段模樣意思如此也，當以心體之便見。」〔一一五〕

通老問：「仁者〔一一六〕動静，合二者如何？」曰：「何必合？此亦言其多耳。不成仁者便愚，智者便一向流蕩！要之，安静中自有一個運動之理，運動中自有一個安静之理方是。」可學。

「仁者静」，或謂寂然不動爲静，非也。此言仁者之人雖動亦静也。喜怒哀樂皆動也，仁者之人豈無是數者哉！蓋於動之中未嘗不静也。静，謂無人慾之紛擾，而安於天理之當然耳。若謂仁有静而不動，則智者亦常動而不静乎！謨。

仁智動静。自仁之静、智之動而言，則是「成己，仁也；成物，知也」。自仁之動、智之静而言，則是「學不厭，智也；教不倦，仁也」。恪。

仁静智動。易中説「仁者見之」，陽也；「智者見之」，陰也。這樣物事大抵有兩樣。仁配春，智配冬。中庸説：「成己，仁也；成物，智也。」仁在我，智在物。孟子説：「學不厭，智也；教不倦，仁也。」又却智在我，仁在物。見得這樣物事皆有動静。泳。

或問：「『智者動，仁者静。』如太極圖説，則智爲静而仁爲動，如何？」曰：「且自體當到不相礙處方是。」〔一一七〕良久，曰：「這物事直看一樣，横看一樣。〔一一八〕子貢説學不厭爲智，教不倦爲仁。子思却言成己爲仁，成物爲智。仁固有安静意思，然施行却有運用之意。」又云：「智是伏藏〔一一九〕

淵深底道理，至發出則有運用。然至於運用各當其理而不可易處，又不專於動。」人傑。

問：「『仁者静，知者動』，太極圖説『仁是陽動，智是陰静』。如何？」曰：「大凡觀書且只就當下玩索文意，不消如此牽引，反生枝蔓。如孟子説『學不厭，智也；教不倦，仁也』。中庸又却説『成己，仁也；成物，智也』。道理不可執着，横看是一段，豎看是一段，且逐件理會。」元秉。〔一二〇〕

問：「『智者動』，集注以動爲知之體；『智者樂〔一二一〕』，又云『其用周流而不窮』，言體、用相類，如何？」曰：「看文字須活着意思，不可局定。知對仁言，則仁是體，智是用。只就知言，則知又自有體、用。如『乾道成男，坤道成女』，豈得男便都無陰？女便都無陽？這般須錯〔一二二〕看。然大抵仁都是個體，知只是個用。」淳。

問：「仁智動静，集注説頗重疊。」曰：「只欠轉换了一個『體』字。若論來，仁者雖有動時，其體只自静；智者雖有静時，其體只自動。」賀孫。〔一二三〕

「仁者壽」，是有壽之理，不可以顔子來插看。如「罔之生也幸而免」，罔亦是有死之理。淳。

知者動而不静，又如何處動？仁者静而不動，又死殺了。是則有交互之理，但學者且只得據見在看，便自見得不要如此紛紛也。所舉程子曰「非禮仁智之深者，不能如此形容」，此語極好看，儘用玩味，不是常説。如「子語魯太師樂處」，亦云「非知樂之深者不能言」，皆此類也。極用子細玩味看。明作。

問：「『智者樂水』一章，看截三截却似倒。〔一二四〕動静是本體，山水是説其已發，樂壽是指其效。」曰：「然。倒因上二句説到他本體上。『智者動』，然他自見得許多道理分明，只是行其所無事，其理甚簡；以此見得雖曰動，而實未嘗不静也。『仁者静』，然其見得天下萬事萬理皆在吾心，無不相關，雖曰静，而未嘗不動也。動，不是恁地勞攘紛擾；静，不是恁地塊然死守。這與『樊遲問仁知』章相連，自有互相發明處。」朱飛卿問是如何。曰：「專去理會人道之所當行，而不惑於鬼神之不可知，便是見得日用之間流行運轉，不容止息，胸中曉然無疑，這便是智者動處。心下專在此事，都無别念慮繫絆，見得那是合當做底事，只恁地做將去，這〔一二五〕是『先難後獲』，便是仁者静。如今人不静時，只爲一事至，便牽惹得千方百種思慮。這事過了，許多夾雜底却又在這裏不能得了。頭底已自是過去了，後面帶許多尾不能得了。若是仁者，逐一應去便没事。一事至，便只都在此事上。」飛卿問：「先生初説『仁者樂山』，仁者是就成德上説；這〔一二六〕『仁者先難後獲』，仁者是就初學上説。」曰：「也只一般，只有個生熟。聖賢是已熟底學者，學者是未熟底聖賢。」飛卿問：「『先難後獲』，意如何？」曰：「後，如『後其君，後其親』之意。『哭死而哀，非爲生者；經德不回，非以干禄；言語必信，非以正行』，這是熟底『先難後獲』，是得仁底人。『君子行法以俟命』，是生底『先難後獲』，是求仁底人。」賀孫問：「上蔡所説

『先難，謂如射之有志，若跣之視地，若臨深，若履薄』，皆其心不易之謂。」曰：「說得是。先難是心只在這裏，更不做別處去。如上嶺，高峻處不能得上，心心念念只在要過這處，更不思量別處去。過這難處未得，便又思量到某處，這便是求獲。」賀孫。

問：「伊川曰：『樂，喜好也。知者樂於運動，若水之通流；仁者樂於安靜，如山之定止。知者得其樂，仁者得[一二七]其常也。』[一二八]又曰：『「智者樂」，凡運用處皆樂；「仁者壽」，以靜而壽。』又曰：『樂山樂水，氣類相合。』范氏曰：『智者運而不息，故樂水；仁者安於山，故樂山。動則能和，故樂；動則自樂，恐不必將「和」作「樂」字。靜則能久，故壽。非深於仁智者，不能形容其德。』右第二十二章，凡七說，伊川四說。今從伊川、范氏之說。伊川第二說曰：『樂水樂山與夫動靜皆言其體也。』第三章亦曰：『動靜，仁智之體也。』『體』字只作形容仁智之體段則可，若作體用之體則不可。仁之體可謂之靜，則智之體亦可謂之靜。所謂體者，但形容其德耳。呂氏乃以爲『山水言其體，動靜言其用』，此說則顯然以爲體用之體。既謂之樂山樂水，則不專指體，用亦在其中。動可謂之用，靜則[一二九]不可謂用[一三〇]。仁之用，豈宜以靜名[一三一]！謝氏曰：『自非聖人，仁智必有所偏，故其趨向各異，則其成功亦不同也。』據此章，乃聖人形容仁智以教人，使人由是而觀，亦可以知其所以爲仁智也。謝氏以爲指仁智之偏，恐非聖人之意。謝氏又曰：『以其成物，是以動；以其成己，是以靜。』楊氏曰：『利之，故樂水；安之，故樂山。利，故動；安，故静。』竊謂聖人論德，互有不同。譬如論日，或曰如燭，或曰如銅盤。説雖不同，由一[一三二]而觀之，皆可以知其爲日。然指銅盤而謂之燭，指燭而謂之銅盤，則不可。聖人論仁智，或以爲『成己』、『成物』，或以爲『安仁』、『利仁』，或以爲『樂山』、『樂水』，各有攸主，合而一之，恐不可也。游氏推説仁壽，尹氏同伊川，故不録。」先生曰：「所論體、用甚善。謝氏説未有病，但末後數[一三三]句過高不實。『成己』、『成物』，『安仁』、『利仁』，『樂山』、『樂水』，意亦相通。如『學不厭，教不倦』之類，不可强耳。[一三四]」榦。

璘問：「『仁者静，知者動』，仁知非動静也，乃仁知之人，其情性或動或静耳。譬如圓者動，方者静，不可便指方圓爲動静。却未知仁者之所以静，知者之所以動，如何形容？」先生曰：「仁者敦厚和粹，安於義理，故静；知者明徹疏通，達於事變，故動。但詳味『仁』、『知』二字氣象，自見得動静處，非但可施於文字而已。」[一三五]

【校勘記】

[一] 夫子告冉求云力不足者中道而廢今汝畫　成化本無。

[二] 所謂　成化本無。

［三］志　成化本爲「而志」。
［四］冉求曰非不説子之道一章　成化本無。
［五］右　成化本無。
［六］汝爲君子儒章　成化本爲「子謂子夏曰章」。
［七］子謂子夏曰　成化本無。
［八］儒學者之稱也　成化本無。
［九］君子儒於學……故夫子以是語之　成化本爲「君子於學只欲得於己小人於學只欲見知於人」。
［一〇］成化本此下注有「南升」。
［一一］能　朱本作「或」。流於入　成化本爲「流入於」。
［一二］倜　成化本無。
［一三］寓　成化本無。
［一四］君子儒小人儒　成化本無。
［一五］謝　成化本爲「謝氏」。
［一六］成化本此下注有「集義」。
［一七］尚　朱本作「而」。
［一八］又問子游爲武城宰……無邪媚之惑　成化本爲「問子游爲武城宰章」。

［一九］成化本此下注有「南升」。

［二〇］三字　成化本爲「三個字」。

［二一］節　成化本無。

［二二］子游喜滅明　成化本無。

［二三］亦見得他不要如此若孔子之武城聞絃歌　成化木爲「亦見得他不要如此苦切孔子之武城聞絃歌」。

［二四］復　成化本作「服」。

［二五］子游爲武城宰一章……簡易正大之情可見矣　成化本爲「謝氏曰云云」。

［二六］孟之反不伐一章　成化本爲「此章」。

［二七］又問軍敗而殿其後……乃不伐也　成化本作「問」。

［二八］凡可以矜己誇人者自消矣此，聖人所以稱孟之反也　成化本無。

［二九］向人　成化本爲「向人説」。

［三〇］成化本此下注有「南升」。

［三一］受　成化本無。

［三二］右　成化本無。

［三三］集義　成化本無。

［三四］不有祝鮀之佞……其説可從否　成化本爲「問此章」。

［三五］亂　成化本作「辭」。

［三六］問此章伊川曰……右第十五章凡七説　成化本爲「第十五章凡七説」。

［三七］説　成化本爲「三説」。

［三八］故不録　成化本無。

［三九］子曰　成化本無。

［四〇］子曰誰能出不由户一章　成化本無。

［四一］右　成化本無。

［四二］凡史之事……然後謂之君子　成化本爲「凡史之事云云」。

［四三］右　成化本無。

［四四］范公　成化本爲「范氏」。

［四五］楊氏云文猶質也……與其史也寧野　成化本爲「楊氏」。

［四六］子曰　成化本無。

［四七］程明道曰……幸而免耳　成化本無。

［四八］節　成化本無。

［四九］中　成化本作「云」。

［五〇］蓋理本直……然與死亦何異　成化本無。

[五一]　曼亞夫　成化本爲「亞夫」。
[五二]　成化本此下注有「南升」。
[五三]　仁者先難而後獲　成化本爲「先難後獲」。
[五四]　此條時舉録成化本分置兩處，其中「讀人之生也直一章……便是曲了」以部分内容爲注，附於卷三十二「人之生也直……便是不直」條中；而「先難後獲只是無期必之心」則自爲一條。
[五五]　這道理　成化本無。
[五六]　順理爲直……亦幸矣　成化本爲「云云」。
[五七]　右　成化本無。
[五八]　謝氏雖誠有未盡　成化本爲「游氏雖説有未盡」。
[五九]　當從明道之説　成化本爲「當以明道之説求之」。
[六〇]　及能知之又不如好之者　成化本無。
[六一]　象　成化本作「愛」。
[六二]　雖能好之然又不如樂之者　成化本無。
[六三]　成化本引下注「南升」。
[六四]　到　成化本作「過」。
[六五]　行得盡福州境界了……建寧府自到　成化本無。

［六六］右　成化本無。

［六七］集義　成化本無。

［六八］可以語上　成化本無。

［六九］中人以上可以語上一章　成化本爲「此章」。

［七〇］寓　成化本無。

［七一］中人以上可與語上……由中人然後可以語上也　成化本作「云云」，且此下又注曰：「此説得之吕監廟所編，其説似正。不知載在何集録。」

［七二］右　成化本無。

［七三］其　成化本無。

［七四］甚　成化本無。

［七五］那　成化本無。

［七六］子　成化本無。

［七七］大凡人於所當做者　成化本爲「人於所當做者」。

［七八］樊遲問知孔子説敬鬼神而遠之可謂智矣　成化本爲「務民之義敬鬼神而遠之」。

［七九］吕氏曰當務爲急……進於知與仁之實也　成化本無。又，成化本於録末注有「去僞」。

［八〇］節　成化本無。

[八一] 又曰 成化本無。

[八二] 祖道按周謨録同 成化本爲「去僞」。

[八三] 此條淳録成化本無。但成化本卷三十二所載義剛録與此相似，參成化本卷三十二「問仁者先難而後獲……便是私欲曰是」條。

[八四] 此條時舉録成化本載於卷四十二。

[八五] 此條希遜録成化本無，但成化本卷五十二所載洽録與此相似，參底本卷五十二「問必有事焉而勿正……與其意而失之耳」條。

[八六] 對云 成化本作「曰」。

[八七] 要 成化本無。

[八八] 南升云 成化本作「曰」。

[八九] 成化本此下有「今人褻近鬼神，只是惑於鬼神，此之謂不知，如臧文仲居蔡。古人非不用卜筮，今乃褻瀆如此，便是不知。吕氏『當務之爲急』説得好，『不求於所難知』一句説得鶻突」。

[九〇] 常人 成化本此上有「或問此章，曰」。

[九一] 成化本此下有「集注」。

[九二] 就 成化本作「説」。

[九三] 此條淳録成化本以部分内容爲注，夾於義剛録中，參成化本卷三十二義剛録「問仁者先難而後

獲……便是私欲曰是」。

［九四］胡叔器　成化本爲「叔器」。

［九五］有　成化本爲「有甚」。

［九六］此一章　成化本無。

［九七］成化本此下有「恐解『知』字太寬。問知，而告以從百姓之所宜，恐聖人告樊遲者，亦不至如是之緩。竊意『民』字不當作『百姓』字解。只伊川第二説曰『民，亦人也』，似穩。所謂『知』者，見義而爲之者也。不見義，則爲不知。『務』，如『齊不務德』之『務』。然必曰『民之義』者，己亦民也。通天下只一義耳，何人我之别！所謂『務民之義』者，與務己之義無異。孟子曰『居天下之廣居』，則亦與己之廣居無異。故伊川謂『民亦人也』，恐有此意。若以『民』字作『百姓』字解，復以『義』字作『宜』字」。

［九八］范氏　成化本作「范」。

［九九］子曰仁者樂山章　成化本爲「知者樂水章」。

［一〇〇］説　成化本無。

［一〇一］真要　成化本作「直」。

［一〇二］看　成化本爲「看定」。

［一〇三］且今　成化本爲「今且」。

［一〇四］成化本此下注有「洽」。

［一〇五］仁者樂山知者樂水章　成化本爲「此章」。

［一〇六］仁似今之重厚底人智似今之靈利底人　成化本爲「仁只似而今重厚底人知似而今靈利底人」。靈　朱本作「伶」。

［一〇七］義剛録同　成化本爲「義剛録云胡問仁是指全體而言否曰聖人説仁固有淺深這個是大概説云云」。

［一〇八］林正卿　成化本爲「正卿」。

［一〇九］仁者　成化本爲「仁知」。

［一一〇］是　成化本無。

［一一一］問仁者樂山知者樂水一章舉東坡之説　成化本爲「魏問此章」。

［一一二］處當得理　成化本爲「處得當理」。

［一一三］智者淵深不測而周流無滯……各以類相合也　成化本無。

［一一四］今此言智者動仁者静……此以效言也　成化本無。

［一一五］成化本此下注有「南升」。

［一一六］者　成化本作「知」。

［一一七］成化本此下注曰：「儒用録云：『觀書且就當下玩索文意，不須如此牽引，反生枝蔓。』」

［一一八］成化本此下注曰：「儒用録云：『道理不可執着，且逐件理會。』」

［一一九］成化本此下注曰：「池録作『潛伏』。」

〔一二〇〕此條元秉録成化本無，但部分内容與成化本人傑録所注儒用録相同，參上條。

〔一二一〕樂　成化本爲「樂水」。

〔一二二〕須錯　成化本爲「須相錯」。

〔一二三〕成化本此下注有「集注」。

〔一二四〕看截三截却似倒　成化本爲「看這三截却倒似」。

〔一二五〕這　成化本無。

〔一二六〕這　成化本作「那」。

〔一二七〕得　成化本作「安」。

〔一二八〕成化本此下注曰：「『樂喜』、『樂於』，恐皆去聲。」

〔一二九〕則　成化本無。

〔一三〇〕謂用　成化本爲「謂之用」。

〔一三一〕名　成化本爲「名之」。

〔一三二〕一　成化本爲「其一」。

〔一三三〕數　成化本無。

〔一三四〕不可强耳　成化本爲「則不可强通耳」。

〔一三五〕此條成化本無。

晦庵先生朱文公語類卷第三十三

論語十五

雍也篇四

齊一變至於魯章

問：「齊尚功利，如何一變便能至魯？」曰：「功利變了，便能至魯。魯只是大綱好，然裏面遺闕處也多。」淳。

行父問「齊一變至魯，魯一變至道」。曰：「太公之封於齊也，舉賢而尚功。孔子曰：『後世必有篡弒之臣。』周公治魯，親親而尊尊。孔子曰：『後世寖微矣！』齊自太公初封，已自做得不大段好。至後威[一]公管仲出來，乃大變亂拆壞一番。魯雖然是衰弱不振，元舊底却不大段改換。欲變齊，則須先整理了已壞底了，方始如魯，方可以整頓起來，這便隔了一重。變魯，只是扶衰振弱而已。若論魯，如左傳所載，是[二]有許多不好事，只是恰不曾被人拆壞。恰似一間屋，魯只如舊弊之屋，其規模只在；齊則已經拆壞了。這非獨是聖人要如此損益，亦是道理合當如此。」賀孫。

齊經小白，法度盡壞。今須一變方可至魯，又一變方可至道。魯却不曾變壞，但典章廢墜而已。若得人以修舉之，則可以如王道盛時也。謨。

「『齊一變至於魯』，是他功利俗深。管仲稱伯，齊法毀[三]盡，功利自此益[四]盛。然太公治齊尚功時，便有些小氣象，尚未見得，只被管仲大段壞了。」又云：「管仲非不尊周攘夷，如何不是王道？但[五]只是功利駁雜其心耳。」明作。

先生因語及「齊一變至於魯」，曰：[六]「齊生得威公、管仲出來，它要『九合諸侯，一正[七]天下』，其勢必至變太公之法，不變便做不得這事。若聖人變時，自有道理。大抵聖賢變時，只是興其滯、補其弊而已。如租庸調變爲彍騎長征之兵，皆是變得不好了。今日變時，先變熙豐之政，以復祖宗忠厚之意，次變而復於三代也。」

寓[八]問：「伊川謂：『齊自桓公之霸，太公遺法變易盡矣。魯猶存周公之法制。』看來魯自威公以來，閨門無度，三君見弒，三家分裂公室，昭公至於客死，以至不視朔，不朝聘，與夫税畝、丘甲、用田賦，變亂如此，豈得是周公法制猶存乎？」曰：「齊魯初來氣象已自不同，看太公自是與周公別。到桓公管仲出來，又不能遵守齊之初政，却全然變易了，一向盡在功利上。魯却只是放倒了，畢竟先世之遺意尚存。如哀公用田賦，猶使人來問孔子。他若以田賦爲是，更何暇問？惟其知得前人底是，所以來問。若桓公管仲却無這意思，自道他底是了，一向做去不顧。」僩。〔九〕

問：「先生謂：『二國之俗唯聖人能變之而不得試，然即其言而考之，則其施爲緩急之序可知矣。』〔一〇〕敢問〔一一〕『施爲緩急之序』，如何？」曰：「齊自伯政行，其病多。魯則其事廢墜不舉耳。齊則先須理會他許多病敗了，方可及魯。魯則修廢舉墜而已，便可復周公之道。」問：「孔子治齊，則當於何處下手？」曰：「莫須先從風俗上理會去。然今相去遠，亦不可細考。但先儒多不信史記所載太公伯禽報政事，然細考來，亦恐略有此意，但傳者過耳。」廣。

問：「『齊魯一變』章，注謂〔一二〕『施爲緩急之序』，如何？」曰：「齊變只至於魯，魯變便可至道。」問：「如此則是齊變爲緩，而魯變爲急否？」曰：「亦不必恁分。如齊變〔一三〕，則至魯在所急，而至道在所緩。至魯，則成個樸子，方就上光采〔一四〕。」淳。

恪〔一五〕問集注〔一六〕。曰：「不獨齊有緩急之序，魯亦有緩急之序。如齊功利之習所當變，便是急處。魯紀綱所當振，便是急處。」或問：「功利之習，爲是經威公管仲所以如此否？」曰：「太公合下便有這意思，如『舉賢而尚功』，可見。」季札。〔一七〕

讀「齊魯之變」一章，曰：「各有緩急。如齊功利之習，若不速革，而便欲行王化；魯之不振，若不與之整頓，而却理會甚[一八]功利之習，便是失其緩急之序。如貢禹諫元帝令節儉，元帝自有這個，何待爾説！此便是不知其所急者也。」時舉。

問：「伊川曰：『夫子之時，齊强魯弱，孰不以爲齊勝魯也？然魯猶存周公之法制，齊由桓公之伯，爲從簡尚功之治，太公之遺法變易盡矣，故一變乃能至魯。魯則修墜舉廢而已，一變至於先王之道也。』[一九]吕氏曰：『齊政雖修，未能用禮。魯秉周禮，故至於道。』右[二〇]第二十三章凡八説，伊川三説。今從伊川、吕氏之説。伊川第二説曰：『此只説風俗。』以『至於道』觀之，則不專指風俗，乃論當時政治，風俗固在其中，然又別一節事。又第三説曰：『言魯國雖衰，而君臣父子之大倫猶在。』以魯觀之，其大倫之不正久矣。然禮記明堂位以魯爲君臣未嘗相弑，而注家譏其近誣，則此説亦恐未穩。横渠、謝、游、楊、尹，大抵同伊川，故不録。范氏曰：『齊一變可使如魯之治時。』其意謂齊魯相若，故以謂治時。齊之氣象乃伯政，魯近王道，不可疑其相若，看魯秉周禮可見。」先生曰：「所疑范氏説，亦無病。」榦。集義。[二一]

觚不觚章　井有人[二二]焉章

問尹氏曰：「觚之不觚，不得爲觚矣。猶爲君必盡君道，爲臣必盡臣道。推之事物，亦如是而已。」[二三]右[二四]第二十四章，凡六説，伊川兩説。今從尹氏之説。尹氏乃合伊川二説而爲[二五]。范、吕、楊之[二六]説亦正。伊川、范氏謂不合法制，吕氏、楊氏謂失其名，其實一也。失其制則失其名可知矣。謝氏是推説學者事。榦。[二七]謝曰：「猶學者，一不中節，雖賢者猶爲過也。則非禮之禮，非義之義，雖禮非禮也，雖義非義也。」[二八]

問：「『井有仁焉』一章。[二九]伊川曰：『宰我問，仁者好仁，不避難，雖告之以赴井爲仁亦從之乎？夫子謂不然。君子可使之有往，不可陷於不知；可欺以其方，不可罔以非其道。』吕氏曰：『「井有仁焉」，猶言自投陷穽以施仁術也。己已自陷，仁術何施！當是時也，君子可往以思救，不能自陷以行[三〇]救；可欺之以可救，不可罔之使必救。』右[三一]第二十五章，凡七説。明道兩説。明道曰：『知井有仁者，當下而從之否？』此説恐未當。君子雖不逆詐，而事之是非曉然者未嘗不先見也。豈有仁者而在井乎？雖有之，君子不往也。范氏亦曰：『井有仁，則將入井而從之。』蓋此意也。『其從之也』，只合作從或者之言，不宜作從井中之仁也。謝氏謂宰我疑仁者之用心，觀宰我之言亦足以見其好仁之切，不宜深責之也。楊氏謂宰我疑君子之不逆詐，故問。觀宰我之意，好仁之切，以謂仁者好仁，雖患難不避，故問。非謂疑其不逆詐也。尹氏用伊川説，故不録。范氏解『逝』字極未安，與下句『可欺也』不類。」謂君子見不善，可逝而去。先生曰：「所論得之，但此章文義諸先生説不甚明，更詳考之爲佳。」榦。

君子博學於文章

「『博文約禮』，聖門之要法。博文所以驗諸事，約禮所以體諸身。如此用工，則博者可以擇善而居中[三二]不偏，約者可以應物而動皆有則。如此，則内外交相助，而博不至於泛濫無歸，約不至於流遁失中矣。」大雅。

或問「君子博學於文，約之以禮」。答曰：「此是古之學者常事，孔子教顏子亦只是如此。且如『行夏之時』以下，臨時如何做得，須是平時曾理會來。若『非禮勿視』等處，方是約之以禮，及他成功又自別有説處。」[三三]

博學，亦非謂欲求異聞雜學方謂之博。博之與約，初學且只須作兩途理會。一面博學，又自一面持敬守約，莫令兩下相靠。作兩路進前用工，塞斷中間，莫令相通。將來成時，便自會有通處。若不如此，兩不用工，[三四]成甚次第！大雅。

問[三五]「博文約禮」。曰：「如講明義理，禮樂射御書數之類，一一着去理會。學須博，求盡這個道理。若是約，則不用得許多説話，只守這一個禮。日用之間，禮者便是，非禮者便不是。」恪。

行夫問「博文約禮」。曰：「博文條目多，事事着去理會。禮却只是一個道理，如視也是這個禮，聽也是這個禮，言也是這個禮，動也是這個禮。若博文而不約之以禮，便是無歸宿處。如讀書，讀詩，學易，學春秋，各有自[三六]一個頭緒。若只去許多條目上做工夫，自家身己都無歸着，便是離畔於道也。」恪。

問「博學於文，約之以禮」。先生曰：「禮是歸宿處。凡講論問辯，只是[三七]要這[三八]個正當道理，有[三九]所歸宿爾。」銖。

博文[四〇]是多聞多見，[四一]及收拾將來，全無一事，和「敬」[四二]也没安頓處。[四三]。

「博學於文」，考究時自是頭項多。到得行時却只是一句，所以爲約。若博學而不約之以禮，安知不畔於道？徒知要約而不博學，則所謂約者未知是與不是，亦或不能不畔於道也。僩。

孔子之教人亦「博學於文」，如何便約得？畬。

博文尚[四四]欠工夫，只管去約禮上求，易得生煩。升卿。

博文工夫雖頭項多，然於其中尋將去自然有個約處。聖人教人有序，未有不先於博者。孔門三千人，[四五]顏子固不須説，只曾子、子貢得聞一貫之誨。謂其餘人不善學固可罪，然夫子亦不叫來罵一頓教便省悟，則夫子於其[四六]門人告之亦不忠矣？是夫子亦不善教人，致使宰我、冉求之徒後來狼狽也？要知[四七]無此理。只得且待他事事理會了[四八]，方可就上面欠闕處告語之。如子貢事，[四九]亦不是許多時只教他多學，便[五〇]它枉做工夫，直到後來方傳以此祕妙。

正是待它多學之功到了，可以言此耳。伯豐。〔五一〕

僩〔五二〕問：「『博學於文，約之以禮』與『博我以文，約我以禮』，固有淺深不同。如孟子『博學而詳説之，將以反説約也』，似又一義，如何？」曰：「論語中『博約』字是『踐履』兩字對説，孟子中『博約』字皆主見而言。且如學須要博，既博學，又詳説之，所以如此者，將以反説約也。是如此後自然却説得約，謂〔五三〕博學詳説方有貫通處，下句當看『將以』字。若『博學於文，約之以禮』與『博我以文，約我以禮』，聖人之言本無甚輕重，但人所造自有淺深。若只是『博學於文』能『約之以禮』，則可以弗畔於道，〔五四〕及至顏子做到『欲罷不能』工夫，亦只是這個『博文約禮』。如梓匠輪輿，只是這斧斤規矩，但能斲削者。〔五五〕及至削鐻之神、斲輪之妙者，亦只是此斧斤規矩。」僩。

問：「伊川言：『「博學於文，約之以禮」，此言善人君子「多識前言往行」，而能不犯非禮者爾，非顏子所以學於孔子之謂也。』文蔚〔五六〕恐博文約禮只是一般，未必有深淺。」先生曰：「某曉他説不得，恐記録者之誤。」余正叔〔五七〕曰：「此處須有淺深。」曰：「畢竟博只是這博，約只是這約，文只是這文，禮只是這禮，安得不同！」文蔚。

節〔五八〕問：「博文不約禮，必至於汗漫，如何？」曰：「博文而不約禮，只是徒看得許多，徒記得許多，無歸宿處。」節。〔五九〕

寓〔六〇〕問：「明道言：『「博學於文」而不「約之以禮」，必至於汗漫。所謂「約之以禮」者，能守禮而由於規矩也，未及知之也。』既能守禮而由規矩，謂之未及於知，何也？」曰：「某亦不愛如此說。程子說『博我以文，約我以禮』爲已知，不須將知說亦可。顔子亦只是這個博文約禮，但此說較粗，顔子所說又向上，然都從這工夫做來。學者只此兩端，既能博文，又會約禮。」問：「約禮，只是約其所博者否？」曰：「亦不須如此說。有所未知便廣其知，須是博學。學既博，又須當約禮。到約禮，更有何事？所守在此理耳。」〔六一〕

問〔六二〕「博學於文，約之以禮，亦可以弗畔矣夫」。先生曰：「博學是致知，約禮則非徒知而已矣，乃是踐履之實。明道謂此一章與顔子說博文約禮處不同，謂顔子約禮是知要，恐此處偶見得，未是。約禮蓋非但知要而已也，此兩處自不必分別他〔六三〕。」時舉。

問：「橫渠曰：『博文約禮，由至著入至簡，故可使不得畔而去。』尹氏曰：『「博學於文，約之以禮」，亦可以弗畔違於道。』右〔六四〕第二十六章凡八說，伊川三說。今從橫渠、尹氏之說。明道曰：『「博學於文」而不「約之以禮」，必至於汗漫。』范氏亦曰：『「博學於文」而不「約之以禮」，猶農夫之無疆埸也，其不入於異端邪說者鮮矣。』楊氏亦曰：『「博學於文」而「不知所以裁之」，則或畔矣。』此三說，皆推不約禮之失。謝氏曰：『不由博而徑欲趨約者，恐不免於邪遁也。』此則不博文之失。二者皆不可無，偏舉則不可。明道又曰：『所謂「約之以禮」者，能守禮而由於規矩也。』伊川第一說曰：『博學而守禮。』第二說曰：『此言善人君子「多識前言往行」而能不犯非禮。』『約』字恐不宜作『守』字訓，若作『守禮』，則與博學成二章[六五]。非博文則無以爲約禮，不約禮則博文爲無用。約禮云者，但前之博而今約之使就於禮耳。伊川之說，文自文，禮自禮，更無一貫說。看『博約』字與『之以』字有一貫意。伊川又說：『顏子博約與此不同。』亦似太過。博文約禮，本無不同。始乎由是以入德，斯可以不畔；終乎由是以成德，欲罷而不能。顏子與此不同處，只在『弗畔』與『欲罷不能』上，博約本無異。伊川以顏子之約爲知要，以此章之約作約束之『約』，恐未安。此『約』字亦合作知要。伊川第三說與第一、第二說同，但說大略耳。」先生曰：「此說大概多得之。但此『約』字與顏子所言『約』字，皆合只作約束之意耳。又看顏子『博我以文，約我以禮』，既連着兩『我』字，而此章『之』字亦但指其人而言，非指所學之文而言也。」榦。

子見南子章

「子見南子」，乃聖人不爲已甚處。孟子說「仲尼不爲已甚」，說得好。賀孫。[六六]

問：「『子見南子，夫子矢之曰：[六七]「予所否者，天厭之！」』謂不合於禮，不由於道，則天實厭棄之。」先生曰：「何以謂不合於禮，不由於道？」云：「其見惡人，聖人固謂在我者有可見之禮，而彼之不善於我何與焉。惟聖人道大德全，方可爲此。」先生曰：「今人出去仕宦，遇一惡人，亦須下門狀見之。它自爲惡，何與我事。此則人皆能之，何必孔子。」潘子善〔六八〕云：「此處當看聖人心。聖人之見南子，非爲利禄計，特以禮不可不見。聖人本無私意。」先生曰：「如此看也好。」植録略同。〔六九〕

「諸先生皆以『矢』爲『陳』，『否』爲否塞之『否』，如此亦有甚意思！孔子見南子，且當從古注説：『矢，誓也。』」或問：「若作『誓』説，何師生之間不相信如此？」答曰：「只爲下三句有似古人誓言，如左氏言『所不與舅氏』之説，故有誓之氣象。」〔七〇〕

問：「『天厭之，天厭之』，〔七一〕夫子欲見南子，而子路不悦，何發於言辭之間如此之驟？」曰：「這般所在難説。如聖人須要見南子是如何，想當時亦無必皆見之理。如『衛靈公問陳』，也且可以款款與他説，又却明日便行。齊景公欲『以季孟之間待之』，也且從容不妨，明日又便行。季桓子受女樂，也且可以教他不得受，明日又便行。看聖人這般所在，其去甚果。不知於南子須欲見之，到子路不悦，又費許多説話，又如此指誓。只怕當時如這般去就，自是時宜。聖人既以爲可見，恐是道理必有合如此。『可與立，未可與權。』吾人見未到聖人心下，這般所在都難説。」或問：「伊川以『矢』字訓『陳』，如何？」曰：「怕不是如此。若説陳，須是煞鋪陳教分明，今却只恁地直指數句而已。程先生謂『予所以否而不見用，乃天厭斯道』，亦恐不如此。」賀孫。

或問此章。答曰：「且依集注説。蓋子路性直，只是[七二]見子去見南子，心中以爲不當見，便不説。夫子似乎發咒模樣。夫子大故激得來躁，然夫子却不當如此。古書如此篇[七三]曉不得處甚多。古注亦云可疑。」祖道曰：「横渠説，以爲『予所否厄者，是天厭棄之』。此説如何？」曰：「大抵後來人講經，只爲要道聖人必不如此，須要委曲遷就做一個出路，却不必如此。横渠論看詩，教人平心易氣求之，到他説詩，又却不然。」祖道。

問：「謝氏曰：『南子在當時，君臣宣淫，豈以爲非禮。在子路之意直以爲浼夫子，是以不説。孟子嘗謂夫子於衛靈公有際可之仕，至於此則行道之意其亦已矣，故於子路不説也直其理而語之曰：「我之所否者非人也，天之所厭者。胡爲不悦哉？樂天而已矣！」』[七四]右[七五]第二十七章，凡七説，伊川六説，楊氏二説。今從謝氏之説。伊川第一説曰：『子路以夫子之被强也，故不説。』第二説曰：『子路不悦，以孔子本欲見衛君行道，反以非禮見迫。』竊謂夫人有見賓之禮，孔子之見南子，禮也，子路非不知也。子路之不説，非以其不當見，特以其不足見耳。使其不當見，夫子豈得而迫哉？被强見迫，恐未穩。伊川第三説曰：『孔子之見南子，禮也。子路不説，故夫子矢之。』第四説、第六説同。切謂南子，妾也，無道也，衛君以爲夫人。孔子不得不見，其辱多矣。子路以其辱也，故不説。夫子矢之曰：『使予之否塞至此者，天厭之也！』使天不與否，則衛君將致敬盡禮，豈敢使夫子以見夫人之禮而見其無道之妾！則子路不説之意，蓋以其辱夫子，非以其禮不當見也。使子路以南子之不當見，則更須再問，何至坐視夫子之非禮？雖不說，何益？而夫子告之，亦須別有說，豈有彼以非禮問，而此獨以天厭告！則夫子受非禮之名而不辭，似不可也。蓋子路知其禮所當見，特以其辱夫子也，故不說。謝氏以爲『浼夫子』之說極正。伊川第四說設或人之問曰：『子路不說，孔子何以不告之曰「是禮也」，而必曰「天厭之」乎？』曰：『使孔子而得志，則斯人何所容也！』楊氏兩說亦然，恐非聖人意。聖人但傷道之否在於衛君不能致敬盡禮，未必有欲正之之意，恐成別添說。伊川第五說穩，但說大略。橫渠亦只說大略。范氏以矢爲誓，非聖人氣象。呂氏大意亦通，但以爲『使我不得見賢小君，天厭乎道也』，此亦非聖人意。合只作『使我見無道之小君，天厭乎吾道也』，却穩。尹氏同伊川，故不辨。」先生曰：「以文義求之，當如范氏之說。但諸公避咒誓之稱，故以『矢』訓『陳』耳。若猶未安，且闕以俟他日。」榦。

子曰中庸之爲德也章[七六]

問「中庸之爲德，其至矣乎，民鮮久矣[七七]」一條[七八]。曰：「只是不知理，隨他偏長處做將去：謹愿者則小廉曲謹，放縱者則跌蕩不羈。所以中庸說『道之難明』，又說『人莫不飲食，鮮能知味』，只爲是不知。」植。

問：「此章，尹氏曰：『中庸天下之正理，德合乎中庸，可謂至矣。人知擇乎中庸，而不能期月守也，故曰「民鮮久矣」！』右第二十八章凡七説，伊川兩説，楊氏三説。今從尹氏之説。伊川第一説説『久』字不出。第二説雖盡，而非本章意。尹氏合而解之。范氏説『久』字不出。吕氏説寬。謝氏曰：『中不可過，是以謂之至德。』楊氏第二説亦曰：『出乎中則過，未至則不及，故惟中爲至。』第一、第二説同。謝氏、楊氏之説皆以『至』字對『過』、『不及』説，謂無過不及則爲至也。『過』、『不及』只對『中庸』説，不可對『至』字説。『至』字只輕説，如曰『其大矣乎』，不宜説太深。楊氏第二、第三説推説高明、中庸處，亦不能無疑。或者曰：『高明所以處己，中庸所以處人，如此則是聖賢所以自待者當過，而以所賤事君親也。』或人之言，固非有識者。然楊氏亦不當如此答。據禮記，所謂『極高明而道中庸』，皆互言之。不極高明無以道中庸，不道中庸則亦不足爲高明。高明不可謂之過，中庸不可謂之淺。中庸者，不偏不易之正理。不偏不易，非高明而何？大抵楊氏之意以高明爲至大，而中庸乃其常行，故又曰：『極高明而不道中庸，則賢智之過；道中庸而不極高明，則愚不肖之不及。』此似未當。既曰高明，又安有過？既曰中庸，又安有不及？[七九]侯氏説大略。」先生曰：「當以伊川解爲正：『中庸，天下之正理也。德合乎中庸，可謂至矣。自世教衰，民不興於行，鮮有中庸之德也。』『自世教衰』，此四字正是説『久』字。意謝楊皆以『過』、『不及』對『中』字，而以中爲至耳，恐非如來説所疑也。所破楊氏『高明』、『中庸』亦非是，當更思之。」榦。

博施濟衆章[八〇]

子貢問仁，是就功用籠罩説，孔子是就心上答。可學。

節[八一]問：「『何事於仁』，先生前日[八二]以爲恰似而今人[八三]説『何消得恁地』一般。節將來合上下文推之，説不通。[八四]」曰：「『博施濟衆』，何消得更説仁！『何事於仁』，猶言那裏更做那仁了。」僩。節。

又曰：[八五]「猶言[八六]何待於仁。『必也聖乎』連下句讀。[八七]雖堯舜之聖，猶病其難遍。」德明。

問「何事於仁，必也聖乎」。曰：「『必也聖乎』，却按『堯舜其猶病諸』便見得意思出，聖如堯舜，猶以爲病。」希遜。[八八]

寓[八九]問：「子貢問『博施濟衆』，恐仁之極處與聖之功用本不可分大小。今言『何止於仁』，則仁、聖若有小大之分否[九〇]？」曰：「此處不恁地讀。『必也聖乎』，語意未是殺處，當急連下文讀去。仁以理言，聖以事業言。子貢所問『博施濟衆』，必有聖人之德、有天子之位而後可以當此，堯舜恁地尚以爲病。仁本切己事，大小都用得。他問得空浪廣不切己了，却成疏闊。

似此看『仁』字，如何用得？如何下得工夫？中間着[九一]得一句，常人固是做不得，雖聖人尚以此爲病。此須活看。」寓。

「『何事於仁』，只作豈但於仁。」㽦謂：「『必也聖乎』，聖如堯舜，其尚有不足於此。」曰：「薛士龍論語解此亦是如此，只是渠遺得辭澀。蓋仁以道理言，聖以地位言，自是不同。如『博施濟衆』爲仁，而利物愛人小小者亦謂之仁。『仁』是直字[九二]，直上直下只一個道理。『聖』字便橫着[九三]，有衆人，有賢人，有聖人，便有節次。只豈但於仁，蓋『博施濟衆』之大[九四]，雖堯舜猶病耳。」[九五]㽦。

「仁以理言」，是個徹頭徹尾底物，如一元之氣。「聖以地位言」，非離了仁而爲聖，乃行仁到極處則爲聖也。蓋有衆人之仁，有賢人之仁，有聖人之仁，所以言「通乎上下」。「仁」字直，「聖」字橫。夔孫。[九六]

問：「仁聖之分，[九七]仁通上下而言，聖造其極而言否？」曰：「仁或是一事仁，或是一處仁。仁者如水，有一杯水，有一溪水，有一江水。聖便是大海水。」僩。

問：「仁通上下，如何？」曰：「聖是地位，仁是德。」問：「如此，則一事上仁亦可謂之仁，此之謂『通上下』，其與全體之仁無乃不相似？」曰：「此一事純於仁，故可謂之仁。「殷有三仁」，亦未見其全體，只是於去就之際純乎天理，故夫子許之。」可學。

鄭子上[九八]問：「仁通上下言[九九]，如何？」曰：「仁就處心處説。一事上處心如此，亦是仁。商三仁未必到聖人處，然就這處亦謂之仁。『博施濟衆』，何止於仁！必聖人能之，然堯舜尚自有限量，做不得。此處病在求遠，『博施濟衆』，仁者誠是不解做得。[一〇〇]『己欲立而立人，己欲達而達人』，只從他近處做。[一〇一]」淳。

問仁通上下而言。曰：「有聖人之仁，有賢人之仁。仁如酒好，聖如酒熟。」問：「仁是全體，如『日月至焉』乃是偏。」曰：「當其至時亦備。」問：「孟武伯問三子，却説其才，何意？」曰：「只爲未仁。」問：「管仲仁之功如何？」曰：「匡天下亦仁者之事。如趙韓王一言，至今天下安。謂韓王爲仁則不可，然其所作乃仁[一〇二]之功。」可學。

節[一〇三]問「仁以理言，通乎上下」。曰：「一事之仁也是仁，全體之仁也是仁，仁及一家也是仁，仁及一國也是仁，仁及天下也是仁。只是仁及一家者是仁之小者，仁及天下者是仁之大者。如孔子稱管仲之仁亦是仁，只是仁之功。」節[一〇四]復問：「上是大，下是小？」曰：「只是高低。」又曰：「這個是兼愛而言，如『博施濟衆』，及後面説手足貫通處。」節[一〇五]復問貫通處。曰：「纔被私意截了，仁之理便不行。」節。[一〇六]

問「如有博施於民而能濟衆」一章。[一〇七]曰：「『博施濟衆』，是無盡底地頭，堯舜也做不了。蓋仁者之心雖無窮，而仁者之事則有限，自是無可了之理。若要就事上説，便盡無下手處。」時舉。

敬之問：「『己欲立而立人，己欲達而達人。』[一〇八]苟有此心，便有『博施濟衆』底功用。」曰：「『博施濟衆』，是無了期底事，故曰『堯舜其猶病諸』。然若得果無私意，已有此心，則[一〇九]自心中流出來，隨其所施之大小自可見矣。」時舉。

「夫仁者，己欲立而立人，己欲達而達人」，分明喚起「仁者」字，此自是仁者之事。若下面「能近取譬」，方是由此而推將去，故曰「仁之方」。「何事於仁，必也聖乎」，不是聖大似仁。仁只是一條正路，聖是行到盡處。欲立欲達，是仁者之心如此；「能近取譬」，是學做仁底如此。深淺不同。仁通上下，但克去己私，復得天理，便是仁，何必博施而後爲仁。若必待如此，則有終身不得仁者矣。孔顔不得位，不成做不得？山林之士更無緣得仁也。欲立欲達，即絜矩之義。子貢凡三問仁，聖人三告之以推己度物。想得子貢高明，於推己處有所未盡。仁者欲立，自然立人；欲達，自然達人。如「無加諸人」，更不待譬。下截方言求仁之方，蓋近取物[一一〇]以爲譬。明作。

「子貢曰如有博施於民」云云，[一一一]先生以「何事於仁」爲一節，以「必也聖乎，堯舜其猶病諸」爲一節。其説以謂：「『博施濟衆』，此固是仁，然不是人人皆能做底事。若必以聖人爲能之，則堯舜亦嘗以此爲病。此非是言堯舜不能盡仁道，蓋勢有所不能爾。人之所能者，下二節事是也：己欲立，便立人；己欲達，便達人。此仁者之事也。『能近取譬』，此爲『仁之方』也。今人便以『己欲立，己欲達』爲『能近取譬』，則誤矣。蓋『己欲立而立人，己欲達而達人』，此不待施諸己而後加諸人也。『能近取譬』，却是施諸己之意。故上二句直指仁者而言，而下一句則止以爲『仁之方』。」其言豈不甚明哉？學者當自玩味之。〔一一二〕謨。

「子貢問『博施濟衆』」一段。〔一一三〕植問云：〔一一四〕「『己欲立而立人，己欲達而達人』，『立』、『達』二字，以事推之如何？」曰：「二者皆兼内外而言。且如修德，欲德有所成立，做一件事亦欲成立。如讀書要理會得透徹，做事亦要做得行。」先生又曰：「立是安〔一一五〕底意思，達是發用底意思。」〔一一六〕

問：「『己欲立而立人，己欲達而達人』，注云：『於此觀之〔一一七〕，可以得仁之體。』是此處見得人與己相關甚切，便是生意相貫處否？」曰：「亦是。只無私意，理便流通，然此處也是己對人説便恁地。若只就自己説，此又使不得，蓋此是仁之發出處。若未發之前只一念之私，便不是仁。」〔一一八〕

林問：「『己欲立而立人』與『己所不欲，勿施於人』，地位如何？」曰：「且看道理，理會地位作甚麽？他高者自高，低者自低，何須去此〔一一九〕比並。」問「博施濟衆」。曰：「此是仁者事功〔一二〇〕。若把此爲仁，則只是『中天下而立』者方能如此，便都無人做得仁了。所以言『己欲立而立人』，使人人皆可盡得道理。『必也聖乎』當連下句説，意在『猶病』上。蓋此何但是仁，除是聖人方做得。然堯舜猶病諸[一二二]，尚自做不徹。」寓。

「夫仁者，[一二三]己欲立而立人，己欲達而達人」，是以己及人，仁之體也。「能近取譬」，是推己及人，仁之方也。德明。

致道説：「『夫仁者[一二三]己欲立而立人，己欲達而達人。』己纔要立便立別人，己纔要達便達別人，這更無甚着力。下云：『能近取譬，可謂仁之方也已。』這又是一意，煞着比方安排，與仁者異。『己欲立而立人，己欲達而達人』，與『我不欲人加諸我，吾亦欲無加諸人』一般，都是以己及物事。『能近取譬，可謂仁之方』與『己所不欲，勿施於人』一般，都是推己及物事。」曰：「然。」賀孫。

「己欲立而立人，己欲達而達人」，仁也；「能近取譬」，恕也，所以説「可謂仁之方」。泳。[一二四]

問：「只仁之方，亦可謂之仁否？」曰：「看得透時便是仁。若循循做去，到得至處，回頭看前日所爲，亦喚做仁。」人傑。

或説[一二五]論語言仁處。曰：「理難見，氣易見，但就氣上看便見，如看元亨利貞是也。元亨利貞也難看，且看春夏秋冬。四[一二六]時盡是温厚之氣，仁便是這般氣象。夏秋冬雖不同，皆是陽春生育之氣行乎其中，故『偏言則一事，專言則包四者』。如知福州是一個人，此偏言也；及專言之，爲八[一二七]州安撫亦是這一個人，不是兩人也。故明道謂『義、禮、智皆仁也』。若見得此理，則聖人言仁處或就人上説，或就事上説，皆是這一個道理。正叔云『滿腔子是惻隱之心』。」先生曰：「仁便是惻隱之母。若[一二八]曉得此理，便見得『克己復禮』，私欲盡去，便純是溫和冲粹之氣，乃天地生物之心。其餘人所以未仁者，只是心中未有此氣象。論語但云求仁之方者，是其門人必嘗理會得此一個道理，今但未知[一二九]求仁之方，故夫子隨其人而告之。」趙至道[一三〇]云：「李先生云『仁是天理之統體』。」先生曰：「是。」[一三一]

林聞一問「博施濟衆」章。答曰：「『博施濟衆』無下手處，夫子故與之言[一三二]。『夫仁者己欲立而立人，己欲達而達人』，是能以己之欲[一三三]立者而立他人，以己之所欲達者而達他人，其所爲出於自然，此乃是仁之體。『能近取譬』者，近取諸身，知己之欲立欲達，則亦當知人之欲立欲達，是乃求仁之方也。伊川先生全舉此四句而結之曰：『欲令如是觀仁，可以得仁之體。』亦可以如此説，與某之説初不相礙。譬之於水，江海是水，一勺亦是水。程先生之説譬之一片大屋，某却是就下面分出廳堂房室，其實一也。」又云：「子貢所問，以事功而言，於本[一三四]初無干涉，故聖人舉此心之全體大用以告之。以己之欲立者立人，以己之欲達者達人，以己及物，無些私意。如堯之『克明俊德，以親九族；九族既睦，平章百姓；百姓昭明，協和萬邦，黎民於變時雍』，以至於『欽若昊天，曆象日月星辰，敬授人時』，道理都擁出來。」又曰：「如周禮一書，周公所以立下許多條貫，皆是廣大心中流出。某自十五六時，聞人説這道理，知道是[一三五]如此好，但今日方識得。如前日見人説鹽鹹，今日食之方知是鹹；説糖甜，今日食之方知是甜。」人傑。

或問：「『博施濟衆』一段，程子作一統説，先生作二段，如何？」曰：「某之説即[一三六]非異於程子，蓋程子之説足見[一三七]包某之説。程子之説如大屋一般，某之説如在大屋之下分別廳堂房室一般，初無異也。公且道，子貢所問是大小大氣象，聖人却只如此説了。方[一三八]是爲仁必須『博施濟衆』，便使『中天下而立，定四海之民』如堯舜，也做不得，何況蓽門圭竇之士！聖人所以提起『夫仁者，己欲立而立人，己欲達而達人』，正指仁之本體。蓋己欲立則思處置他人也立，己欲達則思處置他人也達。放開眼目，推廣心胸，此是其[一三九]氣象！如此安得不謂仁之本體！若『能近取譬』者以我之欲立，而知人之亦欲立；以己之欲達，而知人之亦欲達。如此則止謂之『仁之方』而已。此爲仁則同，但『己欲立而立人，欲達而達人』是已到底，『能取譬』是未到底，其次第如此。彼子貢所問是就事上説，却不就心上説。龜山云：『雖「博施濟衆」也須自此始。』某甚善其説。」先生又曰[一四〇]：「某所説過底，要諸公有所省發，則不枉了。若只恁地聽過了，則無益也。」[一四一]久之，又云：「如釋氏説，如標月指，月雖不在指上，亦欲隨指見月，須恁地始得。」久之，云：「二三子以我爲隱乎？吾無隱乎爾。吾無行而不與二三子者，是丘也。」

又云：「天有四時，春秋冬夏，風雨霜露，無非教也。〔一四二〕」久之，又曰：「昔有人問話於一僧，僧指面前花示之，曰：『是甚麽？』其人云：『花也。』僧云：『吾無隱乎爾。』此不是他無見處，但見説得來粗了。孔子所謂『吾無隱乎爾』者，居鄉黨便恂恂，在宗廟朝廷便便〔一四三〕唯謹，與上大夫言便誾誾，與下大夫言便侃侃，自有許多實事可見。」又曰：「程子説：『莊子説道體，儘有妙處，如云「在谷滿谷，在坑滿坑」。不是他無見處，只是説得來作怪。』大抵莊老見得些影，便將來作弄矜詫。」又曰：「『黄帝問於廣成子』云云，『吾欲觀〔一四四〕陰陽以遂群生』，東坡注云云。是則是有此理，如何便到這田地！」久之，又云：「昔在一山中〔一四五〕坐看潮來，凡溪澗小港中水皆如生蛇走入，無不通透，甚好看！識便是一實底道理。〔一四六〕」又曰：「『日月有明，容光必照焉』，如日月，雖些小孔竅，無不照見。此好識處。」祖道。賜録略同〔一四七〕。云：「問：『博施濟衆，程子合〔一四八〕做仁之體，先生却就上面分出〔一四九〕個體用，使〔一五〇〕有用力處。』先生曰：『某説非破程子之説，程子之説却兼得某説。程説似渾淪一個屋子，某説如屋下分間架爾。〔一五一〕』」

「明道云：『認得爲己，何所不至！』認得個什麽？夫仁者，己欲立而便立人，己欲達而便達人，此即仁之體也。『能近取譬』則是推己之恕，故曰『可謂仁之方』。『夫仁者』與『可謂仁之方』正相對説。」明道云：「欲令如是觀仁，可以得仁之體。」先生再三舉似，曰：「這處極好看仁。」又曰：「『博施濟衆』，固仁之極功。譬如東大洋海同是水，但不必以東大洋海之水爲〔一五二〕水，只瓶中傾出來底亦便是水。『博施濟衆』固是仁，但那個〔一五三〕見孺子將入井時有怵惕惻隱之心，亦便是仁。此處最好看。」道夫。

林安卿問：「『仁者以天地萬物爲一體』，此即人物初生時驗之可見。人物均受天地之氣而生，所以同一體，如人兄弟異形而皆出父母胞胎，所以皆當愛。故推老老之心則及人之老，推幼幼之心則及人之幼。惟仁者其心公溥，實見此理，故能以天地萬物爲一體否？」曰：「不須問他從初時，只今便是一體。若必用從初説起，則煞費思量矣。猶之水然，江河池沼溝渠皆是此水。如以兩椀盛得水來，不必教去尋討這一椀是那裏酌來，那一椀是那裏酌來。既都是水便是同體，更何待尋問所從來。如昨夜莊仲説人與萬物均受此氣，均得此理，所以皆當愛，便是不如此。『愛』字不在同體上説，自不屬同體事。他那物事自是愛。這個是説那無所不愛了，方説〔一五四〕得同體。若愛則是自然愛，不是同體了方愛。惟其同體，所以無所不愛，所以愛者以其有此心也，所以無所不愛者以其同體也。」僩。

問：「『己欲立而立人，己欲達而達人』，所謂『以己及人』；『能近取譬』，『近取諸身』，『己所不欲，勿施於人』，所謂『推己及人』。如何？」曰：「夫子分明説『夫仁者』，則是言仁之道如此；『可謂仁之方也已』，則是言求仁當如此。若以爲衮説，則既曰『夫仁者』矣，不當以『可謂仁之方』告〔一五五〕之也。」又問：「程子説：『仁至難言』，至『欲令如是觀仁，可以得仁之體』一段，却是衮説。」曰：「程子雖不曾分説，然其意亦無害。大抵『己欲立而立人，己欲達而達人』，是自然工夫。至於『能近取譬』，則是着力處，所以不同。」人傑。

問：「遺書中取醫家言仁。又一段云：『醫家以不識痛癢爲不仁。』人〔一五六〕以不知覺、不認義理爲不仁，又却從知覺上説。」曰：「覺是覺於理。」問：「與上蔡説同異？」曰：「異。上蔡説覺，纔見此心耳。」問：「南軒云：『上蔡説覺，與佛家不同。』如何？」曰：「上蔡云：『自此心中流出。』與佛亦不大段異。今説知痛癢，能知覺，皆好。只是説得第二節，説得用。須當看如何識痛癢？血脈從何而出？知覺從何而至？」某云：「若不究見原本，却是不見理，只説得氣。」曰：「然。伊川言穀種之性一段，最好。」可學。

問：「上蔡説仁本起於程先生引醫家之説而誤。」曰：「伊川有一段説不認義理，最好。只以覺爲仁，若不認義理，只守得一個空心，覺何事！」可學。〔一五七〕

問：「明道曰：『醫書以手足痿痺爲不仁，此言最善名狀。仁者以天地萬物爲一體，莫非己也。認得爲己，何所不至！若不屬己，自不與己相干。如手足不仁，氣已不貫，皆不屬己。故博施濟衆，乃聖人之功用。仁至難言，故止曰：「己欲立而立人，己欲達而達人，能近取譬，可謂仁之方也已。」欲令如是觀仁，〔一五八〕可以得仁之體。』又曰：『「能近取譬」，反身之謂也。』又曰：『「博施濟衆」，非聖人不能，何干仁事！故特曰夫仁者立人達人，「能近取譬，可謂仁之方也已」。使人求之自反，便見得也。雖然，聖人豈不盡仁？然教人不得如此指殺。』或問『堯舜其猶病諸』。伊川曰：『聖人之心，何時而已？』又曰：『聖乃仁之成德，謂仁爲聖，譬如雕木爲龍。木乃仁也，龍乃聖也，指木爲龍，可乎？故「博施濟衆」，乃聖之事。舉仁而言之，則「能近取譬」是也。』謝氏曰：『「博施濟衆」，亦仁之功用。然仁之名，不於此得也。子貢直以聖爲仁，則非特不識仁，併與聖而不識。故夫子語之曰：『必也聖乎！』又舉仁之方也。『己欲立而立人，己欲達而達人』，亦非仁也，仁之方所而已。知方所，斯可以知仁。猶觀『天地變化，草木蕃』，斯可以知天地之心矣。』右〔一五九〕第二十九章，凡八説，明道五説，伊川十七説。今從明道、伊川。謝氏之説大意與第一説同，故不録。明道第五説與伊川第二、第十三説皆以恕爲仁之方，大意皆正，但非解正文，故不録。伊川第一説曰：『惟聖人能盡仁道，然仁可通上下而言，故曰何事於仁，必也聖乎！』又第五説曰：『聖則無大小〔一六〇〕，至於仁則兼上下小大而言之。』又第八説曰：『孔子見子貢問得來事大，故曰何止於仁，必也聖乎！蓋仁可以通上下言之，聖則其極也。』又第十二説曰：『博施而能濟衆，固仁也，而仁不足以盡之，故曰必也聖乎！』又第十四章曰：『仁在事，不可以爲聖。』此五説，皆以『何事於仁』作『何止於仁』，故以仁爲有小大上下。若既是有小大上下，則以此章爲子貢指其大與上者問之，亦可也，何以〔一六一〕答之曰『何事於仁』乎？若聖人以仁爲未足以盡『博施濟衆』，則下文當别有説。今乃論爲仁之方，恐上下意不貫。伊川五説，只説得到『其猶病諸』處住，則下文論仁之方不相接，不如木龍之説，却與明道之意合。明道以『何事於仁』只作『何干仁事』，則下文仁之方自相貫，又『功用』字分明。伊川第三説、第四説、第五説、第六説、第十五説，皆推説『博施濟衆猶病』即聖人之心何時而已之意，故不録。伊川第九、第十一説皆論仁之方，與謝氏方所之説相類。九章，[一六二]聖人恐子貢便指作仁看，故但以爲若能由此而求之，乃可以知仁，故曰『仁之方』。伊川第十七説乃統説『仁』字大意，與明道第一説同，故不録。横渠曰：『必聖人之才，能弘其道。』恐本文無能弘其道之意。范氏曰：『以大爲小。』是以仁爲小，聖爲大也，恐未穩。餘説亦寛。吕氏以博施爲仁、濟衆爲聖，未當。楊氏之説亦正，但謂『仁者何事於博施濟衆』，又恐太過。則明道所謂『教人不得如此指殺』者，但以仁、聖須分説，方見仁之體，非以仁無與於聖也。尹氏與伊川餘説同，故不辯。」先生曰：「『何事於仁』、『何止於仁』、『必也聖乎』、『堯舜其猶病諸』，此四[一六三]句相連讀，言雖聖人亦有所不能也。『己欲立而立人，己欲達而達人』，仁也；『能近取譬』，恕也。」榦。[一六四]

【校勘記】

［一］威　當作「桓」，避宋欽宗趙桓諱。下同。

〔二〕是　成化本無。

〔三〕毁　成化本作「壞」。

〔四〕益　成化本無。

〔五〕但　成化本無。

〔六〕先生因語及齊一變至於魯曰　成化本作「語及齊一變至於魯因云」。

〔七〕正　朱本作「匡」，似避宋太祖趙匡胤諱。

〔八〕寓　成化本無。

〔九〕譗　成化本爲「寓集注」。

〔一〇〕先生謂……緩急之序可知矣　成化本無。

〔一一〕敢問　成化本爲「注謂」。

〔一二〕齊魯一變章注謂　成化本無。

〔一三〕齊變　成化本爲「變齊」。

〔一四〕光采　成化本爲「出光采」。

〔一五〕恪　成化本無。

〔一六〕成化本此下有「云云」。

〔一七〕季札　成化本作「恪」。

〔一八〕甚　朱本作「其」。

〔一九〕孰不以爲齊勝魯也……一變至於先王之道也　成化本爲「云云」。

〔二〇〕右　成化本無。

〔二一〕集義　成化本無。

〔二二〕人　成化本作「仁」。

〔二三〕問伊氏曰……亦如是而已　成化本無。

〔二四〕右　成化本無。

〔二五〕成化本此下有「一説」。

〔二六〕之　成化本作「氏」。

〔二七〕成化本此下注曰：「無答語。」

〔二八〕謝曰猶學者……雖義非義也　成化本無。

〔二九〕井有仁焉一章　成化本無。

〔三〇〕行　成化本作「求」。

〔三一〕右　成化本無。

〔三二〕擇善而居中　成化本爲「擇中而居之」。

〔三三〕成化本此下注有「大雅」。

〔三四〕若不如此兩不用工　成化本爲「若如此兩下用工」。

〔三五〕問　成化本爲「國秀問」。

〔三六〕各有自　成化本爲「各自有」。

〔三七〕只是　成化本爲「亦只是」。

〔三八〕這　成化本作「得」。

〔三九〕有　成化本爲「而有」。

〔四〇〕博文　成化本此上有「只是『博文約禮』四字」。

〔四一〕多見　成化本爲「敬字多見多讀」。

〔四二〕敬　成化本爲「敬字」。

〔四三〕此條成化本注有「夔孫」。

〔四四〕尚　成化本作「上」。

〔四五〕人　成化本無。

〔四六〕其　成化本無。

〔四七〕知　成化本作「之」。

〔四八〕了　成化本爲「得了」。

〔四九〕事　成化本無。

〔五〇〕便　成化本作「使」。

〔五一〕伯豐　成化本爲「必大」。

〔五二〕𠐊　成化本無。

〔五三〕謂　成化本爲「謂如」。

〔五四〕成化本此下有「雖是淺底」。

〔五五〕如梓匠輪輿只是這斧斤規矩但能斲削者　成化本爲「如梓匠輪輿但能斲削者只是這斧斤規矩」。

〔五六〕文蔚　成化本無。

〔五七〕余正叔　成化本爲「正叔」。

〔五八〕節　成化本無。

〔五九〕成化本此下注曰：「以下集注、集義。」

〔六〇〕寓　成化本無。

〔六一〕成化本此下注有「寓」。

〔六二〕問　成化本爲「或問」。

〔六三〕他　成化本無。

〔六四〕右　成化本無。

〔六五〕章　成化本作「事」。

〔六六〕此條賀孫録成化本無，但卷三十三所載義剛録與此相似，參成化本該卷「仕於其國……這樣處便見」條。

〔六七〕子見南子夫子矢之曰　成化本無。

〔六八〕潘子善　成化本爲「子善」。

〔六九〕植録略同　成化本則注曰：「南升。植録云：『先生難云：「子見南子，既所謂合於禮、由其道，夫人皆能，何獨夫子爲然？」子善答云：「子見南子，無一毫冀望之心。他人則有此心矣。」曰：「看得好。」』」

〔七〇〕成化本此下注有「謨」。

〔七一〕天厭之天厭之　成化本無。

〔七二〕只是　成化本無。

〔七三〕篇　成化本作「等」。

〔七四〕問謝氏曰……樂天而已矣　成化本無。

〔七五〕右　成化本無。

〔七六〕子曰中庸之爲德也章　成化本爲「中庸之爲德章」。

〔七七〕民鮮久矣　成化本無。

〔七八〕一條　成化本作「章」。

〔七九〕或者曰高明所以處己……又安有不及　成化本無。

〔八〇〕博施濟衆章　成化本爲「子貢曰如有博施於民」。

〔八一〕節　成化本無。

〔八二〕前日　成化本無。

〔八三〕而今人　成化本作「今日」。

〔八四〕節將來合上下文推之説不通　成化本無。

〔八五〕又曰　成化本無。

〔八六〕猶言　成化本此前有「何事於仁」。

〔八七〕成化本此下注曰：「謙之録云：『便見得意思出。』」

〔八八〕此條希遜録成化本以部分内容爲注，夾於德明録中，參上條。希遜，即歐陽謙之。

〔八九〕寓　成化本無。

〔九〇〕否　成化本無。

〔九一〕着　朱本作「看」。

〔九二〕字　成化本作「看」。

〔九三〕着　成化本作「看」。

〔九四〕之大　成化本無。

〔九五〕雖堯舜猶病耳　成化本爲「雖聖如堯舜猶以爲病耳」。

［九六］此條夔孫録成化本無，但卷三十三載義剛録曰：衆朋友説「博施濟衆」章。先生曰：「『仁以理言』，是個徹頭徹尾物事，如一元之氣。『聖以地言』，也不是離了仁而爲聖，聖只是行仁到那極處。仁便是這理，聖便是充這理到極處，不是仁上面更有個聖。而今有三等：有聖人，有賢人，有衆人。仁是通上下而言，有聖人之仁，有賢人之仁，有衆人之仁，所以言『通乎上下』。『仁』字直，『聖』字横。『博施濟衆』，是做到極處，功用如此。」義剛言：「此章也是三節：前面説仁之功用，中間説仁之體，後面説仁之方。」曰：「是如此。『己欲立而立人，己欲達而達人』，仁者之存心常如此，便末『博施濟衆』時，這物事也自在裏面。」叔器問：「此兩句也是帶下面説否？」曰：「此是兩截。如黄毅然適間説是三節，極是。『夫仁者』，分明是唤起説。『己欲立而立人，己欲達而達人』，是仁者能如此。若是能近取譬，則可以爲仁之方。子貢也是意思高遠，見得恁地，却不知劃地尋不着。」

［九七］仁聖之分　成化本無。

［九八］鄭子上　成化本爲「子上」。

［九九］言　成化本無。

［一〇〇］此處病在求遠博施濟衆仁者誠是不解做得　成化本爲「仁者誠是不解做得此處病在求之太遠」。

［一〇一］只從他近處做　成化本爲「只教他從近處做」。

［一〇二］仁　成化本爲「仁者」。

［一〇三］節　成化本無。

［一〇四］節　成化本無。

［一〇五］節　成化本無。

［一〇六］成化本此下注有「集注」。

［一〇七］問如有博施於民而能濟衆一章　成化本爲「亞夫問此章」。

［一〇八］己欲立而立人己欲達而達人　成化本爲「欲立立人欲達達人」。

［一〇九］則　成化本此上有「仁」。

［一一〇］物　成化本爲「諸身」。

［一一一］子貢曰如有博施於民云云　成化本爲「子貢問博施濟衆章」。

［一一二］其言豈不甚明哉，學者當自玩味之　成化本無。

［一一三］子貢問博施濟衆一段　成化本無。

［一一四］植問云　成化本作「問」。

［一一五］安　成化本爲「安存」。

［一一六］成化本此下注有「植」。

［一一七］觀之　成化本無。

［一一八］成化本此下注有「淳」。

［一一九］此　成化本無。

[一二〇] 功　成化本無。

[一二一] 諸　成化本無。

[一二二] 夫仁者　成化本無。

[一二三] 夫仁者　成化本無。

[一二四] 此條泳録成化本無。

[一二五] 説　成化本作「問」。

[一二六] 四　成化本作「春」。

[一二七] 八　成化本作「九」。

[一二八] 若　成化本此上有「又曰」。

[一二九] 未知　成化本爲「問其」。

[一三〇] 趙至道　成化本爲「趙致道」。

[一三一] 成化本此下注曰：「南升。疑與上條同聞。」按，此條成化本載於卷六，其上條爲賀孫録「今且要識得仁之意思是如何……自然明辨曰然」條。

[一三二] 言　成化本爲「言仁」。

[一三三] 欲　成化本爲「所欲」。

[一三四] 本　成化本爲「本體」。

〔一三五〕是　成化本無。
〔一三六〕即　成化本無。
〔一三七〕足見　成化本爲「足以」。
〔一三八〕方　成化本作「如」。
〔一三九〕其　成化本作「甚」。
〔一四〇〕又曰　成化本爲「曰又」，「又」屬下讀。
〔一四一〕成化本此下注曰：「賜録云：『説許多話，曉得底自曉得。不曉得底，是某自説話了。』」
〔一四二〕成化本此下有「地載神氣，神氣風霆，風霆流形，庶物露生，無非教也」。
〔一四三〕便便　成化本爲「便便便」。
〔一四四〕觀　成化本作「官」。
〔一四五〕中　成化本作「上」。
〔一四六〕識便是一實底道理　成化本爲「識得時便是一貫底道理」。
〔一四七〕略同　成化本無。
〔一四八〕合　成化本作「全」。
〔一四九〕出　朱本作「别」。
〔一五〇〕使　成化本作「便」。

〔一五一〕成化本此下有「『仁之方不是仁之體，還是什麽物事？今且看子貢之言與夫子之言如何地。』餘同而略」。

〔一五二〕爲　成化本爲「方爲」。

〔一五三〕個　成化本無。

〔一五四〕説　成化本作「能」。

〔一五五〕告　成化本作「結」。

〔一五六〕人　朱本作「又」。

〔一五七〕此條可學録成化本載於卷一百一。

〔一五八〕此言最善名狀……欲令如是觀仁　成化本爲「云云」。

〔一五九〕右　成化本無。

〔一六〇〕大小　成化本爲「小大」。

〔一六一〕何以　成化本此上有「又」。

〔一六二〕九章　成化本爲「此章」。

〔一六三〕四　成化本作「兩」。

〔一六四〕成化本此下注有「集義」。

晦庵先生朱文公語類卷第三十四

論語十六

述而篇

述而不作章

飛卿問「信而好古」。曰：「既信古，又好古。今人多是信而不好，或好而不信。如好之者，則曰：『他也且恁地説。』信之者雖知是有個理恁地，畢竟多欠了個篤好底意思。」道夫。

行夫問「述而不作」一［一］章。答曰：「雖説道其功倍於作者，論來不知所謂删者，果是有删否？要之，當時史官收詩時已各有編次，但到孔子時已經散失，故孔子重新整理一番，未見得删與不删。如云『吾自衛反魯，然後樂正，雅、頌各得其所』。云『各得其所』，則是還其舊位。」賀孫。［二］

徐兄問：「『述而不作』，是制作之『作』乎？」曰：「是。孔子未嘗作一事，如刪詩，定書，皆是因詩、書而刪定。」又問：「聖人不得時得位時[三]只如此，聖人得時得位時更有制作否？」曰：「看聖人告顔子四代禮樂只是恁地，恐不大段更有制作。亦因四代有此禮樂而因革之，亦未是作處。」又問：「如何『作春秋』？恐是作否？」曰：「『其事則齊桓、晉文，其文則史，其義則丘竊取之矣。』看來則[四]是寫出魯史，中間微有更改爾。某嘗謂春秋難看，平生所以不敢説着。如何知得上面那個是魯史舊文，那個是夫子改底字？若不改時，便只依魯史，如何更作春秋做甚？」先生徐云：「『知我者其惟春秋乎！罪我者其惟春秋乎！』又公羊、穀梁傳云：『其辭，則丘有罪焉耳。』是這多少擔負！想亦不能不是作。不知是如何。」賀孫同。[五]

默而識之章

「默而識之」者，默不言也，不言而此物常在也。今人但説著時在，不説時不在。「非禮勿視」，要和根株取，不是只禁你不看。聽、言、動皆然。祖道。

問「述而不作」至「甚矣，吾衰也久矣」。先生曰：[六]「『默而識之』至『誨人不倦』，是三節。雖非聖人之極致，在學者亦難。如平時講貫方能記得，记得[七]或因人提撕方能存得。若『默而識之』，乃不言而存諸心，非心與理契安能如此？『學不厭』，在學者久而〔八〕易厭。視人與己若無干涉，誨之安能不倦！此三者亦須是心無間斷，方能如此。」〔九〕

宜久問「默而識之」一〔一〇〕章。曰：「此雖非聖人極致，然豈易能？『默而識之』，若不是心與理契，念念不忘者不能。『學不厭』，如人之爲學有些小間斷時便是厭。『教不倦』，如以他人之事爲不切於己便是倦。今學者須是將此三句時時省察，我還能默識否？我學還不厭否？我教還不倦否？如此乃好。」時舉。

又讀「默而識之」一章，〔一一〕曰：「此必因人稱聖人有此，聖人以謙辭答之。後來記者却失其〔一二〕上面一節，只做聖人自話記了。『默而識之』，便是得之於心；『學不厭』，便是更加講貫；『誨不倦』，便是施於人也。」時舉。

鄭問「何有於我哉」。曰：「此語難説。聖人是自謙，言我不曾有此數者。聖人常有慊然不足之意。衆人雖見他是仁之至熟、義之至精，它只管自見得有欠闕處。」賀孫。

德之不修章

讀「德之不修」一章。此自是四句，若要分説，便是德須着修於己，講學便是須時要點檢，如此説却相連讀也。時舉。〔一三〕

行父問：「『德之不修，學之不講，聞義不能徙，不善不能改，是吾憂也。』[一四]惟是[一五]先知德不可不修，方知學不可不先[一六]講。能講學方能徙義，方[一七]能改不善。如此看，如何？」曰：「修德是本。修德，恰似說『入則孝，出則悌，謹而信，泛愛衆，而親仁』。學不可不講，恰似說『行有餘力，則以學文』。」或問徙義、改不善之別。曰：「徙義不是說元初做不是。元初本心自是好，但做得錯了，做得不合宜，如所謂『皆以善爲之，而不知其義』。纔移教合義理便是全好。若不善，則是元初便做得不是，須都改[一八]，改了方得。徙義是過失，不善是罪犯。」賀孫。[一九]

李問「聞義不能徙，不善不能改」。[二〇]曰：「此章四句是四般。[二一]然此兩句自有輕重。蓋『見義不能徙』，此只是些子未合宜處，便當徙而從宜。『不善不能改』，則大段已是過惡底事，便當改了。此一句較重。」雉。

行父問「德之不修」一段。曰：「須先理會孝弟忠信等事有個地位，然後就這裏講學。『聞義不能徙』，這一件事已是好事，但做得不合義。見那人說如此方是義，便移此之不義，以從彼之義。不善，則已是私意了。上面是過失，下面是故犯。」恪。節問答並同。[二二]

節[二三]問：「『聞義不能徙，不善不能改』，先生云有輕重，其意如何？」曰：「義，宜也。事須要合宜。不能徙，未爲不是，却不合宜。那不善底却乖，須便打并了。」董叔重云[二四]：「『聞義不能徙』較輕。」曰：「那個大體却無邪惡。」又曰：「『聞義不能徙』較密於『不善不能改』，『不善不能改』較重於『聞義不能徙』。」〔二五〕

「德之不修」，如無害人之心則仁之德修，無穿窬之心則義之德修。「聞義不能徙」，只〔二六〕是見得自家事未合宜，及聞合宜事便徙而就之。「不善不能改」，〔二七〕不善則是有過惡了。如此說，方不合掌。〔二八〕

先生說：〔二九〕「『德之不修』，如有害人之心，則仁之德不修；有穿窬之心，則義之德不修。仁之德修，則所言無不仁之言，所行無不仁之行；義之德修，則所言無不義之言，所行無不義之行。」夔此下記却云：〔三〇〕『實得仁於心，則發出來爲仁之言，做出來爲仁之行；實得義於心，則發出來爲義之言，做出來爲義之行。』『聞義不能徙，不善不能改』二句雖似合掌，却有輕重深淺。聞義者，尚非有過，但不能徙義耳。至於不善，則是有過而不能改，其爲害大矣！」〔三一〕

立之問此章。曰：「德者〔三二〕，理之既得於吾心者，便已是我有底物事了。更須日日磨礱，勿令間斷始得。徙義與改不善，一似合掌，說相似，〔三三〕然須着與他分別。蓋義是事之宜處，我做這一件事，覺得未甚合宜，便着徙令合宜，此却未見得有不善處。至不善，便是有過惡，須着速改始得。此所以有輕重之別。」又問：「此四句若要連續看，如何？」曰：「纔要連續，便是說文字，不是要着實做工夫。若着實做工夫，便一句自是一句。」時舉。

或問此章。曰：「須是[三四]實見得是如何？德是甚麼物事？如何喚做修？如何喚做不修？人而無欲害人之心，這是德，得之於吾心也。然害人之心，或有時而萌者，是皆[三五]不能修者也。德者，道理得於吾心之謂；修者，好好修治之之謂，更須自體之。須把這許多說話做自家身上說，不是爲別人說。」又云：[三六]「『徙義』與『改不善』兩句，意似合掌。」曰：「聖人做兩項說在。試剖析令分明：徙義，是做一[三七]件事未甚合宜，或見人說，見人做得恰好，自家還在合宜處；不善，便是全然不是，這須重新改换方得。」[三八]

「德之不修」至「是吾憂也」，這雖是聖人以此教人，然「學不厭」之意多見於此。使有一毫自以爲聖，任其自爾，則雖聖而失其聖矣。賀孫。

又曰：「此是聖人自憂也。聖人固無是四者之憂，所以然者，亦自貶以教人之意。」謨。

子之燕居章

恪[三九]問：「『申申』『夭夭』，聖人得於天之自然。若學者有心要收束，則入於嚴厲；有心要舒泰，則入於放肆。惟理義以養其氣，養之久則自然到此否？」曰：「亦須稍嚴肅則可。不然，則無下手處。」又曰：「但得身心收斂，則自然和樂。」又曰：「不是別有一個和樂，纔整肅則自和樂。」季札。[四〇]

甚矣吾衰也久矣[四一]章

「夢周公」，「忘肉味」，「祭神如神在」，見得聖人真一處。理會一事，便全體在這一事。道夫。

節[四二]問「夫子曰『甚矣吾衰也』」。曰：「不是孔子衰，是時世衰。」又曰：「與天地相應。若天要用孔子，必不教他衰。如太公武王皆八九十歲。夫子七十餘，想見累垂。」節。

淳[四三]問：「夢周公，是真夢否？」曰：「當初思欲行周公之道時，必是[四四]曾夢見。」曰：「恐涉於心動否？」曰：「心本是個動物，怎教它不動！夜之夢猶晝[四五]之思也。思亦是心之動處，但無邪思，可矣。夢但[四六]得其正，何害！心存這事便夢這事。常人便胡夢了。」[四七]徐居甫云：「莊子謂『至人無夢』，如何？」[四八]曰：「清淨者愛恁地說。佛家[四九]亦說一般無夢底話。」淳。[五〇]

「『吾不復夢見周公』，自是個徵兆如此。當聖人志慮未衰，天意難定，八分猶有兩分運轉，故他做得周公事，遂夢見之，非以思慮也。要之，聖人精神血氣與時運相爲流通。到鳳不至，圖不出，明王不興，其徵兆自是恁地。胡文定公謂春秋絶筆於獲麟，爲『志一則動氣』，意思說得也甚好。但以某觀之，生出一個物事爲人所斃，多少是不好，是亦一徵兆也。」道夫問：「設當孔子晚年，時君有能用之，則如何？」曰：「便是不衰，如孔子請討陳恒時，孔子已年七十一，到此也做得個甚！」又問：「程子謂孔子之志必將正名其罪，上告天子，下告方伯，而率與國以討之。不知天子果能從乎？」曰：「當時惟在下者難告。」問：「果爾，則告命稽違，得無有不及事之悔乎？」曰：「使哀公能從，則聖人必一面行將去，聞於周王，使知之耳。」道夫。

戴少望謂：「顏淵子路死，聖人觀之人事；『鳳鳥不至，河不出圖』，聖人察之天理；『無[五一]復夢見周公』，聖人驗之吾身，夫然後知斯道之果不可行，而天之果無意於斯世也。」曰：「這意思也發得好。」[五二]

問：「孔子夢周公，却是思。」曰：「程先生如此說，意欲說孔子不真見周公。然見何害？」可學。

問：「『孔子曰：「甚矣吾衰也！久矣吾不復夢見周公。」』[五三]如此則是孔子未衰以前[五四]嘗夢見周公矣。伊川却言不曾夢見，何也？」曰：「聖人不應日間思量底事，夜間便夢見。如高宗夢傅說事[五五]，却是分明有個傅說在那裏，高宗却[五六]不知。所以夢見，亦是朕兆先見者如此。孔子夢奠兩楹事，豈是思慮後方夢見？此說甚精微，但於此一章上說不行，今且得從程子說。」祖道。謨録同。[五七]

問：「『吾不復夢見周公。』[五八]伊川以爲不是夢見人，只是夢寐常存行周公之道耳。先生[五九]集注則以爲如或見之。不知果是如何？」曰：「想是有時而夢見。既分明說『夢見周公』，全道不是[六〇]見，恐亦未安。」又問：「夫子未嘗識周公，夢中烏得而見之？」曰：「今有人夜間[六一]夢見平生所不相識之人，却云是某人某人者，蓋有之。夫子之夢固與常人不同，然亦有是理耳。」處謙。[六二]

士[六三]志於道章

甘吉甫[六四]說「志於道」處。曰：「『志於道』，不是只守個空底見解。須是至誠懇惻，念念不忘。所謂道者，只是日用當然之理。事親必要孝，事君必要忠，以至事兄而弟，與朋友交而信，皆是道也。『志於道』者，正是謂志於此也。」銖。時舉録同。[六五]

「據於德」者[六六]，得之於身。然既得之，守不定，亦會失了。須常照管，不要忘[六七]了。須是據守方得。明作。

問「志道、據德」[六八]。曰：「『志於道』，[六九]如孝，便是自家元得這孝道理，非從外旋取來。『據於德』，乃是得這基址在這裏。」[七〇]

問：「志於道，道則人倫日用之間所當行者。人之爲學，當心心念念在於所當行者，則其志向已定。據於道，德則行道而有得於身者也。如行仁而愛，則仁爲我德；行義而宜，則義爲我德；行禮而理，行智而通，則禮智爲我德。既得之於身，當執守而勿失，斯能終始爲一而有日新之功。所謂得之於身者，苟得其皆德也。至於仁，則心之全德而私欲盡去，學者工夫至此則依之而不違，使造次顛沛必於是，則存養者熟，無適而非天理流行矣。此數句一節密似一節，學者須先立志，而後能據於德，據德而後能依仁，至依於仁，則德性常用而物欲不行，工夫可謂至矣。又須游於藝者。游者，玩物適情之謂。如游於禮，所以防其躁；游於樂，所以導其和；游於射，所以正內志而直外體，是皆至理所寓而日用之不可闕者。朝夕游焉以博其義理之趣，則應務有餘而良心不放，所謂本末兼該，內外交舉，將以涵泳從容忽入于聖賢之域。」〔七一〕曰：「德者，吾之所自有，非自外而得也。以仁義禮智觀之可見。韓退之云：『德，足乎己，無待乎外。』說得也好。」〔七二〕

「志於道」，方有志焉。「據於德」，一言一行之謹，亦是德。「依於仁」，仁是衆善總會處。德明。

道是日用常行合做底，德是真個有得於己，仁謂有個安頓處。季札。

先生問正淳：「曾聞陸子壽『志於道』之說否？」正淳謂：「子壽先令人立志。」先生曰：「只做立志便虛了。聖人之說不如此，直是有用力處。且如孝於親、忠於君、信於朋友之類，便是道。所謂志，只是如此知之而已，未有得於己也。及其行之盡於孝、盡於忠、盡於信，有以自得於己，則是孝之德、忠之德、信之德。如此，然後可據。然只志道據德，而有一息之不仁，便間斷了，二者皆不能有，却須『據於德』後而又『依於仁』。」正淳謂：「這個仁是據發見說。」曰：「既見於德，亦是發見處。然仁之在此，却無隱顯，皆貫通，不可專指爲發見。」㽦。[七三]

「志於道」，道是君臣、父子、夫婦、兄弟、朋友之道。明得此理，得之於身，斯謂「據於德」。然而不「依於仁」，則二者皆爲無用矣。依仁不止於發見，凡內外隱顯，莫非仁也。人傑。

正卿問「志道，據德，依仁」。曰：「『志於道』，猶是兩個物事。『據於德』，猶[七四]謂忠於君則得此忠，孝於親則得此孝，是我之得於己者也，故可據。依仁，則是平日存主處，無一念不在這裏，又是據德[七五]底骨子。」時舉。

正卿問「志於道，據於德，依於仁」[七六]。曰：「德，是自家心下得這個道理，如欲爲忠而得其所以忠，如欲爲孝而得其所以孝。到得『依於仁』，則又不同。依仁，則是此理常存於心，日用之間常常存在。據德、依仁，雖有等級，不比志道，與據德、依仁全是兩截。志只是心之所之，與有所據、有所依不同也。」賀孫。

德是道之實，仁是德之心。道夫。

問：「若是『志於道，據於德』，則雖初學便可如此下功。且如『據於德』，則得寸守寸，得尺守尺。若是『依於仁』，則仁是指全體而言，如何便解依於[七七]它？」曰：「所謂『據於德』，亦須是真個有是德方可據守。如事親時自無不孝，方是有孝之德，其餘亦然，亦非初學遽可及也。

依仁，只是此心常[七八]不令少有走作也。」因言：「周禮先説『知仁聖義中和，孝友睦婣任卹』，此是教萬民底事。又説教國子以三德，曰：『至德以爲道本，敏德以爲行本，孝德以知逆惡。』至德，謂德之全體，天下道理皆由此出，如所謂存心養性之事是也，故以此教上等人。若次一等人，則教以敏德爲行本。敏，是强敏之謂。以敏德教之，使之見善必遷，有過必改，爲孝[七九]則强力，任事則果決，亦是一等特立獨行之人。若又次一等，則教以孝德以知惡逆[八〇]，使它就孝上做將去，熟於孝，則知惡逆之不可爲矣[八一]。是三者必相兼。若能至德，則自兼那兩事。若自下做去，亦可以到至德處。若只理會個至德而無下二者，則空疏去。」又曰：「自『志於道』至『依於仁』，是從粗入精；自『依於仁』至『游於藝』，是自本兼末。能『依於仁』則其『游於藝』也，蓋無一物之非仁矣。」因舉横渠語云：「『天體物而不遺，猶仁體事無不在也。「禮儀三百，威儀三千」，無一物之非仁也。「昊天曰明，及爾出王；昊天曰旦，及爾游衍」，無一物之不體也。』此是横渠赤心片片説與人。如荀、揚，何嘗有這樣説話？」廣。

問[八二]：「『游者，玩物適情之謂。』玩物適情，安得爲善？」曰：「『游於藝』一句是三字，公却只説得一字。」人傑。[八三]

「據於德」，有時也會失了。必「依於仁」，此心常存則照管得到，能守是德矣。「游於藝」，似若無緊切底事，然能如此，則是工夫大故做得到了，所謂「庸言之信，庸行之謹」也。夔孫。

「『據於德。』德，謂得之於心，有這個物事了，不待時〔八四〕旋討得來。且如仁義禮知有在這裏，不待臨時旋討得來。」又曰：「德是自家有所得底〔八五〕在這裏。且如事親孝，則得孝之德〔八六〕；事兄弟，則得弟之德〔八七〕。所謂在這裏，但得有淺深。」又曰：「『志於道，據於德』，說得尚粗。到『依於仁』，方是工夫細密。『游於藝』者，乃是做到這裏又當養之以小物。」〔八八〕

讀書須將聖賢言語就自家身上做工夫，方見字字是實用。如「志道，據德，依仁，游藝」，將來安排放身上看，看道是甚麽物事？自家如何志之？以至「據德、依仁、游藝」，亦莫不然，方始有得。道夫。

寓〔八九〕問：「自『志於道』到『依於仁』，工夫到這處縝密，較易些否？」曰：「似恁地都是難。」問：「此是顔子不違仁地位否？」先生問：「如何知得顔子能如此，它人不能？」寓〔九〇〕曰：「顔子亞聖之資，固易爲力。若它人用工深，亦須到這處。」曰：「這處先要就『志於道』上理會。『志於道』，便恁地利，恁地好。這須知是個生死路頭。」因以手指分作兩邊去，云：「這一邊是死頭〔九一〕，那一邊去是生路。這去便善，那去便惡。知得此路是了，只管向此路去，念念不忘。處己也在是，接人也在是，講論也在是，思索也在是。令人把捉不定，要做這裏〔九二〕邊去，又要做那邊去，一出一入，或東或西。以夫子『十五志於學，三十而立，四十而不惑，五十而知天命』，皆是從志學做來着工夫，須看得聖人『志於學』處是如何。這處見得定，後去節節有下工夫處。『據於德』，德者，得也，便是我自得底，不是徒恁地知得便住了。若徒知得，不能得之於己，似說別人底，於我何干。如事親能孝，便是我得這孝；事君能忠，便是我得這忠。說到德，便是成就這道，方有可據處。但『據於德』，固是有得於心，是甚次第，然亦恐怕有走作時節。其所存主處須是『依於仁』，自得於心，不可得而離矣。到游藝猶言，雖事未甚要緊，然亦少不得。須知那個先、那個後始得，亦所以助其存主也。」〔九三〕

行夫問「志道，據德，依仁，游藝」。先生曰：「『志於道』，方是要去做，方是事親欲盡其孝，事兄欲盡其弟，方是恁地。至『據於德』，則事親能盡其孝，事兄能盡其弟，便是自有個道理了，〔九四〕却有可據底地位。纔說盡其孝，便是據於孝。雖然如此，此只是就事上逐件理會。若是不依於仁，不到那事親事兄時，此心便沒頓放處。『依於仁』，則自朝至暮，此心無不在這裏，連許多德總攝貫穿都活了。『志於道』，方要去做。『據於德』，則道方有歸着。雖有歸着，猶是有〔九五〕事上。『依於仁』，則德方有本領。雖然，藝亦不可不去理會。如禮、樂、射、御、書、數，一件事理會不得，此心便覺滯礙。惟是一一去理會，這道理脈絡方始一一流通，無那個滯礙，因此又却養得這個道理。以此知大則道無不包，小則道無不入。小大精粗皆無滲漏，皆是做工夫處，故曰『語大，天下莫能載；語小，天下莫能破』。」恪。

「志〔九六〕於道，據於德，依於仁」又且「游於藝」，不成只一句便了，若只一句便了何更用許多説話？如「詩三百，一言以蔽之，曰『思無邪』」，聖人何故不只存這一句，餘都删了？何故編成三百篇方説「思無邪」？看三百篇中那個事不説來[九七]？淳。[九八]

「志者，[九九]心之所之。道者，當爲之理，爲君有君之理，爲臣有臣之理。『志於道』者，留心於此理而不忘之[一〇〇]也。德者，得也。既得之則當據守而弗失。仁者，人之本心也。依，如『依乎中庸』之依，相依而不捨之之意[一〇一]。既有所據守又當依於仁而不違，如所謂『君子無終日之間違仁』是也。『游於藝』一句，比上三句稍輕，然不可大段輕説。如謝上蔡[一〇二]云『有之不害爲小人，無之不害爲君子』，則是太輕了。古人於禮、樂、射、御、書、數等事皆至理之所寓，游乎此則心無所放，而日用之間本末具舉而内外交相養矣。」或言：「『志於道』，正如顏子仰高鑽堅以求至乎聖人之地否？」曰：「若如此説，便是要將此心寄在道裏面底説話。道只是人所當行之道，自有樣子。如『爲人父，止於慈；爲人子，止於孝』。只從實理上行，不必向渺茫之中求也。」謨。

子升兄[一〇三]問：「此章[一〇四]上三句皆有次序，至於藝，乃日用常行，莫不可後否？」曰：「藝是小學工夫。若説先後，則藝爲先而三者爲後。若説本末，則三者爲本而藝其末，固不可徇末而忘本。習藝之功固在先。游者，從容潛玩之意，又當在後。文中子説：『聖人志道，據德，依仁，而後藝可游也。』此説得自好。」木之。

問：「『興於詩』三句與『志於道』四句相似？」曰：「『志』、『據』、『依』是用處，『興』、『立』、『成』是成效處。」夔孫。[一〇五]

自行束脩章無[一〇六]

不憤不悱[一〇七]章

問「憤悱」。曰：「此雖聖人教人之語，然亦學者用力處。」敬仲。

學者至憤悱時，其心已略略通流，但心已喻而未甚信，口欲言而未能達，故聖人於此啓發之。舉一隅，其餘三隅須是學者自去理會。舉一隅而不能以三隅反，是不能自用其力者，孔子所以不再舉也。謨。

「舉一隅以三隅反，只是告往知來否？」曰：「只是有四隅。」[一〇八]

問：[一〇九]「『引而不發，躍如也』與『舉一隅不以三隅反』同意否？」曰：「這般有問答處儘好看，這見得恁地問便恁地答。是[一一〇]酬酢處見意思，且自去看。」賀孫。[一一一]

「悱，非是全不曉底，也曉得三五分，只是説不出。」節[一一二]問伊川謂「必待誠至而後告之」。曰：「憤悱便是誠意到，不憤悱便是誠不到。」節。

子食於有喪者之側章

「子食於有喪者之側，未嘗飽也」，有食不下咽之意。謨。

又讀[一一三]「子於是日哭則不歌」，曰：「不要把一個『誠』字包却了。須要誠[一一四]得聖人自然重厚、不輕浮底意[一一五]。」時舉。

節[一一六]問：「博文亦可以學道，而上蔡解『哭則不歌』，謂『能識聖人之情性，然後可以學道』。」曰：「聖人情性便是理。」又曰：「博文約禮亦是要識得聖人情性。『思曰睿』只是思會睿。」節。[一一七]

「『子於是日哭則不歌』，上蔡説得亦有病。聖人之心，如春夏秋冬，不遽寒燠，故哭之日自是不能遽忘。」又曰：「聖人終不成哭了便輒[一一八]去歌得！如四時，也須漸漸過去。[一一九]且如古者喪服，自始死至終喪，中間節次漸漸變輕；不似如今人直到服滿，一頓除脱了，便着華采衣服。」賀孫。道夫録[一二〇]同。

用之則行章[一二一]

讀「用之則行，捨之則藏」[一二二]，曰：「專在『則』字上面[一二三]，如『可以仕則仕，可以久則久』之類是也。」時舉。

又曰：〔一二二四〕「此八字極要人玩味。若它人用之則無可行，捨之則無可藏。唯孔子與顏淵先有此事業在己分内，若用之則見成將出來行，捨之則藏了，它人豈有是哉！故下文云：『唯我與爾有是夫。』『有是』二字，當如此看。」謨。

節〔一二二五〕問：「此章注下，〔一二二六〕尹氏曰：『命不足道也。』」曰：「如常人，『用之則行』，乃所願；『捨之則藏』，是自家命恁地，〔一二二七〕不得已，不奈何。聖人無不得已底意思。聖人用我便行，捨我便藏，無不奈何底意思〔一二二八〕，何消得〔一二二九〕更言命。」又曰：「『命不足道也』，命不消得更説。」又曰：「知命不足道也。」節。

問「用捨行藏」一〔一二三〇〕章。曰：「聖人於用捨甚輕，没些子緊要做。用則行，捨則藏，如晴乾則着鞋，雨下則赤脚。尹氏云：『命不足道。』蓋不消言命也。」〔一二三一〕

至之問：「尹氏云：『用捨無與於己，行藏安於所遇。命不足道也。』是如何？」曰：「聖人説命，只是爲中人以下説，如『道之將行也』、『道之將廢也』。故聖人欲曉子服、景伯，故以命言。」時舉。〔一二三二〕

「『用之則行，捨之則藏』，〔一二三三〕注云：〔一二三四〕『用捨無預於己，行藏安於所遇。命不足道也。』蓋只看義理如何，都不問那命了。雖使前面做得去，若義去不得，也只不做；所謂『殺一不幸、行一不義而得天下，有所不爲』。若中人之情，則見前面做不得了方休，方委之於命；若使前面做得，它定不肯已；所謂『不得已而安之若〔一三五〕命』者也。此固賢於世之貪冒無知〔一三六〕者矣，然實未能無求之之心也。聖人更不問命，只看義如何。貧富貴賤，惟義所在，所〔一三七〕謂安於所遇也。如顏子之安於陋巷，它那曾計較命如何。陶淵明說盡萬千言語，說不要富貴，不〔一三八〕能忘貧賤。其實是大不能忘，它只是硬將這個抵拒將去。然使它做那世人之所爲，它定不肯做，此其所以賢於人也。」或云：「看來，淵明終只是晉宋間人物。」曰：「不然。晉宋間人物雖曰尚清高，然個個要官職，這邊一面清談，那邊一面招權納貨。淵明却真個是能不要，此其所以高於晉宋人也。」或引伊川言「晉宋清談，因東漢節義一激而至此」者。「公〔一三九〕且說，節義如何能激而爲清談？」或云：「節義之禍，在下者不知其所以然，思欲反之，所以一激而其變至此。」曰：「反之固是一說，然亦是東漢崇尚節義之時便自有這個意思了。蓋當時節義底人，便有傲睨一世、污濁朝廷之意。這意思便自有高視天下之心，少間便說〔一四〇〕入於清談處〔一四一〕去。如皇甫規見雁門太守曰：『卿在雁門，食雁肉，作何味？』那時便自有這意思了。少間那節義清苦底意思無人學得，只學得那虛驕之氣。其弊必至於此。」僩。事見東漢王符傳。〔一四二〕

問「用捨行藏」。曰：「此有數節，最好子細看。未說到用捨行藏處，且先看個『毋意、毋必』底意。此是甚底心？渾然是個天理。尹氏謂『命不足道』，此本未有此意，亦不可不知也。

蓋知命者，不得已之辭。人要做這事，及至做不得則曰命，是心裏猶不服它。若聖賢『用之則行，捨之則藏』，更不消得説命。到説『臨事而懼，好謀而成』八字，雖用捨行藏地位遠了，然就此地頭看也自好。某嘗謂聖人之言好如荷葉上水珠，顆顆圓。這『臨事而懼』，便是戒謹恐懼底心。若有所恐懼，心驚膽畏，便不得了。孟子説：『禹惡旨酒，而好善言；湯立賢無方；文王望道而未之見；武王不泄邇，不忘遠；周公思兼三王。』曰诗[一四三]多事皆是聖人事，然有小大不同。如『惡旨酒』乃是事之小者，『思兼三王』乃是事之大者，然亦都是一個戒謹恐懼底心。人心多縱弛，便都放去。若是聖人行三軍，這便是不易之法。非特行軍如此，事事皆然。莊子庖丁解牛神妙，然每到族，心必怵然爲之一動，然後解去。心動，便是懼處，豈是似醉人恣意胡亂做去！韓文鬬雞聯句云：『一噴一醒然，再接再礪乃。』謂都困了，一以水噴之則便醒。『一噴一醒』，所謂懼也。此是孟郊語，也説得好。」又問：「觀此處，則夫子與顏子一般了。」曰：「到此地位，大節也同了。如孟子説伯夷、伊尹與夫子『是則同』處。看伯夷、伊尹與夫子，豈是一樣人！但是此大節處同。若此處不同，則不足爲聖人矣。」夔孫。[一四四]

子路説：「子行三軍，則誰與？」雖無私意，然猶有固必之心。人傑。

子路曰：[一四五]「子行三軍，則誰與？」宜作相與之「與」，非許與之「與」。「好謀而成」，人固有好謀者，然疑貳不決，往往無成者多矣。孔子行三軍，其所與事[一四六]者，必「臨事而懼，好

謀而成者也」。〔一四七〕

亞夫問「子行三軍，則誰與」。曰：「三軍要勇，行三軍要謀。既好謀便須成之。蓋人固有好謀而事不成者，却亦不濟事。」潘子善因云：「謀在先，成在後。成非勇亦不能决。」曰：「然。」又問：「通書『動而無動，静而無静，神也』，此理如何？」曰：「譬之晝夜。晝固是屬動，却來管那神不得；夜固是屬静，然静亦管那神不得。蓋神之爲神，自是超於形器之表，貫動静而言其體，常如是而已矣。」僩。時舉略同。〔一四八〕

「好謀而成」，既謀了，須是果决去做教成。若徒謀而不成，何益於事？所謂「作舍道旁，三年不成」者也。「臨事而懼」，是臨那事時又須審一審。蓋閑時已自思量都是了，都曉得了，到臨事時又更審一審。這「懼」字，正如「安而後能慮」底「慮」字相似。又曰：「而今只是據本子看，説行三軍是如此。試把數千人與公去行看，好皇恐！」僩。

富而可求章

讀「富而可求」章，云：「須要子細看『富而可求也』一句。上面自是有〔一四九〕虚意。言『而可求』，便是富本不可求矣。」因舉「君子贏得做君子，小人枉了做小人」之説，又云：「此章最見得聖人言語渾成底氣象，須要識得。」時舉。

齊戰疾章無[一五〇]

聞韶章[一五一]

夫子之心與韶樂相契，所以「不知肉味」，又有習之三月之説。泳。

「子在齊，聞韶三月」，當作一點。人傑。[一五二]

問「子在齊，聞韶三月，不知肉味」。[一五三]曰：[一五四]「史記：『子在齊，聞韶音，學之三月，不知肉味。』『三月』當作一點。蓋是學韶樂三月耳，非三月之久不知肉味也。」祖道。謨録同。[一五五]

問：「『孔子聞韶樂[一五六]，學之三月，不知肉味。』若常人如此，則是『心不在焉』，而聖人如此，何也？」曰：「此其所以爲聖人也，公自思量看。」久之，又曰：「衆人如此，則是溺於物欲之私。聖人則是誠一之至，心與理合，不自知其如此。」又問：「聖人存心如此之切，所以至於忘味。」曰：「也不是存心之切，恁地又説壞了聖人。它亦何嘗切切然存心要去理會這事，只是心自與那道理契合，只覺得那個好，自然如此耳。」僩。

「史記云：[一五七]『子聞韶音，學之三月，不知肉味。』『學之』一節，不知如何，今正好看其忘肉味處。這裏便見得聖人之樂，如是之美；聖人之心，如是之誠。」又曰：「聖人聞韶，須是去學，不解得只恁休了；　學之亦須數月方熟。三月，大約只是言其久，不是真個足頭九十日，至九十一日便知肉味。想見韶樂之美，是能感動人，是能使人視端而行直。某嘗謂，今世人有目不得見先王之禮，有耳不得聞先王之樂，此大不幸也。」道夫。

吴伯英問：「孔子在齊聞韶樂，[一五八]學之三月，至於[一五九]不知肉味。然則[一六〇]聖人殆亦固滯不化，而[一六一]當食之時，又不免『心不在焉』之病，若何？」曰：「『主一無適』，是學者之功。聖人行事不可以此求之也。更是舜之樂盡善盡美，而孔子聞之，深有所契于心者，所謂『得志行乎中國，若合符節』，是以學之三月，而不自知其忘味也。」處謙。[一六二]

石丈問：「子在齊聞韶，何以有韶？[一六三]」曰：「人説公子完帶來，亦有甚據。」淳問：「伊川謂[一六四]『三月不知肉味』爲聖人不應凝滯於物[一六五]。今添『學之』二字，則此意便無妨否？」曰：「是。」石又引「三月」之證。曰：「不要理會『三月』字。須看韶是甚調[一六六]，便有便得人如此，[一六七]孔子是如何聞之便恁地。須就舜之德、孔子之心處看。」淳。[一六八]

先生嘗讀它傳云：「孔子居齊，聞韶音，見齊國之人亦皆視端形聳[一六九]，蓋正音所感如此。」升卿。

時舉[一七〇]問：「伊川疑『三月』即是『音』字，如何？」曰：「此處最要看它『不知肉味』處，最有意思。蓋夫子知韶之美，一聞之則感之至深，學之三月，故至於不知肉味。然[一七一]若道一聞之便三月不知肉味，恐無此道理。伊川疑得自是，但史記上有『學之』二字，伊川恐適不曾考到此耳。觀此處須見得夫子之心與舜之心分明爲一，感之至深，故盡心以學之，念念在此而自不能忘也。」時舉。

「『子在齊聞韶，學之三月，不知肉味。』上蔡只要説得泊然處，便有些莊老。某謂正好看聖人之〔一七二〕忘肉味處，始見聖人之心如是之誠，韶樂如是之美。」又舉史記〔一七三〕載孔子至齊，促從者行，曰：「韶樂作矣。」從者曰：「何以知之？」曰：「吾見童子視端而行直。」「雖是説得差異，亦容有此理。」賀孫。

夫子爲衛君章〔一七四〕

「『夫子爲衛君乎』，若只言以子拒父，自不須疑而問。今冉子疑夫子爲衛君者，以常法言之，則衛公輒亦於義當立者也。以輒當立，故疑夫子必助之。『求仁而得仁』，此只是不傷其本心而已。若伯夷叔齊，不讓而於心終不安。人之心本仁，纔傷着本心，則便是不仁矣。」謨。

論子貢問衛君事，曰：「若使子貢當時徑問輒事，不唯夫子或不答，便做答時亦不能盡〔一七五〕。若只問：『伯夷叔齊何人也？』曰：『古之賢人也。』亦未見分曉。聖人所謂〔一七六〕如『君子不仁者有矣』，亦如何便見得出處一時皆當，豈無怨悔處？只再問『怨乎』，便見得子貢善問。纔説道『求仁，[一七七]又何怨』，便見得夷齊兄弟所處無非天理，蒯輒父子所向無非人欲。二者相去，奚啻珷玞美玉，直截天淵矣。」㽦。

問：「子貢欲知爲衛君，何故問夷齊？」曰：「一個是父子争國，一個是兄弟讓國，此是則彼非可知。」問：「何故又問『怨乎』？」曰：「此又審一審。所以夫子言『求仁得仁』，是就心上本原處説。凡讓，出於不得已便有怨。夷齊之讓是合當恁地，乃天理之當然，又何怨！大綱衛君底固爲不是，到此越見得衛君没道理。」又問：「子欲正名，是公子郢否？」曰：「此又是第二節事。第一節且[一七八]先正輒父子之名。」問：「輒尚在，則如何正？」曰：「上有天子，下有方伯，它不當立，如何不正？」寓。淳録略同。[一七九]

問：「子貢有『怨乎』之問，何也？」曰：「夫子謂夷齊是賢人。恐賢者亦有過之者，於是問以決之，看這事是義理合如此否。如其不必讓而讓之，則未必無怨悔之心矣。夫子告以『求仁而得仁』者，謂是合恁地。若不恁地，是去仁而失仁矣。若衛君事則大不然矣，子貢所以[一八〇]必其不爲也。」夔孫。

安卿以書問夷齊，辨論甚悉。曰：「大概是如此，但更於『求仁而得仁』上看之[一八一]。」道夫問：「『安』字莫便是此意否？」曰：「然。但見他説得來不大[一八二]緊切，故教他更於此上看。」道夫[一八三]曰：「伯夷不敢安嫡長之分以違君父之命，叔齊不敢從父兄之命以亂嫡庶之義，這便是『求仁』。伯夷安於逃，叔齊安於讓，而其心舉無杌隉之慮，這便是『得仁』否？」曰：「然。衛君便是不能求仁耳。」道夫。

孔子論伯夷，謂：「求仁而得仁，又何怨？」司馬遷作伯夷傳，但見得伯夷滿身是怨。蘇子由伯夷論却好，只依孔子說。文蔚。

「蒯聵與輒，若有一人識道理，各相避就去了。今蒯聵欲入衛，輒不動，則所以處其事者當如何？後世議者皆以爲當立郢，不知郢不肯做。郢之立〔一八四〕，蓋知其必有紛争也。若使夫子爲政則必上告天子，下告方伯，拔郢而立之，斯爲得正。然夫子固不欲與其事也。」或謂：「春秋書『晉趙鞅納世子蒯聵于戚』，稱『世子』者，謂其當立。」曰：「若不如此書，當如何書之？說春秋者多穿鑿，往往類此。」人傑。〔一八五〕

吴伯英問：「夷齊讓國而去，一以父命爲尊，一以人倫爲重，要各得其本心之正，而盡乎天理之公矣。所謂『孤竹君』，當時或無中子之可立，則二子將奈何？」曰：「縱二子不立，則其宗社之有賢子弟立之可也。」處謙。

或問：「伯夷叔齊之讓，使無中子，則二子不成委先君之國而棄之！必有當立者。」曰：「伊川說叔齊當立。看來立叔齊雖以父命，然終非正理，恐只當立伯夷。」或曰：「伯夷終不肯立，奈何？」曰：「若國有賢大臣，則必請於天子而立之，不問伯夷情願矣。看來二子立得都不安，但以正理論之，則伯夷分數稍優耳。胡文定春秋解這一段也好，說吴季札讓國事，聖人不取之，牽引四五事爲證。所以經只書『吴子使札來聘』，此何異於楚子使椒來聘之事耶？但稱名，則聖人貶之深矣。云云。但近世說春秋皆太巧，不知果然否也。」僩。

問：「胡氏正名說，謂『必將具其事之本末告諸天王，請于方伯，命公子郢而立之，則人倫正』。[一八六]此正[一八七]是論孔子爲政正名合當[一八八]如此。設若衛君輒[一八九]用孔子，孔子爲之臣否[一九〇]？既爲之臣而爲政，胡氏所說[一九一]可通否？」曰：「聖人不[一九二]北面無父之人。若輒有意改過遷善，則孔子須與它[一九三]斷約，恁地做[一九四]方與他做。姚崇[一九五]猶先以十事與明皇約，然後爲之相，而況孔子乎！若輒不能然，則孔子決不爲之[一九六]矣。」淳。[一九七]

飯蔬[一九八]食章

恪[一九九]問：「『樂亦在其中』，聖人何爲如是之樂？」曰：「正要理會聖人之心如何得恁地。聖人之心更無些子渣滓，故我之心淘來淘去，也要知聖人之心。」季札。[二〇〇]

「樂亦在其中」，此樂與貧富自不相干，是别有樂處。如氣壯底人，遇熱亦不怕，遇寒亦不怕。若氣虚則必爲所動矣。閎祖。

論「不義而富且貴，於我如浮雲」，[二〇一]上蔡云：「義而得富得貴，猶如浮雲，況不義乎！」

「這是上蔡説得過當。此只説不義之富貴，視之如浮雲，不以彼之輕易吾之重。若義而得富貴便是當得，如何掉[二〇二]脱得！如舜禹有天下，固説道『不與』，亦只恁地安處之。又如『所以長守貴也，所以長守富也』，義當得之，亦自當恁地保守。堯命舜云：『天之曆數在爾躬，允執其中。四海困窮，天禄永終。』豈是不要保守！」賀孫。[二〇三]

五十以學易章[二〇四]

問「五十學易」一段。曰：「聖人學易，而[二〇五]於天地萬物之理，吉凶悔吝，進退存亡，皆見得盡，自然無差失。聖人説此數句，非是謾然且恁地説。聖人必是見得是如此，方如此説。」希遜。[二〇六]

鄭文振[二〇七]問「五十以學易」。曰：「也只就卦爻上占考其理合如何。其他書則一事是一理，惟是易却説得闊。[二〇八]如已有[二〇九]底事説在裏，未有底事也説在裏。」又曰：「易須錯綜看，天下甚麽事，無一不出於此。如善惡是非得失，以至於屈伸消長盛衰，看是甚事，都出於此。伏羲以前不知如何占考，至伏羲將陰陽兩個畫卦以示人，使人於此占考吉凶禍福。一畫爲陽，二畫爲陰，一畫爲奇，二畫爲耦，遂爲八卦。又錯綜爲六十四卦，凡三百八十四爻。文王又爲之彖、象以釋其義，無非陰陽消長盛衰屈伸之理。聖人之所以學者，學此而已。把乾卦一卦看，如

『乾，元亨利貞』。人要做事，若占得乾卦，乾是純陽。元者，大也；亨者，通也，其爲事必大通。然而雖説大亨，若所爲之事不合正道，則亦不得其亨。故雖云大亨，而又利於正。卦内六爻都是如此。如説『潛龍勿用』，是自家未當是〔二一〇〕作之時，須是韜晦方始無咎。若於此而不能潛晦，必須有咎。又如上九云：『亢龍有悔。』若占得此爻，必須以亢滿爲戒。如這般處，最是易之大義。易之爲書，大抵於盛滿時致戒。蓋陽氣正長，必有消退之漸，自是理勢如此。」又云：「當極盛之時便須慮其亢，如當堯之時須交付與舜。若不尋得個舜便交付與他，則堯之後，天下事未可知。」又云：「康節所以見得透，看他説多以盛滿爲戒。如云：『飲酒愛微醺，不成使酩酊。』」又云：「康節多於消長之交看。」又云：「許多道理本無不可知之數，惟是康節體得熟。只管體來體去，到得熟後，看是甚麽事理，無不洞見。」賀孫。

因學者問「學易無大過」章。曰：「易只有『陰陽』兩字分奇偶。一畫是陽，兩畫是陰，從此錯綜，推去〔二一一〕爲六十四卦，三百八十四爻。後來文王却就畫繫之辭。〔二一二〕。看來易元初只是畫。〔二一三〕」又曰：「天地只有〔二一四〕一個陰，一個陽，把來錯綜。大抵陽則多吉，陰則多凶。吉爲善，凶爲惡。又看所處之位，逐爻看之，陽有時而凶，陰有時而吉。」又曰：「如它經，先因其事方有其文。如書言堯、舜、禹、成湯、伊尹、武王、周公之事，因有許多事業方説得〔二一五〕那裏，若無那事亦不説到那裏。易則是個空底物事，未有是事，預先説是理，故包括得盡許多道理。看人做甚事，皆撞着也。」又曰：「『易，無思也，無爲也。』易是個無情底物事，故『寂然不動』。占之者吉凶善惡隨事著見，乃『感而遂通』。」又云：「易中多言『正』，如『利正』、『正吉』、『利永正』之類，皆是要人守正。」又云：「易如占得一爻，須是以[二一六]觀諸身果盡得那道理否？如坤六二：『直方大，不習無不利。』須看自家能直、能方、能大，方能『不習無不利』。凡皆類此。」又曰：「所謂『大過』，如當潛而不潛，當見而不見，當飛而不飛，皆是過。」又曰：「乾之一卦，純乎陽，固是好。如『元亨利貞』，『利正』[二一七]，蓋大亨之中又須知利在正，非正則過矣。」又曰：「如坤之初六，須知履霜有堅冰之漸，要人恐懼修省。不知恐懼修省便是過。易大概欲人恐懼修省。」又曰：「文王繫繇辭[二一八]，本只是與人占底書。至孔子作十翼，方説『君子居則觀其象而玩其辭，動則觀其變而玩其占』。」又曰：「夫子讀易與常人不同，是他胸中洞見陰陽剛柔、吉凶消長、進退存亡之理。其贊易，即就胸中寫出這道理。」[二一九]

問：「『學易無大過』，聖人何以有過？」曰：「只是聖人不自足之意。聖人此般話，也如『道者三，我無能』、『聖仁吾豈敢』。不是聖人能如此，更誰能如此？程子謂『學易者無大過』，文勢不然。此章『五十』字誤，然章之大旨在『無大過』，不在『五十』上。」淳。

寓[二二〇]問：「『五十以學易』章集注[二二一]，先生舉史記作『假我數年』[二二二]。」云：「是時孔子年老，已及七十，欲贊易，故發此語。若作『五十以學易』，全無意思。」問：「孔子少年不學易，到老方學易乎？」曰：「作彖、象、文言以爲十翼，不是方讀易也。」問：「伊川以八索爲過處，如何？」曰：「某不敢如此説。」寓。

「子曰：『加我數年，五十以學易，可以無大過矣。』伊川曰：『此未贊易時語也。更加我數年，五十以學易，易之道可無大過。如八索之類皆過也。』又曰：『前此學易者衆，與説多過矣。聖人使弟子俟其贊易而後學之，其過鮮矣。』前一説則大過在八索之類，後一説則大過在弟子之學易者。俱未有定據。若曰孔子自五十歲後始學易，可以無大過，則大害義理。是未學易之前，聖人嘗有過也。伊川後來自不取此説。竊謂天下之人凡所云爲至於大過而不知止者，皆易道不明於天下故也。聖人之意，謂俟我贊易之後，庶幾易道大明，而天下之人皆有所省覺，雖不免有小小過失，然可以保其無大過矣。蓋不特爲八索與弟子之學易者言之。不知是否？」〔二二三〕曰：「史記『加』作『假』，古本『五十』作『卒』字。『加』、『假』聲相近，『五十』與『卒』字相似而并誤也。此孔子繫易之時，自謂『假我數年，五十〔二二四〕以學易，可以無大過』者，爲此自謙之辭以教學者，深以見易之道無窮也。」謨。

子所雅言章

「執禮」，執守也。泳。〔二二五〕

問「子所雅言：詩、書、執禮」。曰：「古之爲儒者，只是習詩書禮樂。言『執禮』則樂在其中。如易則掌於太卜，春秋掌於史官，學者兼通之，不是正業。只這詩書，大而天道之精微，細而人事之曲折，無不在其中。禮則節文法度。聖人教人亦只是許多事。」僩。

「子所雅言：詩、書、執禮」，未嘗及易。夫子常所教人，只是如此，今人便先爲一種玄妙之說。德明。

賀孫問：「『子所雅言：詩、書、執禮，皆雅言也。』〔二二六〕伊川云：『夫子雅素所〔二二七〕言，止於如此。若「性與天道不可得而聞」者，則在「默而識之」。』不知性與天道，便於詩、書、執禮中求之乎？」曰：「語意不如此。觀子貢說『夫子之言性與天道』，自是有說時節，但亦罕言之。」恭父云：「『觀子貢此處，固足以見子貢方聞性、天〔二二八〕之妙。又如說：『天何言哉？四時行焉，百物生焉，天何言哉？』這是大段警悟它處。」曰：「這般處是大段分曉。」又云：「若實能『默而識之』，則於『詩、書、執禮』上自得〔二二九〕性與天道。若不實能默識得，雖聖人便說出也曉不得。」賀孫問：「『執禮』，『執』字恐當時自以執其禮〔二三〇〕，非夫子方爲是言？」曰：「詩書只是口說得底，惟禮要當執守，故孔子常說教人執禮。故云：『詩、書、執禮，皆雅言也。』不是當時自有此名。」賀孫。〔二三一〕

葉公問孔子於子路章

「學者做得事不是，須是悔。悔了便不要做，始得。若悔了，第二番又做，是自不能立志，又干別人甚事？」因問：「集注中〔一二三二〕有『未得則發憤忘食』之說。」先生曰：「聖人未必有未得之事，且如此說。若聖人便有這般事，是他便發憤做將去。學者當悔時，須是學聖人始得，豈可自道我不似聖人便休却！」明作。〔一二三三〕

爲學要剛毅果決，悠悠不濟事。且如「發憤忘食，樂以忘憂」，是甚麽樣精神，甚麽樣骨肋！〔一二三四〕正卿。〔一二三五〕

寓〔一二三六〕問：「『發憤忘食』，未知聖人發憤是如何？」曰：「要知他發憤也不得。只是聖人做事超越衆人，便做到極處，發憤便忘食，樂便忘憂。若他人，發憤未必能忘食，樂處未必能忘憂。聖人直是脱灑，私欲自是惹不着。這兩句雖無甚利害，細看來，見得聖人超出乎萬物之表！」〔一二三七〕

「發憤忘食，樂以忘憂，不知老之將至云爾。」泛説，若是謙辭。然聖人之爲人自有不可及處，直要做到底，不做個半間不界底人。非是有所因，真個或有所感，發憤而至於忘食，所樂之至而忘憂，蓋有不知其然而不自知其老之將至也。又如「好古敏以求之」，自是謙詞。「學不厭，教不倦」，亦是謙詞。當時如公西華、子貢自能窺測聖人不可及處。蓋聖人處己之謙若平易，而其所以不可及者亦在其中矣。觀聖人若慢[二三八]，只是你趕他不上。人傑。㽦録略同。[二三九]

「『發憤忘食，樂以忘憂，不知老之將至云爾。』聖人不是有所因爲甚事了如此，只是意思有所發憤[二四〇]便至於忘食，樂便至於忘憂，至於不知老之將至。聖人不肯半上落下，直是做到底。雖是聖人若不[二四一]貶下之辭，其實超詣，却非聖人做不得。憤，是感之極深；樂，是樂之極至。聖人不是胡亂説，是他真個有『發憤忘食，樂以忘憂』處。」次日再問。先生曰：「如今不必説是爲甚發憤，或是有所感，只理會他忘食忘憂。發憤便至於忘食，樂便至於忘憂，便與聞韶不知肉味之意相似。」㽦。

因説「發憤忘食，樂以忘憂」，曰：「觀天地之運，晝夜寒暑無須臾停。聖人爲學亦是從生至死，只是如此無止法也。」僩。

對葉公之問，見其事皆造極，脱然無所係累，但見義理無窮，不知歲月之有改。「莫我知」之歎，見其樂天安土，無入而不自得，天人事理，洞然無毫髮之間。苟有一毫之私，則無以窺此境之妙，故曰「知我者其天乎」。道夫。

「其爲人也，發憤忘食，樂以忘憂，不知老之將至云爾」，與「不怨天，不尤人，下學而上達，知我者其天乎」，二章固不出乎略無人欲，渾然天理[二四二]。然[二四三]要各隨其頭面，看他意思如何。譬之皆金也，做盞時是一樣，做釵時是一樣。須是隨其意思見得分明方好。不然，亦只鶻突而已。「發憤忘食」是發憤便能忘食，「樂以忘憂」是樂便是[二四四]忘憂，更無些子[二四五]係累，無所不用其極，從這頭便點到那頭，但見義理之無窮，不知身世之可憂、歲月之有變也。衆人縱如何發憤，也有些無緊要心在；雖如何樂，終有些係累乎其中。「不怨天，不尤人」，樂天安土，安於所遇，無一毫之私意。「下學上達」，是天人事理，洞然透徹，無一毫之間隔。聖人所謂上達，只是一舉便都在此，非待下學後旋上達也。聖人便是天，人則不能知[二四六]天，惟天無人許多病敗，故獨能知之。天非真有知識能知，但聖人有此理，天亦有此理，故其妙處獨與之契合。釋氏亦云：「惟佛與佛，乃能知之。」正此意也。伯羽。

我非生而知之者章

「我非生而知之者，我學不厭而教不倦也。」曰：「此雖聖人謙詞，觀聖人若甚慢，只是你趕他不上，所以子貢、公西華亦自看得破。」畨。[二四七]

大抵[二四八]如所謂「非生知」之説[二四九]，皆是移向下一等説以教人。亦是聖人着[二五〇]得地步廣闊，自視猶有未十分全滿[二五一]處，所以其言如此，非全無事實而但爲此詞也。必大。[二五二]

伯羽[二五三]問：「『我非生而知之者，好古敏以求之者。』聖人之敏求，固止[二五四]禮樂名數。

然其義理之精熟，亦敏求之然[二五五]乎？」曰：「不然。聖人於義理，合下便恁地。『固天縱之將聖，又多能也。』敏求則多能之事耳。其義理完具，禮樂等事便不學也自有一副當，但力可及，故亦學之。若孟子於此等，也有學得底，也有不曾學得底，然亦自有一副當，但不似聖人學來尤密耳。」仲思問：「何以言之？」曰：「如班爵禄、井田、喪禮之類，只是説得大概。然亦是去古遠，無可考處，但他大綱正，制度雖有不備處亦不妨。」伯羽。

施問：「每疑夫子言『我非生而知之』、『若聖與仁則吾豈敢』，及至夢奠兩楹之間則曰：『太山其頹乎！梁木其壞乎！哲人其萎乎！』由前似太謙，由後似太高。」曰：「檀弓出於漢儒之雜記，恐未必得其真也。」寓。[二五六]

子不語怪力亂神章

問：「『子不語怪力亂神。』集注言：『鬼神之理難明易感，[二五七]而實不外乎人事。』鬼神之理在人事中如何見得？」曰：「鬼神只是二氣之屈伸往來。就人事中言之，如福善禍淫便可以見鬼神道理。論語中聖人不曾説此。」寓問：「如動静語默亦是此理否？」曰：「固是。聖人全不曾説這話與人，這處無形無影，亦自難説。所謂『敬鬼神而遠之』，只恁地説。」集注舊文已改。[二五八]

三人行章

聖人之學異夫常人之學。纔略舉其端，這裏便無不昭徹，然畢竟是學。人若以自修爲心，則舉天下萬物，凡有感乎前者，無非足以教[二五九]吾義理之正。善者固可師，不善者這裏便恐懼修省，恐落在裏面去，是皆師[二六〇]也。夔孫。

天生德於予章

又[二六一]讀「天生德於予」一章。「纔[二六二]做聖人自反無愧説時，便小了聖人。須知道天生德於聖人，桓魋如何害得！故必其不能違天害己也。」時舉。

恭父問：「集注云『必不能違天害己』，不知當時聖人見其事勢不可害己，還以理度其不能害耶？」曰：「若以勢論，則害聖人甚易，唯聖人自知其理有終不能害者。」賀孫。

問：「伊川[二六三]云『夫子免於匡人之圍，亦苟脱也』，此言何謂？」曰：「謂當時或爲匡人所殺，亦無十成。」問：[二六四]「夫子自言『匡人其如予何』，程子謂『知其必不能違天害己』，何故却復有此説？」曰：「理固如是，事則不可知。」[二六五]

魏問：「謝氏又[二六六]云：『聖人不敢必其不我害也，使其能爲我害亦天也。』是如何？」

曰：「這説是聖人必其不能害己，如『匡人其如予何』，皆是斷然害聖人不得。聖人説出，自恁地直截。如説：『道之將行也與？命也；道之將廢也與？命也。公伯寮其如命何！』這是未定之辭。如孟子説：『吾之不遇魯侯，天也。臧氏之子焉能使予不遇哉！』遇不遇，看天如何，亦是未定之辭。」賀孫。

二三子以我爲隱乎章

又讀「二三子以我爲隱乎」一段，云：「須要看聖人如何是『無行不與二三子』處。」時舉。〔二六七〕

子善説：「『吾無隱乎爾。』此在弟子自見得如何。如顏子只見得『所立卓爾』，冉子自見得『力不足，中道而廢』。聖人以學者不能自去用力，故以此警之。」曰：「要緊意思都在『吾無行而不與二三子』處，須去子細認聖人無不與二三子處在那裏。〔二六八〕凡日用飲食居處之間，認得聖人是如何，自家今當如何。」或問：「『鄉黨所得，亦足以見聖人之動静。』曰：「『與上大夫言，誾誾如也』之類，這亦可見，但夫子所以與二三子又不止此，須是實認得意思是如何。」賀孫。

「二〔二六九〕三子以我爲隱乎？吾無隱乎爾。吾無行而不與二三子者，是丘也」，向前〔二七〇〕見

衆人語得玄妙，程先生説得絮。〔二七一〕後來子細看，方見得衆人説都似禪了，不似程先生説得穩。淳。〔二七二〕

子以四教章

讀「子以四教」。曰：「其初須是講學，講學既明而後修於行。所行雖善，然更須反之於心，無一毫不實處乃是忠信。」時舉。

子善説「文行忠信」。曰：「公意以爲如何？」〔二七三〕曰：〔二七四〕「恐是教人之序，却〔二七五〕當先博以文，使之躬行，方教之忠信。」曰：「此是表裏互説在這裏，不是當學文修行時不教之存忠信。在教人，當從外説入。」又云：「學者初來，須是先與他講説。不然，是行個甚麼？忠是甚物事？信是甚物事？到得爲忠爲信〔二七六〕，自是説不得。若平日講説到忠信，且只是文。到得盡此忠、信二節，全在學者自去做。如講説如何是孝，如何是悌，這都只是文。去行其所謂孝，所謂悌，方始是實事。」賀孫。

問：「『文行爲先，忠信爲次』之説如何？」曰：「世上也自有初間難曉底人，便把忠信與説，又教如何理會！也須且教讀書，漸漸壓伏這個身心教定，方可與説。」問：「『行有餘力，則以學文』是如何？」曰：「讀書最不要如此比並。如上説怕人卒急難理會，須先將文開發它，如詩書禮樂，射御書數，都是文。這自是説務本主意不同。[二七七]賀孫。

「子以四教，文行忠信。」[二七八]教人之道自外約入向裏去，故先文行，[二七九]而忠信者，又立行之方也。謨。

先生因或者講「子以四教」：「敢[二八〇]問何以有四者之序？」或者既對。先生曰：「文便是窮理，豈可不見之於行！然既行矣，又恐行之有未誠實，故又教之以忠信也。所以伊川言以忠信爲本，蓋非忠信則所行不成故耳。」因問：「然則學而所謂[二八一]『行有餘力，則以學文』，何也？」曰：「彼將教子弟，而使之知大概也，此則教學者深切用工也。」問：「然則彼正合小學之事歟？」曰：「然。」處謙。

問：[二八二]「此章是先文而後行，『行有餘力，則以學文』是先行而後文。何以不同？」曰：「『文行忠信』是從外做向内，『則以學文』是從内做向外。聖人言此類者，多要人逐處自識得。」銖問：[二八三]「中庸末章自『衣錦』説至『無聲無臭』是從外做向内，首章自『天命之性』説至『萬物育』是從内做向外。」曰：「不特此也。『惟天下聰明睿知』，説到『溥博淵泉』，是從内説向外；『惟天下至誠，經綸天下之大經』，至『肫肫其仁』，『聰明聖智達天德』，是從外説向内。聖人發明内外本末，小大巨細，無不周遍，學者當隨事用力也。」銖。

聖人吾不得而見之章

問善人、有恒者之别。曰：「善人已無過〔二八四〕，但不入道。恒者〔二八五〕惟守常分而已。論語中此等皆泛問，非切於日用之最〔二八六〕急者。此等皆置之後面，前面自有緊切處。若緊切處通，餘處自會〔二八七〕理會得。」賀孫。

寶叔〔二八八〕問：「『善人有恒』一章，有恒者之去聖人高下固懸絶矣，然未有不自有恒而能至於聖人者。天下事大概既是有恒方做得成。嘗觀分水嶺之水，其初甚微；行一兩日，流漸大；至到建陽遂成大溪。看來爲學亦是有恒方可至於聖人。」曰：「最是古人斷機譬喻最切。緣是斷時易，接時難，一斷了便不可接。」泳。

善人是資質自好底人，要做好事而自然無惡者也。有恒則只是把捉得定，又未到善人自然好處在。善人，正如上文所謂聖人；有恒，正如所謂君子。然而善人、有恒者，皆未知學問者也。僩。

吴伯英解「亡而爲有」章。曰：「正謂此皆虚夸之事，不可以久，是以不能常，非謂此便是無常也。」處謙。

問：「『亡而爲有』等，與『難乎有恒矣』不相似。」曰：「蓋如此則不實矣。只是外面虚張

做，安能有常乎！」寓。伯羽録同。〔二八九〕

問「難乎有恒矣」。曰：「這不是説它無常。只是這人恁地有頭無尾了，是難乎有常矣，是不會有常。〔二九〇〕」又曰：〔二九一〕「言此三病皆受於無常之前。」又曰：「如説『居上不寬，爲禮不敬，臨喪不哀，吾何以觀之哉』，不是不去觀他，又不是不足觀。只爲它根源都不是了，更把甚麽去觀它！重在『以』字上。」又云：「將甚底物事去看他居上寬，爲禮敬，臨喪哀？就裏面方可看他個深淺過不及。〔二九二〕它都無這個了，更將何以觀之？如考試一般，甚文字紕繆，〔二九三〕更將甚麽去考得？論語如此處多，今人都只粗淺過〔二九四〕，也自説得，只是聖人本意不如此。只是看得熟了，少間自分別〔二九五〕。」賀孫。〔二九六〕

味道問：「『亡而爲有，虚而爲盈，約而爲泰，難乎有恒矣。』先生云：『如此等人是不可謂之有常之人矣。蓋言此三病皆受於無常之前。』先生因云：『吾何以觀之哉？亦是如此言：『居上者觀其寬如何，爲禮者觀其敬如何，臨喪者觀其哀如何。』如有其寬，有其敬，有甚哀時，即觀其淺深之當否如何。今既無此，則吾復以何者而觀之矣？』又云：「論語如此處甚多，今人都只粗淺看了，也説得去，只是聖人本意不如此。只是看得熟了，少間自然分別得出。」卓。〔二九七〕

子釣而不綱章無[二九八]

蓋有不知而作之者章

「子曰：『蓋有不知而作者，我無是也。多聞，擇其善者而從之。多見而識之，[二九九]知之次也。』」知以心言，得於聞見者次之。謨

「子曰：『多聞，擇其善者而從之。多見而識之。』」[三〇〇]多見，姑且識之。如没要緊底語言文字，謾與他識在，不識也没緊要[三〇一]。却[三〇二]在「多聞，擇其善者而從之」。如今人却只要多識，却無擇善一着。賀孫。[三〇三]

或問：「『多聞，擇其善者而從之。多見而識之，知之次也。』其義如何？」[三〇四]曰：「聞是聞前言往行，見是見目今所爲。聞之，須要擇其善者而從之，必有得於己。不是聞詳見略，亦不是聞淺見深，不須如此分聞、見字。」蓋卿。

又讀「多聞，擇其善者而從之」章，云：[三〇五]「聞見亦是互相發明，如『子張學干禄』一章[三〇六]言『多聞闕疑，謹言其餘；多見闕殆，謹行其餘』。聞固是主於言，見固是主於行，然亦有聞而行者，見而言者，不可泥而看也。」時舉。[三〇七]

楊問："『蓋有不知而作者』，〔三〇八〕作是述作？或只是凡所作事？"曰："只是作事。"又：〔三〇九〕"『多聞，擇其善者而從之。多見而識之』，不知可以作『多聞而識之。多見，擇其善者而從之』，得否？"曰："聞、見大略争不多。較所聞畢竟多，聞須別識善惡而從。見則見得此爲是，彼爲非，則當識之，它日行去不差也。"〔三一〇〕

問："『擇善而從之』，是已知否？"曰："未擇時則未辨善惡，擇了則善惡別矣。譬如一般物，好惡夾〔三一一〕雜在此，須是擇出那好底，擇去那惡底。擇來擇去，則自見得好惡矣。"燾。

賀孫〔三一二〕問："多聞、多見不同，如何？"曰："聞是耳聞，見是目見。"問："『多聞，擇其善者而從之』，多見如何不擇？呂氏說『聞愈於見，從愈於識，知愈於從』，如何？"曰："多聞，便有所當行，故擇而行之。多見雖切，然未必當行，姑識在。"賀孫。

互鄉難與言章無〔三一三〕

我欲仁章〔三一四〕

人之爲學也是難。若不從文字上做工夫，又茫然不知下手處。若是字字而求，句句而論，而不於身心上着切體認，則又無所益。且如說："我欲仁，斯仁至矣！"何故孔門許多弟子，聖人竟不曾以仁許之？雖以顔子之賢，而尚或違於三月之後，而聖人乃曰「我欲斯至」，盍亦於日用體驗我若欲仁其心如何？仁之至其意又如何？又如説「非禮勿視聽言動」，盍亦每事省察，何者爲禮？何者爲非禮？而吾又何以能勿視勿聽？若每日如此讀書，庶幾看得道理自我心而得，不爲徒言也。處謙。

吴伯英講「我欲仁，斯仁至矣」。因引「有能一日用其力於仁矣乎」以證之，且曰：「如先生固嘗注曰：『仁本固有，欲之則至。志之所至，氣亦至焉。』」先生曰：「固是[三一五]，但是解『一日用力』而引此言，則是説進數步。今公言『欲仁仁至』而引前言，則是放退數步地也。」以此觀先生説經，大率如此。

陳司敗問昭公章

問：「昭公娶同姓之事，若天王舉法，則如何斷？」曰：「此非昭公固[三一六]爲之也。當時吴盛强，中國無伯主。以齊景公猶云『既不能令，又不受命』，『涕出而女於吴』。若昭公亦是藉其勢，不得已之故，非貪其色而然也。天王[三一七]舉法則罪固不免，亦須原情自有處置。况不曰『孟姬』，而曰『吴孟子』，則昭公亦已自知其非矣。」淳

子與人歌而善章

「子與人歌而善，必使反之，而後和之。」今世間人與那人説話，那人正説得好，自家便從中截斷，如云已自理會得、不消説之類。以此類看，聖人是甚氣象！與人歌，且教他自歌一終了，方令再歌而後和之。不於其初歌便和，恐混雜它，不盡其意。此見聖人與人爲善。賀孫。若不待其反而後和，則它有善亦不得而知。今必使之反之而後和之，便是聖人不掩人善處。〔三一八〕

集注説「子與人歌」、「不掩人善」。蓋它歌既善，使他復歌，聖人未遽和以攙雜之。如今人見人説得話〔三一九〕好，未待人了，便將話來攙他底，則是掩善。〔三二〇〕

問：「伊川云：『歌必全章，與「割不正不食」同意。』如何？」曰：「是直候歌者徹章，然後再從頭和之，不是半中間便和。恐是此意。」僩。

文莫吾猶人也章

子曰：〔三二一〕「文，莫吾猶人也。躬行君子，則吾未之有得。〔三二二〕」先生云：〔三二三〕「『莫』是疑辭，猶今人云『莫是如此否』。言文則吾與人一般，如云『聽訟，吾猶人也』。若『躬行君子，則吾未之有得』，此與『君子之道四，丘未能一焉』之意同。」謨。

明作。

若聖與仁章

仁之與聖所以異者：「大而化之之謂聖」；若大而未化之，只可謂之仁。此其所以異。

「爲之不厭，誨人不倦」，他也不曾説是仁聖，但爲之畢竟是爲個甚麽？誨人畢竟是以甚麽物事誨人？這便知得是：爲之是爲仁聖之道，誨之是以仁聖之道誨人。義剛。

夫子固多謙辭，到得説「抑爲之不厭，誨人不倦」，公西華便識得，所以有「正唯弟子不能學也」之説，便説道聖人有不讓處。泳。

其他人爲之、誨人不能無厭倦時，惟聖人則不厭不倦。「正唯弟子不能學也」，言正是弟子不能學處。這若不是公西華親曾去做來，親見是恁地，如何解恁地説！義剛。

子疾病章

或問子路請禱處。先生曰：「子路若不當請，聖人何不直拒之，乃問『有諸』，何也？」立之對云：「聖人不直拒子路，故必問之而後以爲無所事禱。」曰：「不然。蓋夫子疑子路禱之非正，故以『有諸』叩之。及子路舉誄，聖人知非淫祀，乃云我無所事禱。」時舉。

又[三二四]讀此章，曰：「在臣子則可，在我則不可。聖人也知有此理，故但言我不用禱，而亦不責子路之罪[三二五]也。」時舉。

問[三二六]「病而禱」。「古亦有此理，但子路不當請之於夫子。其曰：『丘之禱久矣！』注云：『孔子素行合於神明』是也。伊川云：『無過可悔，無善可遷。』此是解『素行合於神明』一句。」謨。

胡叔器[三二七]問：「『子路請禱』，注下是兩個意思模樣。」曰：「是。但士喪禮那意却只是個小意思。」良久，云：「聖人便是子細。若似[三二八]其他人，後[三二九]便須叫喚罵詈，聖人却又[三三〇]問『有諸』，待他更說，却云是『禱久矣』。這如[三三一]『子與人歌而善，必反之而後和之』樣。却不是他心裏要恁子細，聖人自是恁地子細，不恁地失枝落節，大步跳過去了[三三二]說。」義剛。

奢則不孫章無[三三三]

君子坦蕩蕩章無[三三四]

子温而厲章

「『子温而厲，威而不猛，恭而安。』須看厲便自有威底意思，不猛便自有温底意思。大抵曰『温』、曰『威』、曰『恭』三字是主，曰『厲』、曰『不猛』、曰『安』是帶説。上下二句易理會，諸公且看聖人威底氣象是如何。」久之，云：「聖人德盛，自然尊嚴。」又云：「謝氏以此説夷惠過處，頗是。」賀孫。

胡叔器[三三五]説「子温而厲」章。先生曰：「此雖是説聖人之德容自然如此，然學者也當如此舉偏而補弊。蓋自舜之命夔已如此，而皐陶陳九德亦然，不可不知。」義剛。

「子温而厲。」聖人固是自然，學者便須舉偏補弊。如舜命教胄子，皐陶九德可見。夔孫。[三三六]

魏問：「横渠言『十五年學「恭而安」不成』，明道曰『可知是學不成，有多少病在』，莫是如伊川説『若不知得，只是覷却堯學他行事，無堯許多聰明睿智，怎生得似他動容周旋中禮』？」曰：「也是如此，更有多少病在。」良久，曰：「人便是被一個[三三七]氣質局定。變得些子了又更有些子。」又云：「聖人『發憤忘食，樂以忘憂』[三三八]。發憤便忘食，樂便忘憂，直是一刀兩段，千了百當！聖人固不在説，但顔子得聖人説一句，直是傾腸倒肚，便都了，更無許多廉纖纏擾，絲來綫去。」問：「橫渠只是硬把捉，故不安否？」曰：「他只是學個恭，自驗見不曾熟。不是學個恭又學個安。」賀孫。

問張子云「十五年學個『恭而安』不成」。先生曰：「『恭而安』，如何學得成？安便不恭，恭便不安，這個使力不得，是聖人養成底事。顏子若是延得幾年，便是聖人。[三三九]如煉丹火氣已足，更不添火，只以暖氣養教成就耳。」明作。

【校勘記】

[一]一　成化本無。

[二]成化本此下注有「集注」。

[三]時　成化本無。

[四]則　成化本無。

[五]賀孫同　成化本爲「賀孫録意同」。

[六]問述而不作至甚矣吾衰也久矣先生曰　成化本無。

[七]記得　成化本無。

〔八〕而　成化本作「亦」。
〔九〕成化本此下注有「植」。
〔一〇〕一　成化本無。
〔一一〕又讀默而識之一章　成化本爲「讀默而識之章」。
〔一二〕其　成化本無。
〔一三〕此條時舉録成化本無。
〔一四〕德之不修……是吾憂也　成化本無。
〔一五〕惟是　成化本無。
〔一六〕先　成化本無。
〔一七〕方　成化本此上有「能徙義」。
〔一八〕改　成化本無。
〔一九〕成化本此下注曰：「恪録别出。」且此下接恪録「行父問德之不修一段……下面是故犯」，參此下第二條。
〔二〇〕聞義不能徙不善不能改　成化本爲「此章」。
〔二一〕此章四句是四般　成化本爲「此四句是四件事不可一衮説了」，且此下又有「下面兩句，粗看只是一件事一般」。

［二二］節問答並同　成化本無。
［二三］節　成化本無。
［二四］董叔重　成化本爲「叔重」。
［二五］成化本此下注有「節」。
［二六］只　成化本無。
［二七］不善不能改　成化本無。
［二八］成化本此下注有「南升」。
［二九］先生説　成化本無。
［三〇］曼此下記却云　成化本爲「淵録云」。
［三一］成化本此下注曰：「植。南升録别出。」
［三二］者　成化本作「是」。
［三三］説相似　成化本無。
［三四］是　成化本無。
［三五］皆　成化本無。
［三六］又云　成化本作「問」。
［三七］一　成化本作「這」。

〔三八〕成化本此下注有「賀孫」。
〔三九〕恪　成化本無。
〔四〇〕季札　成化本作「恪」。
〔四一〕也久矣　成化本無。
〔四二〕節　成化本無。
〔四三〕淳　成化本無。
〔四四〕是　成化本爲「亦是」。
〔四五〕晝　成化本作「寢」。
〔四六〕但　成化本無。
〔四七〕成化本此下注曰：「寓録此下云：『孔子自言老矣，以周公之道不可得行，思慮亦不到此，故不復夢。甚歎其衰如此。』」
〔四八〕徐居甫云莊子謂至人無夢如何　成化本爲「居甫舉莊子言至人無夢」。
〔四九〕佛家　成化本爲「佛老家」。
〔五〇〕成化本此下注曰：「寓同。」
〔五一〕無　成化本作「不」。
〔五二〕成化本此下注有「道夫」。

［五三］孔子曰甚矣吾衰也久矣吾不復夢見周公　成化本無。

［五四］如此則是孔子未衰以前　成化本爲「此章曰孔子未衰以前」。

［五五］事　成化本無。

［五六］却　成化本無。

［五七］祖道謨録同　成化本爲「去僞」。

［五八］吾不復夢見周公　成化本無。

［五九］先生　成化本無。

［六〇］是　成化本無。

［六一］夜間　成化本無。

［六二］成化本此下注曰：「集注、集義。」

［六三］士　成化本無。

［六四］甘吉甫　成化本爲「吉甫」。

［六五］銖時舉録同　成化本爲「時舉」。

［六六］據於德者　成化本爲「據於德德者」。

［六七］忘　成化本作「失」。

［六八］志道據德　成化本爲「據於德」。

〔六九〕志於道　成化本無。

〔七〇〕成化本此下注有「植」。

〔七一〕問志於道……將以涵泳從容忽入于聖賢之域　成化本爲「問據以德云云」。

〔七二〕成化本此下注有「南升」。

〔七三〕成化本此下注有人傑録，底本以人傑録另作一條於此下，參下條。

〔七四〕猶　成化本無。

〔七五〕據德　成化本爲「據以德」。

〔七六〕志於道據於德依於仁　成化本爲「志道據德依仁」。

〔七七〕於　成化本作「得」。

〔七八〕常　成化本爲「常在」。

〔七九〕孝　成化本作「學」。

〔八〇〕惡逆　成化本爲「逆惡」，此條下同。

〔八一〕矣　成化本作「夫」，屬下讀。

〔八二〕問　成化本爲「或問」。

〔八三〕成化本此下注有「集注」。

〔八四〕時　成化本爲「臨時」。

［八五］底　成化本作「處」。

［八六］得孝之德　成化本爲「孝之理得」。

［八七］得弟之德　成化本爲「弟之理得」。

［八八］成化本此下注有「植」。

［八九］寓　成化本無。

［九〇］寓　成化本無。

［九一］頭　成化本作「路」。

［九二］裹　成化本無。

［九三］成化本此下注有「寓」。

［九四］便是自有個道理了　成化本爲「便自有這道理了」。

［九五］有　成化本作「在」。

［九六］志　成化本此上有「是夜再召淳與李丈入臥内……仁自在其中」，此部分内容底本分爲九條，分别載於卷三十六、卷四十、卷一百十五。參卷三十六淳録「孔門惟顔子曾子漆雕開……則下梢只如此而已」條，卷四十淳録「曾子與曾點父子之學……教之有序」條，卷一百十五淳録「是夜再召淳與李丈入臥内……將下面許多工夫放緩了」條及其下六條。

［九七］説來　成化本爲「説出來」，且此下有「又曰莊周列禦寇亦似曾點底意思……不似程先生説得穩」。

而此部分内容底本分爲兩條分别載於本卷及卷一百二十五，參本卷淳録「二三子以我爲隱乎……不似程先生説得穩」條，卷一百二十五淳録「又曰莊周列禦寇……今禪學也是恁地」條。

［九八］淳　成化本爲「義剛同」，且此條載於卷一百十七。

［九九］志者　成化本此上有「『志於道，據於德，依於仁，游於藝』。先生曰」。

［一〇〇］之　成化本無。

［一〇一］不捨之之意　成化本爲「不捨之意」。

［一〇二］謝上蔡　成化本爲「上蔡」。

［一〇三］子升兄　成化本爲「子升」。

［一〇四］此章　成化本無。

［一〇五］此條夔孫録成化本以部分内容爲注夾於卷三十五義剛録中，參底本卷三十五「陳仲蔚問興於詩……今却不可得與聞矣」條。

［一〇六］無　成化本無，但卷三十四「自行束脩章」下收有一條義剛録：「古人空手硬不相見。束脩是至不直錢底，羔雁是較直錢底。真宗時講筵説至此，云：『聖人教人也要錢。』」

［一〇七］悱　成化本作「啓」。

［一〇八］只是有四隅　成化本爲「只是凡方者，一物皆有四隅」，且其録末注有「植」。

［一〇九］問　成化本無。

〔一一〇〕是　成化本爲「最是」。

〔一一一〕此條賀孫録成化本載於卷六十，而底本卷六十重複載録。

〔一一二〕節　成化本無。

〔一一三〕又讀　成化本無。

〔一一四〕誠　成化本作「識」。

〔一一五〕意　成化本爲「意思」。

〔一一六〕節　成化本無。

〔一一七〕成化本此下注有「集義」。

〔一一八〕輒　成化本作「驟」。

〔一一九〕成化本此下注曰：「道夫録云：『其變也有漸。』」

〔一二〇〕録　成化本無。

〔一二一〕用之則行章　成化本爲「子謂顔淵曰章」。

〔一二二〕成化本此下有「章」。

〔一二三〕面　成化本無。

〔一二四〕又曰　成化本無。

〔一二五〕節　成化本無。

〔一二六〕此章注下　成化本無。

〔一二七〕捨之則藏是自家命恁地　成化本爲「捨之則藏非所欲捨之則藏是自家命恁地」。

〔一二八〕意思　成化本爲「思意」。

〔一二九〕得　成化本無。

〔一三〇〕一　成化本無。

〔一三一〕成化本此下注有「植」。

〔一三二〕此條時舉録成化本以部分内容爲注，夾於夔孫録中，參成化本該卷「問命不足道也曰……到得聖人便不消得言命」條。

〔一三三〕用之則行捨之則藏　成化本無。

〔一三四〕注云　成化本無。

〔一三五〕若　成化本無。

〔一三六〕知　成化本作「耻」。

〔一三七〕所　成化本無。

〔一三八〕不　成化本無。

〔一三九〕公　成化本此上有「曰」。

〔一四〇〕説　成化本作「流」。

[一四一] 處　成化本無。

[一四二] 事見東漢王符傳　成化本無。

[一四三] 曰詩　成化本無。

[一四四] 成化本此下注曰：「義剛録别出。」

[一四五] 子路曰　成化本無。

[一四六] 與事　成化本爲「與共事」。

[一四七] 成化本此下注「謨」。

[一四八] 此條僩録成化本無，但卷三十四載有時舉録，參該卷「亞夫問子行三軍……成非勇亦不能決然」條。

[一四九] 有　成化本無。

[一五〇] 齊戰疾章無　成化本無。

[一五一] 聞韶章　成化本爲「子在齊聞韶章」。

[一五二] 此條人傑録成化本無。

[一五三] 問子在齊聞韶三月不知肉味　成化本無。

[一五四] 曰　成化本無。

[一五五] 祖道謨録同　成化本爲「去僞」。

〔一五六〕樂　成化本無。

〔一五七〕史記云　成化本無。

〔一五八〕孔子在齊聞韶樂　成化本爲「孔子聞韶」。

〔一五九〕至於　成化本無。

〔一六〇〕然則　成化本無。

〔一六一〕而　成化本無。

〔一六二〕成化本此下注曰：「建別録見下。」且此下接壯祖録曰：吴伯英問：「『心不在焉，則食而不知其味』，是心不得其正也。然夫子聞韶，何故三月不知肉味？」曰：「也有時如此。所思之事大，而飲食不足以奪其志也。且如『發憤忘食』、『吾嘗終日不食』，皆非常事。以其所憤所思之大，自不能忘也。」

〔一六三〕子在齊聞韶何以有韶　成化本爲「齊何以有韶」。

〔一六四〕謂　成化本作「以」。

〔一六五〕不應凝滯於物　成化本爲「滯於物」。

〔一六六〕甚調　成化本爲「甚麼音調」。

〔一六七〕便有便得人如此　成化本爲「便使得人如此」。

〔一六八〕成化本此下注有「集義」。

〔一六九〕視端形聳　成化本爲「視端而形聳」。

〔一七〇〕時舉　成化本無。
〔一七一〕然　成化本無。
〔一七二〕之　成化本無。
〔一七三〕史記　原缺，據朱本補。
〔一七四〕夫子爲衛君章　成化本爲「冉有曰夫子爲衛君乎章」。
〔一七五〕不能盡　成化本爲「不能如此詳盡」。
〔一七六〕聖人所謂　成化本爲「所謂賢人」。
〔一七七〕求仁　成化本爲「求仁而得仁」。
〔一七八〕且　成化本作「須」。
〔一七九〕淳録略同　成化本無。
〔一八〇〕所以　成化本爲「所以知」。
〔一八一〕之　成化本無。
〔一八二〕大　成化本爲「大段」。
〔一八三〕道夫　成化本無。
〔一八四〕立　成化本爲「不立」。
〔一八五〕此條人傑録成化本載於卷四十三。

［一八六］胡氏正名説……則人倫正　成化本爲「胡氏之説」。
［一八七］此正　成化本作「只」。
［一八八］合當　成化本爲「事理合」。
［一八九］輙　成化本無。
［一九〇］爲之臣否　成化本無。
［一九一］胡氏所説　成化本爲「則此説亦」。
［一九二］不　成化本爲「必不肯」。
［一九三］與它　成化本爲「先與」。
［一九四］恁地做　成化本爲「如此」。
［一九五］姚崇　成化本此上有「以」。
［一九六］之　成化本此下有「臣」。
［一九七］此條淳録成化本載於卷四十三，而底本卷四十三重複載録。
［一九八］蔬　成化本作「疏」。
［一九九］恪　成化本無。
［二〇〇］季札　成化本作「恪」。
［二〇一］論不義而富且貴於我如浮雲　成化本作「問」。

［二〇二］掉　成化本作「棹」。

［二〇三］成化本此下注有「集義」。

［二〇四］五十以學易章　成化本爲「加我數年章」。

［二〇五］而　成化本無。

［二〇六］希遜　成化本爲「謙之」。

［二〇七］鄭文振　成化本爲「文振」。

［二〇八］其它書則一事是一理惟是易却説得闊　成化本爲「他書一事是一理易却説得闊也」。

［二〇九］如已有　成化本作「有」。

［二一〇］是　成化本作「出」。

［二一一］去　成化本無。

［二一二］却就畫繫之辭　據成化本補。

［二一三］元初只是畫　據成化本補。

［二一四］有　成化本作「是」。

［二一五］得　成化本作「到」。

［二一六］以　成化本作「反」。

［二一七］利正　成化本無。

〔二一八〕繇　成化本無。

〔二一九〕成化本此下注有「植」。

〔二二〇〕寓　成化本無。

〔二二一〕集注　成化本無。

〔二二二〕作假我數年　成化本無。

〔二二三〕子曰加我數年……不知是否　成化本爲「問伊川前一説則大過在八索之類後一説則大過在弟子之學易者俱未有定據」。

〔二二四〕五十　成化本作「卒」。

〔二二五〕此條泳録成化本無。

〔二二六〕賀孫問子所雅言詩書執禮皆雅言也　成化本無。

〔二二七〕所　成化本作「之」。

〔二二八〕天　成化本爲「天道」。

〔二二九〕自得　成化本爲「自見得」。

〔二三〇〕以執其禮　成化本爲「以執字目其禮」。

〔二三一〕成化本此下注有「集注」。

〔二三二〕中　成化本無。

〔二三三〕成化本此下注有「集注」。

〔二三四〕成化本此下注曰：「因説胡季隨。」

〔二三五〕正卿　成化本爲「學蒙」。

〔二三六〕寓　成化本無。

〔二三七〕成化本此下注有「寓」。

〔二三八〕慢　成化本爲「甚慢」。

〔二三九〕罃録略同　成化本爲「罃録云子貢公西華亦自看得破」。參底本本卷「我非生而知之者章」下罃録「我非生而知之者……所以子貢、公西華亦自看得破」條。

〔二四〇〕發憤　成化本爲「憤發」。

〔二四一〕若不　成化本爲「若自」。

〔二四二〕天理　成化本此下有「之意」。

〔二四三〕然　成化本無。

〔二四四〕是　成化本作「能」。

〔二四五〕些子　成化本爲「些小」。

〔二四六〕知　成化本作「如」。

〔二四七〕此條罃録成化本無，但卷三十四「葉公問孔子於子路章」載人傑録，參本卷「發憤忘食……只是你趕他不上」條。

［二四八］大抵　成化本此上有「問横渠『仲尼憤一發而至於聖』之説。曰：『聖人緊要處自生知了。其積學者却只是零碎事，如制度文爲之類，其本領不在是。若張子之説，是聖人全靠學也』」。

［二四九］非生知之説　成化本爲「我非生而知之，好古敏以求之」。

［二五〇］着　成化本作「看」。

［二五一］十分全滿　成化本爲「十全滿足」。

［二五二］成化本此下注有「集義」，且此條必大録置於「葉公問孔子於子路章」下。

［二五三］伯羽　成化本無。

［二五四］止　成化本爲「止於」。

［二五五］然　成化本無。

［二五六］此條寓録成化本載於卷八十七，底本卷八十七亦重複載録。

［二五七］感　成化本作「惑」。

［二五八］已改　成化本無，且另注有「寓」。

［二五九］教　成化本作「發」。

［二六〇］師　成化本爲「吾師」。

［二六一］又　成化本無。

［二六二］纔　成化本此上有「曰」。

［二六三］伊川　成化本爲「程子」。

［二六四］問　成化本爲「某云」。

［二六五］成化本此下注有「必大」，且此條載於卷三十六，而底本卷三十六重複載録。

［二六六］又　成化本無。

［二六七］此條時舉録成化本以部分内容爲注，夾於賀孫録中。參下條。

［二六八］成化本此下注曰：「時舉録云：『須要看聖人如何是「無行不與二三子」處。』」

［二六九］二　成化本此上有「又曰」。按，成化本「又」上有「是夜再召淳與李丈入卧内……今禪學也是恁地又曰」。此部分内容成化本分爲十一條分别載於本卷、卷三十六、卷四十、卷一百十五、卷一百二十五。參本卷「志於道……看三百篇中那個事不説來」條，卷三十六淳録「孔門惟顔子曾子漆雕開……則下梢只如此而已」條，卷四十淳「曾子與曾點父子之學……教之有序」條，卷一百十五「是夜再召淳與李丈入卧内……將下面許多工夫放緩了」條及其下六條，卷一百二十五淳録「又曰莊周列禦寇……今禪學也是恁地」條。

［二七〇］前　成化本無。

［二七一］絜　成化本此下注曰：「黄作『忉怛』。」

［二七二］淳　成化本爲「義剛同」，且此條載於卷一百十七。

〔二七三〕曰公意以爲如何　成化本無。

〔二七四〕曰　成化本無。

〔二七五〕却　成化本無。

〔二七六〕爲信　成化本爲「爲信時」。

〔二七七〕這自是説務本主意不同　成化本爲「這自與説務本意不同」。

〔二七八〕子以四教文行忠信　成化本無。

〔二七九〕行　成化本爲「後行」。

〔二八〇〕敢　成化本無。

〔二八一〕然則學而所謂　成化本無。

〔二八二〕問　成化本爲「或問」。

〔二八三〕銖問　成化本爲「銖因問」。

〔二八四〕過　成化本作「惡」。

〔二八五〕恒者　成化本爲「有恒者」。

〔二八六〕最　成化本無。

〔二八七〕會　成化本無。

〔二八八〕竇叔　成化本爲「竇叔竇」。

〔二八九〕伯羽録同　成化本無。

〔二九〇〕成化本此下注曰：「卓録云：『此等人不可謂有常之人矣。』」

〔二九一〕又曰　成化本無。

〔二九二〕成化本此下注曰：「卓録云：『如有其寬、有其敬、有其哀時，即觀其深淺當否如何。今既無此，則吾復以何者而觀之！言更不可觀之矣。』」

〔二九三〕甚文字紕繆　成化本爲「若文字平平，尚可就中看好惡。若文理紕繆」。

〔二九四〕過　成化本爲「衮説過」。

〔二九五〕分別　成化本爲「分別得出」。

〔二九六〕成化本此下注曰：「卓録小異」。參底本下條卓録。

〔二九七〕此條卓録成化本以部分内容爲注，夾於賀孫録中。參上條。

〔二九八〕子釣而不綱章無　成化本無。

〔二九九〕子曰蓋有不知而作者……多見而識之　成化本無。

〔三〇〇〕子曰多聞……多見而識之　成化本無。

〔三〇一〕緊要　成化本爲「要緊」。

〔三〇二〕却　成化本此上有「要緊」。

〔三〇三〕成化本此下注曰：「因坐客雜記而言。」

［三〇四］或問多聞……其義如何　成化本爲「或問此章之義」。
［三〇五］又讀多聞擇其善者而從之章云　成化本無。
［三〇六］如子張學干禄一章　成化本爲「如學干禄章」。
［三〇七］此條時舉録成化本載於卷二十四，而底本卷二十四重複載録。
［三〇八］蓋有不知而作者　成化本爲「不知而作」。
［三〇九］又　成化本爲「又問」。
［三一〇］成化本此下注有「寓」。
［三一一］夾　成化本作「來」。
［三一二］賀孫　成化本無。
［三一三］互鄉難與言章無　成化本無。
［三一四］我欲仁章　成化本爲「仁遠乎哉章」。
［三一五］是　此字原缺，據朱本補。
［三一六］固　成化本作「故」。
［三一七］王　朱本作「子」。
［三一八］成化本此下注有「義剛」。
［三一九］話　成化本爲「一話」。

［三一〇］成化本此下注有「植」。

［三一一］子曰　成化本無。

［三一二］躬行君子則吾未之有得　成化本無。

［三一三］先生云　成化本無。

［三一四］又　成化本無。

［三一五］罪　成化本作「非」。

［三一六］問　成化本無。

［三一七］胡叔器　成化本爲「叔器」。

［三一八］似　成化本無。

［三一九］後　成化本無。

［三二〇］又　成化本無。

［三二一］子　成化本無。

［三二二］了　成化本無。

［三二三］奢則不孫章無　成化本無。

［三二四］無　成化本無，但於「君子坦蕩蕩章」下收有一節語録，曰：「君子坦蕩蕩，只是意誠心廣體胖耳。」

〔三三五〕胡叔器　成化本爲「叔器」。

〔三三六〕此條夔孫録成化本無。

〔三三七〕一個　成化本無。

〔三三八〕發憤忘食樂以忘憂　成化本無。

〔三三九〕成化本此下有「不是到此更用着力，只是養底工夫了。顏子工夫至到，只是少養」。

晦庵先生朱文公語類卷第三十五

論語十七

泰伯篇

泰伯其可謂至德章

泰伯得稱「至德」，爲人所不能爲。可學。

寓[一]問：「『三以天下讓』，程言：『不立，一也；逃之，二也；文身，三也。』不知是否？」曰：「據前輩説亦難考。他當時或有此三節亦未可知，但古人辭讓，必至再至[二]三，想此只是固讓。」寓。[三]

問：「『泰伯可謂至德。』切以爲泰伯之讓，略無遲疑，蓋其所見已定，而其心無一毫怨恨之私。若其隱微之地稍有些子不合天理，便不足爲至德。[四]」先生曰：「這個[五]是於『民無得而稱焉』處見，而今〔六〕人都不去看這一句。如此，則夫子只說『至德』一句便了，何必更下此六個字？公更子細去看這一句，煞有意思。」義剛言：「夫子稱泰伯以至德，稱文王亦以至德，稱武王則曰未盡善。若以文王比武王，則文王爲至德；若以泰伯比文王，則泰伯爲至德。文王『三分天下有其二』，比泰伯已是不得全這一心了。」曰：「是如此。」義剛又言：「泰伯若居武王時，牧野之師也自不容已。蓋天命人心，到這裏無轉側處了。」曰：「却怕泰伯不肯恁地做。聖人之制行不同，『或遠或近，或去或不去』。雖是說他心只一般，然也有做得不同處。」范益之問：「文王如何？」曰：「似文王也自不肯恁地做了。縱使文王做時也須做得較詳緩，那〔七〕武王做得大故粗暴。當時紂既投火了，武王又却親自去斫他頭來梟起。若文王恐不肯恁地。這也難說。武王當時做得也有未盡處，所以東坡說他不是聖人，雖說得太過，然畢竟是有未盡處。」義剛曰：「武王既殺了紂，有微子賢可立，何不立之？而必自立，何也？」先生自〔八〕不答，無說，〔九〕但蹙眉，曰：〔一〇〕「這個〔一一〕事也難說。」義剛。

寓〔一二〕問：「泰伯之說〔一三〕，知文王將有天下而讓之乎，抑知太王欲傳之季歷而讓之乎？」曰：「泰伯之意却不是如此。只見太王有翦商之志，自是不合他意；且度見自家做不得此事，便掉了去。左傳謂『泰伯不從，是以不嗣』，不從即是不從太王翦商事耳。泰伯既去，其勢只傳之季歷，而季歷傳之文王。泰伯初來意思〔一四〕正是相反，至周得天下，又都是相成就處。看周

内有泰伯、虞仲，外有伯夷、叔齊，皆是一般所見，不欲去圖商。」[一五]

伯豐問：「集注云：『太王因有翦商之志。』恐魯頌之説，只是推本之辭，未必太王真有是志，[一六]今遂據以爲説，可否？」曰：「詩中分明如此説。」又問：「如此則太王爲有心於圖商也。」曰：「此是難説。書亦云：『太王肇基王迹。』」又問：「太王方爲狄人所侵，不得已而遷岐，當時國勢甚弱，如何便有意於取天下？」曰：「觀其初遷底規模便自不同，規模纔立便張大。如文王伐崇、伐密，氣象亦可見。然文王猶服事商，所以爲至德。」㽦。[一七]

問：「泰伯知太王有取天下之志，而王季又有聖子，故讓去。」曰：「泰伯惟是不要太王有天下。」或問：「太王有翦商之志，果如此否？」曰：「詩裏分明説『實始翦商』。」又問：「恐詩是推本得天下之由如此。」「若[一八]推本説，不應下『實始翦商』。看左氏云『泰伯不從，是以不祀[一九]』，這甚分明。這事也難説。他無所據，只是將孔子稱『泰伯可謂至德也已矣』，是與稱文王一般。泰伯、文王、伯夷、叔齊是『行一不義，殺一不辜，而得天下不爲』底道理。太王湯武是弔民伐罪，爲天下除殘賊底道理。常也是道理合如此，變也是道理合如此，其實只是一般。」又問：「堯之讓舜，禹之傳子，湯放桀，武王伐紂，周公誅管蔡，何故聖人所遇如此[二〇]？」笑[二一]曰：「後世將聖人做模範，却都如此差異，信如公問。然所遇之變如此，到聖人處之皆恁地，所以爲聖人，故曰『遭變事而不失其常』。孔子曰：『可與適道，未可與立；可與立，未可與權。』

公今〔一二二〕且就平平正正處看。」賀孫。

吴伯英問：「泰伯知太王欲傳位季歷，故斷髮文身，逃之荆蠻，示不復用，固足以遂其所志，其如父子之情何？」先生曰：「到此却顧恤不得。父子君臣，一也。太王見商政日衰，知其不久，是以有翦商之意，亦至公之心也。至於泰伯，則惟知君臣之義截然不可犯也，是以不從。二者各行其心之所安，聖人未嘗説一邊不是，亦可見矣。或曰：『斷髮文身，乃仲雍也，泰伯則端委以治吴。』然吴之子孫皆仲雍之後，泰伯蓋無後也。」處謙。

方毅父問「泰伯可謂至德」一章，其間注云「其心即夷齊之心」處。先生云：「此語不是言其如夷齊之讓國，蓋謂其與夷齊諫伐之心同耳。」時舉。〔一二三〕

「泰伯」章所引「其心即夷齊之心，而事之難處有甚焉者」，不是説遜國事。自是説夷齊諫武王，不信便休，無甚利害。若泰伯不從翦商之志，却是一家内事，與諫武王不同，所以謂之難處，非説遜國事也。集注説亦未分曉耳。處謙。〔一二四〕

又曰：〔一二五〕「夷齊處君臣間，道不合則去。泰伯處父子之際，又不可露形迹，只得不分不明且去。某書謂太王有疾，泰伯採藥不返，疑此時去也。」銖。

問：「泰伯讓天下，與伯夷、叔齊讓國，其事相類。何故夫子一許其得仁，一許其至德，二者豈有優劣耶？」曰：「亦不必如此。泰伯初未嘗無仁，夷齊初未嘗無德。」處謙。

問：「『泰伯不從』，事見春秋傳，不知春秋傳如何説？」曰：「只説『泰伯不從，是以不祀』而已。」廣。[二六]

恭而無禮章

禮只是理，只是看合當恁地。若不合恭後却必要去恭，則必勞。若合當謹後，謹則不葸；若合當勇後，勇則不亂。若不當直後，却須要直，如「證羊」之類便是絞。義剛。

義剛[二七]問：「『故舊不遺，則民不偷』，這想是義，[二八]蓋人皆有此仁義之心。篤於親，是仁之所發，故我篤於親則民興仁；篤故舊，是義之發，故不遺故舊則民興義。是如此否？」曰：「看『不偷』字，則又似仁様[二九]，大概皆是厚底意思。不遺故舊固是厚，這不偷也是厚，却説[三〇]難把做仁[三一]説。」義剛。

鄭齊卿問「恭而無禮則勞」章[三二]集注舉横渠説之意。曰：「他要合下面意，所以如此説。蓋有禮與篤親、不遺故舊在先，則不葸、不勞、不亂、不絞，與興仁、不偷之效在後耳。要之，合分爲二章。」又問：「『直而無禮則絞。』」曰：「絞如繩兩頭絞得緊，都不寬舒，則有『證父攘羊』之事矣。」木之。

「『恭而無禮則勞』云云。寓看『君子篤於親』，與恭、謹、勇、直處意自是别。横渠説謂『人道知所先後則恭不勞，愼不葸，勇不亂，直不絞，民化而德厚矣。』此說如何？」〔三三〕曰：「橫渠這說且與存在，某未敢決以爲定。若做一章說，就橫渠說得似好。他就大處理會，便知得品節如此。」問：「橫渠說『知所先後』，先處是『篤於親』與『故舊不遺』。」曰：「然。」問：「他却將恭愼等處入在後段說，是如何？」曰：「就他說，人能篤於親與不遺故舊，他大處自能篤厚如此，到節文處必不至大段有失。他合當恭而恭必不至於勞，謹愼必不至於畏縮，勇直處亦不至於失節。若不知先後，要做便做，更不問有六親眷屬，便是『證父攘羊』之事。」寓。淳録同。〔三四〕

「君子篤于親」，集注所載張子「知所先後」之說，〔三五〕謂先且篤於親，不遺故舊，此其大者，則恭、愼、勇、直不至難用力。此說固好，但不若吴氏分作兩邊說爲是。明作。

曾子有疾謂門弟子章

時舉讀問目。先生曰：「依舊有過高傷巧之病，切須放令平實。曾子啓手足是如此說，固好，但只就他保身上面看，自極有意思也。」時舉。

正卿問「曾子啓手足」章。曰：「曾子奉持遺體，無時不戒謹恐懼，直至啓手足之時方得自免。這個身已直是頃刻不可不戒謹恐懼。如所謂孝，非止是尋常奉事而已。當念慮之微有毫髮差錯，便是悖理傷道，便是不孝。只看一日之間，内而思慮，外而應接事物，是多多少少！這個心略不檢點便差失了。看世間是多少事，至危者無如人之心，所以曾子常常恁地『戰戰兢兢，如臨深淵，如履薄冰』。」賀孫。

問曾子戰兢。曰：「此只是戒謹恐懼，常恐失之。君子未死之前，此心常恐保不得，便見得人心至危。且說世間甚物事似人心危！且如一日之間，内而思慮，外而應接，千變萬化，劄眼中便走失了！劄眼中便有千里萬里之遠！所謂『人心惟危，道心惟微』。只理會這個道理分曉，自不危。『惟精惟一』，便是守在這裏；『允執厥中』，便是行將去。」恪。

曾子曰：「戰戰兢兢，如臨深淵，如履薄冰。」此乃敬之法。此心不存，則常昏矣。今人有昏睡者，遇身有痛癢則蹶然而醒，蓋心所不能已，則自不至於忘。中庸戒謹恐懼，皆敬之意。〔三六〕

曾子有疾孟敬子問之章

節問：〔三七〕「『斯遠暴慢矣』，〔三八〕注云：『暴，粗厲也。』何謂粗厲？」曰：「粗，不精細也。」節。〔三九〕

林問：「『動容貌，斯遠暴慢』章，若未到此，如何用工？」曰：「也只是說楊作「就」字。容貌顏色辭氣之間用工，更無別所，楊作「法」字。但上面可臨時做，下面非臨時做得，須是熟然後能如此。初間未熟時須是動容貌，至熟後便自然遠暴慢；未熟時須是正顏色，至熟後便自然近信。辭是言語，氣是聲音，出是從這裏出去，三者是切我身上事要得如此。籩豆雖是末，亦道之所在，不可不謹。然此則有司之事，我只理會身上事。」淳。〔四〇〕楊至問同。〔四一〕

徐問：「『正顔色，斯近信。』何謂近於實？」曰：「近，只是其中有這，便與實處不相違背。如『色取仁而行違』，外面有許多模樣，其中所存却不恁地，便與信遠了。只將不好底對看便見。」淳。〔四二〕

「出辭氣，斯遠鄙倍」，是「修辭立其誠」意思。賀孫。

「出辭氣」，人人如此，工夫却在下面。如「非禮勿視，非禮勿聽」，人人皆然，工夫却在「勿」字上。泳。

毅父問「遠暴慢」章。先生曰：「此章『暴慢』、『鄙倍』等字，須要與他看。暴是粗厲，慢是放肆。蓋人之容貌少得和平，不暴則慢。暴是剛志〔四三〕之過，慢是寬柔〔四四〕之過。鄙是凡淺，倍是背理。今人之議論有見得雖無甚差錯、只是淺近者，此是鄙。又有説得甚高而實背於理者，此是倍。不可不辨也。」時舉録毅父問。〔四五〕

仲蔚説「動容貌」章。先生曰：「暴慢底是大故粗。『斯近信矣』，這須是裏面正後顔色自恁地正，方是近信。若是『色取仁而行違』，則不是信了。倍，只是倍於理。出辭氣時，須要看得道理如何後方出，則不倍於理。」問：「三者也似只一般樣。」先生曰：「是各就那事上説。」又問：「要恁地，不知如何做工夫？」先生曰：「只是自去持守。」[四六]義剛。

「君子所貴乎道者三」一章，是成就處。升卿。[四七]

「君子所貴乎道者三」，此三句説得太快，大概是養成意思較多。賜。

陳寅伯問「君子所貴乎道者三」。先生曰：「且只看那『所貴』二字，莫非道也，如籩豆之事亦是道，但非所貴。君子所貴只在此三者。『動容貌，斯遠暴慢矣』，『斯』字來得甚緊。動容貌便須遠暴慢，正顔色便須近信，出辭氣便須遠鄙倍。人之容貌只有一個暴慢，雖淺深不同，暴慢則一。如人狠戾固是暴，稍不温恭亦是暴。如人倨肆固是慢，稍或怠慢亦是慢。正顔色而不近信却是色莊。信，實也。正顔色便須近實。鄙，便是説一樣卑底説話。倍，是逆理。辭氣只有此二者[四八]。」因曰：「不易。孟敬子當時寫[四九]得如此好。」或云：「想曾子病亟，門人多在傍者。」曰：「恐是如此。」因説：「看文字須是熟[五〇]，熟後到自然脱落處方是。某初看此，都安排不成。按得東頭，西頭起；按得前面，後面起。到熟後全不費力。要緊處却在那『斯』字、『矣』字這般閑字上。此一段，程門只有尹和靖看得出。孔子曰『學而時習之，不亦説乎』，若熟後，真個使人説！今之學者，只是不深好後不得其味，只是不得其味後不深好。」文蔚。

問「君子所貴乎道者三」。先生曰：「君子[五一]存養之至，然後能如此。一出辭氣便自能遠鄙倍，一動容貌便自能遠暴慢，正顔色便自能近信，所以爲貴。若學者則雖未能如此，當思所以如此。然此亦只是説效驗，若作工夫則在此句之外。」雉。

曾子所謂「遠暴慢」、「鄙倍」，皆是自遠在我者，然「動容貌」以下三者，亦須先做工夫始得，如何便能如此。士毅。[五二]

或問：「『動容貌』三者如何用工？」先生曰：「亦不出此外，只到熟後自然能『遠暴慢』。」力行。[五三]

黄敬之問「曾子有疾孟敬子問之」一節。[五四]曰：「『君子所貴乎道者三』是題目一句。下面要得動容貌便能遠暴慢，要得正顔色便近信，出辭氣便遠鄙倍。要如[五五]此，須是從前做工夫。」[五六]

「『動容貌，斯遠暴慢；正顔色，斯近信；出辭氣，斯遠鄙倍。』須要理會如何得動容貌便會遠暴慢，正顔色便會近信，出辭氣便會遠鄙倍。須知得曾子如此説，不是到動容貌、正顔色、出辭氣時方自會恁地。須知得工夫在未動容貌、未正顔色、未出辭氣之前。」又云：「正顔色，若要相似説，合當着得個遠虚僞矣。動、出都説自然，惟『正』字却似方整頓底意思。蓋緣是正顔色亦有假做恁地，内實不然者。若容貌之動，辭氣之出，却容僞不得。」賀孫。

「君子所貴乎道者三。」或云：「須是工夫持久方能？」[五七]曰：「如此説也不得。[五八]人之資禀各不同，資質好者，纔知得便把得定，不改變；資質遲慢者，須大段着力做工夫方得。」因舉徐仲車先生從胡安定先生學。一日，頭容少偏，安定忽厲聲云：「頭容直！」徐因思得[五九]不獨頭容[六〇]，心亦要直，自此不敢有慢[六一]心。又舉小南和尚偶靠倚而坐，其師見之，厲聲叱之曰：「恁地無脊梁骨！」小南聞之聳然，自此終身不靠倚坐。「這樣人都是資質美，所以一發[六二]便轉，終身不爲。」僩。

問：「所謂暴慢、鄙倍皆是指在我者言否？」曰：「然。」曰：「所以動容貌而暴慢自遠者，工夫皆在先歟？」曰：「此只大綱言人合如此。固是要平日曾下工夫，然即今亦須隨事省察，不令間斷。」廣。

問「君子所貴乎道者三」至「籩豆之事則有司存」。曰：「以道言之，固不可謂此爲道，彼爲非道。然而所貴在此，則所賤在彼矣；其本在此，則其末在彼矣。」人傑。

「君子所貴乎道者三」，乃是切於身者。若籩豆之事，特有司所職掌耳。今人於制度文爲一一致察，未爲不是，然却於大體上欠闕，則是棄本而求末者也。人傑。

問「君子所貴乎道者三」一段[六三]。先生曰：「學者觀此一段，須看他兩節，先看上所貴所重者；[六四]至於一籩一豆皆有[六五]是理，但這個事自是[六六]人管，我且自[六七]理會個大者。且如今人講明制度名器，皆是當然，非不是學，但是於自己身上大處却不曾理會，何貴於學！」先生因言：「近來學者多務高遠，不自近處着工夫。」有對者曰：「近來學者誠有好高之弊者[六八]。

有問伊川：「『如何是道？』伊川曰：『行處是。』又問明道：『如何是道？』明道令於父子、君臣、兄弟上求。諸先生言如此，初不曾有高遠之說。」先生曰：「明道之說固如此，然父子、兄弟、君臣之間，各有一個當然之理，是道也。」希遜。[六九]

「大凡學問不可只理會一端。聖賢千言萬語，看得雖似紛擾，然却都是這一個道理。而今只就緊要處做固好，然別個也須一一理會，湊得這一個道理都一般方得。天下事硬就一個做，終是做不成。如莊子說『風之積也不厚，則其負大翼也無力』，須是理會得多，方始襯簟得起。且如『籩豆之事各有司存』，非是說籩豆之事置之度外不用理會，只去理會[七〇]『動容貌』三句，亦只是三句是自家緊要合做底，籩豆是付與有司做底，其事爲輕。而今只理會三句，籩豆之事都不理會，萬一被有司喚籩做豆，若不曾曉得，便被他瞞。又如田子方說『君明樂官，不明樂音』，他說得不是，若不明得音，如何明得官？次第被他易宮爲商也得。所以中庸先說個『博學之』，孟子曰『博學而詳說』也[七一]。且看孔子雖曰生知，是事去問人，若問禮、問喪於老聃之類甚多。只如官名不曉得莫也無害，聖人亦汲汲去問郯子，蓋是我不識底須去問人始得。」[七二]明作。[七三]

正卿問：「『君子所貴乎道者三。』[七四]正顏色之『正』字，獨重於『動』與『出』字，何如？」曰：「前輩多就『動』、『正』、『出』三字上說，一向都將三字重了。若後今[七五]說便三字都輕説[七六]，却不可於中自分兩樣。某所以不以彼説爲然者，緣看上[七七]文勢不恁地也。『君子所貴乎道者三』，是指夫道之所以可貴者爲説，故云道之所以可貴者有三事焉，故下數其所以可貴之實如此。若禮文器數，自有官守，非在所當先而可貴者。舊説所以未安者，且看世上人雖有動容貌者，而便辟足恭，不能遠暴慢；雖有正顏色者，而『色取仁而行違』，多是虚僞，不能近信；雖有出辭氣者，而巧言飾辭，不能遠鄙倍，這便未見得道之所以可貴。夫[七八]道之所以可貴者，惟是動容貌自然便會遠暴慢，正顏色自然便會近信，出辭氣自然便會遠鄙倍，此所以貴乎道者此也。」又云：「三句最是『正顏色，斯近信』見得分明。」賀孫。

或問：「『君子所貴乎道者三』，如何？」曰：「『動容貌，正顏色，出辭氣』，前輩不合將做用工處，此只是涵養已成效驗處。『暴慢、鄙倍、近信』皆是自己分内事。惟近信不好理會，蓋君子纔正顏色，自有個誠實底道理，異乎『色取仁而行違』者也。所謂『君子所貴乎道者三』，道雖無乎不在，然此三者乃修身之驗[七九]、爲政之本，故可貴。容貌，是舉一身而言；顏色，乃見於面顏者而言。」又問曰：「三者固是效驗處，然不知於何處用工？」曰：「只平日涵養便是。」祖道。謨、人傑録並同。[八〇]

「『君子所貴乎道者三』以下三節，是要得恁地，須是平日莊敬工夫到此，方能恁地。若臨時做工夫，也不解恁地。」植因問：「明道云：『動容貌，舉一身而言，周旋中禮，暴慢斯遠；正顏色則不妄，斯近信矣；　出辭氣，正由中出，斯遠鄙倍。　正身而不外求，故曰「籩豆之事則有司存」。』[八一]又仍是三四[八二]句上半截是工夫，下半截是功效。」曰：「不是。　所以恁地，也是平日莊敬工夫。」[八三]

問：「『君子所貴乎道者三』云云。[八四]動也，正也，出也，不知是心要得如此？還是自然發見氣象？」曰：「上蔡諸人皆道此是做工夫處。看來只當作成效説，涵養莊敬得如此。工夫已在前了，此是效驗。動容貌，若非涵養有素，安能便免暴慢！正顔色，非莊敬有素，安能便近信！信是信實，表裏如一。色，有色厲，安能表裏如一乎！[八五]」問：「正者，是着力之辭否？」曰：「亦着力不得。若不到近實處，正其顔色，但見作僞而已。」問：「『遠』之字義如何？」曰：「遠，便是無復有這氣象。」問：「正顔色既是功效到此，則宜自然而信，却言『近信』，何也？」曰：「這也是對上『遠』字説。」[八六]

問：「『君子道者三』章，謝氏就『正、動、出』上用工。柄[八七]切謂此三句，其要緊處皆在『斯』字上，蓋斯者是便自然如此也。纔正顔色便自然近信，[八八]才動容貌便自然遠暴慢。非平昔涵養之熟，何以至此！此三句乃以效言，非指用功地步。」先生曰：「是如此。」柄。

問：「『君子所貴乎道者三。』[八九]先生舊解，以三者爲『修身之驗，爲政之本，非其平日莊敬誠實，存省之功積之有素，則不能也』，專是做效驗説。如此，則『動』、『正』、『出』三字只是閑字。後來改本以驗其要〔九〇〕，『非其』以下，改爲『學者所當操存省察，而不可有造次頃刻之違者也』。如此，則工夫却在『動』、『正』、『出』三字上，如謝上蔡〔九一〕之説，而不可以效驗言矣。某疑『動』、『正』、『出』三字不可以爲做工夫字。『正』字尚可説，『動』字、『出』字豈可以爲工夫耶？」曰：「這三字雖不是做工夫底字，然便是做工夫處。正如着衣喫飯，其着其喫雖不是做工夫，然便是做工夫處。此意所争只是絲髮之間，要人自認得。舊來解以爲效驗，語似有病，故改從今説。蓋若專以爲平日莊敬持養方能如此，則不成未莊敬持養底人，便不要『遠暴慢，近信，遠鄙倍』！便是舊説『效驗』字太深，有病。」僩。

「君子所貴乎道者三」，言道之所貴者有此三事，便對了。道之所賤者，籩豆之事，非不足道之，末耳。〔九二〕如「動容貌，正顔色，出辭氣」，須是平日先有此等工夫方如此效驗。「動容貌，斯遠暴慢矣」，須只做一句讀。「斯」字，只是個自然意思。龜山解此一句，引曾子修容閽人避之事，却是他人暴〔九三〕慢，全説不着。人傑。

舜功問：「『出辭氣』，〔九四〕如何『遠暴慢』？」曰：「人之辭氣〔九五〕，非暴則慢，得中者極難，須是遠此方可。此一段，上蔡説亦多有未是處。」問：「『其言也善』，何必曾子？天下自有一等人臨死言善。通老云：『聖賢臨死不亂。』」曰：「聖賢豈可以不亂言？曾子到此愈極分明，易簀事可見。然此三句亦是由中以出，不是外向關撰得成。」可學。

某思量，[九六]曾子當初告孟敬子「其[九七]言也善」，只説出三事。曾子當時有多少好話，到急處都説不辨，只撮出三項如此。這三項是最緊要底。若就[九八]這三事上更做得工夫，上面又大段長進；便不長進也做得個聖賢坯樣[九九]，雖不中，不遠矣。恪。

曾子曰以能問於不能章

陳仲亨説「以能問於不能」章。先生曰：「想是顏子自覺得有未能處，但不比常人十事曉得九事，便[一〇〇]不肯問人。觀顏子『無伐善，無施勞』，看他也是把此一件[一〇一]。」又問：「『君子人與』，是才德出衆之君子？」先生曰：「『託六尺之孤，寄百里之命』，才者能之；『臨大節而不可奪』，則非有德者不能也。」義剛。

問：「如此，已是無我了。集注曰『非幾於無我者不能』，何也？」曰：「聖人則全是無我；顏子却但是不以我去壓人，却尚有個人與我相對在。聖人和人我都無。」義剛。

「不校」，是不與人比校强弱勝負，道我勝你負，我强你弱。如上言「以能問於不能」之類，皆是不與人校也。燾。

時舉[一〇二]問「犯而不校」。先生曰：「不是着意去容它，亦不是因它犯而遂去自反。蓋其所存者廣大，故[一〇三]小小觸犯處自不覺得，何暇與之校耶！」時舉。

潘子善〔一〇四〕問：「『犯而不校』，恐是且點檢自家，不暇問他人。」曰：「不是如此。是他力量大，見有犯者如蚊蝨、虱子一般，何足與校！如『汪汪萬頃之陂〔一〇五〕，澄之不清，撓之不濁』。」〔一〇六〕

「顏子犯而不校」，是成德事。孟子「三自反」，却有着力處。學者莫若且理會自反，却見得自家長短。若遽學不校，却恐儱侗，都無是非曲直，下梢於自己分却恐無益。端蒙。

問：〔一〇七〕「若〔一〇八〕常持不校之心，如何？」曰：「此只看一個公私大小，故伊川云：『有當較〔一〇九〕者，順理而已。』」方子。

正卿問「託六尺之孤」一章。曰：「『百里之命』只是命令之『命』。『託六尺之孤』謂輔幼主，『寄百里之命』謂攝國政。」曰：「如霍光當得此三句否？」曰：「霍光亦當得上面兩句，至如許后之事，則大節已奪了。」曰：「託孤寄命，雖資質高者亦可及；『臨大節而不可奪』，非學問至者恐不能。」曰：「資質高底也都做得，學問到底也都做得。大抵是上兩句易，下一句難。譬如說『有猷，有爲，有守』，託孤寄命是有猷、有爲，『臨大節而不可奪』却是有守。霍光雖有爲、有猷矣，只是無所守。」僩。〔一一〇〕

正卿問：「『可以託六尺之孤』，至『君子人也』，此本是兼才節說，然緊要處却在節操上。」曰：「不然。三句都是一般說。須是才節兼全，方謂之君子。若無其才而徒有其節，雖死何益！

如受人託孤之責，自家雖無欺之之心，却被別人欺了，也是自家不了事，不能受人之託矣。如受人百里之寄，自家雖無竊之之心，却被別人竊了，也是自家不了事，不能受人之寄矣。自家徒能『臨大節而不可奪』，却不能了得它事，雖能死，也只是箇枉死漢，濟得甚事！如晉之荀息是也。所謂君子者，豈是斂手並〔一一一〕脚底村人耶！故伊川說：『君子者，才德出衆之名。』孔子曰：『君子不器。』既曰君子，須是事事理會得方可。若但有節而無才，也喚做好人，只是不濟得事耳。」恪。〔一一二〕

「託六尺之孤，寄百里之命」，是才；「臨大節不可奪」，是德。如霍光可謂有才，然其毒許后事，便以愛奪了。燕慕容恪是慕容暐之霍光，其輔幼主也好，然知慕容評當去而不去之，遂以亂國，此也未是。惟孔明能之。賜。〔一一三〕

問：「『可以託六尺之孤』云云，注言『其才輔幼君，攝國政，其節至於死生之際不可奪』，〔一一四〕此處不知可以見得伊周事否？〔一一五〕」答曰：「在〔一一六〕伊周亦未足道此。只說有才志氣節如此，亦可爲君子之事。」又問：「下此一等，如平勃之入北軍、迎代王，霍將軍之擁昭、立宣，可以當此名〔一一七〕否？」曰：「這也隨人做。聖人做出是聖人事業，賢人做出是賢人事業，中人以上是中人以上事業。這通上下而言。『君子人與？君子人也。』上是疑詞。如平勃，當時這處也未見得。若誅諸呂不成，不知果能死節否？古人這處怕亦是幸然如此。如藥殺許后事，光後來知，却含胡過。似這般所在解『臨大節而不奪』否？恐未必然。」因言：「今世人多道東漢名節無補於事。某謂三代而下，惟東漢人才，大義根於其心，不顧利害生死，不變其節，自是可保。未説公卿大臣，且如當時郡守懲治宦官之親黨，雖前者既爲所治，而來者復蹈其迹，誅殛竄戮，項背相望，略無所創。今士大夫顧惜畏懼，何望其如此！平居暇日琢磨淬礪，緩急之際尚不免於退縮。況游談聚議，習爲軟熟，卒然有警，何以得其伏〔一一八〕節死義乎！大抵不顧義理，只計較利害，皆奴婢之態，殊可鄙厭！」又曰：「東坡議論雖不能無偏頗，其氣節直是有高人處。如説孔北海、曹操，使人凛凛有生氣。」又曰：「如前代多有幸而不敗者。如謝安，桓温入朝已自無策，從其廢立，九錫已成，但故爲遷延以俟其死。不幸而病小甦，則將何以處之！擁重兵上流而下，何以當之！於此看，謝安果可當伏〔一一九〕節死義之資乎？」寓曰：「坦之倒持手板，而安從容閑雅，似亦有執者。」曰：「世間自有一般心膽大底人。如廢海西公時，他又不能拒，廢也得，不廢也得，大節在那裏！」〔一二〇〕

曾子曰士不可以不弘毅章

「『弘毅』二字，『弘』雖只〔一二一〕是寬廣，却被人只把做度量寬容看了，便不得。且如『執德不弘』之『弘』字〔一二二〕，便是〔一二三〕此『弘』字，謂如〔一二四〕人有許多道理。及至學來，下梢却做得狹窄了，便是不弘。蓋緣只以己爲是，大〔一二五〕凡他人之言便做説得天花亂墜，我亦不信，依舊只執己是，可見其狹小，何緣得弘？須是不可先以別人爲不是，凡有[一二六]他人之善，皆有以受之。集衆善之謂弘。」伯豐問：「是『寬以居之』否？」曰：「然。如『人能弘道』，却是以弘爲開廓，『弘』字却是作用。」㽦。[一二七]

問「『弘毅』之『弘』」。曰：「弘是寬廣。事事着得：道理也着得，事物也着得；事物逆來也着得，順來也着得；富貴也着得，貧賤也着得。看甚麽物事來掉在裏面，都不見形影了。」僩。

問集注「非弘不能勝其重」。[一二八]曰：[一二九]「弘，有耐意。如有一行之善，便道我善了，更不要進；能些小好事，便以爲只如此足矣，更不向前去，皆是不弘之故。如此其小，安能擔當得重任！」淳。

讀「曾子曰『士不可以不弘毅』」二章，[一三〇]云：[一三一]「所謂『弘』者，不但是放令公平寬大，容受得人，須是容受得許多衆理。若執着一見便自以爲是，他説更入不得，便是滯於一隅，如何得弘？如何勝得重任耶？[一三二]」時舉。[一三三]

問「弘毅」。先生曰：「弘是要勝得重任，不止是容物，須容受得衆理。今之學者執德不弘，見得些子道理，它人説話更入不得，如此則滯於一隅，如何得弘？弘是容受軋捺得衆理方得。」希遜。[一三四]

恭甫問：「『弘毅。』[一三五]弘是心之體？毅是心之力？」曰：「心體是多少大！大而天地之理，纔要思量，便都在這裏。若是世上淺心私見[一三六]底人，有一兩件事便着不得。」賀孫。

節[一三七]問：「『士不可以不弘毅。』[一三八]如何是弘？」曰：「計較小小利害，小小得失，褊隘，如公欲執兩事終身行之，皆是不弘。說道自家不敢承當，說道且據自己所見，皆是不弘。」節。

「士不可以不弘毅。」這曾子一個人，只恁地，他肚裏却着得無限。今人微有所得，欣然自以爲得。祖道。

毅，是立脚處堅忍强厲、擔負得去底意。[一三九]

黄敬之[一四〇]問：「弘，是容受得衆理；毅，是勝得個重任。」答曰：「弘乃能勝得重任，毅便是能搭[一四一]得遠去。弘而不毅，雖勝得任，却恐去前面倒了。」潘録止此。[一四二]先生又云：[一四三]「『弘』字只對『隘』字看，便見得。如看文字相似，只執一説，見衆説皆不復取，便是不弘。若是弘底人便包容衆説，又非是於中無所可否，包容之中又爲判别，此便是弘。」時舉録略同。[一四四]

陳仲蔚[一四五]問「弘毅」。曰：「弘，不只是有度量、能容物之弘[一四六]，正是『執德不弘』之『弘』。是無所不容，心裏無足時，不説我德已如此便住。如無底之谷，擲一物於中，無有窮盡時[一四七]。若有滿足之心，便不是弘了。毅，是忍耐持守，着力去做。」義剛。

弘而不毅，如近世龜山之學者，其流與世之常人無以異。毅而不弘，如胡氏門人都恁地撑腸拄肚，少間都没頓着處。賀孫。

問「弘毅」。曰：「弘是寬廣耐事，事事都著得：道理也著得多，人物也著得多。若著得這一個，著不得那一個，便不是弘。且如有兩人相爭，須是寬著心都容得始得。若便分別一人是、一人非，便不得。或兩人都是，或兩人都非，或是者非、非者是，皆不可知。道理自是個大底物事，無所不備，無所不包。若小著這〔一四八〕心，如何承載得起！弘了却要毅。弘則都包得在裏面了，不成只恁地寬廣？裏面又要分別是非，有規矩始得。若只恁地弘，便没倒斷了。『任重』，是擔子重，非如任天下之重〔一四九〕。」又曰：「若纔小著這心，便容兩個不得。心裏只著得一個，這兩個便相柱礙在這裏，道理也只著得一説，事事都只著得一邊。」僩。

寓問：「曾子弘毅處，不知爲學工夫久方會恁地，或合下工夫便着恁地？」曰：「便要恁地。若不弘不毅，難爲立脚。」問：「人之資稟偏駁，如何使要得恁地？」曰：「既知不弘不毅，便警醒令弘毅，如何計〔一五〇〕道理教他莫恁地！弘毅處固未見得，若不弘不毅便傾東倒西，〔一五一〕既知此道理當恁地，既不能行又不能守；知得道理不當恁地，却又不能割不能〔一五二〕捨。除却不弘便是弘，除了不毅便是毅。這處亦須是見得道理分曉，磊磊落落，這個都由我處置，要弘便弘，要毅便毅。如多財善賈，須多蓄得在這裏，看我要買也得，要賣也得。若只有十文錢在這裏，如何處置得去！」又曰：「聖人言語自渾全温厚，曾子便有圭角。如『士不可以不弘毅』，如『可以託六尺之孤』云云，見得曾子直是恁地剛硬！孟子氣象大抵如此。」寓。按陳淳録同而略，今附於下云：〔一五三〕「徐問：『弘毅是爲學工夫久方能如此？抑合下便當如此？』曰：『便要弘毅，皆不可一日無。』曰：『人之資禀有偏，何以便能如此？』曰：『只知得如此，便警覺那不如此，更那裏別尋討方法去醫治他！弘毅處亦難見，不弘不毅却易見。不弘便淺迫，便窄狹，不容物，便安於卑陋。不毅，便倒東墜西，見道理合當如此，又不能行，不能守；見道理不當如此，又不能捨，不能去。只除了不弘便是弘，除了不毅便是毅，非別討一弘毅來。然亦須是見道理極分曉，磊磊落落在這裏，無遁情，病痛來便都由自家處置，要弘便弘，要毅便毅。如多財善賈，都蓄在這裏，要買便買，要賣便賣。若止有十來〔一五四〕錢在此，則如何處置得！』」〔一五五〕

問「士不可以不弘毅」。曰：「弘是事事著得，如進學也要弘，接物也要弘，事事要弘。若不弘，只是見得這一邊，不見那一邊，便是不弘。只得些了便自足，便是不弘。毅却是發處勇猛，行得來强忍，是他發用處。」問：「後面只説『仁以爲己任』，是只成就這個仁否？」曰：「然。許多道理也只是這個仁，人也只要成就這個仁，須是擔當得去。」又問：「『死而後已』，是不休歇否？」曰：「然。若不毅，則未死已前便有時倒了。直到死方住。」又曰：「古人下字各不同。如『剛』、『毅』、『勇』、『猛』等字雖是相似，其義訓各微不同，如適間説『推』與『充』相似。」僩。

「仁以爲己任，不亦重乎！死而後已，不亦遠乎！」須是認得個仁，又將身體驗之，方真個知得這擔子重，真個是難。世間有兩種：有一種全不知者，固全無摸索處；又有一種知得仁之道如此大而不肯以身任之者。今自家全不曾擔著，如何知得它重與不重！所以學不貴徒説，須要實去驗而行之方知。僩。

「『士不可以不弘毅』，或云剛毅？」先生曰：「愚觀毅者有守之意。」〔一五六〕又云：「曾子之學，大抵如孟子之勇。觀此弘毅之說與夫『臨大節不可奪』，與孟子『彼以其富，我以吾仁』之說，則其勇可知。若不勇，如何主張得聖人〔一五七〕住！如論語載曾子弘毅處，〔一五八〕又言『臨大節不可奪』，則見他毅處。若孟子，便〔一五九〕只得他剛處，却少弘大底氣象。」謨。

子曰〔一六〇〕興於詩章

學者當「興於詩」。須先去了小序，只將本文熟讀玩味，仍不可先看諸家注解。看得久之，自然認得此詩是說個甚事。謂如拾得個無題目詩，說此花既白又香，是盛寒開，必是梅花詩也。卷阿詩〔一六一〕，召康公戒成王，其始只說個好意思，如「豈弟君子」皆指成王，「純嘏」「爾壽」之類皆說優游享福之事，至「有馮有翼」以下方說用賢。大抵告人之法亦當如此，須先令人歆慕此事，則其肯從吾言，必樂爲之矣。人傑。〔一六二〕

問：「成樂處古人可證否？」曰：「不必過深。此處只理會如何是『興於詩』，如何是『立於禮』，如何是『成於樂』。」淳。〔一六三〕

敬之問：「『興於詩，立於禮，成於樂』，覺得和悅之意多。」曰：「先王教人之法，以樂官爲學校之長，便是教人之本末都在這裏。」時舉。

或問「成於樂」。答曰：「樂有五音六律，能通暢人心。今之樂雖與古異，若無此音律，則不得以爲樂矣。」力行因舉樂記云：「耳目聰明，血氣平和。」先生曰：「須看所以聰明、和平如何，不可只如此説過。」力行。

寓[一六四]問：「『成於樂』，[一六五]『有五聲十二律云云，[一六六]以至於義精仁熟，而自和順於道德』，不知聲音節奏之末，如何便能使『義精仁熟，和順於道德』？」曰：「人以五聲十二律爲樂之末，[一六七]若不是五聲十二律，如何見得這樂？便是無樂了。[一六八]五聲十二律皆有自然之和氣。古樂不可見，要之聲律今亦難見。然今之歌曲，亦有所謂五聲十二律方做得曲，亦似古樂一般。如彈琴亦然。只它底是邪，古樂是正，所以不同。」又問：「五聲十二律，作者非一人，不知如何能和順道德？」曰：「如金石、絲竹、匏土、革木，雖是有許多，却打成一片。清濁高下，長短小大，更唱迭和皆相應，渾成一片，有自然底和氣，[一六九]不是各自爲節奏。歌者，歌此而已；舞者，舞此而已。所以聽之可以和順道德者，須是先有興詩、立禮工夫，然後用樂以成之。」問：「古者『十有三年學樂誦詩，二十而冠，始學禮』，與這處不同，如何？」曰：「這處是大學終身之所得。如十歲學幼儀，十三學樂、誦詩，從小時皆恁地[一七〇]學一番了，做一[一七一]個骨子在這裏，到後來方得他力。禮，小時所學，只是學事親事長之節，乃禮之小者。年到二十，所學乃是朝廷、家廟[一七二]之禮，乃禮之大者。到『立於禮』，始得禮之力。樂，小時亦學了，到『成於樂』時始得樂之力，不是大時方去學。詩，却是初間便得力，説善説惡却易曉，可以勸，可以戒。禮只捉住在這裏，樂便難精。[一七三]詩有言語可讀，禮有節文可守。樂是他人作，與我有甚相關？如人唱曲好底，凡有聞者，人人皆道好。樂雖作於彼，而聽者自然竦動感發，故能義精仁熟而和順道德。舜命夔典樂，『教胄子：直而温，寬而栗，剛而無虐，簡而無傲』，定要教他恁地。至其教之之具，又却在於『詩言志，歌永言，聲依永，律和聲』處。五聲十二律不可謂樂之末，猶揖遜周旋不可謂禮之末。若不是揖遜周旋，又如何見得禮在那裏！」又問：「成於樂處，古人之學有可證者否？」曰：「不必恁地支離。這處只理會如何是『興於詩』，如何是『立於禮』，如何是『成於樂』。律呂雖有十二，用時只用得[一七四]七個，自黄鐘下生至姑洗便住了，若更要插一個便拗了。如今之作樂，亦只用七個。如邊頭寫不成字者，即是古之聲律。若更添一聲，便不成樂。」寓。按此條陳淳録作三條，而微有詳略，今附於下。云：「徐問：『「成於樂」，樂有五聲六律，乃聲音節奏之末，何以能使「義精仁熟，和順於道德」？』曰：『五聲六律不可謂樂之末，若不是五聲六律，則爲無樂矣，何以見得樂？猶周旋揖遜不可謂禮之末，若不是周旋揖遜，則爲無禮矣，何以見得禮？古樂不可見，五聲六律今亦不可見。然今之歌曲琴瑟等亦有所謂五聲六律，但今底是邪，不是古樂之正耳。』問：『五聲六律作者非一人，何以能使「義精仁熟，和順於道德」？』曰：『如金石、絲竹、匏土、革木，雖有許多，然清濁高下，長短小大，更唱迭和皆相應，渾成一片，有自然之和氣，所以聽之自能「義精仁熟，和順於道德」。樂於歌舞，不是各自爲節奏，樂只是此一節奏，歌亦是此一節奏，舞亦是此一節奏。』楊問：『古者「十有三年學樂誦詩，二十而冠，始學禮」，與此不同，如何？』曰：『此是大學終身之所得。如「十歲學幼儀，十三學樂誦詩」，自少時皆學一番過，做個骨子，到後來方得它力。禮，少時所學只是學事親事長之節，禮之小者；二十所學乃學朝廷宗廟之禮，禮之大者；到立於禮時，始得禮之力。不是那時方去學樂。詩，初間却得力，説善説惡易曉，可以勸，可以戒。禮只捉在這裏，樂便難精，直是工夫至到方能有成。詩猶有言語可讀，禮猶有節文可守，樂是它人作，與我何相關？蓋如唱曲好底，凡有聞者，人人皆道好。樂雖作於彼，而聽者自是竦動，所以能「義精仁熟，和順於道德」。如舜命夔典樂，教胄子，要得「直而温，寬而栗，剛而無虐，簡而無傲」，而其所以發之者，亦不過下面「詩言志，歌永言」數事。』」〔一七五〕

「興於詩，立於禮，成於樂。」聖人做出這一件物事來，使學者聞之自然歡喜，情願上這一條路去，四方八面攛掇它去這路上行。廣。

只是這一心，更無他説。「興於詩」，興此心也；「立於禮」，立此心也；「成於樂」，成此心也。今公讀詩是興起得個甚麼？僩。

「古人學樂，只是收斂身心令入規矩，使心細又〔一七六〕不粗，久久自然養得和樂出來。」又曰：「詩、禮、樂，古人學時本一齊去學了，到得成就時，〔一七七〕得力處却有先後。然『成於樂』又見無所用其力。」升卿。

亞夫問「興於詩，立於禮，成於樂」一章〔一七八〕。先生曰：「詩、禮、樂，初學時都已學了，至得力時却有次第。樂者，能動盪人之血氣，使人有些少〔一七九〕不善之意都着不得，便純是天理，此所謂『成於樂』。譬如人之服藥，初時一向服了，服之既久，則耳聰目明，各自得力。此興詩、立禮、成樂所以有先後也。」時舉。

或問「興於詩，立於禮，成於樂」。答曰：「『興於詩』，便是個小底；『成於樂』，便是個大底。『興於詩』，初間只是因他感發興起得來，到成處，却是自然後恁地。」又曰：「古人自小時習樂、誦詩、學舞，不是到後來方始學詩、學禮、學樂。如云『興於詩，立於禮，成於樂』，非是初學有許多次第，乃是到後來方能如此；不是說用工夫次第，乃是得效次第如此。」又曰：「到得『成於樂』，是甚次第！幾與理爲一。看有甚放僻邪侈，一齊都滌盪得盡，不留些子。『興於詩』，是初感發這些善端起來；到『成於樂』是刮來刮去，凡是[一八〇]有毫髮不善都盪滌得盡了，這是甚氣象！」又曰：「後世去古既遠，禮樂蕩然，所謂『成於樂』者，固不可得。然看得來只是讀書理會道理，只管將來涵泳，到浹洽貫通熟處，亦有此意思。」致道云：「讀孟子熟，儘有此意。」曰：「也是。只是孟子較感發得粗，其他書都是如此。」賀孫因云：「如大學傳『知止』章及『齊家』章引許多詩語，涵泳得熟，誠有不自已處。」[一八一]

正卿說「興於詩，立於禮，成於樂」。曰：「到得『成於樂』，自不消恁地淺說。成於此是大段極至。」賀孫。

「興於詩」，此二句上一字謂成功而言也，非其[一八二]『志於道』四句上一字，以用功而言也。椿。

陳仲蔚[一八三]問：「『興於詩』與『游於藝』先後不同，如何？」先生曰：「『興』、『立』、『成』

是言其成，『志』、『據』、『依』、『游』是言其用功處。[一八四]但詩較感發人，故在先。禮則難執守，這須常常執守是[一八五]得。樂則如太史公所謂『動盪血氣，流通精神』者，所以涵養前所得也。」

問：「『消融查滓』如何？」曰：「查滓是他勉强用力，不出於自然，而不安於爲人之意，聞樂則可以融化了。然樂，今却不可得與[一八六]聞矣。」義剛。

寓[一八七]問：「『立於禮』，禮尚可依禮經服行。詩、樂皆廢，不知興詩成樂，何以致之？」曰：「豈特詩、樂無，禮也無。而[一八八]今只有義理在，且就理義[一八九]上講究。如分別得那是非邪正到感慨處，必能興起其善心，懲創其惡志，便是『興於詩』之功。涵養德性，無斯須不和不樂，直恁地和平，便是『成於樂』之功。如禮，古人這身都只在禮之中，都不由得自家。今既無之，只得硬做些規矩，自恁地收拾。如詩，須待人去歌誦。至禮與樂，自抨定在那裏，只得自去做。荀子言：『禮樂法而不説。』更無可説，只得就他法之而已。荀子此語甚好。」又問：「『志於道，據於德，依於仁』，與此相表裏否？」答曰：「也不爭多，此却有游藝一脚子。」寓。按陳淳、楊道夫録同而各少異，今附于下。[一九〇]陳[一九一]云：「徐問：『「立於禮」，猶可用力。詩今難曉，樂又無，何以興成乎？』曰：『今既無此家具，只有理義在，只得就理義上講究。如分別是非到感慨處，有以興起其善心，懲創其惡志，便是「興於詩」之功也。涵養和順，無斯須不和不樂，恁地和平，便是「成於樂」之功也。如禮，今亦無，只是硬[一九二]做些規矩，自恁地收斂。古人此身終日都在禮之中，不由自家。古人「興於詩」，猶有言語以諷誦。禮，全無説話，只是恁地做去。樂，更無説話，只是聲音節奏，使人聞之自然和平。故荀子曰：「禮樂法而不說。」』曰：『此章與「志於道」相表裏否？』曰：『彼是言德性道理，此是言事業工夫。此却是「游於藝」脚子。』」○楊[一九三]云：「居父問：『「立於禮」猶可用力。詩、樂既廢，不知今何由興成之？』曰：『既無此家具，也只得以義理養其心。若精別義理，使有以感發其善心，懲創其惡志，便是「興於詩」。涵養從容，無斯須不和不樂，便是「成於樂」。今禮亦不似古人完具，且只得自存個規矩，收斂身心。古人終日只在禮中，欲不自由，亦不可得。』又曰：『詩猶可，[一九四]有言語，可以諷誦。至於禮，只是[一九五]夾定做去。樂，只是使他聲音節奏自然和平，更無説話。荀子云[一九六]：「禮樂法而不說。」只有法，更無説也。』或問：『此章與「志道、據德、依仁、游藝」如何？』曰：『不然。彼就德性上説，此就工夫上説，只是游藝一脚意思爾。』」

子曰[一九七]民可使由之章

問「民可使由之」。曰：「所『由』[一九八]，『雖是他自有底，却是聖人使之由』。如『道之以德，齊之以禮』，『教以人倫：父子有親，君臣有義，夫婦有別，長幼有序，朋友有信』，豈不是『使之由』？」問「不可使知之」。曰：「不是愚黔首，是不可得而使之知也。呂氏謂『知之未至，適所以啓機心而生惑志』，説得是。」問：「此不知與『百姓日用不知』同否？」曰：「彼是自不知，此是不能使之知。」淳。

「民可使由之，不可使知之。」[一九九]云：[二〇〇]「民可使之仰事俯育，而不可使之知其父子之道爲天性；可使之奔走服役，而不可使之知其君臣之義爲當然。」及諸友舉畢，先生云：「今晚五人看得都無甚走作。」植。

或問「民可使由之，不可使知之」。「聖[二〇一]人只使得人孝，足矣；使得人弟，足矣。却無緣又上門逐個與他解説所以當孝者是如何，所以當弟者是如何。自是無緣得如此。頃年張子韶之論，以爲：『當事親，便當體認取那事親者是何物，方識所謂仁；當事兄，便當體認取那事兄者是何物，方識所謂義。』某嘗[二〇二]説，若如此，則前面方推這心去事親，隨手又便去背後尋摸取這個仁；前面方推此心去事兄，隨手又便著一心去尋摸取這個義，是二心矣。禪家便是如此，其爲説曰『立地便要你究得，坐[二〇三]地便要你究得』，他所以撐眉努[二〇四]眼，使喝，[二〇五]都是立地便拶教承當識認取，所以謂之禪機。若必欲使民知之，少間便有這般病。某嘗舉子韶之説以問李先生曰：『當事親，便要體認取個仁；當事兄，便要體認取個義。如此，則事親事兄却是没緊要底事，且姑借此來體認取個仁義耳。』李先生笑曰：『不易，公看得好。』」或問：「上蔡愛説個『覺』字，便是有此病了。」曰：「然。張子韶初間便是上蔡之説，只是後來又展上蔡之説，説得來放肆無收殺耳。」或曰：「南軒初間也有以覺訓仁之病。」曰：「大概都是自上蔡處來。」又曰：「呂氏解『民可使由之，不可使知之』云：『「不可使知」，非以愚民，蓋知之不至，適以起機心而生惑志也。』此説亦自好，所謂機心，便是張子韶與禪機之説。方纔做這事，便又使此心去體認，少間便啓人機心。只是聖人説此語時却未有此意在。向姑舉之或問，不欲附集注。」曰：

「王介甫以爲『不可使知』，蓋〔二〇六〕聖人愚民之意。」曰：「申韓莊老之説便是此意。以爲聖人置這許多仁義禮樂，都是殃考人。淮南子有一段説武王問太公曰：『寡人伐紂，天下謂臣殺主，下伐上。吾恐用兵不休，争鬬不已，爲之奈何？』太公善王之問，教之以繁文滋禮以持天下，如爲三年之喪，令類不蓄；厚葬久喪，以亶音丹。其家。其意大概説，使人行三年之喪，庶幾生子少，免得人多爲亂之意；厚葬久喪，可以破産，免得人富以啓亂之意。都是這般無稽之語。」僩。

子曰〔二〇七〕好勇疾貧章

「好勇疾貧」，固是作亂。不仁之人，不能容之，亦必致亂，如東漢之黨錮。泳。

子曰〔二〇八〕如有周公之才之美章

正卿問「如有周公之才之美，使驕且吝，其餘不足觀也已」。〔二〇九〕先生曰：〔二一〇〕「某昨見一個人，學得些子道理便都不肯向人説。其初只是吝，積蓄得這個物事在肚裏。無那何〔二一一〕，只見我做大，便要凌人，只此是驕。」恪。

聖人只是平説。云，如有周公之才美而有驕吝，也連他〔二一二〕才美功業壞了，況無周公之才美而使〔二一三〕驕吝者乎！甚言驕吝之不可也。至於程子云「有周公之德，則自無驕吝」，與某所説驕吝相爲根本枝葉，此又是發餘意。解者須先説得正意分曉，然後却説此，方得。賀孫。

驕吝是挾其所有以誇其所無。挾其所有是吝，誇其所無是驕。而今有一樣人，會得底不肯與人説，又却將來驕人。僴。

或問「驕吝」。曰：「驕是傲於外，吝是靳惜於中。驕者，吝之所發；吝者，驕之所藏。」讀「驕吝」一段云：「亦是相爲先後。」時舉。[二一四]

「周公之才之美」，此是爲有才而無德者而[二一五]言，但此一段曲折，自有數般意思。驕者必有吝，吝者必有驕。非只是吝於財，凡吝於事，吝於爲善，皆是。且以吝財言之，人之所以要吝者，只緣我散與人使他人富與我一般，則無可矜誇於人了，所以吝。某嘗見兩人，只是無緊要閑事也抵死不肯説與人。只緣他要説他[二一六]自會，以是驕誇人，故如此。因曾親見人如此，遂曉得這「驕吝」兩字只是相匹配得在，故相靠得在。[二一七]義剛。

先生云：「一學者來問：『伊川云：「驕是氣盈，吝是氣歉。」歉則不盈，盈則不歉，如何却云「使驕且吝」？』試商量看。」伯豐對曰：「盈是加於人處，歉是存於己者。粗而喻之，如勇於爲非，則怯於遷善；明於責人，則暗於恕己，同是一個病根。」先生曰：「如人曉些文義後[二一八]，吝惜不肯與人説，便是要去驕人。非驕，無所用其吝；非吝，則無以爲驕。」㽦。

寓[二一九]問：「『驕吝』，[二二〇]伊川言[二二一]『驕氣盈，吝氣歉』，氣之盈歉如何？」曰：「驕與吝是一般病，只隔一膜。驕是放出底吝，吝是不放出底驕。正如人病寒熱，攻注上則頭目疼〔二二二〕，攻注下則腰腹痛。熱發出外似驕，寒包縮在内似吝。」因舉克己詩〔二二三〕：「試於清夜深思省，剖破藩籬即大家。」問：「當如何去此病？」曰：「此有甚法？只莫驕莫吝，便是剖破藩籬也。覺其爲非，從源頭處正。我要不行，要〔二二四〕便不行；要坐，便還我坐。莫非由我，更求甚方法！」寓。

「驕是氣盈，吝是氣歉。驕吝雖有盈歉之殊，然其勢常相因。〔二二五〕蓋〔二二六〕驕者，吝之枝葉；吝者，驕之根本。」先生曰：〔二二七〕「某嘗見人吝一件物，便有驕意，見得這兩字如此。」泳。

正卿問：「驕如何生於吝？」曰：「驕却是枝葉發露處，吝却是根本藏蓄處。且以淺近易見者言之：如説道理，這自是世上公共底物事，合當大家説出來。世上自有一般人，自恁地吝惜，不肯説與人這意思是如何，他只怕人都識了，却没詫異，所以吝惜在此。獨有自家會，別人都不會，自家便驕得他，便欺得他。如貨財也是公共底物事，合使便着使。若只恁底吝惜，合使不使，只怕自家無了，別人却有，無可强得人，所以吝惜在此。獨是自家有，別人無，自家便做大，便欺得他。」又云：「爲是要驕人，所以吝。」賀孫。

子曰〔二二八〕三年學章

問：「『不至於穀』，欲以『至』爲『及』字説，謂不暇及禄，免改爲『志』，得否？」曰：「某亦只是疑作『志』，不敢必其然。蓋此處解不行，作『志』則略通。不可又就上面撰，便越不好了。」或又引程子説。先生曰：「説不行不如莫解，解便不好，如解白爲黑一般。」淳。

子曰〔二二九〕篤信好學章

篤信故能好學，守死故能善道。惟善道故能守死，惟好學故能篤信。每推夫子之言，多如此。德明。

惟篤信故能好學，惟守死故能善道。善，如「善吾生，善吾死」之「善」，不壞了道也。然守死生於篤信，善道由於好學。徒篤信而不好學，則所信者或非所信；徒守死而不能推以善其道，則雖死無補。升卿。

篤信須是好學，但要好學也須是篤信。善道須是守死，而今若是不能守死，臨利害又變了，則亦不能善道。但守死須是善道，若不善道，便知守死也無益，所以人貴乎有學。篤信方能守死，好學方能善道。義剛。〔二三〇〕

「篤〔二三一〕信而不好學，是非不辨，其害却不小。既已好學，然後能守死以善其道。」問：〔二三二〕「如下文所言莫是篤信之力否？」曰：「是。〔二三三〕既〔二三四〕信得過，危邦便不入，亂邦便不居；天下有道便不隱，天下無道便不見，决然是恁地做。」驤。〔二三五〕

「危邦不入」，是未仕在外則不入；「亂邦不居」，是已仕在内，見其紀綱亂，不能從吾之諫，則當去之。淳。

「危邦不入」，舊説謂已在官者便無可去之義。若是小官恐亦可去，當責任者則不容去也。必大。

或問：「危邦固是不可入，但或有見居其國，則當與之同患難，豈復可去？」曰：「然。到此無可去之理矣，然其失則在於不能早去。當及其方亂未危之時去之，可也。」僩。

天下無道，譬如天之將夜，雖未甚暗，然自此[一三六]只向暗去。知其後來必不可支持，故亦須見幾而作，可也。時舉。

子曰[一三七]不在其位章

馬莊甫問「不在其位，不謀其政」。答曰：「此各有分限。田野之人不得謀朝廷之政，身在此間只得守此。如縣尉，豈可謀他主簿事！纔不守分限，便是犯他疆界。」馬曰：「如縣尉，可與他縣中事否？」曰：「尉，佐官也。既以佐名官，有繁難，只得伴他謀，但不可侵他事權。」大雅。

子曰〔二三八〕師摯之始章

徐問：「『關雎之亂』，何謂『樂之卒章』？」曰：「自『關關雎鳩』至『鐘鼓樂之』，皆是亂。想其初必是已作樂，只無此詞，到此處便是亂。」淳。

亂〔二三九〕者，樂之卒章也。故楚辭有「亂曰」是也。前面須更有，但今不可考耳。南升。〔二四〇〕

或問：「『關雎之亂』，亂何以訓終？」曰：「既『奏以文』，又『亂以武』。」節。

子曰〔二四一〕狂而不直章

狂，是好高大，便要做聖賢，宜直；侗，是愚模樣，不解一事底人，宜謹愿；悾悾，是拙模樣，無能爲底人，宜信。有是德則有是病，有是病必無是德。有是病而無是德，則天下之棄才也。泳。

問曰：〔二四二〕「切意〔二四三〕侗者，同也，於物同然一律，無所識别之謂。悾者，空也，空而又空，無一長之實之謂。」先生以爲：「此亦因舊説，而以字義音訓推之，恐或然爾。此類只合大概看，不須苦推究也。」

子曰［二四四］學如不及章

「學如不及，猶恐失之」，如今學者却恁地慢了。譬如捉賊相似，須是着起氣力精神，千方百計去趕捉他，如此猶恐不獲。今却只在此安坐熟視它，不管它，如何奈它［二四五］！只忺時起來行得三兩步，懶時又坐，恁地如何做得事成！燾。［二四六］

子曰巍巍乎舜禹之有天下章［二四七］

「不與」，只是不相干之義。言天下自是天下，我事自是我事，不被那天下移動着［二四八］。義剛。

正卿問：「舜禹有天下而不與，莫是物各付物，順天之道如此［二四九］否？」曰：「據本文説，只是崇高富貴不入其心，雖有天下而不與耳。巍巍，是至高底意思。且如大凡人有得些小物事，便覺累其心。今富有天下，一似不曾有相似，豈不是高！」恪。

看「巍巍乎舜禹有天下不與［二五〇］」至「禹，吾無間［二五一］」四章。先生云：「舜禹與天下不相關，如不曾有這天下相似，都不曾把一毫來奉己。如今人纔富貴便被他勾惹，此乃爲物所役，是他［二五二］自卑了。若舜禹，直是它［二五三］高！首出庶物，高出萬物之表，故夫子稱其『巍巍』。」

又曰：「堯與天爲一處，民無能名。所能名者，事業禮樂法度而已。」植。時舉録同。〔二五四〕

陳與叔問〔二五五〕「惟天爲大，惟堯則之」。「只是尊堯之詞。不必謂獨堯能如此，而他聖人不與也。」〔二五六〕

「堯則天」一段。〔二五七〕曰：「雖蕩蕩無能名，也亦有巍巍之成功可見，又有焕乎之文章可覩。」謨。

「唐虞之際於斯爲盛」，「惟唐虞之際乃盛於此」，降自夏商皆所不及。泳。〔二五八〕

魏問：「集注云『惟唐虞之際乃盛於此』，此恐將『舜有臣五人』一句閑了。」曰：「寧可將上一句存在這裏。若從元注説，則是『亂臣十人』，却多於前，於今爲盛。却是舜臣五人，不得如後來盛。」賀孫。〔二五九〕

陳仲亨問諸儒才、德之説。先生曰：「合下語自不同。如説『才難』須是那有德底才。高陽氏才子八人，這須是有德而有才底。若是將才對德説，則如『周公之才之美』樣，便是有〔二六〇〕才更要德。這個合下説得自不同。」又問智伯五賢。先生曰：「如説射御足力之類，也可謂之才。」義剛。〔二六一〕

李問「至德」。先生曰：「『三分天下有其二』，天命人心歸之，自可見其德之盛了。然如此而猶且不取，乃見其至處。」雉。〔二六二〕

寓[二六三]問：「『三分天下有其二，以服事商』，使文王更在十三四年，將終事紂乎，抑爲武王牧野之舉乎？」曰：「看文王亦不是安坐不做事底人。如詩中言『文王受命，有此武功。既伐于崇，作邑于豐，文王烝哉』云云[二六四]。武功皆是文王做來。詩載武王武功却少，但卒其伐功耳。觀文王一時氣勢如此，度必不終竟休了。一似果實，文王待它十分黄熟自落下來，武王却似生拍破一般。」[二六五]

或問以爲：「文王之時，天下已二分服其化。使文王不死，數年天下必盡服。不俟武王征伐，而天下自歸之美矣[二六六]。」曰：「自家心如何測度得聖人心？孟子曰：『取之而燕民不悦，則勿取，古之人有行之者，文王是也。』聖人已説底話尚未理會做得，何况聖人未做底事，如何測度得？」後再有問者，先生乃曰：「若紂之惡極，文工未死，也只得征伐救民。」僩。

問：「文王受命是如何？」曰：「只是天下歸之。」問：「太王翦商是有此事否？」曰：「此不可考矣。但據詩云『至于太王，實始翦商』，左傳云『泰伯不從，是以不祀[二六七]』。要之，周自日前積累以來，其勢日大；又當商家無道之時，天下趨周，其勢自爾。至文王三分有二，以服事殷，孔子稱[二六八]其『至德』。若非文王，亦須取了。孔子稱『至德』只二人，皆可爲而不爲者也。周子曰『天下，勢而已矣。勢，輕重也』，周家基業日大，其勢已重，民又日趨之，其勢愈重。此重則彼自輕，勢也。」璘。

因説文王事商，先生曰：「文王但是做得從容不迫，不便去伐商太猛耳。蘇東坡[二六九]説，文王只是依本分做，諸侯自歸之。」或問：「此有所據否？」曰：「這也見未得在，但是文王伐崇、戡黎等事，又自顯然。書説『王季勤勞王家』，詩云『太王翦商』，都是他子孫自説，不成他子孫誣其父祖！春秋分明説『泰伯不從』，是不從甚底事？若泰伯[二七〇]武王之世，也只是爲諸侯，但時措之宜，聖人又有不得已處。横渠云：『商之中世都棄了西方之地，不管它，所以戎狄復進入中國，太王所以遷於岐。』然岐下也只是個荒涼之地，太王自去立個家計如此。」夔孫。

問：「文王『三分天下有其二』一段，據本意只是説文王。或問中載胡氏説，又[二七一]兼武王而言，以爲武王之間以服事商，如何？」曰：「也不消如此説，某也謾載放那裏，這個難説。而今都回互個聖人，説得忒好也不得。如東坡駡武王不是聖人，又也無禮。只是孔子便説得來平，如『武未盡善』。此等處未消理會，且存放那裏。」僩。

子曰[二七二]禹吾無間然章

黻，蔽膝也，以韋爲之。韋，熟皮也。有虞氏以革，夏后氏以山，「殷火，周龍章[二七三]」。祭服謂之黻，朝服謂之韠，左氏「帶裳韠舄」。泳。

【校勘記】

〔一〕寓　成化本無。

〔二〕至　成化本無。

〔三〕成化本此下注有「集義」。

〔四〕切以爲泰伯之讓……便不足爲至德　成化本無。

〔五〕個　成化本無。

〔六〕而今　成化本無。

〔七〕那　成化本無。

〔八〕自　成化本無。

〔九〕無説　成化本無。

〔一〇〕曰　成化本爲「再言」。

〔一一〕個　成化本無。

〔一二〕寓　成化本無。

〔一三〕説　成化本作「讓」。

〔一四〕意思　朱本爲「思量」。

［一五］成化本此下注有「寓」。

［一六］未必太王真有是志　成化本無。

［一七］成化本此下注有「集注」。

［一八］若　成化本此上有「曰」。

［一九］祀　成化本作「嗣」。

［二〇］如此　成化本爲「都如此」。

［二一］笑　成化本此上有「先生」。

［二二］今　成化本無。

［二三］此條時舉録成化本無。

［二四］處謙　成化本爲「明作」。

［二五］又曰　成化本作「曰」，且「曰」上有「『泰伯之心即伯夷叩馬之心，太王之心即武王孟津之心。二者「道並行而不相悖」。然聖人稱泰伯爲至德，謂武爲未盡善，亦自有抑揚。蓋泰伯、夷、齊之事，天地之常經，而太王、武王之事，古今之通義，但其間不無些子高下。若如蘇氏用三五百字罵武王非聖人，則非矣。於此二者中，須見得「道並行而不悖」處乃善。』因問：『泰伯與夷齊心同，而謂「事之難處有甚焉者」，何也』」。

［二六］此條廣録成化本無。

〔二七〕義剛　成化本無。

〔二八〕這想是義　成化本無。

〔二九〕樣　成化本無。

〔三〇〕説　成化本無。

〔三一〕仁　成化本作「義」。

〔三二〕恭而無禮則勞章　成化本無。

〔三三〕恭而無禮則勞……此説如何　成化本爲「問君子篤於親與恭謹勇直處意自别横渠説如何」。

〔三四〕淳録同　成化本爲「集注」。

〔三五〕君子篤于親集注所載張子知所先後之説　成化本爲「張子之説」。

〔三六〕成化本此下注有「洽」。

〔三七〕節問　成化本無。

〔三八〕斯遠暴慢矣　成化本無。

〔三九〕成化本此下注有「集注」。

〔四〇〕此條淳録成化本僅有部分内容作爲注，附於徐寓録中。成化本載曰：楊問：「『君子所貴乎道者三』，若未至此，如何用工？」曰：「只是就容貌辭色之間用工，更無别法。但上面臨時可做，下面臨時做不得，須是熟後能如此。初間未熟時，雖蜀本淳録作「須」字。是動容貌，到熟後自然遠暴慢；雖是正顔色，到熟後自然近信』，雖是出辭氣，到熟後自然遠鄙倍。」此下又注曰：「淳録此下云：『辭是言語，氣是聲音，出是從這裏出去，三者是我身上事要得如此。籩豆雖是末，亦道之所在，不可不謹。然此則有司之事，我亦只理會身上事。』」

［四一］楊至問同　成化本無。

［四二］此條淳録成化本無，但卷三十四載寓録曰：「問：『正顔色，斯近信。』如何是近於信？」曰：「近，是其中有這信，與行處不違背。多有人見於顔色自恁地，而中却不恁地者。如『色厲而内荏』、『色取仁而行違』，皆是外面有許多模樣，所存却不然，便與信遠了。只將不好底對看便見。」

［四三］剛志　成化本爲「剛者」。

［四四］寬柔　成化本爲「寬柔者」。

［四五］時舉録毅父問　成化本爲「時舉」。

［四六］成化本此下注曰：「池録作『只是隨事去持守』。」

［四七］成化本此下注曰：「以下總論。」

［四八］者　朱本作「句」。

［四九］寫　朱本作「焉」。

［五〇］熟　成化本無。

［五一］君子　成化本此上有「此言」。

〔五二〕此條士毅録成化本無。

〔五三〕此條力行録成化本無。

〔五四〕黄敬之問曾子有疾孟敬子問之一節　成化本爲「敬之問此章」。

〔五五〕如　成化本無。

〔五六〕成化本此下注有「植」。

〔五七〕方能　成化本爲「方能如此否」。

〔五八〕如此説也不得　成化本爲「不得」。

〔五九〕得　成化本無。

〔六〇〕頭容　成化本爲「頭容直」。

〔六一〕慢　成化本作「邪」。

〔六二〕發　成化本作「撥」。

〔六三〕一段　成化本無。

〔六四〕先看上所貴所重者　成化本爲「先看所貴乎道者是如何這個是所貴所重者」。

〔六五〕有　成化本無。

〔六六〕是　成化本作「有」。

〔六七〕自　成化本無。

［六八］者　成化本無。

［六九］希遜　成化本爲「謙之」。

［七〇］只去理會　成化本無。

［七一］也　成化本作「之」。

［七二］得　成化本此下有「因説：『南軒洙泗言仁編得亦未是。聖人説仁處固是仁，然不説處不成非仁。天下只有個道理，聖人説許多説話都要理會。豈可只去理會説仁處，不説仁處便掉了不管！子思做中庸大段周密不易，他思量如是。「德性」五句須是許多句方該得盡，然第一句爲主。「致廣大、極高明、温故、敦厚」，此上一截是「尊德性」事；如「道中庸、盡精微、知新、崇禮」，此下一截是「道問學」事。都要得纖悉具備，無細不盡，如何只理會一件？』或問知新之理。曰：『新是故中之事，故是舊時底，温起來以「尊德性」，然後就裏面討得新意，乃爲「道問學」。』」

［七三］明作　成化本無。且此條明作録底本卷九重複載録。

［七四］君子所貴乎道者三　成化本無。

［七五］後今　成化本爲「從今」。

［七六］説　成化本無。

［七七］上　成化本無。

［七八］夫　成化本作「矣」，屬上讀。

［七九］驗　成化本作「效」。

［八〇］祖道謨人傑録並同　成化本爲「去僞」。

［八一］明道云動容貌……籩豆之事則有司存　成化本爲「明道動容周旋中禮正顔色則不妄出辭氣正由中出」。

［八二］四　成化本無。

［八三］成化本此下注有「植」。

［八四］君子所貴乎道者三云云　成化本無。

［八五］有色厲安能表裏如一乎　成化本爲「有色厲而内荏者色莊者色取仁而行違者苟不近實安能表裏如一乎」。

［八六］成化本此下注有：「寓。集義。」

［八七］柄　成化本無。

［八八］纔正顔色便自然近信　成化本無。

［八九］君子所貴乎道者三　成化本無。

［九〇］驗其要　成化本爲「驗爲要」。

［九一］謝上蔡　成化本爲「上蔡」。

［九二］非不足道之末耳　成化本为「非不是道乃道之末耳」。

［九三］暴　朱本作「恭」。

［九四］出辭氣　成化本爲「動容貌」。

［九五］辭氣　成化本爲「容貌」。

［九六］某思量　成化本爲「某病中思量」。

［九七］其　成化本此上有「人之將死」。

［九八］就　成化本作「説」。

［九九］坯樣　成化本爲「坯模」。

［一〇〇］便　成化本此上有「那一事」。

［一〇一］件　成化本此下有「做工夫」。

［一〇二］時舉　成化本作「舉」。

［一〇三］故　成化本此下有「人有」。

［一〇四］潘子善　成化本爲「子善」。

［一〇五］陂　朱本作「波」。

［一〇六］成化本此下有亞夫與朱子對話，載曰：亞夫問：「黄叔度是何樣底人？」曰：「當時亦是衆人扛得如此，看來也只是篤厚深遠底人。若是有所見，亦須説出來。且如顏子是一個不説話底人，有個孔子説他好。若孟子，無人印證他，他自發出許多言語。豈有自孔孟之後至東漢黄叔度時，已是五六百年，若是有

所見，亦須發明出來，安得言論風旨全無聞？」亞夫云：「郭林宗亦主張他。」曰：「林宗何足憑！且如元德秀在唐時也非細，及就文粹上看，他文章乃是説佛。」且成化本於録末注有「南升」。

〔一〇七〕問　成化本爲「或問」。

〔一〇八〕若　成化本此上有「犯而不校」。

〔一〇九〕較　朱本作「校」。

〔一一〇〕倜　成化本作「恪」。此條及以下三條，成化本皆置於「曾子曰可以託六尺之孤章」下。

〔一一一〕並　朱本作「東」。

〔一一二〕恪　成化本作「倜」。

〔一一三〕成化本此下注有「夔孫同」。

〔一一四〕注言其才輔幼君攝國政其節至於死生之際不可奪　成化本無。

〔一一五〕此處不知可以見得伊周事否　成化本爲「不知可見得伊周事否」。

〔一一六〕在　成化本無。

〔一一七〕名　成化本無。

〔一一八〕伏　朱本作「仗」。

〔一一九〕伏　朱本作「仗」。

〔一二〇〕成化本此下注曰：「寓。砥録略。」

〔一二一〕只　成化本無。

〔一二二〕字　成化本無。

〔一二三〕是　成化本作「見」。

〔一二四〕如　朱本作「爲」。

〔一二五〕大　成化本無。

〔一二六〕有　成化本無。

〔一二七〕成化本此下注曰：「專論『弘』。」

〔一二八〕問集注非弘不能勝其重　成化本無。

〔一二九〕曰　成化本無。

〔一三〇〕讀曾子曰士不可以不弘毅二章　成化本無。

〔一三一〕云　成化本無。

〔一三二〕如何勝得重任耶　成化本爲「須是容受軋捺得衆理方得」。

〔一三三〕時舉　成化本爲「謙之」。

〔一三四〕此條希遜（即歐陽謙之）録與成化本所載謙之録存在較大差異，參上條。

〔一三五〕弘毅　成化本無。

〔一三六〕私見　成化本爲「私己」。

〔一三七〕節　成化本無。

〔一三八〕士不可以不弘毅　成化本無。

〔一三九〕成化本此下注曰：「升卿。以下兼論『毅』。」

〔一四〇〕黄敬之　成化本爲「敬之」。

〔一四一〕搭　成化本作「擔」。

〔一四二〕潘録止此　成化本爲「時舉」，但所載時舉録無以下「先生又云……此便是弘」。

〔一四三〕先生又云　成化本無。

〔一四四〕時舉録略同　成化本作「植」。此條成化本卷三十五分爲兩條：「敬之問弘……却恐去前面倒了」爲時舉所録；「弘字只對隘字看……此便是弘」爲植所録。

〔一四五〕陳仲蔚　成化本爲「仲蔚」。

〔一四六〕弘　成化本作「謂」。

〔一四七〕時　成化本無。

〔一四八〕這　成化本無。

〔一四九〕重　成化本作「任」。

〔一五〇〕計　成化本作「討」。

〔一五一〕若不弘不毅便傾東倒西　成化本爲「若不弘不毅處亦易見不弘便急迫狹隘不容物只安於卑陋不

毅便傾東倒西」。

［一五二］不能　成化本無。

［一五三］陳淳録同而略今附於下云　成化本爲「淳録云」。

［一五四］來　朱本作「文」。

［一五五］成化本此注有砥録，曰：砥録云：「居父問：『士不可不弘毅。學者合下當便弘毅，將德盛業成而後至此？』曰：『合下便當弘毅，不可一日無也。』又問：『如何得弘毅？』曰：『但只去其不弘不毅，便自然弘毅。弘毅雖難見，自家不弘不毅處却易見，常要檢點。若卑狹淺隘，不能容物，安於固陋，便是不弘。不毅處病痛更多，知理所當爲而不爲，知不善之不可爲而不去，便是不毅。』又曰：『孔子所言自渾全温厚，如曾子所言，便有孟子氣象。』」

［一五六］士不可以不弘毅……有守之意　成化本爲「士不可以不弘毅毅者有守之意」。

［一五七］聖人　成化本爲「聖道」。

［一五八］如論語載曾子弘毅處　成化本爲「如論語載曾子之言先一章云以能問於不能，則見曾子弘處」。

［一五九］便　成化本無。

［一六〇］子曰　成化本無。

［一六一］詩　成化本無。

［一六二］此條人傑録成化本載於卷八十。

〔一六三〕此條淳録成化本無。

〔一六四〕寓　成化本無。

〔一六五〕成於樂　成化本無。

〔一六六〕有五聲十二律云云　成化本爲「注言樂有五聲十二律云云」。

〔一六七〕成化本此下注曰：「淳録云：『不可謂樂之末。』」

〔一六八〕成化本此下注曰：「淳録云：『周旋揖遜，不可謂禮之末。若不是周旋揖遜，則爲無禮矣，何以見得禮？』」

〔一六九〕成化本此下注曰：「淳録云：『所以聽之自能「義精仁熟，和順於道德」。樂於歌舞，不是各自爲節奏。樂只是此一節奏，歌亦是此一節奏，舞亦是此一節奏。』」

〔一七〇〕恁地　成化本無。

〔一七一〕一　成化本無。

〔一七二〕家廟　成化本爲「宗廟」。

〔一七三〕成化本此下注曰：「淳録云：『直是工夫至到，方能有成。』」

〔一七四〕得　成化本無。

〔一七五〕按此條陳淳録作三條……亦不過下面詩言志歌永言數事　成化本爲「集注」。

〔一七六〕又　成化本作「而」。

［一七七］到得成就時　成化本爲「到成就」。

［一七八］興於詩立於禮成於樂一章　成化本爲「此章」。

［一七九］少　成化本作「小」。

［一八〇］是　成化本無。

［一八一］成化本此下注有「賀孫」。

［一八二］其　成化本作「如」。

［一八三］陳仲蔚　成化本爲「仲蔚」。

［一八四］成化本此下注曰：「夔孫録云：『「志」、「據」、「依」，是用力處；「興」、「立」、「成」，是成效處。』」按，此注底本另作一條載於卷三十四，參該卷「問興於詩三句……興立成是成效處」條。

［一八五］是　朱本作「始」。

［一八六］與　成化本作「而」。

［一八七］寓　成化本無。

［一八八］而　成化本無。

［一八九］理義　成化本爲「義理」。

［一九〇］按陳淳楊道夫録同而各少異今附于下　成化本無。

［一九一］陳　成化本爲「淳録」。

[一九二] 硬 成化本作「便」。

[一九三] 楊 成化本爲「道夫録」。

[一九四] 可 成化本無。

[一九五] 是 朱本作「得」。

[一九六] 云 成化本爲「又云」。

[一九七] 子曰 成化本無。

[一九八] 由 成化本作「謂」。

[一九九] 民可使由之不可使知之 成化本無。

[二〇〇] 云 成化本爲「植云」。

[二〇一] 聖 成化本此上有「曰」。

[二〇二] 嘗 成化本無。

[二〇三] 坐 朱本作「恁」。

[二〇四] 努 朱本作「弩」。

[二〇五] 使喝 成化本爲「使棒使喝」。

[二〇六] 蓋 王本作「盡」。

[二〇七] 子曰 成化本無。

［二〇八］子曰　成化本無。

［二〇九］正卿問……不足觀也已　成化本無。

［二一〇］先生曰　成化本無。

［二一一］無那何　成化本爲「無奈何」。

［二一二］他　成化本作「得」。

［二一三］使　成化本無。

［二一四］此條時舉録成化本卷三十五分爲兩條：「或問驕吝……驕之所藏」爲祖道録；「讀驕吝一段云亦是相爲先後」爲時舉録。

［二一五］而　成化本無。

［二一六］他　成化本無。

［二一七］成化本此下注曰：「池録作『相比配，相靠在這裏』。」

［二一八］後　成化本無。

［二一九］寓　成化本無。

［二二〇］驕吝　成化本無。

［二二一］伊川言　成化本無。

［二二二］疼　朱本作「痛」。

〔二三〕克己詩　成化本爲「顯道克己詩」。

〔二四〕要　成化本無。

〔二五〕驕是氣盈……然其勢常相因　成化本無。

〔二六〕蓋　成化本無。

〔二七〕先生曰　成化本無。

〔二八〕子曰　成化本無。

〔二九〕子曰　成化本無。

〔三〇〕成化本此下注曰：「恪録云：『此兩句相關。自是四事：惟篤信，故能守死；惟好學，故能善道。』」

〔三一〕篤　成化本此上有「問：『「行義以達其道」，莫是所行合宜否？』曰：『志是守所達之道，道是行所求之志。隱居以求之，使其道充足。「行義」是得時得位而行其所當爲。臣之事君，行其所當爲而已，行所當爲以達其所求之志。』又問：『如孔明可以當此否？』曰：『也是。如「伊尹耕於有莘之野而樂堯舜之道」，是「隱居以求其志」。及幡然而起，「使是君爲堯舜之君，使是民爲堯舜之民」，是「行義以達其道」。』蜚卿曰：『如漆雕開之未能自信，莫是求其志否？』曰：『所以未能信者，但以「求其志」，未説「行義以達其道」。』又曰：『須是篤信。如讀聖人之書，自朝至暮，及行事無一些是，則曰「聖人且如此説耳」，這却是不能篤信。篤信者，見得是如此，便決然如此做。孔子曰「篤信好學，守死善道」，學者須是篤信。』驤曰：『見若鹵莽便不能篤信。』曰：『是如此，須是一下頭見得是。然篤信又須好學，若』」。

〔二二三二〕問　成化本爲「又問」。

〔二二三三〕是　成化本作「既」。

〔二二三四〕既　成化本作「是」。

〔二二三五〕此條驤録成化本載於卷四十六，而底本卷四十六所載道夫録與此條部分内容相重複。

〔二二三六〕自此　成化本爲「此自」。

〔二二三七〕子曰　成化本無。

〔二二三八〕子曰　成化本無。

〔二二三九〕亂　成化本此上有「問：『關雎之詩，得情性之正如此。學者須是「玩其辭，審其音」，而後知之。』曰：『只玩其辭便見得，若審其音也難。關雎是樂之卒章，故曰「關雎之亂」』」。

〔二二四〇〕成化本此下注有「集注」。按，此條南升録成化本載於卷二十五，而底本卷二十五重複載録，參底本該卷「問關雎之義……但今不可考耳」條。

〔二二四一〕子曰　成化本無。

〔二二四二〕曰　成化本無。

〔二二四三〕切意　成化本無。

〔二二四四〕子曰　成化本無。

［二四五］奈它　成化本爲「奈得他何」。

［二四六］焘　成化本無。

［二四七］子曰巍巍乎舜禹之有天下章　成化本爲「巍巍乎章」。

［二四八］移動着　成化本爲「來移着」。

［二四九］如此　成化本無。

［二五〇］不與　成化本無。

［二五一］間　成化本爲「間然」。

［二五二］他　成化本無。

［二五三］它　成化本無。

［二五四］時舉録同　成化本無。

［二五五］陳與叔問　成化本無。

［二五六］成化本此下注有「淳」。且成化本此條及下條皆置於「大哉堯之爲君章」下。

［二五七］堯則天一段　成化本爲「惟堯則之一章」。

［二五八］此條泳録成化本無。按，據此條所論當屬「舜有臣五人章」，底本無此章。

［二五九］此條賀孫録成化本置「舜有臣五人章」下。

［二六〇］是有　成化本爲「有是」。

［二六一］此條義剛録成化本載於卷一百三十四。

［二六二］成化本此條及以下五條皆置「舜有臣五人章」下。

［二六三］寓　成化本無。

［二六四］云云　成化本無。

［二六五］成化本此下注有「寓」。

［二六六］美矣　成化本爲「矣」。

［二六七］祀　成化本作「嗣」。

［二六八］稱　成化本此上有「乃」。

［二六九］蘇東坡　成化本爲「東坡」。

［二七〇］泰伯　成化本此下有「居」。

［二七一］又　朱本作「文」。

［二七二］子曰　成化本無。

［二七三］韋　成化本作「章」。

晦庵先生朱文公語類卷第三十六

論語十八

子罕篇上

子罕言利章

問「子罕言利」。先生曰：「利最難言。利不是不好，但聖人纔[一]要言，恐人一向去趨利；纔[二]不言，不應是教人去就害，故但罕言之耳。蓋『利者義之和』，義之和處便是利。老蘇嘗以爲義剛而不和，惟有利在其中故和。此不成議論，蓋義之和即是利，却不是因義之不和而遂用些小利以和之。後來東坡解易亦用此説，更不成議論也。」時舉。

問：「『子罕言利』，孔子自不曾説及利，豈但罕言而已？」曰：「大易一書所言多矣。利，只是這個利。若只管説與人，未必曉得『以義爲利』之意，却一向只管營[三]貪得計較。孟子曰：『未有仁而遺其親，未有義而後其君。』這個是説利，但人不可先計其利。惟知行吾仁，非爲不遺其親而行仁；惟知行吾義，非爲不後其君而行義。」賀孫。

「或問龜山：『「子罕言利」是如何利？』曰：『都一般。如「利用出入」之「利」皆是。』此説似可疑。」[四]曰：「易所言『利』字，謂當做底。若『放於利而行』之『利』，夫子誠罕言。二『利』字豈可做一般！」營。

「必大[五]竊謂夫子罕言者，乃『放於利而行』之『利』。若『利用出入』乃義之所安處，恐不可以爲一般。」曰：「『利用出入』之『利』亦不可去尋討。尋討着，便是『放於利』之『利』。如言『利物足以和義』，只去利物，不言自利。」又曰：「只『元亨利貞』之『利』亦不可計較，計較着即害義。爲義之人只知有義而已，不知利之爲利。」[六]

文振問「子罕言利，與命，與仁」一章[七]。先生曰：「命只是一個命，有以理言者，有以氣言者。天之所以賦與人者，是理也；人之所以壽夭窮達[八]者，是氣也。理精微而難言氣數，子[九]又不可盡委之而至於廢人事，故聖人罕言之也。仁之理至大，數言之，不惟使人躐等，亦使人有玩之之心。蓋舉口便説仁，人便自不把當事了。」時舉。

問：「論語説仁亦多，所以罕言者，其所説止如此否？」曰：「也不容易説與人，只説與幾個向上底。」寓。淳録同。[一〇]

命有二，「天命」之「命」固難説，只貴賤得喪委之於命亦不可。仁在學者力行。利亦不是不好底物事，纔專説利便廢仁。泳。

又〔一一〕曰：「『命』只是窮通之『命』，如『不知命無以爲君子』之『命』。〔一二〕故曰『計利則害義，言命則廢事』也。」必大。

「子罕言利，與命，與仁。」非不言，罕言之爾。利，誰不要？纔專説，便一向向利上去。命，不可專恃。若專恃命，則一向胡做去。仁，學者所求，非不説，但不可常常把來口裏説。泳。

問「子罕言利，與命，與仁」。曰：「這『利』字是個監平聲。界塵糟底物事。若説全不要利，又不成特地去利而就害。若纔説著利，少間便使人生計較，又不成模樣。所以孔子於易，只説『利者義之和』，又曰『利物足以和義』，只説到這裏住。」又曰：「只認義和處便是利，不去利上求利了。孟子只説個仁義，『未有仁而遺其親，未有義而後其君』。只説到個『義』字時，早是掉了那『利』字不説了。緣它是個裏外牽連底物事，纔牽着這一邊，便動那一邊，所以這字難説。『命』字亦是如此，也是個監界物事。孔子亦非不説，如云『不知命』之類。只是都不説着，便又使人都不知個限量；若只管〔一三〕説着時，便又使人百事都放倒了不去做。只管説仁之弊，於近世胡氏父子見之。踢着脚指頭便是仁，少間都使人不去窮其理是如何，只是口裏説個『仁』字，便有此等病出來。」㮚。〔一四〕

行夫問「子罕言利，與命，與仁」。曰：「罕言者，不是不言，又不可多言，特罕言之耳。罕言利者，蓋凡做事只循這道理做去，利自在其中矣。如『利涉大川』、『利用行師』，聖人豈不言利？但所以罕言者，正恐人求之，則害義矣。罕言命者，凡吉凶禍福皆是命。若儘言命，正〔一五〕恐人皆委之於命而人事廢矣，所以罕言。罕言仁者，正〔一六〕恐人輕易看了，不知切己上做工夫。然聖人若不言，則人又理會不得如何是利，如何是命，如何是仁，故不可不言。但雖不言利而所言者無非利，雖不言命而所言者無非命，雖不言仁而所言者無非仁。」僩。〔一七〕

達巷黨人章〔一八〕

「吾執御」，只是謙詞。德明。〔一九〕

麻冕禮也章

麻冕，緇布冠也，以三十升布爲之。升八十縷，則其經二千四百縷矣。八十縷，四十抄也。泳。

「純，儉」，絲也。不如用絲之省約。泳。

子絶四章

這「意」字正是計較底私意。僩。

問：「『意』如何毋得？」曰：「凡事順理則意自正。『毋意』者，主理而言。不順理則只是自家私意。」可學。

『必』，在事先；『固』，在事後。『固』只是滯不化。德明。

先生又説「子絶四」一章，[二〇]云：「必，在事先；固，在事後。如做一件事不是了，即管固道『是做在』。」[二一]

『意』，私意之發；『必』，在事先；『固』，在事後；『我』，私意成就。四者相因如循環。閎祖。

余國秀問「毋意」、「必」、「固」、「我」。曰：「『意』，是發意要如此；『必』，是先事而期必；『固』，是事過而執滯；到『我』，但知有我，不知有人。『必』之時淺，『固』之時長。譬如士人赴試，須要『必』得，到揭榜後便已『必』不得了。但得了[二二]則喜，喜不能得化；不得則慍，慍亦不能得化，以此知『固』時久也。『意』是始，『我』是終，『必』、『固』在中間，亦似[二三]一節重似一節也。」又云：「『言必信，行必果。』言自合着信，行自合着果，何待安排。纔有心去

『必』它，便是不活，便不能久矣。」又云：「『意』是絲毫，『我』是成一山嶽也。」時舉。

意、必、固、我，亦自有先後。凡起意作一事，便有必期之望。所期之事或未至，或已過，又執滯而留於心，故有有我之患。意是爲惡先鋒，我是爲惡成就。正如四德，貞是好底成就處，我是惡底成就處。人傑。

問：「意是有所爲而爲否？」曰：「意，是我要去主張那事要恁地。聖人只看理當做便做，不曾道我要做，我不要做。容一個『我』，便是意了。」問：「必、固之私輕，意、我之私重？」曰：「意、必、固、我，只一套去。意，初創有此私意，便到那必處；必，便到固滯不通處；固，便到有我之私處。意，是我之發端；我，是意之成就。」又問：「我，是有人己之私否？」曰：「不必説人己。人自是人，己自是己，不必把人對説。我，只是任己私去做，便於我者便做，不便於我者便不做。只管就己上計較利害，與人何相關。人多要將人、我合一，如何合一？」呂與叔説：『立己與物，私爲町畦。』它門都將人、己合説。克己，自克去私欲，如何便説到人己爲一處？物與我自有等差。只是仁者做得在這裏了，要得人也恁地，便去及人，所以『親親而仁民，仁民而愛物』。人、我只一理，分自不同。」寓。陳淳録同。[二四]

意者，有我之端；我，則意之效。先立是意，要如此而爲之，然後有必、有固，而一向要每事皆己出也。聖人作事初無私意，或爲或不爲，不在己意，而惟理之是從，又何固、必、有我哉！

力行。

問：「『毋意，毋必，毋固，毋我。』〔二五〕『意，私意也。我，私己也。』看得來私己是個病根，有我則有意。」曰：「意在〔二六〕初發底意思，已〔二七〕則結撮成個物事矣。有我則又起意思〔二八〕，展轉不已。此四事一似那『元亨利貞』，但『元亨利貞』是好事，此是不好事。」廣。

吳仁父問意、必、固、我。先生曰：「須知四者之相生：凡人做事，必先起意，不問理之是非，必期欲事成而已。事既成，是非得失已定，又復執滯不化，是之謂固。三者只成就得一個我。及至我之根源愈大，少間三者又從這裏生出。我生意，意又生必，必又生固，又歸宿於我。正如『元亨利貞』，元了亨，亨了又利，利了又貞，循環不已。」僩。

吳伯英問意、必、固、我四者之異〔二九〕。先生曰：「四者始於我，而終於我。人惟有我，故任私意；既任私意，百病俱生。做事未至而有期必之心，事既過則有固滯之患。凡若此者，又只是成就一個我耳。」處謙。

時舉〔三〇〕問：「『子絕四』一章。〔三一〕横渠謂：『四者有一焉，則與天地不相似。』略有可疑。」先生曰：「人之爲事，亦有其初未必出於私意而後來不能化去者。若曰絕私意則四者皆無，則曰『子絕一』便得，何用更言『絕四』？以此知四者又各是一病也。」時舉。

「必，在事先；固，在事後。有意、必、固三者，乃成一個我，如道是我恁地做。蓋固滯而不

化，便成一個我。」又曰：[三二]「橫渠先生曰：『四者有一焉，則與天地不相似。』」[三三]

㽦[三四]問：「意、必、固、我，有無次第？」曰：「『意』，是私意始萌，既起此意。『必』，是期要必行。『固』，是既行之後，滯而不化。『我』，是緣此後便只知有我。此四者似有終始次序。『必』者，迎之於前；『固』者，滯之於後。此四字[三五]正與元、亨、利、貞四者相類。『元者，善之長』，『貞』是個善[三六]成就處。『意』是造化始萌，『我』是個無狀底[三七]成就處。」又問：「『敬則無己可克。』若學之始，則須從絕四去，如何？」曰：「敬是已成[三八]之敬，可知無己可克。此四者，雖是始學亦須便要絕去之。」又問「復於喜怒哀樂未發之前」。曰：「此語尹子已辯之，疑記錄有差處。」又問：「『意、必、固、我既亡之後，學者所宜盡心』，如何？」曰：「此[三九]謂『學者所宜盡心』，於此事而學之，非謂意、必、固、我既亡之後，始盡心耳。」又問橫渠云「四者既亡，則『以直養而無害』」。曰：「此『直』字說得重了。觀孟子所說處，說得觕。[四〇]後人求之太深，說得來忒夾細了。」㽦。[四一]

問：「『君子之學，在於意、必、固、我既亡之後，而復於喜、怒、哀、樂未發之前』，如何？」曰：「不然。尹和靖一段好。意、必、固、我是要得無。未發之前，衆人俱有，却是要發而中節，與此不相類。」又問：「若自學者而言，欲絕意、必、固、我。聖人[四二]地位，無此四者，則復於未發之前。復於未發之前，蓋全其天理耳。」曰：「固是如此，但發時豈不要全？」因命敬之取和靖語録來檢看。又云：「他意亦好，却説不好。」可學。

問：「『意、必、固、我既亡之後，必有事焉』，所謂『有事』者如何？」曰：「横渠亦有此説。若既無此，天理流出亦須省看。」可學。

問：「意、必、固、我，伊川以『發而當者，理也；發而不當者，私意也』。此語是否？」曰：「不是如此。所謂『毋意』者，是不任己意，只看道理如何。見得道理是合當如此做，便順理做將去，自家更無些子私心，所以謂之『毋意』。若纔有些安排布置底心，便是任私意。[四三]縱使發而偶然當理，也只是私意，未説到當理在。伊川之語想是被門人錯記了。不可知。」僩。

仲尼「絶四」，[四四]横渠之意以「絶」爲禁止之詞，是言聖人將這四者使學者禁絶而勿爲。「毋」字亦是禁止之意，故曰「自始學至成德，竭兩端之教也。」必，是事之未來處；固，是事之已過處。道夫。

守約問横渠説「子絶四」曰：[四五]「絶四之外，心可存處必有事焉。聖不可知也。」曰：「這句難理會。舊見横渠理窟，見他裏面説有這樣文[四六]意，説：無是四者了，便當自有個所嚮。所謂『聖不可知』，只是道這意思難説。横渠儘會做文章，如西銘及應用之文，如百椀燈詩，甚敏。到説話，却如此難曉，怕是關西人語言自是如此。」賀孫。

問：「以[四七]張子下數條語考之，似以『必有事焉』爲理義之精微處。其意大抵謂善不可以有心爲，雖夷清惠和，猶爲偏倚，未得謂之精義。故謂『絶四』之外，下頭有一不犯手勢、自然底道理方真是義。孟子之言蓋謂下頭必有此道理，乃『聖而不可知』處。此説於孟子本意殊不合，然未審張子之説是如此否？」曰：「橫渠此説又拽退孟子數重，自説得深。古聖賢無此等議論。若如此説，將使讀者終身理會不得，其流必有弊。」必大。

伯豐問張子曰：「毋意、必、固、我，然後能範圍天地之化。」曰：「固是如此。四者未除，如何能範圍天地！但如此説話，終是稍寬耳。」㽦。

子畏於匡章

「文不在兹乎」，言「在兹」，便是「天未喪斯文」。淳。

「後死者」只是夫子自言，天既使我與斯文，是「天未喪斯文也，匡人其如予何」。德明。〔四八〕

「後死者不得與於斯文。」〔四九〕「後死者」，夫子自謂也。「死」字對「没」字。「文王既没。」〔五〇〕泳。

問：「『天之將喪斯文』，『未喪斯文』，文即是道否？」曰：「既是道，安得有喪、未喪？文亦先王之禮文，聖人於此極是留意。蓋古之聖人既竭心思焉，將行之萬世而無弊者也，故常恐其喪失而不可考。」大雅。

「『後死者不得與於斯文。』[五一]『後死者』是對上文『文王』言之，如曰『未亡人』之類，此孔子自謂也，與『天生德於予』意思一般。斯文既在孔子，孔子便做着天在。孔子此語，亦是被匡人圍得緊後方説出來。」又問：「孔子萬一不能免匡人之難時，如何？」曰：「孔子自見得了。」畬。

敬之問：「明道云：『「舍我其誰」，是有所受命之辭。「康[五二]人其如予何」，是聖人自做着天裏。孟子是論世之盛衰，己之去就，故聽之於天。孔子言道之興喪[五三]，自應以己任之。』未審此説如何？」曰：「不消如此看。明道這説話固是説未盡。如孔子云『天之將喪斯文』，『天之未喪斯文』，看此語也只看天如何。只是要緊不在此處，要緊是看聖賢所以出處大節。」賀孫。

問：「明道[五四]云『夫子免於康人之圍，亦苟免[五五]也』，此言何謂？」曰：「謂當時或爲康人所殺，亦無十成。」某云：「夫子自言『康人其如予何』，程子謂『知其必不能違天害己』，何故却復有此説？」曰：「理固如是，事則不可知。」必大。[五六]

夫子聖者與章[五七]

植[五八]問：「『太宰問於子貢夫子聖者歟』一章。」[五九]太宰初以多能爲夫子之聖。子貢所答方正，説得聖人體段。夫子聞之數語，却是謙辭，及有多能非所以率人之意。」曰：「固是子貢説得聖人本分底。聖人所説乃謙辭云云[六〇]。」植。

問：「夫子多材藝[六一]，何故能爾？」曰：「聖人本領大，故雖[六二]材藝，他做得自别。只且[六三]如禮，則[六四]聖人動容周旋，俯仰升降，自是與它人不同。如射亦然。天生聖人，氣稟清明，自是與它人不同。列子嘗言聖人力能拓關，雖未可信，然要之聖人本領大後事事做得出來自别。」銖。

「將聖」，殆也。殆，庶幾也，如而今説「將次」。「將」字訓「大」處多。詩中「亦孔之將」之類，多訓「大」。詩裏多叶韻，所以要如此等字使。若論語中只是平説。泳。

寓[六五]問：「『天縱之將聖』，『縱，猶肆也，言不爲限量』，如何？」曰：「天放縱聖人做得恁地，不去限量它。」問：「如此，愚不肖是天限量之乎？」曰：「看氣象，亦似天限量它一般。如這道理，聖人知得盡得，愚不肖要增進一分不得，硬拘定在這裏。」寓。淳録同。[六六]

問「吾不試，故藝」。曰：「想見聖人事事會，但不見用，所以人只見它小小技藝。若使其得用，便做出大功業來，不復有小小技藝之可見矣。」問：「此亦是聖人賢於堯舜處否？」曰：「也不須如此説。聖人賢於堯舜處，却在於收拾累代聖人之典章、禮樂、制度、義理，以垂於世，不在此等小小處。此等處非所以論聖人之優劣也。横渠便是如此説，以爲孔子窮而在下，故做得許多事。如舜三十便徵庸了，想見舜於小事也煞有不會處。雖是如此，也如此說不得。舜少年耕稼陶漁，也事事去做來。所以人無緣及得聖人。聖人事事都[六七]從手頭更歷過來，所以都曉得。而今人事事都不會。最急者是禮樂，樂固不識了，只是日用常行吉凶之禮，也都不曾講得。」僩。

先生曰：「太宰云：『夫子聖者歟！何其多能也？』是以多能爲聖也。子貢對以夫子『固天縱之將聖，又多能也』，是以多能爲聖人餘事也。子曰：『吾少也賤，故多能鄙事。君子多乎哉？不多也。』是以聖爲不在於多能也。三者之說不同，諸君且道誰說得聖人地位着？」諸生多主夫子之言。先生曰：「太宰以多能爲聖，固不是。若要形容聖人地位，則子貢之言爲盡。蓋聖主於德，固不在於[六八]多能，然聖人未有不多能者。夫子以多能不可以律人，故言君子不多，尚德而不尚藝之意，其實聖人未嘗不多能也。」柄。

子曰[六九]吾有知乎哉章

問：「『吾有知乎哉』與『吾無隱乎爾』意一般否？」曰：「那個說得闊，這個主答問而言。」或曰：「那個兼動靜語嘿說了。」曰：「然。」燾。

林恭甫問此章。曰：「這『空空』是指鄙夫言。聖人不以其無所有而略之，故下句更用『我』字喚起。」義剛。

「兩端」猶言「兩頭」，言始終本末，上下精粗，無所不盡。泳。[七〇]

寓[七一]問：「竭兩端處，疑與『不憤不啓』一段相反。『不憤不啓』，聖人待人自理會方啓發他。空空鄙夫，必着竭兩端告之，如何？」曰：「兩端，就一事而言。說這淺近道理，那個深遠道理也便在這裏。如舉一隅以四角言，這卓子舉起一角便有三角在。兩端，以兩頭言之。凡言語便有兩端。文字不可類看，這處與那處說又別，須是看他語脈。論這主意，在『吾有知乎哉？無知也』。此聖人謙辭，言我無所知，空空鄙夫來問，我又盡情說與他。凡聖人謙辭，未有無因而發者，這上面必有說話，門人想記不全，須求這意始得。如達巷黨人稱譽聖人『博學而無所成名』，聖人乃曰『吾執御矣』，皆是因人譽己，聖人方承之以謙。此處想必是人稱道聖人無所不知，誨人不倦，有這般意思，聖人方道我是[七二]無知識，亦不是誨人不倦，但鄙夫來，我則盡情向他說。若不如此，聖人何故自恁地謙？自今觀之，人無故說謙話，便似要人知模樣。」寓。

問[七三]：「伊川謂：『聖人之言必降而自卑，不如此則人不親；賢人之言必引而自高，不如此則道不尊。』此是形容聖賢[七四]氣象不同邪？抑據其地位合當如此？」曰：「聖人極其高大，人自難企及，若更不俯就，則人愈畏憚而不敢進。賢人有未熟處，人未甚信服，若不引而自高，則人也必以爲淺近不足爲。孟子，人皆以爲迂闊，把做無用。使孟子亦道我底誠迂闊無用，則何以起人慕心？所以與他爭辨，不是要人尊己，直使人知斯道之大，庶幾竦動，着力去做。孔子嘗言：『如有用我者，期月而已可也。』又言：『吾其爲東周乎！』只作平常閑説。孟子言：『如欲平治天下，當今之世，舍我其誰！』便説得廣，是勢不得不如此。」又問：「如程〔七五〕説話，亦引而自高否？」曰：「不必如此又生枝節。且就此本文上看，看〔七六〕一段須反覆看來看去，要爛熟，方見意味快樂，令人都不欲看别段，始得。」淳。寓同而少異，今附於下。云：〔七七〕「程子曰：『聖人之言必降而自卑，不如此則人不親；賢人之言必引而自尊，不如此則道不高。』不審這處形容聖、賢氣象不同，或據其地位合着如此耶？」曰：「地位當如此。聖人極其高大，人皆疑之，以爲非我之〔七八〕所能及；若更不恁地俯就，則人愈畏憚而不敢進。孟子於是〔七九〕雖已見到至處，然做處畢竟不似聖人熟，人不能不疑其所未至，若不引而自高，則人必以爲淺近而不足爲。孟子，人皆以爲迂闊，把他無用了。若孟子也道是我底誠迂闊無用，如何使得？所以與人辨，與人争，亦不是要人尊己，只要人知得斯道之大，庶幾使人竦動警覺。夫子常言：『如有用我者，期月而已可也。』又言：『吾其爲東周乎！』只平常如此説。孟子便道：『如欲平治天下，當今之世，舍我其誰也！』便説得恁地奢遮，其勢不得不如此。這話從來無人會如此説，非他程先生見得透，如何敢鑿空恁地説出來！」

問〔八〇〕孔子「空空」、顔子「屢空」與中庸「無〔八一〕聲無臭」之理。曰：「以某觀論語之意，自是孔子叩鄙夫，鄙夫空空，非是孔子空空。顔子簞瓢屢空自對子貢貨殖而言。始自文選中説顔子屢空，空心受道，故疏論語者亦有此説。要之，亦不至如今日學者直是懸空説入玄妙處去也。中庸『無聲無臭』本是説天道。彼其所引詩，詩中自説須是『儀刑文王』，然後『萬邦作孚』，詩人意初不在『無聲無臭』上也。中庸引之以〔八二〕結中庸之義。嘗細推之，蓋其意自言謹獨以修德，至詩曰『不顯惟德，百辟其刑之』，乃『篤恭而天下平』也。後面節節贊歎其德如此，故至『予懷明德』以至『「德輶如毛」，毛猶有倫，「上天之載，無聲無臭」，至矣』，蓋言天德之至而微妙之極，難爲形容如此。今〔八三〕爲學之始，未知所有而遂〔八四〕欲一蹴至此，吾見其倒置而終身迷亂耳〔八五〕。」大雅。〔八六〕

正淳問：「『執兩端』與『竭兩端』，如何？」曰：「兩端也只一般，猶言頭尾也。執兩端方識得一個中，竭兩端言徹頭徹尾都盡也。」問：「只此是一言而盡這道理，如何？」曰：「有一言而盡者，有數言而盡者。如樊遲問仁，曰：『愛人。』問知，曰：『知人。』此雖一言而盡，推而遠之亦無不盡。如子路正名之論，直説到『無所措手足』。如子路問政、哀公問政，皆累言而盡。但只聖人之言，上下本末，始終小大，無不兼舉。」端蒙。

子曰〔八七〕鳳鳥不至章

「鳳鳥不至。」聖人尋常多有謙詞，有時亦自諱不得。泳。

子見齊衰者章

唐叔臨〔八八〕問：「『子見齊衰者、冕衣裳者與瞽者，見之，雖少必作；過之，必趨。』〔八九〕作與趨者，敬之貌也，何爲施之於齊衰者[九〇]與瞽者？」先生曰：「作與趨固是敬，然敬心之所由發則不同：見冕衣裳者，敬心生焉而因用其敬；見齊衰者、瞽者，則哀矜之心動於中而自加敬也。呂刑所謂『哀敬折獄』，正此意也。」蓋卿。

問：「作與趨，如何見得聖人哀矜之心？」曰：「只見之、過之而變容動色，便是哀矜之，豈直[九一]涕泣而後謂之哀矜也！」[九二]

顏淵喟然嘆章

學者説「顏子喟然嘆曰」一章。曰：「公只消理會顏子因何見得到這裏，是見個甚麽物事。」衆無應者。先生遂曰：「要緊只在『夫子循循然善誘人，博我以文，約我以禮』三句上。須看夫子『循循然善誘』底意思是如何。聖人教人，要緊只在『格物致知』、『克己復禮』。這個窮理是開天聰明，是甚次第！」賀孫。

「致知格物」，博文也；「克己復禮」，約禮也。道夫。[九三]

夫子教顏子，只是博文、約禮兩事。自堯舜以來便自如此説。「惟精」便是博文，「惟一」便是約禮。寓。[九四]

「博我以文，約我以禮」，聖門教人，只此兩事，須是互相發明。約禮底工夫深，則博文底工夫愈明；博文底工夫至，則約禮底工夫愈密。廣。

博文工夫雖頭項多，然於其中尋將去自有個約處。聖人教人有序，未有不先於博者，子貢得聞一貫，[九五]亦是待它多學之功到了，方可以言此耳。[九六]必大。[九七]

問：[九八]「聖人教人先博文而後約禮，橫渠先以禮教人，何也？」曰：「學禮中也有博文，如講明制度、文爲，這都是文。到[九九]那行處方是約禮。」夔孫。

「博我以文，約我以禮」，聖人教人只此兩事。博文工夫固多，約禮則只是這些子。如此是天理，如此是人欲，不入人欲則是天理。「禮者，天理之節文。」節謂等差，文謂文采。等差不同，必有文以行之。鄉黨一篇，乃聖人動容周旋皆中禮處。與上大夫言，自然誾誾；與下大夫言，自然侃侃。若與上大夫言却侃侃，與下大夫言却誾誾，便不是。聖人在這地位，知這則捎[一〇〇]，莫不中節。今人應事，此心不熟，便解忘了。又云：「聖賢於節文處描畫[一〇一]出這個[一〇二]樣子，令人依本子去學。譬如小兒學書，其始如何便寫得好？須是一筆一畫都依他底，久久自然好去。」又云：「天理、人欲，只要認得分明。便喫一盞茶時，亦要知其孰爲天理，孰爲人欲。」人傑。

植舉「仁者，愛之理，心之德」，紬繹説過。曰：「大概是如此，而今只[一〇三]做仁工夫。」植。

因問：「顏子『博文約禮』是循環工夫否？」曰：「不必説循環。如左脚行得一步子，右脚方行得一步；右脚既行得一步，左脚又行得一步。此頭得力，那頭又長；那頭既得力，此頭又長。所以欲罷而不能［一〇四］者，是它先見得透徹，所以復乎天理，欲罷不能。如顔子，教他復天理他便不能自已，教他徇人欲便没舉止了。蓋惟是見得通透方無間斷，不然安得不間斷？」植。［一〇五］

陳安卿［一〇六］問：「博文是求之於外，約禮是求之於内否？」曰：「博［一〇七］文也是自内裏做出來。我本來有此道理，只是要去求。知須是致，物須是格。雖是説博，然求來求去，終歸於一理，乃所以約禮也。易所謂：『尺蠖之屈，以求伸也；龍蛇之蟄，以存身也；精義入神，以致用也；利用安身，以崇德也。』而今尺蠖蟲子屈得一寸，便能伸得一寸來許。他之屈乃所以爲伸。龍蛇於冬若不蟄，則凍殺了。其蟄也，乃所以存身也。『精義入神』乃所以致用也，『利用安身』乃所以崇德也。『欲罷不能』，如人行步，左脚起了，不由得右脚不起。所謂『過此以往，未之或知也』。若是到那『窮神知化』，則須是『德之盛也』方能。顔子其初見得聖人之道尚未甚定，所以説『彌高，彌堅，在前，在後』。及博文、約禮工夫既到，則見得『如有所立，卓爾』。但到此却用力不得了，只待他熟後自到那田地。」義剛。

又曰：［一〇八］「至於『如有所立卓爾』處，只欠個熟。［一〇九］所謂『過此以往，未之或知也。窮神知化，德之盛也』。」人傑。

因論「博我以文」，曰：「固是要就書册上理會，然書册上所載者是許多，書册載不盡底又是多少，都要理會。」僩。

傅問表裏之說。曰：「所說『博我以文，約我以禮』便是。『博我以文』是要四方八面都見得周匝無遺，是之謂表。至於『約我以禮』，又要逼向身己上來無一毫之不盡，是之謂裏。」子升云：「自古學問亦不過此二端。」曰：「是，但須見得通透。」木之。〔一一〇〕

余國秀〔一一一〕問：「所以博文、約禮，格物、致知，是教顏子就事物上理會。『克己復禮』，却是顏子有諸己。」曰：「格那物，致吾之知也，便是會有諸己。」賀孫。

顏淵喟然歎處是顏子見得未定，只見得一個大物事後奈不何。節。

顏子〔一一二〕「瞻之在前，忽然在後」是猶見〔一一三〕得未定。及「所立卓爾」〔一一四〕，則已見得定了，但未到耳。從周。壽仁録同。〔一一五〕

「仰高鑽堅，瞻前忽後」，此猶是見得未親切在。「如有所立，卓爾」，方始親切。「雖欲從之，末由也已」，只是脚步未到，蓋不能得似聖人從容中道也。閎祖。

或問「瞻前忽後」章。曰：「此是顏子當初尋討不着時節，瞻之却似在前，及到着力趕上，又却在後。及鑽得一重了又却有一重，及仰之又却煞高，及至上得一層了又有一層。到夫子教人者，又却『循循善誘』，既博之以文又約之以禮。博之以文，是事事物物皆窮究；約之以禮，是使之復禮。却只如此教我循循然去下工夫，久而後見道體卓爾立在這裏，此已見得親切處。然

『雖欲從之』，却又『末由也已』，此是顏子未達一間時。此是顏子説己當初捉摸不着時事。」祖道問：「顏子此説亦是立一個則例與學者求道用力處，故程子以爲學者須學顏子，有可依據，孟子才大難學者也。」先生曰：「然。」祖道。

或問顏子鑽仰。先生曰：「顏子鑽仰前後，只是〔一一六〕摸索不着意思。及至盡力以求之，則有所謂卓然矣。見聖人氣象大概如此，然到此時工夫細密，從前篤學力行底工〔一一七〕夫全無所用。蓋當此時只有些子未安樂在〔一一八〕，但須涵養將去，自〔一一九〕到聖人地位也。」力行。

周元興問：「顏子當鑽仰瞻忽時，果何所見？」先生曰：「顏子初見聖人之道廣大如此，欲向前求之，轉覺無下手處；退而求之，則見聖人所以循循然善誘人〔一二〇〕者不過博文約禮，於是就此處竭力求之，而所見始親切的當，『如有所立卓爾』在前，而歎其峻絶、着力不得也。」又問：「顏子合下何不便做博文、約禮工夫？」曰：「顏子氣禀高明，合下見得聖人道大如此，未肯便向下學中求。及其用力之久，而後知其真不外此，故只於此處着力爾。」銖。潘録同。〔一二一〕

問：「顏子瞻忽事，爲其見得如此，所以『欲罷不能』？」先生曰：「只爲夫子博之以文，約之以禮，所以『欲罷不能』。」問：「瞻忽前後，是初見時事；仰高鑽堅，乃其所用力處。」曰：「只是初見得些小，未能無礙，奈何他不得。夫子又〔一二二〕告以博文、約禮，顏子便服膺拳拳弗失。緊要是博文、約禮。」問：「顏子後來用力，見得『如有所立卓爾』，何故又曰『雖欲從之，末由也已』？」曰：「到此亦無所用力，只是博文、約禮，積久自然見得。」德明。

問：「顏子喟然歎處，莫正是未達一間之意？夫顏子無形顯之過，夫子稱其『三月不違仁』，莫〔一二三〕是有纖毫私欲發見否？」曰：「易傳中說得好，云『既未能「不勉而中」，「所欲不踰矩」，是有過也。』瞻前忽後，是顏子見聖人不可及，無捉摸處。『如有所立卓爾』，却是真個見得分明。」又曰：「顏子纔有不順意處，有要着力處，便是過。」人傑。

孔〔一二四〕門惟顏子、曾子、漆雕開、曾點見得這個道理分明。顏子固是天資高，初間「仰之彌高，鑽之彌堅」亦自討頭不着，從博文約禮做來，「欲罷不能，既〔一二五〕竭吾才」，方見得「如有所立卓爾」，向來髣髴底到此都合聚了。曾子初間亦無討頭處，只管從下面崖〔一二六〕來崖去，崖到十分處方悟得一貫。漆雕開曰「吾斯之未能信」，斯是何物？便是見得這〔一二七〕個物事。曾點不知是如何，合下便被他晫見〔一二八〕這個物事。「曾點、漆雕開已見大意」，方是程先生恁地說。漆雕開較靜，曾點較明爽，亦未見得他無下學工夫，亦未見得他合殺是如何，只被孟子喚做狂。及〔一二九〕檀弓所載，則下梢只如此而已。〔一三〇〕淳。〔一三一〕

夫子之教顏子，只是博文、約禮二事。至於「欲罷不能，既竭吾才，如有所立卓爾」處，只欠個熟，所謂「過此以往，未之或知也。窮神知化，德之盛也」。人傑。

問「顏淵喟然歎」一條〔一三二〕。曰：「『仰』、『鑽』、『瞻』、『忽』四句是一個關，『如有所立卓爾』處又是一個關。不是夫子循循善誘，博文、約禮，便雖見得高堅前後亦無下手處。惟其如此，所以過得這一關。『欲罷不能』，非止是約禮一節，博文一節處亦是『欲罷不能』。博了又約禮，得約了〔一三三〕又博文。恁地做去，所以『欲罷不能』。至於『如有所立』去處見得大段親切了，那『末由也已』一節却自着力不得。着力得〔一三四〕處顔子自着力了，博文、約禮是着力得處也。」又曰：「顔子爲是先見得這個物事，自高堅前後做得那卓爾處，一節親切如一節了。如今學者元不曾識那個高堅前後底是甚物事，更怎望他卓爾底！」植。

問：「『如有所立卓爾』，只是説夫子之道高明如此，或是似有一物卓然可見之意否？」曰：「亦須有個模樣。」問：「此是聖人不思不勉、從容自中之地。顔子鑽仰瞻忽，既竭其才，歎不能到。」曰：「顔子鑽仰瞻忽，初是捉摸不着。夫子不就此啓發顔子，只將〔一三五〕之以文，約之以禮，令有用功處。顔子做這工夫漸見得分曉，至於『欲罷不能』，已是住不得了。及夫『既竭吾才』，如此精專，方見得夫子動容周旋無不中處，皆是天理之流行，卓然如此分曉。到這裏，只有個生熟了。顔子生些小未能渾化如夫子，故曰『雖欲從之，末由也已』。」德明。

問：「『如有所立卓爾』，是聖人不思不勉、從容自中處。顔子必思而後得，勉而後中，所以未至其地。」曰：「顔子竭才，便過之。」問：「如何過？」曰：「纔是思勉便過，不思勉又不及。顔子勉而後中，便有些〔一三六〕不肯底意。心知其不可，故勉强擺回。此等意義，懸空逆料不得，須是親到那地位方自知。」問：「集解[一三七]『瞻之在前，忽焉[一三八]在後』，作『無方體』。」曰：「大概亦是如此。」德明。

恭父問：「顏子平日深潛純粹，到此似覺有苦心極力之象。只緣他工夫到後，視聖人地位卓然只在目前。只這一步峻絶直是難進，故其一時勇猛奮發，不得不如此。觀揚子雲言『顏苦孔之卓』，似乎下得個『苦』字亦甚親切，但顏子只這一時勇猛如此，却不見迫切。到『末由也已』，亦只得放下。」曰：「看他別自有一個道理，然兹苦也，兹其所以爲樂也。」恪。[一三九]

恭父問：「顏子平日深潛沉粹，觸處從容，只於喟然之歎見得他煞苦切處。揚子云『顏苦孔之卓』，恐也是如此。到這裏見得聖人直是峻極，要進這一步不得，便覺有懇切處。」曰：「顏子到這裏，也不是大段着力。只他自覺得要着力，自無所容其力。」賀孫。[一四〇]

問：「集注引程子説『到此地位，直是峻絶，又大段着力不得』，如何？」曰：「到這裏直待他自熟。且如熟，還可着力否？」洽。[一四一]

寓又問。答曰：「到這處自是用力不得。孔子『六十而耳順，七十而從心所欲，不踰矩』。如這耳順處如何用力？這裏熟了，只自然恁地去。在熟之而已。」因舉横渠「大可爲也，化不可爲也」，又曰：「過此以往，未之或知。窮神知化，德之盛也。」寓。[一四二]

問：「李先生謂顏子『聖人體段已具』。『體段』二字莫是[一四三]言個模樣否？」曰：「然。」

又問：「惟其具聖人模樣了，故能聞聖人之言，默識心融否？」曰：「顔子去聖人不争多，止隔一膜，所謂『於吾言無所不説』。其所以不及聖人者，只是須待聖人之言觸其機，乃能通曉耳。」又問：「所以如此者，莫只是查滓化未盡否？」曰：「聖人所至處顔子都見得，只是未到。『仰彌高，鑽彌堅，瞻在前，忽在後』，[一一四四]這便是顔子不及聖人處，這便見它未達一間處。且如於道理上纔着緊又蹉過，纔放緩又不及。又如聖人平日只是理會一個大經大法，又却有時而應變達權；纔去應變達權處看他，又却不曾離了大經大法。[一一四五]可仕而仕，學他仕時又却有時而止；可止而止，學他止時又却有時而仕。『無可無不可』，學他不可又却有時而可，學他可又却有時而不可。終不似聖人事事做到自然[一一四六]恰好處。」又問：「程子説『孟子，雖未敢便道他是聖人，然學已到聖處』，莫便是指此意而言否？」曰：「顔子去聖人尤近。」或云：「某於『克己復禮』、『動容貌』兩章却理會得。若是仰高鑽堅、瞻前忽後，終是未透。」曰：「此兩章止説得一邊，是約禮底事，到顔子便説出兩脚來。聖人之教、學者之學[一一四七]，不越博文、約禮兩事耳。博文是『道問學』之事，於天下事物之理皆欲知之；約禮是『尊德性』底[一一四八]事，於吾心固有之理無一息之[一一四九]不存。今見於論語者雖只有『問仁』、『問爲邦』兩章，然觀夫子之言有曰『吾與回言終日』，想見凡天下之事無不講究來。自視聽言動之際，人倫日用當然之理，以至夏之時、商之輅、周之冕、舜之樂、歷代之典章文物，一一都理會得了。故於此舉其大綱以語之，而顔子便能領略得去。若元不曾講究，則於此必有〔一五〇〕疑問矣。蓋聖人循循善誘人，纔趲到那有滋味處自然住不得，故曰『欲罷不能，既竭吾才，如有所立卓爾』。卓爾〔一五一〕是聖人之大本立於此，以酬酢萬變處。顏子亦見得此甚分明，只是未能得〔一五二〕到此耳。又却趲逼他不得，他亦大段用力不得。易曰『精義入神以致用也，利用安身以崇德也。過此以往，未之或知也。窮神知化，德之盛也』。只是這一個德，非於崇德之外別有個德之盛也。做來做去，做到徹處便是。」廣。〔一五三〕

問「堅高前後」。曰：「堅高，只是説難學；前後，只是摸索不着。皆是譬喻如此，其初恁地，雖到『循循善誘』方略有個近傍處，『既竭吾才』便已見個定體規模了。」曰：「所謂『卓爾』亦在日用之間，何以見？」曰：「只是真見得恁地定。」曰：「程子謂『到此着力不得』，而胡氏又曰『不怠所從』，何也？」曰：「『末由』，也已不是到此便休了，不用力，但工夫用得細，不似初間用許多粗氣力。如博學、審問、謹思、明辨、篤行之類，只是循循地養將去。顏子與聖人大抵只是争些子，不多。如何大段着力得恁地？養熟了，便忽然落在那窠窟裏。明道謂『賢看顯如此，顯煞用工夫』，見明道是從容，明道却自有着力處，但細膩了，人見不得。」淳。〔一五四〕寓〔一五五〕問：「『顏淵喟然歎』一段，高堅前後可形容否？」曰：「只是説難學，要學聖人之道都摸索不着。要如此學不得，要如彼學又不得，方取他前，又見在後。這處皆是譬喻如此。

其初恁地難，到『循循善誘』，方略有個近傍處。」吴氏以爲卓爾亦不出乎日用行事之間。問：「如何見得？」曰：「是他見得恁地定，見得聖人定體規摹。此處除是顔子方見得。」問：「程子言『到此大段着力不得』，胡氏又曰『不怠所從，必欲至乎卓立之地』，何也？」曰：「『末由也已』，不是到此便休了，不用力。但工夫用得細，不似初間用許多粗氣力。如博學、審問、謹思、明辯、篤行之類，這處也只是循循地養將去。顔子與聖人大抵争些子，只有些子不自在。聖人便『不勉而中，不思而得』，這處如何大段着力得！纔着力，又成思勉去也。只恁地養熟了，忽然落在那窠窟裏。明道謂：『賢毋謂我不用力，我更着力！』〔一一五六〕人見明道是從容，然明道却自有着力處，但細膩了，人見不得。」〔一一五七〕

蜚卿問：「博約之説，程子或以爲知要，或以爲約束，如何？」曰：「『博我以文，約我以禮』與『博之〔一一五八〕以文，約之以禮』一般，但『博之以文，〔一一五九〕約之以禮』，孔子是泛言人能博文而又能約禮，可以弗畔夫道，而顔子則更深於此。侯氏謂博文是致知、格物，約禮是『克己復禮』，極分曉，而程子却作兩樣説，便是某有時曉他老先生説話不得。孟子曰『博學而詳説之，將以反説約也』，這却是知要。蓋天下之理都理會透，到無可理會處便約。蓋博而詳，所以方能説到要約處。約與要同。」道夫曰：「漢書『要束』字讀如『約束』。」曰：「然。」頃之，復曰：「『知崇禮卑』，聖人這四個字，如何説到那地位？」道夫曰：「知崇便是博，禮卑便是約否？」曰：「博然後崇，卑然後約。物理窮盡，卓然於事物之表，眼前都攔自家不住，如此則所謂崇。戒謹恐懼，一動一舉、[一六〇]一言一行，無不着力，如此則是卑。」問：「卑法地。」曰：「只是極其卑爾。」又問：「知崇如天，禮卑如地，而後人之理行乎？」曰：「知禮成性，而天理行乎其間矣。」道夫。[一六一]

或[一六二]問：「伊川曰『聖人與理爲一，無過不及，中而已』，敢問顏子擇乎中庸未見其止，歎夫子瞻前忽後，則過不及雖不見於言行，而亦嘗動於心矣。此亦是失否？」曰：「此一段說得好，聖人只是一個中底道理。」人傑。[一六三]

問：「横渠說顏子三段，却似說顏子未到中處。」曰：「可知是未到從容中道。如『瞻之在前，忽焉[一六四]在後』，便是横渠指此做未能及中。蓋到這裏，又着力不得，纔緊着便過了，稍自放慢便遠了。到此不争分毫間，只是做得到了，却只涵養。『既竭吾才，如有所立卓爾』，便是未到『不思而得』處；『雖欲從之，末由也已』，便是未到『不勉而中』處。」𦞂。

問横渠說顏子發歎處。曰：「『高明不可窮』是說『仰之彌高』，『博厚不可極』是說『鑽之彌堅』，『中道不可識』則『瞻之在前，忽焉在後』。至其『欲罷不能，既竭吾才』，則方見『如有所立卓爾』。謂之『如』，則是於聖人中道所争不多。纔着力些便過，纔放慢些便不及，直是不容着力。」人傑。

或問「仰之彌高，鑽之彌堅，瞻之在前，忽然在後」。先生舉横渠語云：「高明不可窮，博厚不可極，則中道不可識，蓋顔子之歎也。」蓋卿。〔一六五〕

「所謂『瞻之在前，忽然在後』，這只是個『中庸不可能』。蓋聖人之道是個恰好底道理，所以不可及。自家纔着意要去做，不知不覺又蹉過了。且如『恭而安』，這固〔一六六〕是聖人不可及處。到得自家纔着意去學時，便恭而不安了，此其所以不可能。只是難得到那〔一六七〕恰好處，不着意又失了，纔着意又過了，所以難。横渠曰：『高明不可窮，博厚不可極，則中道不可識，蓋顔淵〔一六八〕之歎也。』雖説得拘，然亦自説得好。」或曰：「伊川過、不及之説亦是此意否？」曰：「然。蓋方見聖人之道在前，自家要去趕着他，不知不覺地蹉過了，那聖人之道又却在自家後了。所謂『忽焉〔一六九〕在後』，也只是個『中庸不可能』。『夫子循循然善誘人』，非特以博文、約禮分先後次序，博文中亦自有次序，約禮中亦自有次序，有個先後淺深。『欲罷不能』，便只是就這博文、約禮中做工夫。合下做時便是下這十分工夫去做，到得這歎時，便是『欲罷不能』之效。衆人與此異者，只是爭這個『欲罷不能』，做來做去，不知不覺地又住了。顔子則雖欲罷而自有所不能，不是勉强如此，此其所以異於人也。」又曰：「顔子工夫到此已是七八分了。到得此，是滔滔地做將去，所以『欲罷不能』。如人過得個關了，便平地行將去。」僩。

吕氏説顔子云：「隨其所至，盡其所得，據而守之則拳拳服膺而不敢失，勉而進之則既竭吾

才而不敢緩。此所以恍惚前後而不可爲像，求見聖人之止，欲罷而不能也。」此處甚縝密。〔一七〇〕淳。〔一七一〕

正淳問：「呂氏云『顏子求見聖人之止』，或問以爲文義不安。」〔一七二〕曰：「此語亦無大利害，但橫渠錯認『未見其止』爲聖人極至之地位耳。作『中道』亦得，只作『極』字佳〔一七三〕。」僩。〔一七四〕

人傑問：「呂氏稱顏子曰『求見聖人之止，欲罷而不能』，中庸或問以『求見聖人之止』一句文義未安。人傑竊謂聖人乾健而不息，未嘗有所止，況欲求以見之乎？若曰『求得聖人之中道，欲罷而不能』，如何？」曰：「作『中道』亦得，或只作『極』字亦佳。」人傑。〔一七五〕

子路使門人爲臣章〔一七六〕

問：「『久矣哉，由之行詐也，久矣哉〔一七七〕』，則是不特指那一事言也。」曰：「是指從來而言。」問：「人苟知未至，意未誠，則此等意慮時復發露而不自覺？」曰：「然。」廣。

䉛〔一七八〕問：「『由之行詐』，如何？」曰：「是子路要尊聖人，耻於無臣而爲之，一時不能循道理，子路本心亦不知其爲詐。然而子路尋常亦是有不明處，如死孔悝之難，是至死有見不到。只有一毫不誠，便是詐也。」〔一七九〕䉛。

有美玉於斯章〔一八〇〕

子貢只是如此設問，若曰「此物色是只藏之，惟復將出用之」耳，亦未可議其言之是非也。必大。

子欲居九夷章

問：「子欲居九夷，使聖人居之，真有可變之理否？」曰：「然。」或問：「九夷，前輩或以箕子爲證，謂朝鮮之類，是否？」曰：「此亦見未得〔一八一〕。古者中國亦有夷、狄，如魯有淮夷，周有伊雒之戎是也。」又問：「此章與『乘桴浮海』莫是戲言否？」曰：「只是見道不行，偶然却〔一八二〕發此歎，非戲言也。」因言：「後世只管説當時人君不能用聖人，不知亦用不得。每國有世臣把住了，如何容外人來做！如魯有三桓，齊有田氏，晉有六卿，比比皆然，如何容聖人插手！」雉。

子曰吾自衛反魯章無〔一八三〕

子曰〔一八四〕出則事公卿章

問〔一八五〕「何有於我哉」。先生曰：「此語難説。聖人自謙之語〔一八六〕，言我不能有此數者。

聖人之心[一八七]常有慊然不足之意。衆人雖見它是仁之至精、義之至熟[一八八]，它只管見它有欠闕處。」卓。[一八九]

問「不爲酒困，何有於我哉」。曰：「語有兩處如此說，皆不可曉。尋常有三般說話：一以爲上數事我皆無有，一說謂此數事外我皆復何有，一說云於我何有。然皆未安，某今闕之。」祖道。謨録同。[一九〇]

「此章之義看來似說得極低，然其實則說得極重。雖非有甚高之行，然工夫却愈精密，道理却愈無窮，故曰『知崇』、『禮卑』。范氏云『不爲酒困者，燕而不亂也』，其意似以『不爲酒困』爲不足道，故以燕飲不亂當之，過於深矣。」必大。[一九一]

又曰：「此等處聖人必有爲而言，須有上一截話。恐是或有人說夫子如何，故夫子因有此言也。今却只是記録夫子之語耳。」[一九二]

子在川上章

問：「『逝者如斯夫[一九三]。』『逝』只訓往，『斯』字方指川流。」曰：「是。」[一九四]

問：「子在川上之嘆，[一九五]注云：『此道體之本然也。』後又曰：『皆與道爲體。』向見先生說：『道無形體，却是這物事盛，載那道出來，故可見。「與道爲體」，言與之爲體也。這字[一九六]

較粗。』如此，則與本然之體微不同。」曰：「也便在裏面。只是前面『體』字説得來較闊，連本末精粗都包在裏面。後面『與道爲體』之『體』，又説出那道之親切底骨子。恐人説物自物，道自道，所以指物以見道。其實這許多物事湊合來，便都是道之體。道體〔一九七〕便在這許多物事上，只是水上較親切易見。」僩。

問：「『子在川上。』〔一九八〕伊川曰：『此道體也。天運而不已，日往則月來，寒往則暑來，水流而不息，物生而不窮，皆與道爲體。』」〔一九九〕「此〔二〇〇〕四者，非道之體也，但因此則可以見道之體耳。那『無聲無臭』便是道，但尋從那『無聲無臭』處去，如何見得道？因有此四者，方見得那『無聲無臭』底，所以説『與道爲體』。」劉用之曰：「如炭與火相似。」曰：「也略是如此。」義剛。

徐問：「程子曰『日往則月來，寒往則暑來，物生而不窮，水流而不息，皆與道爲體〔二〇一〕』，何謂也？」曰：「日月寒暑等不是道，〔二〇二〕然無這道便也無這個了。惟有這道方始有這個，既有這個，則就上面便可見得道。這個是與道做骨子。」問：「張思叔説：『此便是無窮。』伊川曰：『一個「無窮」，如何便了得！』何也？」曰：「固是無窮，然須看因甚恁地無窮。須見得所以無窮處始得。若説天只是高，地只是厚，便也無説了。須看所以如此者是如何。」淳。寓録〔二〇三〕同。

問：「『逝者如斯夫』，〔二〇四〕如何是『與道爲體』？」曰：「與那道爲形體。這『體』字却粗，只是形體。」問：「猶云『性者道之形體』否？」曰：「然。」僩。

李公晦[二〇五]問：「『子在川上』下[二〇六]注『體』字是『體用』之『體』否？」曰：「只是這個『體道』之『體』，只是道之骨子。」節。

或問：「『逝者如斯夫，不舍晝夜』，[二〇七]集注云：[二〇八]『天地之化，往者過，來者續，此道體之本然也。』如何？」曰：「程子言之矣。『天運而不已，日往則月來云云，皆與道爲體。』『與道爲體』，此句極好。某嘗記得舊作觀瀾記兩句云：『觀湍流之不息，悟有本之無窮。』」人傑。[二〇九]

周元興問：「『與道爲體』，此『體』字如何？」[二一〇]曰：「是體質。道之本然之體不可見，觀此則可見[二一一]，如陰陽五行爲太極之體。」又問：「太極是體，二五是用？」曰：「此是無體之體。」董叔重[二一二]曰：「如『其體則謂之易』否？」曰：「然。」又問明道云[二一三]「有天德便可語王道」。曰：「有天德則便是天理，便做得王道。無天德則做王道不成。」又曰：「無天德則是私意，是計較。後人多無天德，所以做王道不成。」節。

又曰：「天理流行之妙，若有[二一四]私欲以間之，便如水被些障塞，不得恁滔滔地去[二一五]。」

問：「程子曰[二一六]：『自漢以來，儒者皆不識此義。』」先生曰：「是不曾識得。佛氏却略曾窺得上面些個影子。」元秉。[二一七]

或問「子在川上」。曰：「此是形容道體。伊川所謂『與道爲體』，此一句最妙。某嘗爲人作觀瀾詞，其中有兩句云：『觀川流之不息兮，悟有本之無窮。』」又問：「明道曰：『其要只在謹獨。』如何？」曰：「能謹獨，則無間斷而其理不窮。若不謹獨，便有欲來參入裏面，便間斷了也，如何却會如川流底意！」又問：「明道云：『自漢以來，諸儒皆不識此。』如何？」曰：「是他不識，如何却要道他識！此事除了孔孟，却[二一八]猶是佛老見得些形象。譬如畫人一般，佛老畫得些模樣。後來傳者[二一九]於此全無相着，如何教他兩個不做大！」祖道曰：「只爲佛老從心上起工夫，其學雖不是，然却有本。儒者只從言語文字上做，有知此事是合理會者，亦只做一場説話過了[二二〇]，所以輸與他。」先生曰：「彼所謂心上工夫本不是，然却勝似儒者多。公此説却是。」祖道。

或問「子在川上曰：『逝者如斯夫，不舍晝夜』」。曰：「古説是見川流因歎。大抵過去底物不息，猶天運流[二二一]不息如此，亦警學者要當如此不息。蓋聖人之心『純亦不已』，所以能見之。」祖道。謨録同。[二二二]

楊至之問[二二三]：「『逝者如斯夫，不舍晝夜』便是『純亦不已』意思否？」曰：「固是。然此句在吾輩作如何使？」楊曰：「學者當體之以自强不息。」先生曰：「只是要得莫間斷。程子謂：『此天德也。有天德便可語王道，其要只在謹獨。』謹獨與這裏何相關？只少有不謹便斷了。」[二二四]

問：「『子在川上曰：逝者如斯夫，不舍晝夜。』[二二五]先生解曰：[二二六]『天地之化，往者過，來者續，無一息之停，乃道體之本然也。其可指而易見者，莫如川流，故於此發以示人。』某反而求之身，心固生生而不息，氣亦流通而不息。此[二二七]二者皆得之於天，與天地爲一體者也。然人之不能不息者有二：一是不知後行不得，二是役於欲後行不得。見得[二二八]人須是下窮理工夫，使無一理之不明；下克己工夫，使無一私之或作。然此兩段工夫皆歸在敬上，故明道云：『其要只在謹獨。』」曰：「固是。若不謹獨，便去隱微處間斷了，能謹獨，然後無間斷。若或作或輟，如何得與天地相似！」廣。[二二九]

因說此章，問曰：「今不知吾之心與天地之化是兩個物事，是一個物事？公且思量。」良久，乃曰：「今諸公讀書只是去理會得文義，更不去理會得意。聖人言語只是發明這個道理。這個道理，吾身也在裏面，萬物亦在裏面，天地亦在裏面。通同只是一個物事，無障蔽，無遮礙。吾之心即天地之心。聖人即川之流，便見得也是此理，無往而非極致。但天命至正，人心便邪；天命至公，人心便私；天命至大，人心便小，所以與天地不相似。而今講學便要去得與天地不相似處，要與天地相似。」又曰：「虛空中都是這個道理，聖人便隨事物上切[二三〇]出來。」又曰：「如今識得個大原了，便見得事事物物都從本根上發出來。如一個大樹，有個根株，便有許多芽蘖枝葉，牽一個則千百個皆動。」夔孫。

「子在川上」一段注：「此道體之本然也。欲學者時時省察，而無毫髮之間斷。」纔不省察便間斷，此所以「其要只在謹獨」，人多於獨處間斷。泳。

子曰〔二三一〕吾未見好德如好色章

楊至之〔二三二〕問：「此〔二三三〕即大學『如好好色』之意，要得誠如此。然集注載衛靈公事與此意不相應，何也？」曰：「書不是恁地讀。除了靈公事，便有何發明？存靈公事在那上，便有何相礙？此皆没緊要。聖人當初只是恁地歎未見好德如那好色者。自家當虛心去看，又要反求思量，自己如何便是好德，如何便是好色，方有益。若只管去校量他，與聖人意思愈見差錯。聖人言語，自家當如奴僕，只去隨他，教住便住，教去便去。今却如與做師友一般，只去與他校，如何得！大學之説自是大學之意，論語之説自是論語之意。論語只是説過去，尾重則首輕，這一頭低，那一頭便〔二三四〕昂。大學是〔二三五〕將兩句平頭説去，説得尤力。如何要合兩處意來做一説得！」淳。〔二三六〕

董叔重問〔二三七〕：「何謂招搖？」曰：「如翺翔。」節。

譬如爲山章無〔二三八〕

子曰〔二三九〕語之而不惰章

讀「語之而不惰」，曰：「惟於行上見得它不惰。」時舉。

陳仲亨問：「『語之而不惰』，於甚處見得？」曰：「如『得一善，則拳拳服膺，而不失之矣』，『欲罷不能』，皆是其不惰處。」義剛。

又曰：〔二四〇〕「看來『不惰』，只是不説没緊要底話，蓋是那時也没心性説得没緊要底話了。」燾。

問：「『語之而不惰者，其回也與。』〔二四一〕如何是不惰處？」先生曰：「顔子聽得夫子説話，自然住不得。若他人聽過了，半疑半信，若存若亡，安得不惰！」雉。

子曰惜乎吾見其進章　無〔二四二〕

子曰苗而不秀者章〔二四三〕

徐問：「『苗而不秀，秀而不實』，何所喻？」曰：「皆是勉人進學如此。這個道理難當，只管恁地勉强去。『苗而不秀，秀而不實』，大概只説物有生而不到長養處，有長養而不到成就處。」淳。

子曰[二四四]後生可畏章

問：「『後生可畏』是方進者也，『四十五十而無聞』是中道而止者也。」曰：「然。」燾。

【校勘記】

［一］纔　成化本作「方」。

［二］纔　成化本作「方」。

［三］營　成化本爲「營營」。

［四］或問龜山……此説似可疑　成化本爲「龜山都一般之説似可疑」。

［五］必大　成化本爲「問或曰罕言利是何等利楊氏曰一般云云」。

［六］成化本此下注有「必大」。

［七］一章　成化本無。

［八］窮達　成化本爲「窮通」。

［九］子　成化本無。

［一〇］此條寓録成化本無，但卷三十六所載淳録與此相似，參成化本該卷「問子罕言仁……只説與幾個向上底」條。

［一一］又　成化本爲「正淳問尹氏子罕一章」。

［一二］命只是窮通之命如不知命無以爲君子之命　成化本爲「尹氏命字之説誤此只是不知命無以爲君子之命」。

［一三］管　成化本無。

［一四］恪　成化本作「僩」。

［一五］正　成化本無。

［一六］正　成化本無。

［一七］僩　成化本作「恪」。

［一八］達巷黨人章　成化本無。

［一九］此條德明録成化本無。

［二〇］先生又説子絶四一章　成化本無。

［二一］即管固道是做在　成化本爲「即管固執道我做得是」。又，此條下注有「植」。

［二二］了　成化本無。

〔二三〕似　成化本作「是」。

〔二四〕此條寓録成化本無，但卷三十六所載淳録與此相似，參成化本該卷「徐問意必固我……分自不同」條。

〔二五〕毋意毋必毋故毋我　成化本無。

〔二六〕在　成化本作「是」。

〔二七〕己　成化本作「我」。

〔二八〕思　成化本無。

〔二九〕四者之異　成化本無。

〔三〇〕時舉　成化本無。

〔三一〕子絶四一章　成化本無。

〔三二〕又曰　成化本無。

〔三三〕成化本此下注曰：「植。集注。」

〔三四〕嵤　成化本無。

〔三五〕字　成化本作「者」。

〔三六〕善　成化本爲「善底」。

〔三七〕無狀底　成化本爲「惡底」。

〔三八〕已成　朱本爲「成已」。

〔三九〕此　朱本作「所」。

〔四〇〕成化本此下有「直，只是『自反而縮』」。

〔四一〕成化本此下注有「集義」。

〔四二〕聖人　成化本此上有「到」。

〔四三〕成化本此下有「若元不見得道理，只是任自家意思做將去，便是私意」。

〔四四〕仲尼絶四　成化本無。

〔四五〕子四絶曰　成化本無。

〔四六〕文　成化本作「大」。

〔四七〕以　成化本此上有「張子曰云云。或問謂此條『語意簡奥，若不可曉』。竊」。

〔四八〕此條德明録成化本無。

〔四九〕後死者不得與於斯文　成化本無。

〔五〇〕文王既没　成化本無。

〔五一〕後死者不得與於斯文　成化本無。

〔五二〕康　當作「匡」，避宋太祖趙匡胤諱。下同。

〔五三〕興　朱本作「盛」。喪　成化本作「衰」。

[五四] 明道　成化本爲「程子」。
[五五] 免　成化本作「脱」。
[五六] 此條必大録底本卷三十四重複載録。
[五七] 夫子聖者與章　成化本爲「太宰問於子貢章」。
[五八] 植　成化本無。
[五九] 太宰問於子貢夫子聖者歟一章　成化本無。
[六〇] 云云　成化本無。
[六一] 藝　成化本爲「多藝」。
[六二] 雖　成化本爲「雖是」。
[六三] 且　成化本無。
[六四] 則　成化本無。
[六五] 寓　成化本無。
[六六] 淳録同　成化本爲「集注」。
[六七] 都　成化本無。
[六八] 於　成化本無。
[六九] 子曰　成化本無。

〔七〇〕此條泳録成化本無。

〔七一〕寓　成化本無。

〔七二〕我是　成化本爲「是我」。

〔七三〕問　成化本空缺。

〔七四〕賢　朱本作「人」。

〔七五〕程　成化本爲「程子」。

〔七六〕看　成化本無。

〔七七〕寓同而少異今附於下云　成化本爲「寓録云」。

〔七八〕之　成化本無。

〔七九〕是　成化本作「道」。

〔八〇〕問　成化本爲「因問」。

〔八一〕無　成化本此上有「所謂」。

〔八二〕以　成化本無。

〔八三〕今　成化本無。

〔八四〕遂　成化本作「遽」。

〔八五〕耳　成化本作「矣」。

[八六] 此條大雅録成化本載於卷六十四，而底本卷六十四亦重複載録。

[八七] 子曰　成化本無。

[八八] 唐　成化本作「康」。

[八九] 子見齊衰者……必趨　成化本無。

[九〇] 者　成化本無。

[九一] 直　成化本作「真」。

[九二] 成化本此下注有「燾」。

[九三] 此條道夫録成化本無。

[九四] 寓　成化本爲「義剛」。

[九五] 子貢得聞一貫　成化本爲「孔門三千顏子固不須説只曾子子貢得聞一貫之誨」。

[九六] 亦是待它多學之功到了方可以言此耳　成化本文較詳，録曰：「謂其餘人不善學固可罪。然夫子亦不叫來駡一頓教便省悟，則夫子於門人告之亦不忠矣？是夫子亦不善教人，致使宰我、冉求之徒後來狼狽也？要之，無此理。只得且待他事事理會得了，方可就上面欠闕處告語之。如子貢亦不是許多時只教他多學，使它枉做工夫，直到後來方傳以此祕妙。正是待它多學之功到了，可以言此耳」。

[九七] 此條必大録成化本載於卷三十三，且底本卷三十三重複載録。

[九八] 問　成化本此上有：「問『瞻之在前』四句。曰：『此段有兩重關。此處顏子非是都不曾見得。顏

子已是到這裏了，比他人都不曾到。』」

［九九］到　成化本無。

［一〇〇］晝　此字原缺，據成化本補。

［一〇一］揩　朱本作「樣」。

［一〇二］個　成化本無。

［一〇三］只　成化本爲「只是」。

［一〇四］能　成化本此下有「所謂欲罷不能」。

［一〇五］植　成化本無，且此條載於卷一百十八。

［一〇六］陳安卿　成化本爲「安卿」。

［一〇七］博　成化本此上有「何者爲外」。

［一〇八］又曰　成化本無。

［一〇九］至於如有所立卓爾處只欠個熟　成化本爲「夫子之教顔子只是博文約禮二事至於欲罷不能既竭吾才如有所立卓爾處只欠個熟」。

［一一〇］此條木之録成化本載於卷十六。

［一一一］余國秀　成化本爲「國秀」。

［一一二］顔子　成化本無。

[一一三] 是猶見　此三字原缺，據成化本補。

[一一四] 爾　成化本此下有「只是天理自然底不待安排。所以着力不得時，蓋爲安排着便不自然，便與他底不相似。這個『卓爾』，事事有在裏面，亦如『一以貫之』相似」。

[一一五] 從周壽仁録同　成化本作「佐」。

[一一六] 是　成化本作「得」。

[一一七] 工　成化本此上有「粗」。

[一一八] 在　成化本無。

[一一九] 自　成化本爲「自然」。

[一二〇] 人　成化本作「之」。

[一二一] 潘録同　成化本無。

[一二二] 又　成化本爲「又只」。

[一二三] 莫　成化本此上有「所謂違仁」。

[一二四] 孔　成化本此上有「是夜再召淳與李丈入卧内……將下面許多工夫放緩了」，此部分内容底本另作一條載於卷一百十五，可參。

[一二五] 既　成化本無。

[一二六] 崖　成化本作「捱」，下二字同。

［一二七］見得這　成化本爲「他見得」。

［一二八］晫見　成化本作「綽見得」。

［一二九］及　成化本此下有「觀」。

［一三〇］已　成化本此下有「曾子父子之學自相反……不似程先生説得穩」，此部分内容底本另作十條。參卷三十四淳録「志於道……看三百篇中那個事不説來」條，卷三十四淳録「二三子以我爲隱乎……不似程先生説得穩」條，卷四十淳録「曾子與曾點父子之學自相反……教之有序」條，卷一百十五淳録「子晦之説無頭……鑿來鑿去終是鑿不着」及其下五條，卷一百二十五淳録「又曰莊周列禦寇……今禪學也是恁地」條。

［一三一］淳　成化本爲「義剛同」，且此條載於卷一百十七。

［一三二］一條　成化本作「章」。

［一三三］得約了　成化本爲「約禮了」。

［一三四］着力得　底本闕，據成化本補。

［一三五］將　成化本作「博」。

［一三六］些　成化本爲「些小」。

［一三七］集解　成化本爲「集注解」。

［一三八］忽焉　成化本爲「忽然」。

〔一三九〕此條恪録成化本附於賀孫録後，參下條賀孫録。
〔一四〇〕成化本此下附有恪録，參上條恪録。
〔一四一〕此條洽録成化本以部分内容爲注，附於卷三十六淳録後，參該卷「問程子曰到此地位……德之盛也」條。
〔一四二〕此條寓録成化本無，但卷三十六淳録與此相似，參該卷「問程子曰到此地位……德之盛也」條。。
〔一四三〕是　成化本爲「只是」。
〔一四四〕仰彌高鑽彌堅瞻在前忽在後　成化本爲「仰之彌高鑽之彌堅瞻之在前忽然在後」。
〔一四五〕又却有時……大經大法　此二十八字原脱，據底本卷二十四及成化本補。
〔一四六〕自然　成化本無。
〔一四七〕之學　成化本無。
〔一四八〕底　成化本作「之」。
〔一四九〕之　成化本作「而」。
〔一五〇〕有　成化本無。
〔一五一〕卓爾　此二字原脱，據底本卷二十四及成化本補。
〔一五二〕得　成化本無。
〔一五三〕此條廣録成化本載於卷二十四，而底本卷二十四亦重複載録。

［一五四］此條淳録以部分内容爲注，夾於卷三十六寓録中，參下條寓録。

［一五五］寓　成化本無。

［一五六］成化本此下注曰：「淳録云：『明道謂：「賢看顯如此，顯煞用工夫。」』」

［一五七］成化本此下注有「寓」。

［一五八］之　成化本作「學」。

［一五九］博之以文　成化本爲「博學於文」。

［一六〇］一動一舉　成化本爲「一舉一動」。

［一六一］成化本此下注有「集義」。

［一六二］或　成化本無。

［一六三］人傑　成化本爲「去僞」，且此條載於卷九十七，而底本卷九十七亦重複載録。

［一六四］焉　朱本作「然」。

［一六五］此條蓋卿録成化本無。

［一六六］固　成化本無。

［一六七］那　成化本無。

［一六八］顏淵　成化本爲「顏子」。

［一六九］焉　成化本作「然」。

［一七〇］密　成化本此下有「無此滲漏」。
［一七一］此條淳録成化本載於卷六十三。
［一七二］安　成化本此下注曰：「人傑録云：『若曰「求得聖人之中道」，如何？』」
［一七三］佳　成化本爲「亦佳」。
［一七四］此條僩録成化本載於卷六十三。
［一七五］此條人傑録成化本以部分内容爲注，夾於僩録中，參上條。
［一七六］子路使門人爲臣章　成化本爲「子疾病章」。
［一七七］也久矣哉　成化本無。
［一七八］嘗　成化本無。
［一七九］成化本此下注曰：「饒本作『子路平日强其所不知以爲知，故不以出公爲非』。」
［一八〇］有美玉於斯章　成化本爲「子貢曰有美玉章」。
［一八一］見未得　成化本爲「未見得」。
［一八二］却　成化本無。
［一八三］子曰吾自衛反魯章無　成化本無。
［一八四］子曰　成化本無。
［一八五］問　成化本爲「鄭問」。

［一八六］之語　成化本無。

［一八七］之心　成化本無。

［一八八］仁之至精義之至熟　成化本爲「仁之至熟義之至精」。

［一八九］卓　成化本爲「賀孫」。

［一九〇］祖道謨録同　成化本爲「去僞」，且此下又注曰：「集注今有定説。」

［一九一］此條必大録與成化本有較大差異，其載曰：正淳問：「『出則事公卿』一段，及范氏以『燕而不亂』爲『不爲酒困』，如何？」曰：「此説本卑，非有甚高之行，然工夫却愈精密，道理却愈無窮。故曰『知崇』、『禮卑』，又曰『崇德』、『廣業』。蓋德知雖高，然踐履却只是卑則愈廣。」又曰：「『德言盛，禮言恭，謙也者，致恭以存其位者也。』此章之義似説得極低，然其實則説得極重。范氏似以『不爲酒困』爲不足道，故以燕飲不亂當之，過於深矣。」

［一九二］此條成化本無，但卷三十四載必大録與此相似，參該卷「問何有於我哉……故夫子因有是言也」條。

［一九三］夫　成化本作「曰」，屬下讀。

［一九四］曰是　成化本作「處」，屬上讀。又，成化本此條下注有「植」。

［一九五］子在川上之嘆　成化本無。

［一九六］字　成化本爲「體字」。

〔一九七〕道體　成化本爲「道之體」。
〔一九八〕子在川上　成化本無。
〔一九九〕伊川曰此道體也……皆與道爲體　成化本爲「伊川曰此道體也天運而不已至皆與道爲體如何」。
〔二〇〇〕此　成化本此上有「曰：『「形而上者謂之道，形而下者謂之器」，道本無體』」。
〔二〇一〕日往則月來……皆與道爲體　成化本爲「日往則月來至皆與道爲體」。
〔二〇二〕成化本此下注曰：「寓録云：『日往月來，寒往暑來，水流不息，物生不窮未是道。』」
〔二〇三〕録　成化本無。
〔二〇四〕逝者如斯夫　成化本無。
〔二〇五〕李公晦　成化本爲「公晦」。
〔二〇六〕下　成化本無。
〔二〇七〕逝者如斯夫不舍晝夜　成化本無。
〔二〇八〕集注云　成化本無。
〔二〇九〕成化本此下注曰：「祖道録别出」，且下條爲祖道録。參本卷祖道録「或問子在川上……公此説却是」條。
〔二一〇〕周元興問與道爲體此體字如何　成化本爲「周元興問與道爲體曰天地日月陰陽寒暑皆與道爲體又問此體字如何」。

〔二一一〕見　成化本此下有「無體之體」。

〔二一二〕董叔重　成化本爲「叔重」。

〔二一三〕明道云　成化本無。

〔二一四〕若有　成化本爲「若少有」。

〔二一五〕去　成化本爲「流去」。

〔二一六〕曰　成化本作「謂」。

〔二一七〕元秉　成化本爲「儒用」。

〔二一八〕却　成化本無。

〔二一九〕傳者　成化本爲「儒者」。

〔二二〇〕一場説話過了　成化本爲「一場話説過了」。

〔二二一〕流　成化本爲「流行」。

〔二二二〕祖道謨録同　成化本爲「去僞」。

〔二二三〕楊至之　成化本爲「至之」。

〔二二四〕成化本此下注有「寓」。

〔二二五〕子在川上曰逝者如斯夫不舍晝夜　成化本無。

〔二二六〕先生解曰　成化本爲「注云」。

[二二七] 此　成化本無。

[二二八] 見得　成化本無。

[二二九] 成化本此下注曰：「士毅録云：『此只要常常相續，不間斷了。』集注。」

[二三〇] 切　朱本作「做」。

[二三一] 子曰　成化本無。

[二三二] 楊至之　成化本爲「至之」。

[二三三] 此　成化本此上有「好德如好色」。

[二三四] 便　成化本無。

[二三五] 是　成化本作「只」。

[二三六] 成化本此下注曰：「蜀録作『林一之問』，文少異。」按，底本卷十有一條淳録與此内容相似，其起首亦爲「楊至之問」。參底本卷十淳録「楊至之問好德如好色……如何合得來做一説」條。

[二三七] 董叔重　成化本爲「叔重」。

[二三八] 譬如爲山章無　成化本無。

[二三九] 子曰　成化本無。

[二四〇] 又曰　成化本作「曰」，且「曰」上有「問：『語之不惰』」。

[二四一] 語之而不惰其回也與　成化本無。

［二四二］子曰惜乎吾見其進章無　成化本無。

［二四三］子曰苗而不秀者章　成化本爲「苗而不秀章」。

［二四四］子曰　成化本無。

晦庵先生朱文公語類卷第三十七

論語十九

子罕篇下

法語之言章

植説：「此章集注云：『法語，人所敬憚，故必從。然不改則面從而已。』如漢武帝見汲黯之直，深所敬憚，至帳中可其奏，可謂從矣。然黯論武帝『内多慾而外施仁義』，豈非面從！集注云：『巽言無所乖忤，故必悦。然不懌[一]，又不足以知其微意之所在。』如孟子論太王好色、好貨，齊王豈不悦？若不知繹，則徒知古人所謂好色，不知其能使『内無怨女，外無曠夫』；徒知古人所謂好貨，不知其能使『居者有積倉，行者有裹糧』。」先生因曰：「集中舉楊氏説亦好。」[二]

與〔三〕謂巽順。與它説都是教它做好事，如「有言遜于汝志」者〔四〕，而其重處恰在〔五〕「不改」、「不繹」。聖人謂如此等人與它説得也不濟事，故曰「吾末如之何也已」。端蒙。

主中信章 學而篇互見〔六〕

三軍可奪帥章

志若可奪，則如三軍之帥被人奪了。做官奪人志。志執得定，故不可奪；執不牢，也被物欲奪去。志真個是不可奪！泳。

衣敝緼袍章

「衣敝緼袍」，是裏面夾衣，有綿作胎底。義剛。

「衣敝緼袍」，也有一等人資質自不愛者。然如此人亦難得。泳。

問：「『「不忮不求，何用不臧」，〔七〕子路終身誦之』，此子路所以不及顏淵處。蓋此便是『願車馬，衣輕裘，與朋友共，敝之而無憾』底意思。然他將來自誦，便是無那底〔八〕『無伐善』、『施勞』底意思。」曰：「所謂『終身誦之』，亦不是他矜伐。只是將這個做好底事，『終身誦之』，要常如此，便别無長進矣。」又問吕氏「貧與富交，强者必忮，弱者必求」之話[九]。曰：「世間人見富貴底，不是心裏妬嫉它，便羡慕它，只是這般見識爾。」僩。

先生又[一〇]曰：「李相祖[一一]云：『忮，是疾人之有；求，是耻己之無。』吕氏之説亦近此意，然此説又分曉。」[一二]

問[一三]「子路終身誦之」。曰：「是他把來誦來。[一四]然[一五]自有一般人，著破衣服在好衣服中亦不管者。子路自是不把這般當事。」畬問：「子路却是能克己[一六]，如『願車馬，衣輕裘，與朋友共，敝之而無憾』。」曰：「子路自是恁地人，有好物事猶要與衆人共用了。上蔡論語中説管仲小器一段極好。」畬。

謝教問：「『子路終身誦之』，夫子何以見得終其身也？」「只[一七]是以大勢恁地。這處好，只不合自擔當了，便止於此，便是自畫。大凡好[一八]底事，纔自擔便也壞了，所謂『有其善，喪厥善』。」淳。

又曰：[一九]「道怕擔了。」[二〇]可學。

「何足以臧」，聖人恐子路止於是，故激而進之。泳。[二一]

問：「子路資質剛毅，固是個負荷容受得底人，如何却有那『聞之喜』及『終身誦之』之事？」曰：「也只緣他好勇，故凡事粗率，不能深求細繹那道理，故有此事。」廣。[二二]

歲寒然後知松柏之後彫也章 無[一二三]

知者不惑章

「知者不惑。」真見得分曉，故不惑。泳。

問「仁者何故不憂」，或曰：「仁者無私心，故樂天而不憂。」先生曰：「此亦只是貌説，復合致思。」皆未曉。曰：「仁者，理即是心，心即是理，有一事來便有一理以應之，所以無憂。」方子。[一二四]

又問「仁者不憂」。曰：「仁者心與理一。心純是這道理，看甚麽事來，自有這道理在處置它，自不煩惱。今人有這事却無這理，便處置不去，所以憂。」恪。[一二五]

「仁者不憂。」人之所以有憂，只是處未得。仁者，心即是理，有一事來便以一理去處之，所以無憂。文卿。[一二六]

道夫問「仁者不憂」。先生曰：「仁者通體是理，無一點私心。事之來者雖無窮，而此之應者各得其度。所謂『建諸天地而不悖，質諸鬼神而無疑，百世以俟聖人而不惑』，何憂之有！」道夫。[一二七]

「仁者不憂。」仁者，天下之公。私慾不萌而天下之公在我，何憂之有！泳。

陳仲亨説「仁者不憂」，云：「此非仁體，只是説夫子之事。」先生曰：「如何又生出這一項情節！恁地，則那兩句也須恁地添一説始得。這只是統説。仁者便是不憂。」義剛。

「勇者不懼。」氣足以助道義，故不懼。故孟子説：「配義與道，無是，餒也。」今有見得道理分曉而反懾怯者，氣不足也。泳。

或[二八]舉程子「明理可以治懼」之説。曰：「明理固是能勇，然便接那『不懼』未得，蓋争一節在，所以聖人曰：『勇者不懼。』」燾。

李兄閎祖曰：[二九]「論語所説『勇者不懼』處，作『有主則不懼』。恐『有主』字明『勇』字不出。」曰：「也覺見是如此。多是一時間下字未穩，又且恁地備員去。」因云：「前輩言解經命字爲難。近人解經亦間有好處，但是下語親切，説得分曉。若前輩所説，或有不大故分曉處，亦不好。如近來耿氏説易『女子貞，不字』。伊川説作『字育』之『字』。耿氏説作『許嫁，[三〇]而字』之『字』，言『女子貞，不字』者，謂其未許嫁也，却與昏媾之義相達[三一]，亦説得有理。」又云：「伊川易亦有不分曉處甚多。如『益之，用凶事』，作凶荒之『凶』，直指刺史、郡守而言。在當時未見有刺史、郡守，豈可以此説！某謂『益之，用凶事』者，言人臣之益君，是責難於君之時，必以危言鯁論恐動[三二]其君布[三三]益之。雖以中而行，然必用圭以通其信。若不用圭而通，又非忠以益於君也。」[三四]卓。

行夫說「仁者不憂」一章。答曰：「『勇者不懼』，勇是一個果勇必行之意，說『不懼』也易見。『智者不惑』，智是一個分辨不亂之意，說『不惑』也易見。惟是仁如何會不憂？這須思之。」行夫云：「仁者順理，故不憂。若只順這道理做去，自是無憂。」曰：「意思也是如此，更須細思之。」久之，行夫復云云。答曰：「畢竟也說得粗。仁者所以無憂者，止緣仁者之心便是一個道理。看是甚麼事來，不問大小，改頭換面來，自家此心各各是一個道理應副去，不待事來方始安排。心便是理了，不是方見得道理合如此做，不是方去恁地做。」賀孫。[三五]

方毅父問：「『知者不惑』，明理便能無私否？」曰：「也有人明理而不能去私慾者，然去私慾必先明理。無私慾則不屈於物，故勇。惟聖人自誠而明，可以先言仁，後言智。至於教人，當以智爲先。」時舉。[三六]

先生說「知者不惑」章：「惟不惑不憂，便生得這勇來。」[三七]

有[三八]仁、智而後有勇，然而仁、智又少勇不得。蓋雖曰「仁能守之」，只有這勇方能守得到頭，方能接得去。若無這勇，則雖有仁、智，少間亦恐會放倒了。所以中庸說仁、智、勇三者。勇本是個没緊要底物事，然仁、智不是勇則做不到頭，半塗而廢。燾。

問：「與後一章次序不同？」[三九]曰：「成德以仁爲先，進學以知爲先。此誠而明，明而誠也。」「中庸言三德之序如何？」曰：「亦爲學者言也。」問：「何以勇皆序[四〇]在後？」曰：「末後做工夫不退轉，此方是勇。」[四一]

或問：「『人之所以憂、惑、懼者，只是窮理不盡，故如此。若窮盡天下之理，則何憂何懼之有？』『因其無所憂，故名之曰仁；因其無所惑，故名之曰智；因其無所懼，故名之曰勇。』不知二説孰是？」先生曰：「仁者隨所寓而安，自是不憂；知者所見明，自是不惑；勇者所守定，自是不懼。[四二]自有次第。」或曰：「勇於義，是義理之勇。如孟施舍、北宫黝，皆血氣之勇。」[四三]曰：「三者也須窮理克復方得。只如此説，不濟事。」祖道。謨録同。[四四]

寓[四五]問：「集注[四六]『知以知之，仁以守之，勇以終之』，看此三句，恐知是致知、格物，仁是存養，勇是克治之功。」先生首肯，曰：「是。勇是持守堅固。」問：「中庸『力行近乎仁』，又似『勇者不懼』意思。」曰：「交互説，都是。如『或生而知之，或學而知之，或困而知之』，三個[四七]知都是知；『或安而行之，或利而行之，或勉强而行之』，三個[四八]行都是仁；『好學近乎知，力行近乎仁，知耻近乎勇』，三個[四九]近都是勇。」寓。淳録同。[五〇]

可與共學章

「習矣不察，行矣不著」，如今人又不如此，不曾去習便要[五一]察，不曾去行便要説著。「可

與共學，未可與適道」，今人未曾理會「可與共學」便要「適道」。賀孫。[五二]

「可與共學」，有志於此；「可與適道」，已看見路脈；「可與立」，能有所立；「可與權」，遭變事而知其宜。此只是大綱如此説。可學。

問「可與適道」章。曰：「這個只説世人可與共學底，未必便可與適道；可與適道底，未必便可與立；可與立底，未必便可與權。學時，須便教可適道；適道，便更教立去；立，便[五三]教權去。」[五四]

「可與立，未可與權」，亦是甚不得已方説此話。然須是聖人方可與權，若以顔子之賢，恐也不敢議此。「磨而不磷，涅而不緇。」而今人纔磨便磷，纔涅便緇，如何更説權變？所謂「未學行，先學走」也。僩。

問：「權，地位如何？」曰：「大賢已上。」可學。

權是稱星[五五]，教子細看[五六]。閎祖。

問：「權便是義否？」曰：「權是用那義底。」問：「中便是時措之宜否？」曰：「以義權之，而後得中。義似秤，權是將這秤去稱量，中是物得其平處。」僩。

先生因説：「『可與立，未可與權』，權處是道理上面更有一重道理。如君子小人，君子固當用，小人固當去。然方當小人進用時，猝乍要用君子也未得。當其深根固蒂時便要去他，適爲所害。這裏須斟酌時宜，便知個緩急深淺，始得。」或言：「本朝人才過於漢唐，而治效不及者，緣漢唐不去攻小人，本朝專要去小人，所以如此。」曰：「如此說，所謂『內君子，外小人』，古人且胡亂恁地說，不知何等議論！永嘉學問專去利害上計較，恐出此。」又曰：「『正其義不謀其利，明其道不計其功。』正其義則利自在，明其道則功自在。專去計較利害定未必有利，未必有功。」[五七]

經自經，權自權，但經有不可行處而至於用權，此權所以合經也。如湯、武事，伊、周事，嫂溺則援事。常如風和日暖，固好。變如迅雷烈風，若無迅雷烈風則都旱了，不可以爲常。泳。

叔重問：「程子云：『權者，言秤錘之義也。何物以爲權？義是也。然也只是說到義。義以上更難說，在人自看如何。』此意如何看？」先生曰：「此如有人犯一罪，性之剛者以爲可誅，性之寬者以爲可恕，概之以義，皆未是合宜。此則全在權量之精審，然後親切不差。欲其權量精審，是他平日涵養厚[五八]，此心虛明純一，自然權量精審。伊川嘗云：『敬以直內，則義以方外；義以爲質，則禮以行之。』」時舉。

蘇宜久問「可與權」。先生云：「權與經，不可謂是一件物事。畢竟權自是權，經自是經。但非漢儒所謂權變、權術之說。聖人之權雖異於經，其權亦是事體合[五九]那時合恁地做方好。」宜久。[六〇]時舉略同。

問：「經、權不同，而程子云『經即權也』。」先生曰：「固是不同：經是萬世常行之道，權是不得已而用之，大概不可用時多。」又曰：「權是時中，不中則無以爲權矣。」賜。用之問：「『權也者，反經而合於道』，此語亦好。」曰：「若淺說亦不妨。伊川以爲權便是經。某以爲反經而合於道乃所以爲經。如征伐視揖遜、放廢視臣事，豈得是常事？但終是正也。」賀孫。

吳伯英問：「伊川言『權即是經』，何謂[六一]也？」曰：「某常謂不必如此說。孟子分明說：『男女授受不親，禮也；嫂溺援之以手者，權也。』權與經豈容無辨！但是伊川見漢儒只管言反經是權，恐後世無忌憚者皆得借權以自飾，因有此論耳。然經畢竟是常，權畢竟是變。」又問：「某欲以『義』字言權，如何？」曰：「義者，宜也。權固是宜，經獨不宜乎？」處謙。

或有書來問經、權。先生曰：「程子固曰『權即經也』，而[六二]人須着子細看。此項大段要子細。經是萬世常行之道，權是不得已而用之，須是合義也。如湯放桀、武王伐紂、伊尹放太甲，此是權也。若日日時時用之，則成甚世界了！」或云：「權莫是中否？」曰：「是此一時之中，不中則無以爲權矣。然舜禹之後六七百年方有湯，湯之後又六七百年方有個[六三]武王。權也是難說，故夫子曰『可與立，未可與權』。到得可與權時節，也是地位太煞高了也。」祖道。

或問經與權之義。先生曰：「公羊以『反經合道』爲權，伊川以爲非。若平看，反經亦未爲不是。且如君臣、兄弟是天地之常經，不可易者。湯武之誅桀紂，却是以臣弒君；周公之誅管蔡，却是以弟殺兄，豈不是反經？但時節到這裏，道理當恁地做，雖然反經，却自合道理。但反經而不合道理則不可，若合道理，亦何害於經乎！」又曰：「合於權，便是經在其中。」余正甫謂[六四]：「『權、義舉而皇極立』，權、義只相似。」先生曰：「義可以總括得經、權，不可將來對權。義當守經則守經，當用權則用權，所以謂義可以總括得經、權。若可權、義並言，如以兩字對一字，當云『經、權舉』乃可。伊川曰『惟義無對』。伊川所謂『權便是經』，亦少分別。須是分別經、權自是兩物，到得合於權便自與經無異，如此說乃可。」㝢。

問：「『可與立，未可與權[六五]』，如何是立？」曰：「立，是見得那正當底道理分明了，不爲事物所遷惑。」又問：「程子謂『權只是經』，先生謂『以孟子援嫂之事例之，則權與經亦當有辨』，莫是經是一定之理，權則是隨事以取中，既是中則與經不異否？」曰：「經是常行道理，權則是那常理行不得處，不得已而有所通變底道理。權得其中固是與經不異，畢竟權則可暫而不可常。如堯、舜揖遜，湯、武征誅，此是權也，豈可常行乎！觀聖人此意，畢竟是未許人用權，故學者須當先理會那正底道理。且如朝廷之上，辨別君子小人，君子則進之，小人則去之，此便是正當底道理。今人却[六六]不去理會此，却說小人亦不可盡去，須放他一路，不爾，反能害人。自古固有以此而濟事者，但終非可常行之理。若是君子小人常常並進，則豈可也？」廣。

亞夫問「可與立，未可與權」。曰：「漢儒謂『反經合道』爲權，伊川謂『權是經所不及者』。權與經固是兩義，然論權而全離乎經則不是。蓋權是不常用底物事。如人之病，熱病者當服涼藥，冷病者當服熱藥，此是常理。然有時有熱病却用熱藥去發他病者，亦有冷病却用冷藥去發他病者，此皆是不可常用者。然須是下得[六七]方可，若有毫釐之差，便至於殺人，不是作劇[六八]。然若用得是，便是少他不得，便是合用這個物事。既是合用，兹[六九]權也，所以爲經也。大抵漢儒説權是離了個經説，伊川説權便道權只在經裏面。且如周公誅管蔡，與唐太宗殺建成、元吉，其推刃於同氣者雖同，而所以殺之者則異。蓋管蔡與商之遺民謀危王室，此是得罪於天下，得罪於宗廟，蓋不得不誅之也。若太宗，則分明是爭天下也。故周公可以謂之權，而太宗不可謂之權。孟子曰：『有伊尹之志則可，無伊尹之志則篡也。』故在伊尹可以謂之權，而在他人則不可也。權是最難用底物事，故聖人亦罕言之。自非大賢以上，自見得這道理合是恁地，了不得也。」時舉。

因論「經」、「權」二字。先生曰：「漢儒謂『權者，反經合道』，却是權與經全然相反。伊川非之，是矣。然却又曰『其實未嘗反經』，權與經又却是一個，略無分別，恐如此又不得。權固不離於經，看『可與立，未可與權』，及孟子『嫂溺援之以手』事，毫釐之間，亦當有辨。」文蔚曰：「經是常行之理，權是適變處。」曰：「大綱説固是如此。要就程子説中分別一個異同，須更精微。」文蔚曰：「權只是經之用。且如秤衡有許多星，兩一定而不可易。權往來秤物，使輕重恰好，此便是經之用。」曰：「亦不相似。大綱都是，只争些子。伊川又云：『權是經所不及者。』此説方盡。經只是一個大綱，權是那精微曲折處。且如君仁臣忠，父慈子孝，此是經常之道，如何動得！其間有該不盡處，須是用權。權即細密，非見理大段精審，不能識此。『可與立』，便是與經[七〇]，却『未可與權』，此見經權毫釐之間分别處。莊子曰：『小變而不失其大常。』」或曰：「莊子意思又别。」曰：「他大概亦是如此，但未知他將甚做大常。」文蔚。[七一]

問經、權。先生曰：「權者，乃是到這田[七二]地頭道理合當恁地做，故雖異於經而實亦經也。且如冬月便合着綿向火，此是經。忽然一日煖，則亦須使扇，當風坐，此便是權。伊川謂『權只是經』，意亦如此，但説『經』字太重，若偏了。漢儒『反經合道』之説却説得『經』、『權』兩字分曉，則[七三]他説權遂謂反了經，一向入[七四]於變詐，則非矣。」夔孫。義剛録同。[七五]

經與權之分，諸人説皆不合。先生曰：「若説權自權，經自經，不相干涉，固不可。若説事須用權，經須權而行，權只是經，則權與經又全無分别。觀孔子曰『可與立，未可與權』；孟子曰『嫂溺援之以手』，則權與經須有異處。雖有異，而權實不離乎經也。這裏所争只毫釐。只是諸公心粗，看不子細。伊川説『權只是經』，恐也未盡。嘗記龜山云：『權者，經之所不及。』這説却好，蓋經者只是存得個大法、正當底道理而已，蓋精微曲折處固非經之所能盡也。所謂權者，於精微曲折處曲盡其宜，以濟經之所不及耳，所以説「中之爲貴者權之」者，即是經之要妙處也。如漢儒説『反經合道』，此語亦未甚病。蓋事也有那反經底時節，只是不可説事事要反經，又不可説全不反經。如君令臣從，父慈子孝，此經也。若君臣父子皆如此，固好。然事又有到必不得已處，[七六]經所行不得處，也只得反經。只是反經[七七]依舊不離乎經耳，所以貴乎權也。孔子曰：『可與立，未可與權。』立便是經。『可與立』，則能守個經，有所執立矣，却説『未可與權』。以此觀之，權乃經之要妙微密處。非見道理之精密、透徹、純熟者，不足以語權也。」又曰：「莊子曰『小變而不失其大常』，便是經權之別。」或曰：「恐莊子意思又別。」先生曰：「他大概亦是如此，只不知他把甚麽做大常。」又云：「事有緩急，理有小大，這樣處皆須以權稱之。」僩問：「『子莫執中』，程子之解經便是權，則『權』字又似海説。如云『時措之宜』，事事皆有自然之中，則似事事皆用權。以孟子『嫂溺援之以手』言之，則『權』字須有別。」先生曰：「『執中無權』，這『權』字稍輕，可以如此説。『嫂溺援之以手』之權，這『權』字却又重，亦有深淺也。」僩。

問經、權。先生曰：「經是已定之權，權是未定之經。」[七八]又[七九]問：「伊川謂『權只是經』，如何？」先生曰：「程子説得却不活絡，如漢儒之説權却自曉然。曉得程子説底，知得權也是常理；曉不得他説底，經、權却鶻突了。某之説，非是異程子之説，只是須與他分別，經是經，權是權。且如『冬日則飲湯，夏日則飲水』，此是經也。有時天之氣變，則冬日須着飲水，夏日須着飲湯，此是權也。權是礙着經行不得處方始用得，然却依前是常理，只是不可數數用。如『舜不告而娶』，豈不是怪差事？以孟子觀之，那時合如此處。然使人人不告而娶，豈不亂大倫？所以不可常用。」賜。〔八〇〕

問：「『可與立，未可與權』，看來『權』字亦有兩樣。伊川先生曰以權只是經，蓋每日事事物物上稱量個輕重處置，此權也，權而不離乎經也。若論堯舜禪遜是遜，〔八一〕與人遜一盆水也是遜；湯武放伐是爭，爭一個彈丸也是爭。康節詩所謂『唐虞玉帛烟光紫，湯武干戈草色萋』，大小不同而已矣。『堯夫非是愛吟詩』，正此意也。伊川說『經』、『權』字，將經做個大抵物事，經却包得那個權，此說本好。只是據聖人說『可與立，未可與權』，須是還他是兩個字，經自是經，權自是權。若如伊川說，便用廢了那『權』字始得。只是雖是權，依舊不離那經，權只是經之變。如冬日須向火，忽然一日大熱，須着使扇始得〔八二〕，這便是反經。今須是曉得孔子說，又曉伊川之說，方得。若相把做一說，如兩脚相并，便行不得。須還他是兩隻脚，雖是兩隻，依舊是脚。」又曰：「若不是大聖賢用權，少間出入，便易得走作。」僩。

恭父問「可與立，未可與權」。先生云：「『可與立』者，能處置得常事；『可與權』者，即能處置得變事。雖是處變事，而所謂處置常事，意思只在『井以辨義，巽以行權』。此說義與權自不同。漢儒有反經之説，只緣將論語下文『偏其反而』誤作一章解，故其説相承曼衍。且看集義中諸儒之説，莫不連下文。獨是范純夫不如此説，蘇氏亦不如此説，自以『唐棣之華』爲下截。程子所以[八三]説漢儒之誤，固是如此。要之，『反經合道』一句，細思之亦通。緣『權』字與『經』字對説。纔説權，便是變却那個，須謂之反，可也。然雖是反那經，却不悖於道；雖與經不同，而其道一也。因知道伊川之説，斷然經自是經，權亦是經，漢儒反經之説不是，此説不可不知。然細與推[八四]考，其言亦無害，此説亦不可不知。『義』字大，自包得經與權過接處。[八五]如事合當如此區處，是常法如此，固是經；若合當如此，亦是義當守其常。事合當如此區處，却變了常法恁地區處，固是權；若合當恁地，亦是義當通其變。文中子云：『權、義舉而皇極立。』若云經、權舉，則無害。今云權、義舉，則『義』字下不得。何故？却是將義來當權。不知經自是義，權亦是義，『義』字兼經、權而用之。若以義對經，恰似將一個包兩物之物，對着包一物之物。」行夫云：「經便是權。」先生曰：「不是説經便是權。經自是經，權自是權。但是雖反經，而能合道，却無背於經。如人兩脚相似，左脚自是左脚，右脚自是右脚，行時須一脚先，一脚後，相待而行，方始行得。不可將左脚便喚做右脚，右脚便喚做左脚。繫辭既説『井以辨義』，又説『井居其所而遷』。井是不可動底物事，水却可隨所汲而往。如道之正體却一定於此，而隨事制宜自莫不當。所以説『井以辨義』，又云『井居其所而遷』。」賀孫。

唐棣之華章

或問「未之思也，夫何遠之有」一章。時舉因云：「人心放之甚易，然反之亦甚易。」曰：「反之固易，但恐不能得他久存爾。」時舉。

問「唐棣之華，偏其反而」。曰：「此自是一篇詩，與今常棣之詩別。常，音裳。爾雅：『棣，栘，似白楊，江東呼夫栘。常棣，棣，子如櫻桃，可食。』自是兩般物。此逸詩，不知當時詩人思個甚底。東坡謂『思賢而不得之詩』，看來未必是思賢。但夫子大概止是取下面兩句云『人但不思，思則何遠之有』，初不與上面説權處是一段。『唐棣之華』而下，自是一段。緣漢儒合上文爲一章，故誤認『偏其反而』爲『反經合道』，所以錯了。晉書於一處引『偏』字作『翩』，『反』作平聲，言其花有翩反飛動之意。今無此詩，不可考據，故不可立爲定説。」祖道。周謨録同。〔八六〕

【校勘記】

〔一〕懌　成化本作「繹」。

〔二〕成化本此下注有「植」。

［三］與　成化本爲「法語之言巽與之言巽」。
［四］者　成化本無。
［五］而其重處恰在　成化本爲「重處在」。
［六］主中信章學而篇互見　成化本無。
［七］不忮不求何用不臧　成化本無。
［八］底　成化本無。
［九］話　成化本作「語」。
［一〇］又　成化本無。
［一一］李相祖　成化本爲「李閎祖」。
［一二］成化本此下注有「罃」。
［一三］問　此字原缺，據成化本補。
［一四］是他把來誦來　成化本無。
［一五］然　成化本作「是」。
［一六］克己　成化本爲「克治」。
［一七］只　成化本此上有「曰」。
［一八］好　成化本爲「十分好」。

［一九］又曰　成化本無。
［二〇］了　成化本此下注曰：「何足以臧。」
［二一］此條泳録成化本無。
［二二］此條廣録成化本載於卷二十八。
［二三］歲寒然後知松柏之後彫也章無　成化本無。
［二四］此條方子録成化本以部分内容爲注，夾於卷十七恪録中，參成化本該卷「蔡行夫問仁者不憂一章……便不免有憂」條。
［二五］此條恪録成化本作爲注，附於卷十七恪録後，參成化本該卷「蔡行夫問仁者不憂一章……便不免有憂」條。
［二六］此條文卿録成化本無。
［二七］道夫　成化本作「驤」。
［二八］或　成化本爲「或問『勇者不懼』」。
［二九］李兄閎祖曰　成化本爲「閎祖問」，且「閎」字上有一空缺。
［三〇］嫁　成化本爲「嫁笄」。
［三一］達　成化本作「通」。
［三二］勲　成化本作「動」。

〔三三〕布　成化本作「而」。

〔三四〕因云前輩言解經命字爲難……又非忠以益於君也　成化本無。

〔三五〕成化本此下注曰：「恪録别出。」且此下一條爲恪録，參成化本恪録「蔡行夫問仁者不憂一章……便不免有憂」條。

〔三六〕時舉　成化本爲「銖時舉少異」。

〔三七〕成化本此下注有「植」。

〔三八〕有　成化本此上有「問知者不惑章曰」七字。

〔三九〕問與後一章次序不同　成化本爲「或問仁者不憂知者不惑勇者不懼何以與前面知者不惑仁者不憂勇者不懼次序不同」。

〔四〇〕序　成化本無。

〔四一〕成化本此下注有「銖」。

〔四二〕成化本此下有「夫不憂、不惑、不懼」。

〔四三〕勇　成化本此下注曰：「人傑録云：『或曰：「勇是勇於義，或是武勇之勇？」曰：「大概統言之。如孟施舍北宫黝，皆血氣之勇。」』」

〔四四〕祖道謨録同　成化本爲「去僞」。

〔四五〕寓　成化本無。

［四六］集注　成化本此上有「知者不惑」。
［四七］個　成化本無。
［四八］個　成化本無。
［四九］個　成化本無。
［五〇］淳録同　成化本無。
［五一］要　成化本爲「要説」。
［五二］此條賀孫録成化本載於卷六十。
［五三］便　成化本爲「便須」。
［五四］成化本此下注有「植」。
［五五］星　成化本作「量」。
［五六］看　成化本作「着」。
［五七］成化本此下注有「寓」。
［五八］厚　成化本爲「本原」。
［五九］合　成化本作「到」。
［六〇］宜久　成化本作「植」。
［六一］謂　成化本無。

〔六二〕而　成化本無。

〔六三〕個　成化本無。

〔六四〕余正甫　成化本爲「正甫」。

〔六五〕未可與權　成化本無。

〔六六〕却　成化本無。

〔六七〕下得　成化本爲「下得是」。

〔六八〕作劇　成化本爲「則劇」。

〔六九〕玆　朱本作「此」。

〔七〇〕與經　成化本爲「可與經」。

〔七一〕成化本此下注曰：「僩録别出。」

〔七二〕田　成化本無。

〔七三〕則　成化本作「但」。

〔七四〕入　成化本作「流」。

〔七五〕夔孫義剛録同　成化本爲「義剛」。

〔七六〕然事又有到必不得已處　成化本爲「然事有必不得已處」。

〔七七〕只是反經　成化本無。

〔七八〕問經權先生曰經是已定之權權是未定之經　成化本無。

〔七九〕又　成化本無。

〔八〇〕成化本此下注有：「夔孫録詳，别出。」且此下一條爲夔孫録，參成化本卷三十七「問經權……後必有曉此意者」條。

〔八一〕遜　成化本此下有「『湯武放伐，此又是大底權，是所謂「反經合道」者也。』曰：『只一般，但有小大之異耳，如堯舜之禪遜是遜』」。

〔八二〕始得　成化本無。

〔八三〕以　成化本無。

〔八四〕推　朱本作「權」。

〔八五〕自包得經與權過接處　成化本爲「自包得經與權自在經與權過接處」。

〔八六〕祖道周謨録同　成化本爲「去僞」。

晦庵先生朱文公語類卷第三十八

論語二十

鄉黨篇

總論

鄉黨記聖人動容周旋無不中禮。泳。

問賀孫：「讀鄉黨已終，覺得意思如何？」賀孫對曰：〔一〕「見得段段都是道理合着如此，不如此定不得。纔有些子不如此，心下便不安。」先生曰：「然。〔二〕聖賢一句是一個道理，要得教人識着，都是要人收拾已放之心。所謂『學問之道無它，求其放心而已』，非是學問只在求放心，非把求放心爲學問工夫，乃是學問皆所以求放心。如『詩三百篇〔三〕，一言以蔽之，曰「思無邪」』，大要皆欲使人『思無邪』而已。」賀孫。

賀孫[四]問：「看論語，及鄉黨之半。」曰：「覺公看得淺，未甚切己。終了鄉黨篇，更須從頭温一過。許多說話盡在集注中。」賀孫。

鄉黨一篇，自「天命之謂性」至「道不可須臾離也」皆在裏面。許多道理皆自聖人身上迸出來。惟聖人做得甚分曉，故門人見之熟，是以紀之詳也。燾。

第一節 鄉黨、宗廟、朝廷言貌不同。

賀孫[五]問：「『孔子於鄉黨，恂恂如也，似不能言者。』或有大是非利害，似不可不說。所謂『似不能言者』，恐但當以卑遜爲主，所以說『似不能言』。」曰：「不是全不說，但較之宗廟、朝廷爲不敢多說耳。」賀孫[六]問：「『其在宗廟、朝廷』，集注云『宗廟，禮法之所在』，在宗廟則『每事問』，固是禮法之所在，不知聖人還已知之而猶問，還以其名物制度之非古而因訂之？」曰：「便是這處，某嘗道是孔子初仕時如此。若初來問一番了，後番番來，番番問，恐不如此。『孰謂鄹人之子知禮乎』，呼曰『鄹人之子』，是與孔子父相識者有此語，多應是孔子初年。」賀孫。

「看鄉黨篇，須以心體之。『孔子於鄉黨，恂恂如也，似不能言者。』如何是『恂恂』？[七]如何是『似不能言』[八]？『其在[九]宗廟、朝廷，便便言，惟謹。』[一〇]『朝，與下大夫言，侃侃如也；與上大夫言，誾誾如也。』如何是『侃侃』？如何是『誾誾』？」[一一]問：「先生解『侃侃』、『誾誾』四字，不與古注同。古注以侃侃爲樂[一二]，誾誾爲中正。」曰：「『衎』字乃訓和樂，與此『侃』字不同。説文以侃爲剛直，後漢書中亦云『侃然正色』。誾誾是『和説而諍』，此意思甚好。和説則不失事上之恭，諍則又不失自家義理之正。」廣。

或問鄉黨如「恂恂」、「侃侃」之類。先生曰：「如此類，解説則甚易。須是以心體之，真自見個氣象始得。」士毅。

第二節 在朝廷事上、接下不同。

亞夫問「朝，與下大夫言，侃侃如也；與上大夫言，誾誾如也」。先生曰：「侃侃，是剛直貌。以其位不甚尊，故吾之言可得而直遂。至於上大夫之前，則雖有所諍，必須有含蓄不盡底意思，不如侃侃之發露得盡也。『閔子侍側』一章，義亦如此。」時舉。

賀孫[一三]問：「『與下大夫言侃侃如也』章，[一四]集注[一五]云：『侃侃，剛直。誾誾，和悦而諍。』不知諍意思如何？」曰：「説道和悦，終不成一向放倒了，到合辨别處也須辨别始得。內不失其事上之禮，而外不至於曲從。如古人用這般字，不是只説字義，須是想象這意思是如此。如『恂恂』，皆是有此意思方下此字。如史記云：『魯道之衰，洙泗之間齗齗如也。』「齗」、「誾」字同。這正見得[一六]『和悦而諍』底意思。當道化盛時，斑白者不提挈、不負戴於道路，少壯者代其事。到周衰，少壯者尚欲執其任，而老者自不肯安，争欲自提挈、自負戴，此正是『和悦而諍』。」

賀孫。

第三節　爲君擯相。

賀孫［一七］問：「『君召使擯』，擯如其命數之半。如上公九命，則擯者五人，以次傳命。」曰：「古者擯介之儀甚煩。如九命擯五人，介則如命數，是九人。賓主相見，自擯以下列兩行，行末相近。如主人説一句，主人之擯傳許多擯者訖，又交過末介傳中介，直至賓之上介，方聞之賓。」賀孫。

植侍坐，舉鄉黨「君召使擯」至「朝服而立於階」説「左右手」注云：［一八］「『揖左人則左其手，揖右人則右其手。』揖右人，傳命出也；揖左人，傳命入也。」曰：「然。」植。

問「賓不顧矣」。曰：「古者賓退，主人送出門外，設兩拜，賓更不顧而去。國君於列國之卿大夫亦如此。」燾。

第四節　在朝之容。

「立不中門，行不履閾。」注云「棖闑之間，由闑右，不踐閾」，只是自外入。右邊門邊乃君出入之所。闑，如一木拄門，如今人多用石墩當兩門中。臣傍闑右邊出入。此「右」字，自内出而言。賀孫。

棖，如今衮頭相似。闑，當中礙門者，今城門有之。古人常掩左扉。人君多出在門外見人，所以當棖闑之間爲君位。泳。

蕭問：「『過位，色勃如也。』『位，謂門屏之間，人君宁立之處。』」先生曰：「古今之制不同，今之朝儀用秦制也。古者朝會，君臣皆立，故史記謂『秦王一旦捐賓客，而不立朝』。君立於門屏之間。屏者，乃門間蕭墻也，今殿門亦設之。三公九卿以下，設位於廷中，故謂之『三槐』、『九棘』者，廷中有樹處，公卿位當其下也。」雉。

今官員笏[一九]最無道理。笏者，只是君前記事恐事多，須以紙粘笏上記其頭緒。或在君前不可以手指人物，須用笏指之。此笏常只[二〇]插在腰間，不執在手中。夫子「攝齊升堂」，何曾手中有笏？攝齊者是[二一]畏謹，恐上階時踏着裳，有顛仆之患。執圭者，圭自是贄見之物，只是捧至君前，不是[二二]如執笏。所以執圭時便「足縮縮，如有循」。緣手中有圭不得攝齊，亦防顛仆。明作。[二三]

問「復其位，踧踖如也」。曰：「此是到末梢又結筭則個。若衆人，到末梢便撒了。聖人則始乎敬，終乎敬，故到末梢又整頓則個。」燾。

第五節　爲君聘於鄰國之禮[二四]。

「執圭，上如揖，下如授。」前輩多作上階之「上」，下階之「下」。其實既下則已不用笏，往往授介者。只是高不過於揖，[二五]下不低於授，故如授。賀孫。

「『饗禮有容色』，儀禮謂『發氣滿容』，何故如此？」曰：「聘是初見時，故其意極於恭肅。既聘而享則用圭璧以通信，有廷實以將意[二六]其意，比聘時漸謹[二七]也。」廣。聘禮篇云：「及享，發氣滿容」。[二八]

第六節 衣服之制。

紺，只是而今深底雅青樣色。[二九]義剛。

問：「『緅以飾練服』，緅是絳色，練服是小祥後喪服，如何用絳色以爲飾？」曰：「便是不可曉。此個制度差異。絳是淺紅色；紺是青赤色，如今之閃青也。」廣。

問：「紅紫『且近於婦人女子之服』。不知古之婦人女子亦多以紅紫爲服否？」曰：「此亦不可知，但據先儒如此説耳。」廣。

「君子不以紺緅飾，紅紫不以爲褻服。」今反以紅紫爲朝服。賀孫。

「當暑袗絺綌，必表而出之」與「蒙彼縐絺」，有兩説。泳。

襞積殺縫。泳。[三〇]

第七節 謹齋事。

「裘，乃純用獸皮而加裏衣，如今之貂裘。」或問狐白裘。曰：「是集衆狐爲之。」植。

「『明衣』即是個布衫。『長一身有半』，欲蔽足爾。」植。[三一]又曰：「即浴衣也。[三二]」賀孫。

問：「『「變食」謂不飲酒、不茹葷』，有〔三三〕今之致齋者有酒，何也？」曰：「飲酒非也，但禮中亦有『飲不至醉』之說。」廣。

伯豐〔三四〕問「齋必變食」。曰：「葷是不食五辛。」䍐。

第八節　飲食之節。

一言一語，一動一作，一坐一立，一飲一食，都有是非。是底便是天理，非底便是人欲。如孔子「失飪不食，不時不食，割不正不食，不多食」，無非天理。如口腹之人，不時也食，不正也食，失飪也食，便却是人欲，便都是逆天理。如只喫得許多物事，如不當喫，纔去貪喫不住，都是逆天理。看道理只管進，只管子〔三五〕細便好。只管見上面，只管有一重方好。如一物相似，剥一重又剥一重，又有一重又剥一重，剥到四五重，剥得許多皮殼都盡，方見真實底。今人不是不理會道理，只是不肯子細，只守着自底便了，是是非非一向都没分別。如詖淫邪遁之辭，也不消得辨，便說道是他自陷、自蔽、自如此，且恁地和同過也不妨。賀孫。

問：「『割不正不食』與『席不正不坐』，此是聖人之心純正，故日用間纔有不正處，便與心不相合，心亦不安。」曰：「聖人之心無毫釐之差，謂如事當恁地做時便硬要〔三六〕做。且如『不得其醬不食』，這一物合用醬而不得其醬，聖人寧可不喫，蓋皆欲得其當然之則故也。」又問注云「精，鑿也」。曰：「是插教那米白着。」燾。

「不得其醬不食」，「其」字正緊要。「其醬」如「魚膾芥醬」之類。閎祖。

「肉雖多，不使勝食氣。」非特肉也，凡蔬果之類皆不可使勝食氣。泳。

第十節 居鄉。

賀孫[三七]問：「『鄉人儺，朝服而立於阼階』，集注云『庶其依己而安』。或云存室神，蓋五祀之屬。子孫之精神即祖考之精神，故祖考之精神依於己。若門、行、户、竈之屬，吾身朝夕之所出處，則鬼神亦必依己而存。」先生曰：「然。一家之主則一家之鬼神屬焉，諸侯守一國則一國鬼神屬焉，天子有天下則天下鬼神屬焉。看來爲天子者，這一個神明是多少[三八]大，如何有些子差忒得！若縱欲無度，天上許多星辰，地下許多山川，如何不變怪！」蔡云：「子陵足加帝腹，便見客星侵帝座。」先生曰：「『殷之未喪師，克配上帝。』紂未做不好時便與天相配，是甚細事！」賀孫。

第十一節 與人交之誠意。

蘇實問「問人於他邦，再拜而送之」一節[三九]。先生曰：「古人重此禮，遣使者問人於他邦，則主人拜而送之，從背脊後拜。」潘子善因言：「浙中若納婦嫁娶盛禮時，遣人入傳語婚姻之家，亦拜送之。傳，[四〇]拜，[四一]至反命則不拜也。」植。

賀孫[四二]問：「『康子饋藥，拜而受之。』看此一事，見聖人應接之間義理發見極其周密。」先生曰：「這般所在却是龜山先生看得子細，云：『大夫有賜，拜而受之，禮也；　未達不敢嘗，所以慎疾；　必告之，直也。直而有禮，故其直不絞。』龜山爲人粘泥，故説得[四三]較密。」賀孫。

第十二節　事君之禮。

「君祭先飯。」尋常則主人延客祭，如世俗出生之類。今侍食於君，君祭則臣先自喫飯，若爲君嘗食然，不敢當客禮也。饍人取那飲食來，請君祭。泳。

賀孫[四四]問：「『疾，君視之，東首，加朝服，拖紳[四五]。』君視之[四六]方東首，常時首當在那邊？禮記自云寢常當東首矣。平時亦欲受生氣，恐不獨於疾時爲然。」先生曰：「常時多東首，亦有隨意卧時節。如記云『請席何向，請衽何趾』，這見得有隨意向時節。然多是東首，故玉藻云『居常當户，寢常東首』也。常寢於北牖下，君問疾，則移南牖下。」賀孫。

第十三節　交朋友之義。

賀孫[四七]問：「『朋友死，無所歸，曰：「於我殯。」朋友之饋，非祭肉不拜』，朋友之義固當如此。後世同志者少，而泛然交處者多，只得隨其淺深厚薄，度吾力量爲之，寧可過厚，不可過薄。」曰：「朋友交游固有淺深。若泛然之交，一一要周旋也不可，於自家情分稍厚自着如此。須是情文相稱，若泛泛施之，却是曲意徇物。古人於這般所在自分明。如『交友稱其信也，執友稱其仁也』，自有許多樣。又如，於『師，吾哭諸寢；　朋友，哭諸寢門之外；　所知，哭於野』，恩義自有許多節。」賀孫。

第十四節 容貌之變。

賀孫[四八]問：「『迅雷風烈必變』，[四九]記云『若有疾風、迅雷、甚雨，雖夜必興，衣服冠而坐』。看來不如此定是不安，但有終日之雷、終夜之雨，如何得常如此？」曰：「固當常如此，但亦主於疾風、迅雷、甚雨，若平平底雷風雨，也不消如此。」問：「當應接之際無相妨否？」曰：「有事也只得應。」賀孫。

第十五節 升車之容。

立之説「車中不内顧」一章。先生曰：「『立視五巂，式視馬尾。』蓋巂是車輪一轉之地，車輪高六尺，圍三徑一則闊丈八，五轉則正爲九丈矣。立視雖遠，亦不過此。」時舉。植録同。[五〇]

問「山梁雌雉」一段，答云：「此難理會，故闕之。」謨。[五一]

問「山梁雌雉」。曰：「此有數説，不甚緊要，故闕之。」祖道。[五二]

【校勘記】

[一] 賀孫對曰 成化本作「曰」。

〔二〕然　成化本無。

〔三〕篇　成化本無。

〔四〕賀孫　成化本無。

〔五〕賀孫　成化本無。

〔六〕賀孫　成化本無。

〔七〕如何是恂恂　成化本無。

〔八〕言　成化本爲「言者」。

〔九〕其在　成化本無。

〔一〇〕成化本此下有「如何是『便便言，唯謹』」。

〔一一〕成化本此下注曰：「義剛録云：『看鄉黨一篇，須是想象他恂恂是如何，誾誾是如何，不可一衮看。』」

〔一二〕樂　成化本爲「和樂」。

〔一三〕賀孫　成化本無。

〔一四〕與下大夫言侃侃如也章　成化本無。

〔一五〕集注　成化本作「注」。

〔一六〕得　成化本無。

〔一七〕賀孫　成化本無。

［一八］植侍坐……説左右手注云　成化本爲「植舉注云」。
［一九］笏　王本爲「執笏」。
［二〇］只　成化本無。
［二一］只　成化本無。
［二二］不是　此二字原脱，據成化本及底本卷九十一補。
［二三］此條明作録成化本載於卷九十一。又，底本卷九十一重複載録。
［二四］於鄰國之禮　成化本無。
［二五］成化本此下有「故如揖」。
［二六］意　成化本無。
［二七］謹　成化本作「紓」。
［二八］云及享發氣滿容　成化本無。
［二九］只是而今深底雅青様色　成化本爲「是而今深底鴉青色」。
［三〇］此條泳録成化本無。
［三一］植　成化本無。
［三二］成化本此下注曰：「見玉藻注。」
［三三］有　成化本作「而」。

〔三四〕伯豐　成化本無。
〔三五〕子　成化本無。
〔三六〕要　成化本此下有「恁地」。
〔三七〕賀孫　成化本無。
〔三八〕一節　成化本無。
〔三九〕多少　成化本爲「大小」。
〔四〇〕傳　成化本無。
〔四一〕拜　成化本無。
〔四二〕賀孫　成化本無。
〔四三〕得　成化本作「之」。
〔四四〕賀孫　成化本無。
〔四五〕東首加朝服拖紳　成化本無。
〔四六〕君視之　成化本無。
〔四七〕賀孫　成化本無。
〔四八〕賀孫　成化本無。
〔四九〕迅雷風烈必變　成化本無。

〔五〇〕植録同　成化本無。

〔五一〕此條謨録成化本無。

〔五二〕此條祖道録成化本無。

晦庵先生朱文公語類卷第三十九

論語二十一

先進篇

先進於禮樂章

「先進於禮樂，野人也；後進於禮樂，君子也」，此兩句是當時之語如此。義剛。〔一〕

立之問：「先進、後進，於禮樂文質何以不同？」先生曰：「禮，只是一個禮，用得自不同。如升降揖遜，古人只是誠實依許多威儀行將去，後人便自做得一般樣忒好看了。古人只是正容謹節，後人便近於巧言令色。樂，亦只是一個樂，亦是用處自不同。古樂不可得而見矣。只如今人彈琴，亦自可見。如誠實底人彈，便雍容平淡，自是好聽。若弄手弄脚，撰出無限不好底聲音，只見繁碎耳。」因論樂：「黄鍾之律最長，應鍾之律最短，長者聲濁，短者聲清。十二律旋相爲宫，宫爲君，商爲臣。樂中最忌臣陵君，故有四清聲。如今響板子有十六個，十二個是正律，四個是四清聲。清聲是減一律之半。如應鍾爲宫，其聲最短而清。或蕤賓爲商，則是商聲高似宫聲，是爲臣陵君，不可用，遂乃用蕤賓律減半爲清聲以應之。雖然減半，然只是此律，故亦自能相違[二]也。此是通典載此一項。徽宗朝作大晟樂，其聲是一聲低似一聲，故其音緩散。太祖英明不可及，當王朴造樂時，聞其聲太急，便令減下一律，其聲遂平。」時舉。

賀孫[三]問：「『先進於禮樂』，還[四]説宗廟、朝廷以至州、閭、鄉、黨之禮[五]？」曰：「也不止是這般禮樂，凡日用之間一禮一樂皆是禮樂。只管文勝去，如何合殺！須有個變轉道理。如今日事都恁地侈靡。如某在南康時，通上位書啓，只把紙封，後來做書盝，如今盡用紫羅背盝，蓋[六]内用真紅。事事都如此，如何合殺！」賀孫[七]問：「孔子又云『吾從周』，只是指周之前輩而言？」曰：「然。聖人窮而在下，所用禮樂固是從周之前輩。若聖人達而在上，所用禮樂須更有損益，不止從周之前輩。如[八]答顔子爲邦之問，則告以四代之禮樂。」賀孫[九]問：「如孔子所言：『禮，與其奢也，寧儉；喪，與其易也，寧戚。』又云：『禮云禮云，玉帛云乎哉！樂云樂云，鍾鼓云乎哉！』此皆欲損過就中之意。」先生曰：「固是。此等語最多。」又云：「觀聖人意思，因見得事事都如此，非獨禮樂。如孟子後面説許多鄉原直是不好，[一〇]寧可是狂底、狷底。如今人恁地文理細密，倒未必好，寧可是白直粗疏底人。」賀孫。

「既欲從周，又欲從先進」，伊川云「周末文弊，故以前人爲野」，當從此說。人傑。〔一一〕「孔子『既欲從周，又欲從先進』，明道云『孔子患時之文弊，而欲救之以質也』。果如所言，則合便當救之以質，不應有『吾從周』之語。既從周又從先進，何胸中擾擾而無一定之見邪？竊意聖人必不如此。伊川乃曰『周末文弊，故以前人爲野』，不知此說然乎？」先生曰：「當從伊川說。」謨。〔一二〕

從我於陳蔡章

賀孫〔一三〕問：「『從我於陳蔡』一章，後列四科之目，〔一四〕如〔一五〕德行，不知可兼言語、文學、政事否？」先生曰：「不消如此看，自就逐項上看。如顏子之德行固可以備，若他人固有德行而短於才者。」因云：「冉伯牛、閔子之德行亦不多見，子夏、子游兩人成就自不同。胡五峰說不知集注中載否？他說子夏是循規守矩細密底人，子游却高朗，又欠細密工夫。荀子曰：『第作其冠，神禫其辭，禹行而舜趨，是子張氏之賤儒也；正其衣冠，齊其顏色，嗛然而終日不言，是子夏氏之賤儒也；偷儒憚事，無廉耻而嗜飲食，必曰「君子固不用力」，是子游氏之賤儒也。』如學子游之弊，只學得許多放蕩疏闊意思。」賀孫因舉：「『如『喪至乎哀而止』，『事君數，斯辱；朋友數，斯疏』，皆是子游之言。如『小子當灑掃應對進退』等語，皆是子夏之言。又如子游能養而不能敬，子夏能敬而少温潤之色，皆見二子氣象不同處。」先生曰：「然。」賀孫。

「『從[一六]我於陳、蔡者，皆不及門也。』嘗謂聖人之門室堂奥，喻學者所造之淺深皆不及門，則顔子而下，莫非升堂入室者矣。龜山先生曰：『説者謂從于陳、蔡者皆不及門，無升堂者，失其旨矣。』若以不及門爲無升堂者固不可也，未審以爲皆非及門之士則盡爲升堂入室之人，可乎？」[一七]先生曰：「此説當從明道。謂此時適皆不在孔子之門，思其相從於患難而言其不在此耳。門人記之，因歷數而下[一八]十人，并目其所長云耳。」謨。

回也非助我者也章

舊曾問李先生云[一九]「顔子非助我者，無所不説[二〇]」處。李先生云：「顔子於聖人根本有默契處，不假枝葉之助也。如子夏，乃枝葉之助[二一]。」祖道。

孝哉閔子騫章 無[二二]

南容三復白圭章

「南容三復白圭」，家語云「一日而三復白圭之詩」，這不是一番讀。賀孫。[二三]

先生令接續早上[二四]「南容三復白圭」。云：「不是一旦讀此，乃是日日讀之，玩味此詩，而欲謹於言行也。此事見家語，自分明。」時舉。

問：「集注〔二五〕云『以其謹於言行』，如〔二六〕三復白圭固見其謹於言矣；謹於行處雖未見，然言行實相表裏，能謹於言，必能謹於行矣。」曰：「然。」燾。〔二七〕

季康子問弟子孰爲好學章 無〔二八〕

顔路請子之車章

節〔二九〕問：「『顔路請子之車』，〔三〇〕注以下爲命車，何以驗之？」曰：「禮記言大夫賜命車。」節。

鄭問：「顔淵死，孔子既不與之車，若有錢還亦與之否？」曰：「有錢亦須與之，無害。」淳。

子哭之慟章 無〔三一〕

門人厚葬章

「門人厚葬」，是顔子之門人。「不得視猶子」，以有二三子故也，歎不得如葬鯉之得宜。此古注説得甚好，又簡徑。明作。

季路問事鬼神章

或問「季路問鬼神」一[三二]章。先生曰：「事君親盡誠敬之心，即移此心以事鬼神，則『祭如在，祭神如神在』。人受天所賦許多道理，自然完具無欠闕。須是[三三]得這道理無欠闕，到那死時乃是生理已盡，亦安於死而無愧。」時舉。植録同。[三四]

「事人、事鬼」，以心言；「知生、知死」，以理言。泳。

或問：「『季路問事鬼神。子曰：「未能事人，焉能事鬼？」問死，曰：「未知生，焉知死？」』[三五]夫[三六]二氣五行，聚則生，散則死。聚則不能不散，如晝之不能不夜，故知所以生則知所以死。苟於事人之道未能盡，焉能事鬼哉？」先生曰：「不須論鬼，須鬼[三七]爲已死之物，但事人須是誠敬，鬼亦要如此。事人，如『出則事公卿，入則事父兄』，事其所當事者。事鬼亦然，苟非其鬼而事之，則諂矣。」祖道。謨及人傑録同。[三八]

問：「『未能事人，焉能事鬼。未知生，焉知死。』[三九]人鬼一理。人能誠敬則與理爲一，自然能盡事人、事鬼之道。有是理則有是氣。人，氣聚則生，氣散則死，是人[四〇]如此否？」先生曰：「人且從分明處理會去。如誠敬不至，以之事人，則必不能盡其道，況事神乎！不能曉其所以生，則又焉［四一］曉其所以死乎！」廣。

亞夫問「未知生，焉知死」。先生曰：「若曰氣聚則生，氣散則死，纔説破則人便都理會得。然須知道人生有多少道理，自稟五常之性以來，所以『父子有親，君臣有義』者，須要一一盡得這生底道理，則死底道理皆可知矣。張子所謂『存吾順事，没吾寧也』是也。」時舉。

賀孫［四二］問：「『季路事鬼神。』［四三］伊川先生所謂［四四］『死生人鬼，一而二，二而一』，此［四五］是兼氣與理言之否？」曰：「有是理則有是氣，有是氣則有是理。氣則二，理則一。」賀孫。

問：［四六］「集注云『鬼神不外乎［四七］人事』，在人事中何以見？」曰：「鬼神只是二氣屈伸往來。在人事，如福善禍淫，亦可見鬼神道理。論語少説此般話。」曰：「動静語默亦是此理否？」曰：「亦是。然聖人全不曾説這般話與人，以其無形無影，固亦難説。所謂『敬鬼神而遠之』，只如此説而已。」淳。［四八］

閔子侍側誾誾如也［四九］

「『誾誾』，説文云『和悦而諍』。『諍』，［五〇］看得字義是一難底字，緣有争義。與史記［五一］『洙泗之間齗齗』，義一同兩齒相齗。」泳。［五二］一本「史記」字作「漢志」。［五三］

漢［五四］諸尚書争一件事，「誾誾侃侃。緘默邪心，非社稷之福」。［五五］泳。［五六］一本「事」字下「緘」

字上云：「其中有云：『誾誾侃侃，得禮之容。』」〔五七〕

賀孫〔五八〕問：「『冉有、子貢侃侃如也。』這個〔五九〕『侃侃』字也〔六〇〕只作剛直說，如何？」曰：「也只是剛直。閔子騫氣象便自深厚，冉有、子貢便都發見在外。」賀孫。

問閔子誾誾，冉有、子貢侃侃，二者氣象。先生曰：「閔子純粹，冉有、子貢便較粗了。侃侃，便有盡發見在外底氣象。閔子則較近裏些子。」雉。〔六一〕

「誾誾」是深沉底，「侃侃」是發露圭角底，「行行」是發露得粗底。賜。〔六二〕

問：「『誾誾』、『行行』、『侃侃』皆是剛正之意。如冉求平日自是個退遜之人，如何也解有此意思？」先生曰：「三子皆意思大同小異：求、賜則微見其意，子路則全體發在外面〔六三〕，閔子則又不在〔六四〕外見，然此意思亦自在。三子者，皆有疑必問，有懷必吐，無有遮覆含糊之意。」曰：「豈非以卑承尊，易得入於柔佞卑諂去〔六五〕，三子各露其情實如此，故夫子樂之？」先生曰：「都無那委曲回互底意思。」〔六六〕

問「閔子侍側，誾誾如也；子路行行如也；冉有、子貢侃侃如也」〔六七〕。曰：「閔子於和悅中，却有剛正意思，仲由一於剛正。閔子深厚，仲由較表露。」問「子路不得其死然」。曰：「『然』者，未定之辭。聖人雖謂其『不得其死』，使子路能變其氣習，亦必有以處死。」賀孫。

吳伯英講「由也不得其死」處，問曰：「由之死，疑其甚不明於大義。豈有子而〔六八〕拒父，如是之逆而可以仕之乎？」先生曰：「然。仲由之死也有些没緊要。然誤處不在致死之時，乃在於委質之始。但不知夫子既教之以正名，而不深切言其不可仕於衛，何歟？若冉有、子貢，則能問夫子爲衛君與否，蓋不若子路之粗率。」處謙。

或問「子路之死於衛」。曰：「子路只見下一截，不見上一截。孔悝之事，他知是食，焉不避其難？這合當如此，而不知食出公之食爲不當也。東坡嘗論及此矣。」問：「是初仕衛時便不是了否？」曰：「然。」道夫。〔六九〕

或問：「子路死於孔悝之難，死得是否？」曰：「非是，自是死得歂。出公輒何如主？〔七〇〕豈可仕也！」又問：「若仕於孔悝，則其死爲是否？」曰：「未問死孔悝是不是，只合下仕於衛自不是了。况孔悝亦自是個不好底人，何足仕也。子路只見得可仕於大夫，而不知輒之國非可仕之國也。」問：「孔門弟子多仕於列國之大夫者，何故？」曰：「它別無科闕，仕進者只有此一門，捨此則無從可仕，所以顔、閔寧不仕耳。」僩。

子路死孔悝之難，未爲不是。只是他當初事孔悝時錯了，到此不得其死。〔七一〕衛君不正，冉有、子貢便能疑而問之，有思量，便不去事他。若子路粗率，全不信聖人説話。「必也正名」，亦是教子路不要仕衛，他更説夫子之迂。「若由也，不得其死」，聖人已見得它錯了；「嗚〔七二〕鼓攻之，責得求來〔七三〕深。雖有不得其死及正名之説，然終不分曉痛説與他，使之知不要事孔悝。

此事不可曉，不知聖人何故不痛責之。明作。

魯人爲長府章 無[七四]

由之瑟章 無[七五]

師與商也孰賢章[七六]

賀孫[七七]問：「『師也過，商也不及。』看過與不及處，莫只是二子知見上欠工夫，如何？」[七八]先生曰：「也不獨知見上欠，只二子合下資質是這模樣。子張便常要將大話蓋將去，子夏便規規謹守。看論語中所載子張説話，及夫子告子張處，如『多聞闕疑，多見闕殆』之類。如子張自説：『我之大賢歟，於人何所不容？我之不賢歟，人將拒我，如之何其拒人也！』此説話固是好，只是他地位未説得這般話。這是大賢以上聖人之事，他便把來蓋人，其疏曠多如此。孔子告子夏，如云『無爲小人儒』，又云『無欲速，無見小利』，如子夏自言『可者與之，其不可者拒之』、『小子當洒掃應對進退』之類，可見。」又問：「『參也，竟以魯得之。』魯，却似有不及之意。然曾參所以雖魯，而規模志向自大，所以終能傳夫子之道。子夏合下淺狹，而不能窮究道體之大全，所以終於不及。」曰：「魯，自與不及不相似。魯是質樸渾厚意思，只是鈍。不及底恰似一個物事欠了些子。」賀孫。

問：「伊川謂師商過、不及，其弊爲楊墨，過則漸至於兼愛，不及則便至於爲我。其源同出於儒者，其末遂至於楊墨。失之毫釐，謬以千里。[七九]」曰：「不似楊墨。墨氏之學萌蘖已久，晏子時已有之，兼師商之過、不及與兼愛、爲我不關事。」必大。

季氏富於周公章

賀孫[八〇]問「季氏富於周公，求也爲之聚斂[八一]」一章。先生令舉范氏之説，歎美久之。云：「人最怕資質弱。若過於剛，如子路雖不得其死，百世之下，其勇氣英風尚足以起頑立懦。若冉有之徒都自扶不起。如云『可使足民』，他豈不知愛民而反爲季氏聚斂。如范氏云：『其心術不明。』惟是心術不明，到這般所在都不自知。」又云：「『以仕爲急。』他只緣以仕爲急，故從季氏。見他所爲如此，又拔不出，向[八二]從其惡。」賀孫因云：「若閔子『善爲我辭』之意，便見得煞高。」曰：「然。」因云：「謝氏説閔子騫[八三]處最好。」因令賀孫舉讀全文。曰：「冉求路頭錯處只在急於仕。人亦有多樣，有一等人合下只是要求進；又有一等人心性自不要如此，見此事似[八四]匹似閑；又有一等人雖要求進，度其不可，亦有退步之意。」賀孫。謝氏云：「學者能少知內外之分，皆可以樂道而忘人之勢。況閔子得聖人爲之依歸，彼其視季氏不義之富貴，不啻犬彘。從而臣之，豈其心哉！居亂邦見惡人，在聖人則可。自聖人以下，剛則必取禍，柔則必取辱。閔子豈不能早見而豫待之乎！如由也不得其死，求也爲季氏附益，夫豈其本心哉？蓋既無先見之知，又無克亂之才故也。」〔八五〕

問：「冉求，聖門高弟，親炙聖人，不可謂無所見。一旦仕於季氏，『爲之聚斂而附益之』。蓋緣他工夫間斷，故不知不覺做到這裏，豈可不時時自點檢！」先生曰：「固是。只緣個公私義利界分不明，所以如此。若是常在界分内做，自然不到如此；纔出界分去，則無所不至矣。」廣。

問：「以季氏之富，『而求也爲之聚斂』。」曰：「不問季氏貧富，若季氏雖富而取於民有制，亦何害？此必有非所當取而取之者，故夫子如此説。」義剛。

柴也愚章

「柴也愚。」他是個謹厚底人，不曾見得道理，故曰愚。明作。

吴伯英問「柴也愚」，因説：「柴嘗避難於衛，不徑不竇。使當時非有室可入，則柴必不免，此還合義否？」先生曰：「此聖人所以言其愚也。若夫子畏於匡，微服過宋，料須不如此。」處謙。

用之問高子羔不竇不徑事。曰：「怕聖人須不如此。如不徑不竇，只説安平無事時節。若當有寇賊患難，如何專守此以殘其軀？此柴之所以爲愚。聖人『微服而過宋』，微服，是着那下賤人衣服。觀這意如此，只守不徑不竇之説不得。如途中萬一遇大盜賊，也須走避，那時如何要不由小徑去得！然子羔也是守得定，若更學到變通處，儘好，止緣他學有未盡處。」問：「學到時，便如曾子之易簀？」曰：「易簀也只是平常時節。」又曰：「『子路使子羔爲其[八六]宰。子曰：「賊夫人之子！」』不可爲政者，正緣他未能應變，他底却自正。」問：「子路之死，與子羔事如何？」曰：「子路事更難説。」又曰：「如聖節，祝[八七]壽處拜四拜。張忠甫不出仕，嘗曰：『只怕國忌、聖節，去拜佛不得。』這也如不竇不徑相似。」因説：「國家循襲這般禮數都曉不得。往往拜佛之事，始於梁武帝，以私忌設齋，始思量聖節要寓臣子之意，又未有個所在奉安。」又曰：「尊號始於唐德宗，後來只管循襲。若不是人主自理會得，如何説。當神宗時，群臣上尊號，司馬温公密撰不允詔書，勸上不受，神宗便不受。自後並不用此。[八八]這只是神宗自見得，若不自見得，雖温公也要如此不得。且如三年喪，其廢如此長遠，壽皇按行了[八九]，也不見有甚不可行處。」賀孫。

「參也，竟以魯得之。」魯鈍則無造作。賀孫。

「參也，竟以魯得之。」不説須要魯。魯却正是他一般病，但這[九〇]却尚是個好底病。就他説，則他[九一]却是得這個魯底力。義剛。

「參也魯。」魯是魯鈍。曾子只緣魯鈍，被他不肯放過，所以做得透。若是放過，只是魯而已。恪。

「參也魯」，「竟以魯得之」。曾子魯鈍難曉，只是他不肯放過，直是捱得到透徹了方住。不似别人，只略綽見得些小了便休。今一樣敏底見得容易，又不能堅守；鈍底捱得到略曉得處，便説道理止此，更不深求。惟曾子不肯放捨，若這事看未透，直[九二]是捱得到盡處，所以竟得之。僩。

讀「參也魯」一段，云：「只曾子資質自得便宜了。蓋他以遲鈍之故，見得未透，只得且去理會，終要洞達而後已。若理會不得便放下了，如何得通透？則是終於魯而已。」時舉。

回也其庶乎章

敬之問：「『回也，其庶乎，屢空。』大意謂顔子略[九三]不以貧窶動其心，故聖人於此[九四]見其於道庶幾。子貢不知貧富之定命，而於貧富之間不能無留情，故聖人見其於[九五]平日所講論者多出億度而中。」先生曰：「據文勢也是如此，但顔子於道庶幾却不在此。聖人謂其如此，益見其好。子貢不受命，也在平日，聖人亦不因其貨殖而言。」賀孫因問：「集注云，顔回，言其樂道，又能安貧。以此意看，若顔子不處貧賤困窮之地，亦不害其爲樂。」先生曰：「顔子不處貧賤固自樂。到他處貧賤，只恁地更難，所以聖人於此數數拈掇出來。」賀孫。

「顏子屢空」，説作「空中」，不是。論語中只有「空空如也」，是説無所得，別不見説虛空處。可學。

問：「『回也，其庶乎，[九六]屢空』，前輩及南軒諸公[九七]皆作空無説，以爲『無意、必、固、我』之『無』，但顏子屢空，未至於聖人之皆無而純然天理也。及先生所解，却作屢空之[九八]而自樂，何也？」先生曰：「經意當如此。不然，則達[九九]下文子貢作二段事，不可。[一〇〇]空無之説，蓋自何晏有此解。晏，老氏清净之學也。因其有此説，後來諸公見其説説得新好，遂發明之。若顏子固是意、必、固、我之屢無，只是此經意不然。顏子不以貧乏改其樂而求其富，如此説，下文見得與子貢有優劣。」寓。

「『回也，其庶乎，屢空。賜不受命而貨殖焉，億則屢中。』明道先生曰：『顏子虛心受道，子貢不受天命而貨殖，「億則屢中」，役聰明億度而知，此子貢始時事。』伊川先生曰：『屢空兼兩意，惟其能虛中，所以能屢空。貨殖便生計較，便不受命。』[一〇一]呂曰：『貨殖之學，聚所聞見以度物事[一〇二]，可以屢中而不能悉中。』謝曰：『子貢非轉販者，要之，於貨殖不能忘意爾。』楊曰：『所謂貨殖，非若後世之營營，特於物未能忘耳。』四先生之説皆以貨殖爲財貨。呂與叔以爲聚聞見，而未詳其説焉。[一〇三]常[一〇四]記前輩一説曰：『自太史公、班固列子貢於貨殖，下與馬醫、夏畦同科，謂其「所至，諸侯莫不分庭抗禮」，天下後世無不指子貢爲豎賈之事。嗟乎！〔一〇五〕子貢，孔門高弟，聞一而知二，可與從政，至言性與天道，則其所至蓋不在諸子之後，〔一〇六〕豈有聖人之門而以賈豎爲先乎！夫〔一〇七〕屢空，無我者也，其學則自内而求。貨殖，自外而入，非出於己之所自得也。特其才高，凡接於見聞者莫不解悟，比之屢空者爲有間矣，此其所以爲『億則屢中』。億則以意測，而非真知者也。』然則呂曰聚聞見者，蓋得其旨而言之未盡。不審然可從否？」〔一〇八〕先生曰：「此説乃觀文葉公所作，審是集中之語，蓋呂與叔之遺意也。乍看似好，而道理恐不如是。蓋『屢空』者，空乏其身也。『貨殖』則對『屢空』而言，不能不計較者是也。范氏曰：『顔子簞食瓢飲屢絶而不改其樂，天下之物豈有能動其心者！』此説爲得之。」〔一〇九〕

子張問善人之道章

問「子張問〔一一〇〕善人之道。子曰：『不踐迹，亦不入於室』〔一一一〕」。曰：「『善人之道』，只是個善人底道理。所謂善人者，是天資渾全〔一一二〕一個好人，他資質至善而無惡，即『可欲之謂善』。他所行底事自然至善，不消得按本子，他〔一一三〕自不至於惡。若是常人，時若〔一一四〕不依本子，便有不能盡善流而爲惡。但他既天資之善，故不必循塗守轍，行之皆善。却緣只是如此而無學，故不能入聖人閫室。横渠之解極好。」塗轍，猶言規矩尺度。㽦。

「踐迹」，迹是舊迹，前人所做過了底樣子，是成法也。善人雖不曾知得前人所做樣子，效他去做，但所爲亦自與暗合，但未能到聖人深處。恪。

施問「善人〔一一五〕不踐迹」。曰：「是他資質美，所爲無個不是。雖不踐成法，所爲〔一一六〕却暗合道理。然他也自不能曉會，只暗合而已。又却不曾學問，所以『亦不入於室』。」林問：「不入室，室是神化地位否？」曰：「非也。室只是深奥處。」寓。〔一一七〕陳淳録同。〔一一八〕

問「聖人不踐迹」一段。〔一一九〕先生曰：「善人資質，雖不學樣子，却做得是。然以其不學，是以不入室，到聖人地位不得。」泳。〔一二〇〕

問：「『不踐迹，亦不入於室』，莫是篤行之而後可以入善之閫奥否？」曰：「若如此言，却是説未爲以前事。今只説善人只是一個好底資質，不必踐元本子，亦未入於室。須是要學方入聖賢之域。惟横渠云：『志於仁而無惡。』此句最盡。如樂正子，自『可欲之善』入去，自可到美、大、聖、神地位。」祖道。謨、人傑録略同。〔一二一〕

問：「善人莫是天資好人否？故雖不必循守途轍〔一二二〕而自不爲惡。然其不知學問，故亦不能入於聖人之室。此可見美質有限，學問無窮否？」曰：「然。」廣。

問：「『不踐迹，亦不入於室。』〔一二三〕尋常解『踐迹』猶踏故步，『不踐迹』者亦有所進。『亦不入於室』者，所進不遠也。今集注解『踐迹』不循樣轍之意，如何？」先生曰：「善人者以其心善，故不假成法而其中自能運用，故曰『不踐迹』。據此，止説善人，未有進意。」洽。

問：「不踐迹，何以爲善人？」曰：「不循習前人已試之法度而亦可以爲善也，如漢文帝是也。」大雅。

魏才仲[一二四]問「善人之道」一章。曰：「如所謂『雖曰未學，吾必謂之學矣』之類。」又問：「如太史公贊文帝爲善人，意思也是？」曰：「然。只爲他截斷，只到這裏，不能做向上去。所以説道不依樣子也自不爲惡，只是不能入聖人之室。」又問：「文帝好黄老，亦不免有慘酷處。莫是纔好清浄，便至於法度不立，必至慘酷而後可以服人？」曰：「自清浄至慘酷，中間大有曲折，却如此説不得。唯是自家好清浄，便一付之法。有犯罪者，只[一二五]都不消問自家，但看法如何。只依法行，自家這裏更不與你思量得，此所以流而爲慘酷。」伯謨曰：「黄老之教本不爲刑名，只要理會自己，亦不説要慘酷，但用之者過耳。」曰：「緣黄老之術凡事都先退一着做，教人不防它。到得逼近利害也便不讓别人，寧可我殺了你，定不容你殺了我。他術多是如此，所以文、景用之如此。文帝猶善用之，如南越反，則卑詞厚禮以誘之；吴王不朝，賜以几杖等事。這退一着都是術數。到他教太子，晁錯爲家令。他謂太子亦好學，只欠識術數，故以晁錯傅之。到後來七國之變，弄成一場紛亂。看文、景許多慈祥豈弟處，都只是術數。然景帝用得不好，如削之亦反，不削亦反。」賀孫。

子曰論篤是與章　無〔一二六〕

子路問聞斯行之章　無〔一二七〕

子畏於匡章

或謂：「『子畏於匡，顔淵後。子曰：「吾以汝爲死矣。」曰：「子在，〔一二八〕回何敢死！」』伊川改『死』爲『先』，是否？」曰：「伊川此說〔一二九〕，門人傳之，恐誤，其間前後有相背處。今只作『死』字說。其曰『吾以汝爲死矣』者，孔子恐顔回遇害，故有此語。顔子答曰『子在，回何敢死』者，顔子謂孔子既得脱禍，吾可以不死矣。若使孔子遇害，則顔子只得以死救之也。」或問：「顔路在，顔子許人以死，何也？」曰：「事偶至此，只得死。此與不許友以死之意別。不許以死，在未處難以前乃可。如此處已遇難，却如此說不得。」祖道。去僞、謨録同。〔一三〇〕

【校勘記】

［一］此條義剛録成化本無。
［二］違　成化本作「應」。
［三］賀孫　成化本無。
［四］還　成化本此上有「此禮樂」。
［五］禮　成化本爲「禮樂」。
［六］蓋　成化本無。
［七］賀孫　成化本無。
［八］如　成化本作「若」。
［九］賀孫　成化本無。
［一〇］多　成化本此下有「狂狷，亦是此意」。
［一一］此條人傑録成化本無。
［一二］此條謨録成化本無。
［一三］賀孫　成化本無。
［一四］從我於陳蔡一章後列四科之目　成化本無。

〔一五〕如　成化本無。
〔一六〕從　成化本此上有「問」。
〔一七〕嘗謂聖人之門室堂奥……可乎　成化本無。
〔一八〕而下　成化本爲「顔子而下」。
〔一九〕云　成化本無。
〔二〇〕無所不説　成化本無。
〔二一〕助　朱本作「功」。
〔二二〕孝哉閔子騫章無　成化本無。
〔二三〕此條賀孫録成化本無。
〔二四〕早上　成化本爲「問目」。
〔二五〕集注　成化本此上有「『子謂南容』章」。
〔二六〕如　成化本爲「如其」。
〔二七〕此條燾録成化本載於卷二十八。
〔二八〕季康子問弟子孰爲好學章無　成化本無。
〔二九〕節　成化本無。
〔三〇〕顔路請子之車　成化本無。

〔三一〕子哭之慟章無　成化本無。
〔三二〕一　成化本無。
〔三三〕是　成化本作「盡」。
〔三四〕植録同　成化本無。
〔三五〕季路問事鬼神……焉知死　成化本無。
〔三六〕夫　成化本無。
〔三七〕須鬼　成化本無。
〔三八〕祖道謨及人傑録同　成化本爲「去僞」。
〔三九〕未能事人焉能事鬼未知生焉知死　成化本無。
〔四〇〕人　成化本無。
〔四一〕焉　成化本爲「焉能」。
〔四二〕賀孫　成化本無。
〔四三〕季路問事鬼神　成化本無。
〔四四〕伊川先生所謂　成化本爲「伊川謂」。
〔四五〕此　成化本無。
〔四六〕問　成化本爲「徐問」。

［四七］乎　成化本無。
［四八］成化本此下注曰：「今集注無。」
［四九］閔子侍側誾誾如也　成化本爲「閔子侍側章」。
［五〇］諍　成化本無。
［五一］與史記　成化本爲「漢志」。
［五二］此條泳録成化本載於卷三十八。
［五三］一本史記作漢志　成化本無。
［五四］漢　成化本爲「漢書」。
［五五］誾誾侃侃緘默邪心非社稷之福　成化本爲「其中有云誾誾侃侃得禮之容緘嘿邪心非朝廷福」。
［五六］此條泳録成化本載於卷三十八。
［五七］二本事字……得禮之容　成化本無。
［五八］賀孫　成化本無。
［五九］個　成化本無。
［六〇］也　成化本無。
［六一］雉　成化本作「稚」。
［六二］賜　成化本爲「夔孫」。

〔六三〕面　成化本無。

〔六四〕不在　成化本爲「全不」。

〔六五〕去　成化本無。

〔六六〕成化本此下注有「廣」。

〔六七〕閔子侍側……侃侃如也　成化本爲「誾誾行行侃侃」。

〔六八〕而　成化本無。

〔六九〕此條道夫録成化本無，但卷四十三所載寓録與此相似，參成化本該卷「楊問注謂言不順……仕衛便不是曰然」條。

〔七〇〕出公輒何如主　成化本爲「出公」。

〔七一〕成化本此下注曰：「饒本作『到此只得死』。」

〔七二〕嗚　成化本此上有「但不如」。

〔七三〕來　成化本作「之」。

〔七四〕魯人爲長府章無　成化本無。

〔七五〕由之瑟章無　成化本無。

〔七六〕師與商也孰賢章　成化本爲「子貢問師與商也章」。

〔七七〕賀孫　成化本無。

〔七八〕如何　成化本無。
〔七九〕過則漸至兼愛……繆以千里　成化本無。
〔八〇〕賀孫　成化本無。
〔八一〕求也爲之聚斂　成化本無。
〔八二〕向　成化本爲「一向」。
〔八三〕閔子騫　成化本爲「閔子」。
〔八四〕似　成化本作「自」。
〔八五〕謝氏云……又無克亂之才故也　成化本無。
〔八六〕其　成化本作「費」。
〔八七〕祝　成化本此上有「就」。
〔八八〕自後並不用此　成化本無。
〔八九〕按行了　成化本爲「要行便行了」。
〔九〇〕這　成化本無。
〔九一〕則他　成化本無。
〔九二〕直　成化本作「真」。
〔九三〕略　成化本無。

〔九四〕於此　成化本無。
〔九五〕於　成化本無。
〔九六〕回也其庶乎　成化本無。
〔九七〕諸公　成化本無。
〔九八〕之　成化本作「乏」。
〔九九〕達　成化本作「連」。
〔一〇〇〕不可　成化本無。
〔一〇一〕回也其庶乎……便不受命　成化本作「問」。
〔一〇二〕事　成化本無。
〔一〇三〕謝曰子貢非轉販者……而未詳其説焉　成化本無。
〔一〇四〕常　成化本作「嘗」。
〔一〇五〕嗟乎　成化本無。
〔一〇六〕聞一而知二……不在諸子之後　成化本無。
〔一〇七〕夫　成化本無。
〔一〇八〕此其所以爲億則屢中……可從否　成化本無。
〔一〇九〕成化本此下注有「謨」。

〔一一〇〕子張問　成化本無。

〔一一一〕子曰不踐迹亦不入於室　成化本無。

〔一一二〕全　朱本作「然」。

〔一一三〕它　成化本無。

〔一一四〕時若　成化本無。

〔一一五〕善人　成化本無。

〔一一六〕所爲　成化本無。

〔一一七〕寓　此字原缺，據成化本補。

〔一一八〕陳淳録同　成化本無。

〔一一九〕問聖人不踐迹一段　成化本爲「問不踐迹」。底本「聖」當爲「善」之誤。

〔一二〇〕泳　成化本爲「謙之」。

〔一二一〕祖道謨人傑録略同　成化本爲「去僞」。

〔一二二〕途轍　成化本爲「舊人塗轍」。

〔一二三〕不踐迹亦不入於室　成化本無。

〔一二四〕魏才仲　「魏」字原缺，據成化本補。

〔一二五〕只　成化本無。

〔一二六〕子曰論篤是與章無　成化本無。

〔一二七〕子路問聞斯行之章無　成化本無。

〔一二八〕子畏於匡……子在　成化本無。

〔一二九〕説　朱本作「話」。

〔一三〇〕祖道去僞謨録同　成化本爲「去僞」。

晦庵先生朱文公語類卷第四十

論語二十二

先進篇下

季子然問仲由冉求章

賀孫〔一〕問：「『季子然問仲由、冉求可謂大臣』一章，〔二〕據賀孫看來，仲由、冉求氣質不同，恐冉求未必可保，仲由於是〔三〕不屈。」曰：「不要論他氣質。只這君臣大義，他豈不知。聖人也是知他必可保，然死於禍難是易事，死於不可奪之節是難事。纔出門去事君，這身己便不是自家底，所謂『事君能致其身』是也。如做一郡太守、一邑之宰、一尉之任，有盜賊之虞，這不成休了？便當以死守之，亦未爲難。惟卒遇君臣大變，利害之際只争些子，這誠是難。今處草茅，説這般事似未爲切己。看史策所載，篡易之際直是難處。篡弑之賊，你若不從他，他便殺了你；

你從他，便不死。既是貪生惜死，何所不至！」賀孫。

問：〔四〕「閔子不仕季氏，而由、求仕焉〔五〕。」曰：「仕於大夫家爲僕。家臣不與大夫齒，那上等人自是不肯做。若論當時侯國宗臣〔六〕世臣，自是無官可做。不仕於大夫，除是終身不出，如曾、閔方得。」燾。〔七〕

當〔八〕時不仕則已，仕則必出於季氏。蓋〔九〕魯君用捨之權皆歸於季氏也。」問：〔一〇〕「子路未易屈者，亦〔一一〕仕於季氏，蓋季氏〔一二〕雖不能行其道，亦稍知尊敬之。」曰：「説道他尊敬不得。才不當仕時，便教他尊敬也不〔一三〕仕。」〔一四〕夔孫。

問：「張子韶解『不可則止』〔一五〕，『當其微有不可則隨即止之，無待其事之失過之形而後用力以止之』。」曰：「子韶之説不通，與上下文義不相貫。近世學者多取此説，愛其新奇而不察其不當於理。此甚害事，不可不知也。」謨。

子路使子羔爲費宰章

問：「『有民人焉，有社稷焉，〔一六〕何必讀書，然後爲學。』此語説得如何？〔一七〕」曰：「子路當初使子羔爲費宰，意不知是〔一八〕如何。本却〔一九〕不是如此，只大言來答，故孔子惡佞〔二〇〕。」

問：「此恐失之偏否？」曰：「亦須是講學方可如此做。左傳子産説『學而後從政，未聞以政

學』一段説得好。如子路却是以政學者也。」淳。事見左傳襄公三十一年。[二一一]

子路曾皙冉有公西華侍坐章

子路品格甚高，若打疊得些子過，謂粗暴。便是曾點氣象。處謙。升卿録同。[二一二]

伊川謂「子路之志，亞於曾點」，蓋所言却是實。[二一三]道夫。

冉求、公西、赤言皆退讓，却是見子路被哂後，計較如此説。子路是真。此四人氣象好看。處謙。[二一四]

讀「曾皙言志」一章，曰：「此處正要理會。如子路説：『比及三年，可使有勇。』冉有云：『可使足民。』不知如何施設得便如此。曾皙意思固是高遠，須是看他如何得如此。若子細體認得這意思[二一五]，令人消得無限利禄鄙吝之心。須如此看，有[二一六]意味。」時舉。

㬅因説：「夜來話[二一七]『浴乎沂』等數句意在言外，本爲見得此數句只是見得曾點受用自在處，却不曾見得曾點見那道理處。」曰：[二一八]「須是[二一九]當分明先從這數句上體究出曾點所以如此。[二二〇]」

㬅因問：「這『禮』字恁地重看？」先生曰：「只是這個道理，有説得開朗底，有説得子[二二一]細密地底。『復禮』之『禮』説得較細密。『博文約禮』、『知崇禮卑』，『禮』字都説得細密。知崇是見得開朗，禮卑是要確守得底。」先生又云：「早間與亞夫說得那『克己復禮』，是克己便是復禮，不是克己了方待復禮，不是做兩截工夫。就這裏克將去，這上面便復得來。明道先生說那『克己則私心去自能復禮，雖不學禮文而禮意已得』，這個說得不相似。」先生云：〔三二〕「『克己復禮』是合掌說底。」植。〔三三〕

「『爲〔三四〕國以禮』之『禮』不是〔三五〕繁文末節。」問：〔三六〕「莫便是那『克己復禮』之『禮』？」曰：「禮是那天地自然之理。理會得時繁文末節皆在其中，『禮儀三百，威儀三千』却只是這個道理，千條萬緒貫通來只是一個道理。夫子所以說『吾道一以貫之』，曾子曰『忠恕而已矣』是也。蓋爲道理出來處只是一源，散見事物，都是一個物事做出底。一草一木與它夏葛冬裘、渴飲飢食、君臣父子、禮樂器數，都是天理流行，活潑潑地，那一件不是天理中出來！見得透徹後都是天理。理會不得則一事各自是一事，一物各自是一物，草木各自是草木，不干自己事。倒是莊、老有這般說話，莊子云『言而足則終日言而盡道，言而不足則終日言而盡物』。」〔三七〕

問：「夫子令四子言志，曰：『汝於平時則曰人不我知也，若人果我知，則以何者而用之哉？』〔三八〕故三子皆言用，而夫子卒不取三子，〔三九〕而卒〔四〇〕取無用之曾點，何也？」先生曰：「三子之志趣皆止於所能，而曾點氣象又大，志趣又別，極其所用，當不止此也。」又曰：「曾點雖是如此，於用工夫處亦欠細密。」卓。

先生問曹兄叔遠云：「子路、曾皙、冉有、公西華侍坐。子路、冉有之徒説許多話，説得如許大，聖人却不取他。至如曾皙説得全無意思，聖人却取他，曰『吾與點也』。看聖人這意思如何？」卓。〔四一〕

曾點之志如鳳凰翔於千仞之上，故其言曰「異乎三子者之撰」。道夫。

曾點言志，當時夫子只是見他説幾句索性話，令人快意，所以與之。其實細密工夫却多欠闕，便似莊列。如季武子死，倚其門而歌，打曾參仆地，皆有些狂怪。人傑。

曾點是他見得〔四二〕個道理大原了，只就眼前景致上説將去，如「暮春」以下是也。〔四三〕其行有不掩者，是他先見得大了，自然是難掩。廣。

曾點見得事事物物上皆是天理流行。良辰美景，與幾個好朋友行樂去〔四四〕。他看得〔四五〕那幾個説底功名事業都不是了，他看見日用之間莫非天理，在在處處莫非可樂。他自見得〔四六〕「莫春，〔四七〕春服既成，冠者五六人，童子六七人，浴乎沂，風乎舞雩，詠而歸」處，此是可樂天理。植。

曾點之學，蓋有以見夫天理流行，隨處發見，充足彌滿，無少欠闕。故其言志不過即其所居之位，與諸朋儕徜徉自適，初無捨己爲人之意。而其胸次超然，直與天地萬物上下同流，各得其

所之妙，隱然自見於言外，非三子之所及也。故夫子嘆惜而深與之。〔四八〕

敬之問：「曾點言志，見得天理流行，獨於其間認取這許多作自家受用。」曰：「不用恁地說。曾點只是見得許多都是道理發見，觸處是道理，只緣這道理本來到處都是。」〔四九〕

敬之又問「曾點」章。曰：「都不待着力說。只是他見得許多自然道理流行發見，眼前觸處皆是，曾點〔五〇〕但舉其一事而言之耳。只看他『鼓瑟希，鏗爾，捨瑟而作』，從容優裕悠然自得處，無不是這個道理。此一段都是這意思。今人讀之，只做等閑說了。當時記者亦多少子細。曾點見子路、冉有、公西華幾個所對都要着力出來做，他肚裏自覺得不足爲。若以次對，當於子路對後便問他。聖人見他鼓瑟，意思恁地自得，且問從別人上去，待都說了却問他。」又曰：「這道理處處都是。事父母，交朋友，都是這道理；接賓客是接賓客道理；動靜語默莫非道理；天地之運，春夏秋冬，莫非道理。人之一身便是天地，只緣人爲人欲隔了，自看此意思不見。如曾點，却被他超然看破這意思，夫子所以喜之。日月之盈縮，晝夜之晦明，莫非此理。」賀孫。

曾點於道，見其遠者大者，而視其近〔五一〕皆不足爲，故其言超然，無一毫作爲之意，唯欲樂其所樂，以終身焉耳。道夫。

曾點之志，夫子當時見他高於三子，故與之。要之，觀夫子「不知所以裁之」之語，則夫子正欲共它理會在。道夫。

曾點所見不同，方當侍坐時，見三子言志，想見有些笑[五二]他幾個，作而言曰「異乎三子者之撰」，看其意思直是[五三]有鳳凰翔于千仞底氣象。莊子中説子反琴張云云，聞喪而鼓琴，[五四]點亦只是此輩流。渠若不得聖人爲之依歸，恐入莊老去！[五五]寓。[五六]琴張見莊子第六篇注。[五七]

問言志。先生曰：「某嘗説曾晳不可學，他自是見得如此，若莊周、列禦寇也。是它見得如此，若學它便會狂妄了。今日浴沂詠歸，明日又浴沂詠歸，少間做甚收殺！他却與曾子相反，曾子是步步踏實地做去，到得一貫處已是得了。然而它也只是准而已，也不曾恁地差異，從此後也只是穩穩帖帖地去，至死且曰『吾知免』。夫未死以前戰戰兢兢，未嘗少息，豈曾如此狂妄顛蹷。」夔孫。[五八]

恭父問：「曾點説『詠而歸』一段，恐是他已前實事，因舉以見志。」曰：「他只是説出個意思要如此。若作已前事説亦不可知。人只見説曾點狂，看夫子特與之之意，須是大段高。緣他資質明敏，洞然自見得斯道之體，看天下甚麼事能動得他！他大綱如莊子。明道先生亦稱莊子云：『有大底意思。』又云：『莊生形容道體，儘有好處。』邵康節晚年意思正如此，把見處亦高，只是不合將來玩弄，[五九]造物[六〇]世事都做則劇看。曾點見得大意，然裏面工夫却疏略。明道亦云：『莊子無禮無本。』」賀孫。

或問：「『如或知爾，則何以哉。』待諸子以可用對，而曾點獨不答所問，夫子乃許之，何也？」曰：「曾點意思見得如此，自與諸子別。看他意思，若做時，上面煞有事在。」或問：「如何煞有事？」曰：「曾點見得如此時，若子路、冉求、公西華之所爲，曾點爲之有餘。」又曰：「只怕曾點有莊老意思。」或問：「曾點是實見得如此，還是偶然説着？」曰：「這也只是偶然説得如此。他也未到得便做莊老，只怕其流入於莊老。」又問：「東萊説『曾點只欠「寬以居之」』，這是如何？」曰：「他是太寬了，却是工夫欠細密。」因舉明道説康節云：「堯夫豪傑之士，根本不貼貼地。」又曰：「今人却怕做莊老，却不怕做管商。〔六一〕」賀孫。

問：「曾點浴沂氣象與顔子樂底意思相近否？」曰：「顔子底較恬静，無許多事。曾點是自恁地〔六二〕説，却也好。若不已便成釋老去，所以孟子謂之狂。顔子是孔子稱他樂，他不曾自説道我樂。大凡人自説樂時，便已不是樂了。」淳。〔六三〕

曼〔六四〕問：「曾點見得了，若能如顔子實做工夫去，如何？」先生曰：「曾點與顔子見處不同：曾點只是見他精英則個〔六五〕，却不是〔六六〕見那粗底。顔子天資高，精粗本末一時見得透了，便知得道合恁地下學上達去。只是被他一時見透，所以有〔六七〕恁做將去。曾點但只見得這向上底道理，所以胸中自在受用處從容。」植。〔六八〕

曼〔六九〕問：「曾點資質莫是與顔子相反，所見處如此？〔七〇〕」先生曰：「不是與顔子相反，却與曾參相反。他父子間爲學大不同。曾參是逐些子捱得〔七一〕去，曾點是只見得向上底了便

不肯做。」植。〔七二〕

曾子〔七三〕與曾點〔七四〕，父子之學自相反，一是從下做到，一是從上見得。子貢亦做得七八分工夫，聖人也要喚醒他，喚不去〔七五〕。也〔七六〕不是不説這道理，也不是便説這道理，只是説之有時，教之有序。〔七七〕淳。〔七八〕

曾點父子爲學不同。點有康節底意思，將那一個物玩弄。道夫。〔七九〕

歐陽希遜問「浴沂」章，云：「本朝康節先生大略與點相似。」先生批云：「人有天資高，自然見得此理真實流行運用之妙者，未必皆由學問之功。如康節、二程先生亦以『爲學則元不知也』來喻，皆已得之。大抵學者當循『下學上達』之序，庶幾不錯。若一向先求曾點見解，未有不入於佛老者也。」傳。〔八〇〕

「顏子之樂平淡，曾點之樂已勞攘了。至邵康節云『真樂攻心不奈何』，樂得大段顛蹙。」或曰：「顏子之樂只是人〔八一〕有這道理便樂否？」曰：「不須如此説，且就實處做工夫。」正卿。〔八二〕

明道詩云「旁人不識予心樂，將爲偷閑學少年」，此是後生時氣象，昡〔八三〕露無含蓄。正卿。

或問：「曾點之言如何？」曰：「公莫把曾點作面前〔八四〕看，縱説得是也無益。須是自家做曾點，便見得他〔八五〕曾點之心。」正卿。

問曾點。曰：「今學者全無曾點分毫氣象。今整日理會一個半個字有下落，猶未分曉在〔八六〕，如何敢望他？他直是見得這個〔八七〕道理活潑潑地快活。若似而今諸公樣做工夫，如何得似它在〔八八〕？」問：「學者須是打疊得世間一副當富貴利禄底心，方可以言曾點氣象，方有可用功處。」曰：「這個大故是外面粗處。某常説這個不難打疊，極未有要緊，不知别人如何。正當是裏面工夫極有細碎難理會處，要人打疊得。若只是外面富貴利禄，此何足道！若更這處打不透，説甚麽學？正當學者裏面工夫多有節病，人亦有〔八九〕多般樣。而今自家只見得這個重，便説難打疊，它人病痛又有不在是者。若人人將這個去律它，教須打併這個了方可做那個，則其無此病者却覺得緩散無力，急這一邊便緩却那一邊。所以這道理極難，要無所不用其力。莫問它急緩先後，只認是處便奉行，不是處便緊閉，却〔九〇〕教它莫要出來。所以説『是故君子無所不用其極』，『是故君子戒慎乎其所不睹，恐懼乎其所不聞。莫見乎隱，莫顯乎微』。又曰『仁以爲己任，不亦重乎』，四方八面盡要照管得到。若一處疏闕，那病痛便從那疏處入來。如人厮殺，凡山川途徑、險阻要害無處不要防守。如姜維守蜀，他只知重兵守著正路頭〔九一〕，以爲魏師莫能來，不知鄧艾却從陰平、武都而入，反出其後。他當初也説那裏險阻，人必來不得，不知意之所不備處纔有縫罅，便被賊人來了。做工夫都要如此，所以這事極難，只看『是故君子無所不用其極』一句便見。而今人有終身愛官職不知厭足者；又有做到中〔九二〕官職便足者；又有全然不要，只恁地懶惰因循，我也不要官職，我也無力爲善，平平過者；又有始間是好人，末後不好者；又有始間不好，到末後[九三]好者，如此者多矣；又有做到宰相了，猶未知厭足，更要經營久做者。極多般樣。」僩。[九四]

或問曾晳曰：「是他見得到日用之間無非天理流行，如今便是不能得恁地。充其見，便是孔子『老者安之，朋友信之，少者懷之』意思。聖賢做出便只是這個物事，更不用安排。如今將文字看，也且[九五]說得是如此，只是做不能得恁地。」輔漢卿再懇請：[九六]「前所問『必有事焉』，蒙教曰：『人須常常收斂此心，但不可執持，太過便倒塞了。然此處最難，略看差了便是禪。』此意如何？」曰：「這便是難言。」正淳謂云云。先生曰：「固是如此，便是難。學者固當尋向上去，只是向上去便怕易差。只吾儒與禪家說話，其深處止是毫忽之争。到得不向上尋，又只晝住在淺處。須是就源頭看，若理會得，只是滔滔地去。如操舟，尋得大港水脈，便一直溜去不問，三尺船也去得，五尺船也去得，一丈二丈船也去得。若不就源頭尋得，只三五尺船子，便只閣在淺處，積年過代，無緣得進。」賀孫。

先生令叔重讀江西嚴時亨、歐陽希遜問目，皆問「曾點言志」一段。以爲學之與事初非二致，學者要須涵養到「清明在躬，志氣如神」之地，則無事不可爲矣。先生曰：「此都說得偏了。學固着學，然事亦豈可廢也！若都不就事上學，只要便如曾點樣快活，將來却恐狂了人去也。學者要須常有三子之事業，又有曾點襟懷，方始不偏。蓋三子是就事上理會，曾點是見得大意。

曾點雖見大意，却少却事上工夫；　三子雖就事上學，却[九七]又無曾點底脱洒意思也。若曾子之學，却與曾點全然相反。往往曾點這般説話，曾子初間却理會不得他。但夫子説東便去學東、説西便去學西、説南便去學南、説北便去學北，到學來學去，一旦貫通，却自得意思也。」時舉。

蕭問「曾點言志」章，程子云云。先生曰：「集注内載前輩之説於句下者，是解此句文義；載前輩之説於章後者，是説一章之大旨及反覆此章之餘意。今曾點説底不曾理會得，又如何理會得後面底！」雉。[九八]

「曾點言志」、「顔淵問仁」二章。[九九]植舉曾點言志云：「明道謂：『孔子與點，蓋與聖人之志同。』」[一〇〇]先生詰云：「曾點與聖人志同在那裏？」對[一〇一]云：「曾點浴沂詠歸，樂而得其所，與聖人安老、懷少、信朋友，使萬物各遂其性處同。」先生云：「也未湊盡得。」因座中諸友皆不合意[一〇二]，先生云：「立之底只爭這些子。」潘子善以爲：「點只是樂其性分而已。日用間見得天理流行，纔要着私意去安排便不得。」先生云：「他不是道我不要着私意安排，私意自着不得。這個道理是天生自然，不得[一〇三]安排。蓋道理流行，無虧無欠，是天生自然如此，與聖人安老、懷少、信朋友底意思相似。聖人見老者合安便安之，朋友合信便信之，少者合懷便懷之。惟曾點見得到這裏，聖人做得到這裏。」因閎子善記：[一〇四]「二月二十四日趙恭父問：[一〇五]『曾點詠而歸，意思如何？』先生曰：『曾點見處極高，只是工夫疏略。他狂之病處易見，須[一〇六]要看他狂之好處如何[一〇七]。緣他日用之間見得天理流行，故他意思常恁地好。只如「莫春浴沂」數句，也只是略略地説將過。」又曰：「曾點意思與莊周相似，只是[一〇八]不至如此跌蕩。莊子見處亦高，只是[一〇九]不合將來玩弄也[一一〇]。」植。時舉同。[一一一]

先生云：[一一二]「『孔子與點，蓋[一一三]與聖人之志同』者，蓋都是自然底道理。安老、懷少、信朋友，自是天理流行。天理流行，觸處皆是。暑往寒來，川流山峙，『父子有親，君臣有義』之類，無非這理。如『學而時習之』，亦是窮此理；『孝弟仁之本』，亦是實此理。所以貴乎格物者，是物物上皆有此理。此聖人事，點見得到。蓋事事物物莫非天理，初豈是安排得來！安排來[一一四]時便湊合不着。這處更有甚私意來？自是着不得私意。聖人見得當[一一五]閑事，曾點莫[一一六]把作一件大事來説。他見得這天理隨處發見，處處皆是天理，所以如此樂。」又云：「恆是個一條物事，徹頭徹尾，不是尋常字。古字作『恒』，其説象一隻船，兩頭尾岸可見，頭尾徹。」[一一七]植。

寓[一一八]問：「『吾與點』處，[一一九]程子謂『便是堯舜氣象』，如何？」曰：「曾點却只是見得，未必能做得堯舜事。孟子所謂『狂士』，『其行不掩焉者也』。看[一二〇]其見到處，直是有堯舜氣象。如莊子亦見得堯舜分曉。」或問天王之用心何如，便説到「『天德而出寧，日月照而四時行，若晝夜之有經，雲行而雨施』。以是知他見得堯舜氣象出。曾點見識儘高，見得此理洞然，只是未曾下得工夫。曾點、曾參父子正相反。以點如此高明，參却魯鈍，一向低頭捱將去，直到一貫，方始透徹。是時見識方到曾點地位，然而規模氣象又別」。寓。

問：「論語只有個顔子、曾子傳聖人之學，其大概既得聞命矣。敢問曾點浴沂處，注云『有堯舜氣象』，夫子固於此已予點〔一二一〕矣。而子路『爲國以禮』處，亦注云『達得時便是這氣象』。如何？」曰：「子路所言底，他亦是無私意，但是不遜讓時便不是也。曾點見處豈不曰『與堯舜同』？但是他做不得此事。如今人在外看屋一般，知得有許大高〔一二二〕，然其中間廊廡廳館、户牖房闥，子細曲折，却是未必看得子細也。然看到此，也是大故難。」或曰：「程子云『曾點漆雕開已見得大意』，如何？」曰：「曾點見得較高。開只是朴實，其才雖不及點，然所見也是不苟。」或曰：「曾點既見得天理流行，胸中灑落矣，而行有不掩，何也？」曰：「蓋爲他天資高，見得這物事透徹，而做工夫却有欠闕。如一個大屋樣，他只見得四面墻壁，高低大小都定，只是裏面許多間架，殊不見得。如漆雕開，見大意則不如點，然却是他肯去做。點雖見得，却又不肯去做到盡處。且如邵康節，只緣他見得如此，便把來做幾大作弄，更不加細密工夫。某嘗謂曾子父子正相反。曾參初頭都不會，只從頭自一事一物上做去，及四方八面都做了，却到大處。及他見得大處時，共〔一二三〕他小處一一都了也。點合下見得大處，却不肯去做小底，終不及他兒子也。」祖道。〔一二四〕

問：「孔子語子路『爲國以禮』，只是以子路不遜讓，故發此言。程先生云云，如何？」曰：「到『爲國以禮』分上便是理明，自然有曾點氣象。」可學。

㬊[一二五] 又問：「子路若達『爲國以禮』道理，如何便是這氣象？」先生曰：「若達時事事都見得是自然底天理。既是天理，無許多費力生受。」[一二六]「灑落，因個甚麽見之[一二七]？」「這[一二八]數句只是見得曾點從容自在處，見得道理處却不在此。然而却當就這看出來。」先生又曰：「只爲三子見得低了，曾點恁他說出來，夫子所以與之言[一二九]，而終不似說顏子時。說是狂者，正爲只見得如此，做來却不恁地。」又云：「『爲國以禮』之『禮』却不只是繁文末節。」植。[一三〇]

李守約問：「『言志』章，集注說：[一三一]『子路只爲不達「爲國以禮」道理，[一三二]若[一三三]達時，便是此氣象。』意謂禮是天理，子路若識得便能爲國，合得天理？」曰：「固是。只更有節奏。雖[一三四]說聖人只爲他『其言不讓』故發此語，如今看來，終不成纔得[一三五]讓底道理，便與曾點氣象相似。似未會如此。如今且平看，若更去說程子之說，却又是說上添說。子思言『鳶飛魚躍』與孟子言『勿忘』、『勿助長』，此兩處皆是喫緊爲人處，但語意各自別。後人因『喫緊爲人』一句，却只管去求他同處，遂至牽合。」木之。

問：「『子路曾皙冉有公西華侍坐』章，程子曰：『子路只緣不達「爲國以禮」道理，故夫子哂之。若達，却便是這氣象也。』[一三六]政[一三七]使子路知禮，如何便得似曾皙氣象？」曰：「此亦似乎隔驀，然亦只争個知不知、見不見耳。若達得，則便是這氣象也。曾點只緣他見得個大底意思了。據他所説之分，只得如此説。能如此，則達而在上便可做得堯舜事業，隨所在而得其樂矣。」又曰：「公且更説曾點意思。」廣云：「點是已見得大意，其所言者無非天理之流行，都不爲事物所累。」曰：「亦不必説不爲事物所累。只是緣他高明，自見得個大底意思。」曰：「既見得這意思，如何却行有不掩？」曰：「緣他見得了，不去下工夫，所以如此。譬如人須以目見，以足行，見得方能行得。然亦有見得了不肯行者，亦有未見得後强力以進者。如顔子，則見與行皆到也。」又曰：「曾點、曾參[一三八]父子學問却如此不同。曾點是未行而先見得此意思者。曾子其初却都未能見，但一味履踐將去。到得後來真積力久，夫子知其將有所得，始告之以一貫之説，曾子方領略得。然緣他工夫在先，故一見便了，更無窒礙處。若是曾皙，則須是更去行處做工夫始得，若不去做工夫，則便入於釋老去也。觀季武子死，曾點倚其門而歌。他雖未是好人，然人死而歌是甚道理！此便有些莊老底意思了[一三九]。程子曰『曾點、漆雕開已見大意』，看得來漆雕開爲人却有規矩，不肯只恁地休，故曰『吾斯之未能信』。」廣。

吳伯豐問：「四子言志處，程子曰『子路只爲不達「爲國以禮」道理，若達却便是這氣象』。然則冉有、公西華其言皆遜，便可謂是這氣象耶？」先生曰：「子路地位已高，若於此達得，即其進不可量。若二子，蓋因仲由見哂方且如此，非真見得也，其地位去曾點甚遠。雖知讓之爲美，此外更有多少事耶！」處謙。[一四〇]

陳仲亨説：「『子路只是不達「爲國以禮」道理』數句，未明。」先生曰：「子路地位是[一四一]高，但[一四二]其病是有些子粗。緣是[一四三]如此，所以便有許多粗暴疏率處。他若能消磨得這些子去，却能恁地退遜，則便是個[一四四]氣象了。蓋是他資質大段高，不比冉求、公西華，那二子雖如此謙退，然却如何及得子路？譬之如一個坑，跳不過時只在這邊，一跳過便在那邊。若達那『爲國以禮』道理，便是這般氣象，意正如此。『求也退，故進之』，冉求之病乃是子路底藥，子路底病乃是冉求底藥。」義剛。

問：「再看『浴沂』章，程子云：『曾點，狂者也，未必能爲聖人之事，而能知夫子之志，故曰「浴乎沂，風乎舞雩，詠而歸」，言樂而得其所也。孔子之志在於「老者安之，朋友信之，少者懷之」，使萬物莫不遂其性。曾點知之，故孔子喟然歎曰：「吾與點也！」』若如程子之説看，則事皆切實。若只從曾點見得個大底意思看，恐易入於虛無。」先生曰：「此一段唯上蔡見得分曉，蓋三子只就事上見得此道理，曾點是去自己心性上見得個[一四五]本原頭道理。使曾點做三子事，未必做得。然曾子見處，雖堯舜事業，亦不過以此爲之而已。程子所説意思固好，但所録不盡其意。看得來上面須別有説話在，必先説曾點已見此道理了，然後能如此，則體、用具備。若如今恁地説，則有用無體，便覺偏了。」因説：「一貫之旨，忠恕之説，程先生門人中亦只上蔡領略得他意思，餘皆未曉。『浴沂』一章解向來亦曾改過，但令尋未見在。」問：「先生謂二[一四六]子從事上見得此道理，必如此説，然後見得程子所謂『只緣子路不達「爲國以禮」道理者，若達，則便是這氣象』之説。三子皆是去事上見[一四七]此道理，而子路之言不讓，則便是不知不覺違了這個道理處，故夫子哂之也。」先生曰：「然。二子亦因夫子之哂子路，故其言愈加謙讓，皆非其自然，蓋有所警也。」廣。

上蔡説「鳶飛魚躍」，因云「知『勿忘，勿助長』則知此，知此則知夫子與點之意」，看來此一段好，當入在集注中「舞雩」後。僩。[一四八]

節[一四九]問：「前輩説『鳶飛魚躍』與曾點浴沂一事同。不知曾點之事何緣與子思之説同？」曰：「曾點見日用之間莫非天理。」節復[一五〇]問：「何以見曾點見日用之間莫非天理？」曰：「若非見得日用之間無非天理，只恁地空樂也無意思。」又曰：「諸子有安排期必，至曾點，只以平日所樂處言之。曾點不説道欲做那事，不做那事。」又曰：「曾點以樂於今日者對，諸子以期於異日者對。」又曰：「某今日見得又別。」節次日問：「節取先生所注一段看，不見與昨日之説異。」答曰：「前日不曾説諸子有安排期必，至曾點無之。」節。

上蔡説，勿忘勿助長則知曾點氣象。此段當入在集注中。僩。以下集義。[一五一]

「集義，謝曰：『鳶飛戾天，魚躍於淵，無些私意。上下察以明道體無不在，非指鳶、魚而言也。若指鳶、魚爲言，則上面更有天，下面更有地在。知「勿忘勿助長」則知此，知此則知夫子與曾點之意。季路、冉求言志之事，非大才做不得。然常懷此意在胸中，在曾點看著正可笑爾。學者不可著一事在胸中，纔著些事，便不得其正。且道曾點有甚事？列子御風，事近之。』其説然乎？」曰：「聖賢之心所以異於佛老者，正以無意、必、固、我之累，而所謂『天地生物之心』、『對時育物之事』者，未始一息而停也。若但曰『曠然無所倚着而不察乎』，此則亦何以異於虚無寂滅之學，而豈聖人之事哉？觀其直以異端之妄言爲比，則得失亦可見矣。」［一五二］

廖子晦、李唐卿、陳安卿共論三子言志，及顔子喟然之歎，録其語質諸先生。答曰：［一五三］「覺見諸公都説得枝蔓。此等處不通如此説，在人自活看方得。若云堯舜事業非曾點所能，又逐一稱述堯舜來比並，都不足［一五四］如此。曾點只是個高爽底人，他意思偶然自見得，只見得了便休；堯舜則都見得了，又都踏著這個物事行。此其不同處耳。［一五五］要人自見得，只管推説，已是枝蔓。」或問：「程子云：『子路只緣曉不得「爲國以禮」底道理，若曉得，便是此氣象也。』如公西、冉求二子，語言之間亦自謙遜，可謂達禮者矣，何故却無曾點氣象？」曰：「二子只是曉得那禮之皮膚，曉不得那裏面微妙處。他若曉得，便須見得『天高地下，萬物散殊，而禮制行矣；流而不息，合同而化，而樂興焉』底自然道理矣。曾點却有時見得這個氣象，只是他見得了便休。緣他見得快，所以不將當事。他底他見得了，〔一五六〕又從頭去行，那裏得來！曾參則元來未見這個大統體，先從細微曲折處行，都透了，見得個大體。曾氏父子二人極不同。世間自有一樣人如此高灑見得底，學不得也。學者須是學曾子逐步做將去，方穩實。」又問：「子路氣象須較開闊如二子。」曰：「然。」〔一五七〕僩。

吴兄問曾子言志一段。先生曰：「何謂『視其氣象，雖堯舜事業亦可爲』？」吴兄無對。先生曰：「曾點但開口説一句『異乎三子者之撰』時，便自高了，蓋三子所志者雖皆是實，然未免局於一君一國之小，向上更進不得。若曾點所見，乃是大根大本。使推而行之，則將無所不能。雖其功用之大，如堯舜之治天下，亦可爲矣。蓋言其所志者大而不可量也。譬之於水，曾點之所用力者，水之源也；三子之所用力者，水之流也。用力於派分之處，則其功止於一派；用力於源，則放之四海亦猶是也。然使點遂行其志，則恐未能掩其言，故以爲狂者也。某嘗謂曾點父子爲學，每每相反。曾點天資高明，用志遠大，故能先見其本，往往於事爲之間有不屑用力者焉；是徒見其忠之理，而不知其恕之理也。曾子一日三省，則隨事用力，而一貫之説必待夫子告之而後知；是先於恕上得之，而忠之理則其初蓋未能會也。然而一唯之後，本末兼該，體用全備，故其傳道之任不在其父，而在其子。則其虚實之分，學者其必有以察之。」處謙。

問：「集注謂曾點『氣象從容』，便是鼓瑟處；詞意灑落，便是下面答言志『雖堯舜事業亦優爲之』處否？」先生曰：「且道堯舜是甚麽樣事？何不説堯舜之心，恰限説事業？蓋『富有之謂大業』，至如『平章百姓』，明目達聰，納大麓，皆是事也。此分明説事業。緣曾點見得道理大，所以『堯舜事業優爲之』，『視三子規規於事爲之末』，固有間矣。是他見得聖人氣象如此，雖超然[一五八]事物之外，而實不離乎事[一五九]之中。是個無事無爲底道理，却做有事有爲底功業。天樣大底[一六〇]事也做得，針樣小底[一六一]事也做得，此所謂大本、所謂忠、所謂一者是也。點操得柄欛、據着源頭，諸子則從支流[一六二]上做工夫。諸子底做得小，他底高大。曾點合下便見聖人本是如此[一六三]，但於細微工夫却不曾做得，所以未免爲狂。緣他資禀高，見得這個大，不肯屑屑做那小底工夫。是他只緣[一六四]合下一見便了，於細微節目工夫却有欠闕，與後世佛老近似，但佛老做得忒無狀耳。」又云：「曾參、曾點父子兩人絶不類。曾子隨事上做，細微曲折，做得極爛熟了，纔得聖人指撥，一悟即了當。點則不然，合下便見得如此，却不曾從事上下曲折工夫[一六五]，所以聖人但説『吾與點』而已。若傳道，則還曾子也。學者須是如曾子做工夫，點自是一種天資，不可學也。伊川説『曾點、漆雕開已見大意』，點則行不掩，開見此個大意了，又却要補填滿足，於『未能信』一句上見之。此與一貫，兩處是大節目，當時[一六六]經心始得。」又曰：「只看『異乎三子者之撰』一句，便是從容灑落[一六七]了。」又曰：「諸子之欲爲國，也是他實做[一六八]，方如此説。」明作。[一六九]

【校勘記】

［一］賀孫　成化本無。

［二］季子然問仲由冉求可謂大臣一章　成化本無。

［三］於是　成化本爲「終是」。

［四］問　成化本爲「或問」。

［五］焉　成化本作「之」。

［六］宗臣　成化本爲「皆用」。

［七］此條燾録成化本載於卷三十一。

［八］當　成化本此上有「問：『孔門弟子如由、求皆仕於季氏，何也？』曰：『只仕便是病了。儘高底便不肯仕，如閔子、曾子是也。但』」。

［九］蓋　成化本此下有「當時」。

［一〇］問　成化本爲「又問」。

［一一］亦　成化本此上有「當時」。

［一二］季氏　成化本作「他」。

［一三］不　成化本爲「不當」。

［一四］成化本此下有「次日見先生，先生又曰：『夜來説尊敬話，這處認不得，當下便做病。而今説被他敬，去仕他。若是個賊來尊敬自家，自家還從他不從他！但看義如何耳。』」

［一五］問張子韶解不可則止　成化本爲「問以道事君不可則止忠告而善道之不可則止張子韶解此謂」。

［一六］有民人焉有社稷焉　成化本無。

［一七］此語説得如何　成化本無。

［一八］是　成化本無。

［一九］却　成化本無。

［二〇］佞　成化本爲「其佞」。

［二一］事見左傳襄公三十一年　成化本無。

［二二］處謙升卿録同　成化本爲「升卿」。又，此條底本卷二十九重複載録，但文字稍有差異，參底本該卷「子路知識甚高……便是曾點氣象」條。

［二三］蓋所言却是實　成化本爲「蓋子路所言却是實他二子却鑒他子路爲夫子所哂故退後説」。

［二四］處謙　成化本爲「升卿」。

［二五］思　成化本此下有「分明」。

［二六］有　成化本爲「方有」。

［二七］話　成化本作「説」。

［二八］曰　成化本無。
［二九］是　成化本無。
［三〇］此　成化本此下有「灑落因個甚麽」，且此條注爲植録，載於卷四十一。按，成化本卷四十一所載植録，底本分爲十一條分載於卷四十、四十一，除此條外，另十條參底本卷四十一「㬇問克己復禮……便復得這些個來」條，卷四十一「㬇問如磨昏鏡相似……無處歸着」條，卷四十「㬇問曾點見得了……受用處從容」條，卷四十一「㬇云所以唤禮……便見這意思」條，卷四十「㬇問曾點資質……便不肯做」條，卷四十「㬇又問子路若達……不只是繁文末節」條，卷四十一「㬇再舉……旋克將去」條，卷四十「爲國以禮之禮……終日言而盡物」條，卷四十「㬇云爲國以禮……無那禮可復」條，卷四十「㬇因問這禮字……是合掌説底」條。
［三一］子　成化本無。
［三二］先生云　成化本爲「又曰」。
［三三］此植録成化本載於卷四十一。按，成化本卷四十一所載植録，底本分爲十一條分載於卷四十、四十一，除此條外，另十條參底本卷四十一「㬇問克己復禮……便復得這些個來」條，卷四十一「㬇問如磨昏鏡相似……無處歸着」條，卷四十「㬇問曾點見得了……受用處從容」條，卷四十一「㬇云所以唤禮……便見這意思」條，卷四十「㬇問曾點資質……便不肯做」條，卷四十「㬇又問子路若達……不只是繁文末節」條，卷四十一「㬇再舉……旋克將去」條，卷四十「㬇因説夜來話……曾點所以如此」條，卷四十「爲國以禮之禮……終日言而盡物」條，卷四十「㬇云爲國以禮……無那禮可復」條。

〔三四〕爲　成化本此上有「又曰」。

〔三五〕不是　成化本爲「却不只是」。

〔三六〕問　成化本爲「㬗問」。

〔三七〕此成化本注爲植録，載於卷四十一。按，成化本卷四十一所載植録，底本分爲十一條分載於卷四十、四十一，除此條外，另十條參底本卷四十一「㬗問克己復禮……便復得這些個來」條，卷四十一「㬗問如磨昏鏡相似……無處歸着」條，卷四十「㬗問曾點見得了……受用處從容」條，卷四十一「㬗云所以唤禮……便見這意思」條，卷四十「㬗問曾點資質……便不肯做」條，卷四十「㬗又問子路若達……不只是繁文末節」條，卷四十一「㬗再舉……旋克將去」條，卷四十「㬗因説夜來話……曾點所以如此」條，卷四十「㬗云爲國以禮……無那禮可復」條，卷四十「㬗因問這禮字……是合掌説底」條。

〔三八〕曰汝於平時……而用之哉　成化本無。

〔三九〕而夫子卒不取三子　成化本爲「夫子卒不取」。

〔四〇〕卒　成化本無。

〔四一〕此條卓録成化本無。

〔四二〕他見得　成化本爲「見他」。

〔四三〕如暮春以下是也　成化本無。

〔四四〕去　成化本無。

〔四五〕得　成化本無。

〔四六〕得　成化本此下有「那」。

〔四七〕莫春　成化本無。

〔四八〕此條成化本無。

〔四九〕成化本此下注有「賀孫」。

〔五〇〕曾點　成化本作「點」。

〔五一〕近　成化本爲「近小」。

〔五二〕笑　成化本爲「下視」。

〔五三〕思直是　成化本無。

〔五四〕莊子中説子反琴張云云聞喪而鼓琴　成化本爲「莊子中説孟子反子琴張喪側或琴或歌」。

〔五五〕恐入莊老去　成化本爲「須一向流入莊老去」。

〔五六〕此條寓録成化本載於卷二十七。且於此條前另有問答之語曰：問：「『一貫』，注言：『蓋已隨事精察而力行之，但未知其體之一耳。』『未知其體之一』，亦是前所説乎？」曰：「參也以魯得之，他逐件去理會。曾子問喪禮，到人情委曲處無不講究。其初見一事只是一事，百件事是百件事。得夫子一點醒，百件事只是一件事，許多般樣只一心流出，曾子至此方信得是一個道理。」問：「自後學言之，便道已知此是一理。今曾子用許多積累工夫，方始見得是一貫，後學如何便曉得一貫？」曰：「後人只是想象説，正如矮人看戲一般，見前面人笑，他也笑。他雖眼不曾見，想必是好笑，便隨他笑。」又，此條底本卷二十七重複載録，可參。

［五七］琴張見莊子第六篇注　成化本無。

［五八］此條夔孫録成化本以部分内容爲注，夾於卷四十義剛録中，參成化本該卷「周貴卿問先生教人……却做個甚麽合殺」條。

［五九］把見處亦高只是不合將來玩弄　成化本無。

［六〇］造物　成化本此上有「把」。

［六一］成化本此下有「可笑」。

［六二］地　成化本無。

［六三］此條淳録部分内容重複載録底本卷三十一，參底本該卷「又曰顔子是孔子稱他樂……便已不是樂了」條。

［六四］曼　成化本作「又」。

［六五］則個　成化本作「底」。

［六六］是　成化本無。

［六七］有　成化本無。

［六八］此植録成化本載於卷四十一。按，成化本卷四十一所載植録，底本分爲十一條分載於卷四十、四十

一，除此條外，另十條參底本卷四十一「㬅問克己復禮……便復得這些個來」條，卷四十一「㬅問如磨昏鏡相似……無處歸着」條，卷四十一「㬅云所以唤禮……便見這意思」條，卷四十「㬅問曾點資質……便不肯做」條，卷四十「㬅又問子路若達……不只是繁文末節」條，卷四十一「㬅再舉……旋克將去」條，卷四十「㬅因説夜來話……曾點所以如此」條，卷四十「爲國以禮之禮……終日言而盡物」條，卷四十「㬅云爲國以禮……無那禮可復」條，卷四十「㬅因問這禮字……是合掌説底」條。

［六九］㬅　成化本作「因」。

［七〇］所見處如此　成化本無。

［七一］得　成化本作「將」。

［七二］此植録成化本載於卷四十一。按，成化本卷四十一所載植録，底本分爲十一條分載於卷四十、四十一，除此條外，另十條參底本卷四十一「㬅問克己復禮……便復得這些個來」條，卷四十一「㬅問如磨昏鏡相似……無處歸着」條，卷四十「㬅問曾點見得了……受用處從容」條，卷四十一「㬅云所以唤禮……便見這意思」條，卷四十「㬅又問子路若達……不只是繁文末節」條，卷四十一「㬅再舉……旋克將去」條，卷四十「㬅因説夜來話……曾點所以如此」條，卷四十「爲國以禮之禮……終日言而盡物」條，卷四十「㬅云爲國以禮……無那禮可復」條，卷四十「㬅因問這禮字……是合掌説底」條。

［七三］曾子　成化本此上有「是夜再召淳與李丈入卧内……下梢只如此而已」。此部分内容底本分爲二條，分别載於卷三十六、卷一百十五，參卷三十六淳録「孔門惟顔子曾子漆雕開曾點……下梢只如此而已」

條，卷一百十五淳録「是夜再召淳與李丈入卧内……易得將下面許多工夫放緩了」條。

〔七四〕與曾點　成化本無。

〔七五〕去　成化本作「上」。

〔七六〕也　成化本爲「聖人」。

〔七七〕教之有序　成化本爲「教人有序」，且此下有「子晦之説無頭……不似程先生説得穩」。此部分内容底本分爲九條，分别載於卷三十四、卷一百十五、卷一百二十五，參卷三十四淳録「志於道……看三百篇中那個事不説來」條，卷三十四淳録「二三子以我爲隱乎……不似程先生説得穩」條，卷一百十五淳録「子晦之説無頭……鑿來鑿去終是鑿不着」條及其下五條，卷一百二十五淳録「又曰莊周列禦寇……今禪學也是恁地」條。

〔七八〕淳　成化本爲「義剛同」，且此條載於卷一百十七。

〔七九〕此條道夫録成化本載於卷九十三。

〔八〇〕此條成化本無。

〔八一〕人　成化本作「心」。

〔八二〕正卿　成化本爲「學蒙」，下同。且此條成化本載於卷三十一，而底本卷三十重複載録。

〔八三〕昡　成化本作「眩」。

〔八四〕面前　成化本爲「面前人」。

〔八五〕他　成化本無。
〔八六〕在　成化本無。
〔八七〕個　成化本無。
〔八八〕在　成化本無。
〔八九〕有　成化本無。
〔九〇〕却　成化本無。
〔九一〕頭　成化本無。
〔九二〕中　成化本爲「中中」。
〔九三〕後　成化本無。
〔九四〕此條僩録成化本載於卷一百二十一。
〔九五〕且　成化本無。
〔九六〕輔漢卿再懇請　成化本爲「漢卿再請」。
〔九七〕却　成化本無。
〔九八〕成化本此下注曰：「以下集注。」
〔九九〕曾點言志顔淵問仁二章　成化本無。
〔一〇〇〕植舉曾點言志云明道謂孔子與點蓋與聖人之志同　成化本爲「植舉曾點言志明道云蓋與聖人之

志同」。

［一〇一］對　成化本作「植」。

［一〇二］意　成化本無。

［一〇三］得　成化本作「待」。

［一〇四］因閱子善記　成化本無。

［一〇五］二月二十四日趙恭甫問　成化本爲「恭父問」。

［一〇六］須　成化本作「却」。

［一〇七］如何　成化本爲「是如何」。

［一〇八］是　成化本無。

［一〇九］是　成化本無。

［一一〇］也　成化本作「了」。

［一一一］此條成化本分爲兩條，且分別來自不同門人所録：「植舉曾點言志……聖人做得到這裏」爲一條，注爲植録；「恭父問曾點詠而歸……不合將來玩弄了」爲一條，注爲時舉録。

［一一二］先生云　成化本無。

［一一三］蓋　成化本無。

［一一四］來　成化本無。

〔一一五〕當　成化本爲「只當」。

〔一一六〕莫　成化本無。

〔一一七〕又云惬是個一條物事……頭尾徹　成化本無。

〔一一八〕寓　成化本無。

〔一一九〕吾與點處　成化本無。

〔一二〇〕看　成化本無。

〔一二一〕於此已予點　成化本爲「於此子點」，朱本爲「於此與點」。

〔一二二〕許大高　成化本爲「許大許高」。

〔一二三〕共　成化本作「其」。

〔一二四〕成化本此下注曰：「賜録一條見『漆雕開』章，疑同聞。」可參成化本卷二十八賜録「曾點已見大意……他小處却都曾做了」條。

〔一二五〕臱　成化本無。

〔一二六〕受　成化本此下有「又問：『子路就使達得，却只是事爲之末，如何比得這個？』曰：『理會得這道理，雖事爲之末，亦是道理。「暮春者，春服既成」，何嘗不是事爲來？』又問：『三子皆事爲之末，何故子路達得便是這氣象？』曰：『子路才氣去得。他雖粗暴些，纔理會這道理，便就這個「比及三年，可使有勇且知方」上面，却是這個氣象。求、赤二子雖似謹細，却只是安排來底，又更是他才氣小了。子路是甚麽樣才氣！』先生又曰：『曾點之學，無聖人爲之依歸，便是佛老去。如琴張、曾皙，已做出這般事來。』又曰：『其克己往往吾儒之所不及，但只他無那禮可復。』曼再舉『未能至於復禮以前，皆是已私未盡克去』。曰：『這是旋克將去。』曼因説：『夜來説「浴乎沂」等數句意在言外。本爲見得此數句，只是見得曾點受用自在處，却不曾見得曾點見那道理處。須當分明先從這數句上體究出曾點所以如此』。

〔一二七〕見之　成化本無。

〔一二八〕這　成化本此上有「曰」。

〔一二九〕言　成化本作「然」。

〔一三〇〕此植録成化本載於卷四十一。按，成化本卷四十一所載植録，底本分爲十一條分載於卷四十、四十一，除此條外，另十條參底本卷四十一「曼問克己復禮……便復得這些個來」條，卷四十一「曼問如磨昏鏡相似……無處歸着」條，卷四十「曼問曾點見得了……受用處從容」條，卷四十一「曼云所以喚禮……便見這意思」條，卷四十「曼問曾點資質……便不肯做」條，卷四十一「曼再舉……旋克將去」條，卷四十「曼因説夜來話……曾點所以如此」條，卷四十「爲國以禮之禮……終日言而盡物」條，卷四十「曼云爲國以禮……無那禮可復」條，卷四十「曼因問這禮字……是合掌説底」條。

〔一三一〕言志章集注説　成化本無。

〔一三二〕子路只爲不達爲國以禮道理　成化本無。

〔一三三〕若　成化本爲「子路」。

［一三四］雖　成化本作「難」。

［一三五］纔得　成化本爲「纔會得」。

［一三六］子路曾晳冉有公西華侍坐……却便是這氣象也　成化本無。

［一三七］政　成化本無。

［一三八］曾參　成化本無。

［一三九］莊老底意思了　成化本爲「莊老意思」。

［一四〇］此條處謙録成化本無。

［一四一］是　成化本無。

［一四二］但　成化本此上有「品格亦大故高」。

［一四三］是　成化本無。

［一四四］個　成化本爲「這個」。

［一四五］個　成化本作「那」。

［一四六］二　成化本作「三」。

［一四七］見　成化本爲「見得」。

［一四八］成化本此下注曰：「以下集義。」

［一四九］節　成化本無。

［一五〇］節復　成化本無。

［一五一］此條僩録成化本無。

［一五二］此條成化本無。

［一五三］答曰　成化本爲「先生曰」。

［一五四］足　成化本作「是」。

［一五五］成化本此下有「要之，只説得個見得天理明，所以如此。只説得到此住，已上説不去了」。

［一五六］他底他見得了　成化本爲「他若見得了」。

［一五七］成化本此下有「又曰：『看來他們都是合下不曾從實地做工夫去，却只是要想象巴攬，説個形象如此，所以不實。某嘗説，學者只是依先儒注解，逐句逐字與我理會，着實做將去，少間自見。最怕自立説籠罩，此爲學者之大病。世間也只有這一個方法路徑，若纔不從此去，少間便落草，不濟事。只依古人所説底去做，少間行出來便是我底，何必别生意見。此最是學者之大病，不可不深戒。』」

［一五八］然　成化本作「乎」。

［一五九］事　成化本爲「事物」。

［一六〇］底　成化本無。

［一六一］底　成化本無。

［一六二］流　成化本作「派」。

［一六三］見聖人本是如此　成化本爲「見得聖人大本是如此」。

［一六四］只緣　成化本無。

［一六五］從事上下曲折工夫　成化本爲「從事曲折工夫」。

［一六六］時　成化本爲「時時」。

［一六七］落　成化本此下有「處」。

［一六八］做　成化本爲「做得」。

［一六九］成化本此下注曰：「集注非定本。」

晦庵先生朱文公語類卷第四十一

論語二十三

顔淵篇

顔淵問仁章

顔子生平只是受用「克己復禮」四個字。不遷，不貳。三月不違。不改其樂。道夫。

顔子克己，如紅爐上一點雪。道夫。

「克己」如誓不與賊俱生。「克伐怨欲不行」，如「薄伐玁狁，至于太原」，但逐出境而已。僩。〔一〕

問「體道」〔二〕。先生曰：「『體』〔三〕是〔四〕自家身上去體那道。聖賢説話無非是道，〔五〕要自家將身去體他，〔六〕如克己便是體道工夫。」僩。〔七〕

「克己復禮」，如火烈。火烈則莫我敢遏。若海。

「克己復禮」，如通溝渠壅塞。仁乃水流也。可學。

「克己復禮」，間不容髮。無私便是仁。道夫。

節[八]問：「『克己復禮』，『如見大賓』之時，指何者爲仁？」答曰：「存得心之本體。」節。

「克己復禮爲仁」與「可以爲仁矣」之「爲」，如「謂之」相似。「孝[九]弟爲仁之本」、「爲仁由己」之「爲」不同。節。

或曰：「克己，是勝己之私之謂克否？」先生曰：「然。」曰：「如何知得是私後克將去？」曰：「隨其所知者漸漸克去。」或曰：「南軒張公[一〇]作克己齋銘，不取子雲之說，如何？」曰：「不知南軒何故如此說。恐只是一時信筆寫將去，殊欠商量。」曰：「聞學中今已開石了。」先生笑曰：「悔不及矣！」祖道。謨、人傑同。[一一]

或問：「克己之私有三：氣稟，耳目鼻口之欲，及人我是也。不知那個是夫子所指者？」先生曰：「三者皆在裏。然非禮勿視聽言動，則耳目口鼻之欲較多。」又問：「『克者，勝也』，不如以『克』訓『治』較穩。」先生曰：「『治』字緩了。且得[一二]捱得一分也是治，捱得三[一三]分也是治。『勝』，便是打疊殺了他。」學蒙。

因說「克己復禮」，有問云「私欲難去」。先生曰：「難。有時忘了他，有時便與人爲一片

了。」希遜。[一四]

先生曰：「『克己復禮』最要子細理會，如要説『克己復禮』處便是私了，便是人欲。」從周。[一五]

元翰問：「『克己復禮爲仁。』[一六]克去己私最是難事。如今且於日用間每事上[一七]尋個是處，只就心上驗之，覺得是時此心便安。此莫是仁否？」先生曰：「此又似説義，却未見得仁。又況做事只要靠着心，但恐己私未克時，此心亦有時解錯認了。不若日用間只就事上子細思量體認那個是天理，那個是人欲。着力除去了私底，不要做，一味就理上做去，次第漸漸見得道理自然純熟，仁亦可見。且如聖賢千言萬語雖不同，都只是説這道理。且將聖賢説底看，一句如此説，一句如彼説，逐句把來湊看，次第合得都是這道理。」或説：「如今一等非理事固不敢做。只在書院中時，亦自有一般私意難識。所謂『孜孜爲善，孜孜爲利』，於善利之中却解認[一八]。」先生曰：「且做得一重又做一重，大概且要得界限分明。」遂以手畫扇中間，云：「這一邊是善，這一邊是利。認得善利底界限了，又却就這一邊體認纖悉不是處，克將去。聖人所以下個『克』字，譬如相殺相似，定要克勝得他！大率克己工夫是自着力做底事，與他人殊不相干。緊緊閉門自就身上子細體認，覺得纔有私意便是克去，故曰『爲仁由己，而由人乎哉』，夫子説得大段分曉。呂與叔克己銘却有病，他説須於與物相對時克，若此則是併物亦克也。己私可克，物如何克得去？己私是自家身上事，與物未相干在。」明作。

晏問「克己復禮」之事[一九]。答[二〇]曰：「只[二一]有天理、人欲兩途，不是天理，便是人欲，即無不屬天理、又不屬人欲底一節。且如『坐如尸』是天理，跛倚是人欲。克去跛倚而未能如尸，即是克得未盡，却不是未能如尸之時不係人欲也。須是立個界限，將那未能復禮時底都把做人欲斷定。」先生又曰：「禮是自家本有底，所以説個『復』，不是待克了己方去復禮。克得那一分人欲去，便復得這一分天理來，克得那二分己去，便復得這二分禮來。且如箕踞非禮，自家克去箕踞，稍稍端坐，雖未能如尸，復得這些個來。」植。[二二]時舉録同而略。[二三]

因説克己，或曰：「若是人欲則易見，但恐自説是天理處，却是人欲，所以爲難。」先生曰：「固是如此。且從易見底克去，又却理會難見底。如剥百合，須去了一重方始去那第二重。今且將『義利』兩字分個界限，緊緊走從這邊來。其間細碎工夫又一面理會。如做屋柱一般，且去了一重粗皮，又慢慢出細。今人不曾做得第一重，便做第二重工夫去。正如中庸説『戒謹乎其所不睹，恐懼乎其所不聞。莫見乎隱，莫顯乎微，故君子謹其獨也』。此是尋常工夫都做了，故又説出向上一層工夫，以見義理之無窮耳。不成『十目所視，十手所指』處不謹，便只是[二四]去謹獨！無此理也。」雉。

「克己復禮」，纔「克己」便是「復禮」。泳。[二五]

克己則禮自復，閑邪則誠自存。非克己外別有復禮，閑邪外別有存誠。賀孫。〔二六〕

問「克己復禮爲仁」。曰：「克去己私，復此天理便是仁。只『克己復禮』如以刀割物，刀是自己刀，就此便割物，不須更借別人刀也。『天下歸仁』，天下之人以仁稱之也。解釋經義須是實歷其事，方見着實。如說『反身而誠，樂莫大焉』，所謂誠者，必須實能盡得此理。仁義禮智無一些欠闕他底，如何不樂！既無實得，樂自何而生？『天下歸仁』之義亦類此，既能『克己復禮』，豈更有人以不仁見稱之理？」謨。

晏亞夫〔二七〕問「克己復禮」章。先生云：「今人但說克己，更不說復禮。夫子言非禮勿視聽言動，即是『克己復禮』之目也。顏子會問，夫子會答，答得來包括得盡。『己』字與『禮』字正相對說，禮便有規矩準繩，且以坐立言之：己便是箕踞，禮便是『坐如尸』；己便是跛倚，禮便是『立如齊』。但如此看便見。」又曰：「克己是大做工夫，復禮是事事皆落腔窠。克己便能復禮，步步皆合規矩準繩，非是克己之外，別有復禮工夫也。釋氏之學只是克己，更無復禮工夫，所以不中節文，便至以君臣爲父子，父子爲君臣，一齊亂了。吾儒克己便復禮，見得工夫精細。聖人說得來本末精粗具舉。下面四個『勿』字，便是克與復工夫皆以禮爲準也。『克己復禮』便是捉得病根，對證下藥。仲弓主敬行恕是且涵養將去，是非猶未定。涵養得到，一步又進一步，方添得許多見識。『克己復禮』便剛決克除將去。」〔二八〕

「克己須着復於禮。」賀孫問：「非天理便是人欲，克盡人欲便是天理。如何却説克己了，又須着復於禮？」曰：「固是克了己便是理，然亦有但知克己而不能復於禮，故聖人對説在這裏，却不只道『克己爲仁』，須着個『復禮』，庶幾不失其則。下文云『非禮勿視，非禮勿聽，非禮勿言，非禮勿動』，緣本來只有此禮，所以克己是要得復此禮。若如[二九]佛家，儘是[三〇]有能克己者，雖謂之無己私可也，然却不曾復得禮也。吾[三一]聖人之教所以以復禮爲主，若但知克己，則下梢必墮於空寂，如釋氏之爲矣。」亞夫又問。曰：「如『坐如尸，立如齊』，此是理；如箕踞跛倚，此是非理。去其箕踞跛倚，宜若便是理。然未能『如尸如齊』，尚是己私。」賀孫。[三二]

晏[三三]問：「如磨昏鏡相似，磨得一分塵埃去，復得一分明。」先生曰：「便是如此，然而世間却有能克己而不能復禮者，佛老是也。佛老不可謂之有私欲，只是他元無這禮，克己私了却空蕩蕩地。他是見得這理元不是當，克己了無處歸着[三四]。」植。[三五]

亞夫問：「『克己復禮』，疑若克己後便已是仁，不知復禮還又是一重工夫否？」曰：「己與禮對立，克去己後必復於禮然後爲仁。若克去己私使無一事，則克之後須落空去了。且如坐當如尸，立當如齊，此禮也。坐而倨傲，立而跛倚，此己私也。克去己私，則不容倨傲而跛倚，然必使之如尸如齊，方合禮也。故克己者所以[三六]復此身於規矩準繩之中，乃所以爲仁也。」又問：「若以禮與己對看，當從禮説去。禮者，天理之節文。起居動作，莫非天理。起居動作之間，莫不渾全是禮，則是仁者。皆不合節文，便都是私意，不可謂仁。」先生曰：「不必皆不合節文，但纔有一處不合節文，便是欠闕。若克去己私而安頓不着，便是不入他腔科[三七]。且如父子自是父子之禮，君臣自是君臣之禮。若把君臣做父子，父子做君臣，便不是禮。」又問「克己復禮」與「主敬行恕」之別。曰：「仲弓方始是養生[三八]在這裏，中間未見得[三九]。顏子『克己復禮』便規模大，精粗本末，一齊該貫在這裏。」又問：「『克己復禮』如何分精粗？」曰：「若以克去己私言之，便克己是精底工夫，到禮之節文有所欠闕，便是粗者未盡。然克己又只是克去私意，若未能有細密工夫一一入他規矩準繩之中，便未是復禮，如此則復禮却乃是精義[四〇]。」時舉因問：「夜來先生謂『坐如尸，立如齊』是禮，倨傲跛倚是己。有知倨傲跛倚爲非禮而克之，然乃未能『如尸如齊』者，便是雖已克己，而未能復禮也。」先生曰：「跛倚倨傲亦未必盡是私意，亦有性自坦率者，但伊川所謂『人雖無邪心，苟不合正理，乃邪心也』。佛氏之學超出世故，無足以累其心，不可謂之有私意。然只見他空底，不見實理，所以都無規矩準繩。」曰：「佛氏雖無私意，然源頭是自私其身，便乃[四一]是有個大私意了。」先生曰：「他初間也未便盡去[四二]私意，但只[四三]見得偏了。」時舉曰：「先生向所作石先生[四四]克齋記云『克己者所以復禮，非克己之外別有所謂復禮之功』，是如何？」先生曰：「便是當時也説得忒快了。明道先生謂『克己則私心去，自能復禮』，便是實；[四五]如曰[四六]『雖不學文，而禮意已得』，如此等語也説忒高了。孔子説『克己復禮』，都[四七]是實。」曰：「如此則『克己復禮』分明是兩節工夫。」先生曰：「也不用做兩節看，但不會做工夫底，克己了猶未能復禮。會做工夫底，纔克己便復禮也。」先生因言：「學者讀書須要體認。靜時要體認得親切，動時要別白得分明。如此讀書，方爲有益。」時舉。

鄭伯説「克己復禮」云：[四八]「克去己私後却方復禮。」先生曰：「『克己復禮』一如將水去救火相似。又似一件事，又似兩件事。」時舉。植録[四九]同。

㬊再舉「未能至於復禮以前，皆是己私未盡克去」。先生曰：「這是旋克將去。」植。[五〇]

問：「『克己復禮』即仁乎？」曰：「『克己復禮』當下便是仁，非復禮之外別有仁也。此間不容髮，無私便是仁。所以謂『一日克己復禮，天下歸仁』，若真個一日打併得淨潔，便是仁。如昨日病，今日愈，便是不病。」伯羽。

非禮即己，克己便復禮，「克己復禮」便是仁。「天下歸仁」，天下以仁歸之。閎祖。

或問「克己復禮爲仁」。曰：「『一日有是心，則一日有是德』，事事皆仁，故曰『天下歸仁』。」祖道。[五一]

問：「『一日克己復禮，天下歸仁[五二]』，如何使天下便能歸仁？」曰：「若真能『一日克己復禮』，則天下有歸仁之理。這處亦如『在家無怨，在邦無怨』意思。『在家無怨』，一家歸其仁；『在邦無怨』，一邦歸其仁。就仲弓告，止於邦家。顔子體段如此，便以其極處告之。」又

曰：「『歸』猶歸重之意。」淳録同。〔五三〕

「天下歸仁。」「歸」猶「歸重」之「歸」，亦如「在家無怨，在邦無怨」之意，「在家無怨」是一家歸仁，「在邦無怨」是一邦歸仁。告仲弓止於邦家。顏子體段如此，便以其極處言之。淳。〔五四〕

或問「一日克己復禮，〔五五〕天下歸仁」。答曰：「『一日克己復禮』，使天下於此皆稱其仁。」又問：「一日之間安能如此？」答曰：「非是一日便能如此，只是有此理。」節。

「一日存此心，則一日有此德」，「一日克己復禮，天下歸仁」，不是恁地略用工夫便一日自能如此，須是積工夫到這裏。若道是「一日克己復禮」，天下便一向歸其仁，也不得。若「一日克己復禮」，則天下歸其仁；明日若不「克己復禮」，天下又不歸其仁。時舉。〔五六〕

問：「『顏子克己，〔五七〕天下歸仁』，先生言一日能『克己復禮』，天下皆以仁之名歸之，與前説不同，何也？」先生曰：「所以『克己復禮』者，是先有爲仁之實，而後人以仁之名歸之也。」卓。

一於禮之謂仁。不〔五八〕是仁在內，爲人欲所蔽，如一重膜遮了。克去己私，復禮，乃見仁。仁、禮非是二物。可學。

節〔五九〕問「節文」之「文」〔六〇〕。曰：「文是裝裹得好，「得」字又疑是「全」字。〔六一〕如升降揖遜。」節。〔六二〕

㬊云〔六三〕：「『爲國以禮』〔六四〕莫便是那『克己復禮』之『禮』？」先生云：「禮是那天地自然

之理，理會得時繁文末節皆在其中。『禮儀三百，威儀三千』却只是這個道理，千條萬緒貫通來只是一個道理。夫子所以説『吾道一以貫之』，曾子曰『忠恕而已矣』是也。蓋爲道理出來處只是一源，散見事物，都是一個物事做出底。一草一木與他夏葛冬裘、渴飲飢食、君臣父子、禮樂器數，都是天理流行，活潑潑地，那一件不是天理中出來！見得透徹後都是天理。理會不得則一事各自是一事，一物各自是一物，草木各自是草木，不干自己事。如今[六五]倒是莊、老有這般説話，莊子云『言而足則終日言而盡道，言而不足則終日言而盡物』。」又問：「子路就使達得，却只是事爲之末，如何比得這個？」先生曰：「理會得這道理，雖事爲之末，亦是道理。『暮春者，春服既成』，何嘗不是事爲[六六]？」晏[六七]又問：「三子皆事爲之末，何故子路達得便是這氣象？」先生云：「子路才氣去得。他雖粗暴些，纔理會這道理，便就這個『比及三年，可使有勇且知方』上面，却是這個氣象。求、赤二子雖似謹細，却只是安排來底，又更是他才氣小了。子路是甚麼樣才氣！」先生云[六八]：「曾點之學，無聖人爲之依歸便且[六九]佛老去。如琴張、曾點門[七〇]已做出這般事來。」先生又云：「克[七一]己往往吾儒之所不及，但只無[七二]它無那禮可復。」植。[七三]

林安卿問：「克復工夫全在『克』字上，蓋都[七四]是就發動處克將去。必因有動而後天理、人欲之幾始分，方知所決擇而用力也。」曰：「若[七五]如此則未動以前不消得用力，只消動處用力便得。如此得否？且更子細。」次早問：「看得如何？」林擧注中程子所言「『克己復禮』乾道，『主敬行恕』坤道」爲對。曰：「這個也只是微有些如此分。若論敬，則自是徹頭徹尾要底。如公昨夜之説，只是發動方用克，則未發時不成只在這裏打瞌睡懞懂，等有私欲來時旋捉來克！如此得否？」又曰：「若待發見而後克，不亦晚乎！發時固是用克，未發時也須致其精明，如烈火之不可犯始得。」僩。〔七六〕

曼云：〔七七〕「所以喚〔七八〕禮而不謂之理者，莫是禮便是實了，有準則，有着實處？」先生云：「只説理却空去了。這個禮是那天理節文，教人有準則處。佛老只爲元無禮，出來〔七九〕克去空了。只如曾點見處，便見這意思。」植。〔八〇〕

問煇〔八一〕：「以私欲難克爲病〔八二〕，奈何？」曰：「『爲仁由己，而由人乎哉。』所謂『克己復禮爲仁』者正如以刀切物，那刀子乃我本自有之器物，何用更借别人底？只認我一己爲刀子而克之，則私欲去而天理見矣。」晦夫。〔八三〕

敬之問「克己復禮」一章，謂〔八四〕：「上面『克己復禮』是要克盡己私，而〔八五〕下面『四勿』乃〔八六〕是嚴立限制〔八七〕，使之用力。」先生曰：「此一章，聖人説只是要他『克己復禮』。『一日克己復禮，則天下歸仁』，是言『克己復禮』之效。『爲仁由己，而由人乎哉』，是言『克己復禮』工夫，專〔八八〕在我而不在人。下面『請問其目』，則是顔子更欲聖人詳言之耳。蓋『非禮勿視』便是要在視上『克己復禮』，『非禮勿聽』是要在聽上『克己復禮』，『非禮勿言』是要在言上『克己復禮』，『非禮勿動』是要在動上克己復禮。前後反復只説這四個字。若如公説，却是把做兩截意思看了也〔八九〕。」時舉。

問：「顔淵問仁，孔子對以『克己復禮』。顔淵請問其目，則對以『非禮勿視聽言動』。看得用力只在『勿』字上。」曰：「亦須是要睹當得是禮與非禮。」文蔚。

緊要言是「勿」字，不可放過。閎祖。〔九〇〕

「『非禮勿視』，説文謂『勿』字似旗脚，此旗一麾，三軍盡退，工夫只在『勿』字上。纔見非禮來，則以『勿』字禁止之，纔禁止便克去，纔克去便能復禮。」又云：「顔子力量大，聖人便就他一刀截斷。若仲弓，則是閉門自守，不放賊入來底。然敬恕上更好做工夫。」明作。

問：「『顔淵問仁，子曰非禮勿視聽言動。嘗見南軒云：『「勿」字雖是禁止之辭，然中須要有主宰始得。不然則將見禁止於西而生於東，禁止於此而發於彼，蓋有力不暇給者矣。主宰云何？敬而已矣。』」先生云：「不須更添字，又是兩沓了。」先生問祖道曰：「公見南軒如何？」曰：「初學小生，何足以窺大賢君子！」曰：「試一言之。」曰：「南軒大本完具，資禀粹然，却恐玩索處更欠精密。」曰：「未可如此議之。某嘗論『未發之謂「中」』字，以爲在中之義，南軒深以爲不然。及某再書論之，書未至而南軒遺書來，以爲是。南軒見識純粹，踐行誠實，使人望而敬畏之，某不及也。」祖道。

「非禮勿視[九一]」，「姦聲亂色，不留聰明；淫樂忒[九二]禮，不接心術」。非是耳無所聞，目無所見。[九三]

元翰問：「非禮勿視聽言動，看來都在視上。」先生曰：「不專在視上，然聽亦自不好。只緣先有視聽便引惹得言動，所以先説視聽後説言動。佛家所謂視聽甚無道理，且謂物雖現[九四]前，我元不曾視聽[九五]，與我自不相干。如此却是將眼光逐流入鬧可也，聽亦然，天下豈有此理！」坐間舉佛書亦有克己底説話。先生曰：「所以不可行者，却無『復禮』一段事。既克己，若不復禮，如何得？東坡説『思無邪』有數語極好，他説『纔有思便有邪，無思時又只如死灰。却要得無思時不如死灰，有思時却不邪。』此數語亦自好。[九六]」明作。

子壽言：「孔子答群弟子所問，各隨其材答之，不使聞其不能行之説，故所成就多。如『克己復禮爲仁』，唯以分付與顏子，其餘弟子不得與聞也。今教學者，説着便令『克己復禮』，幾乎以顏子望之矣。今釋子接人猶能分上、中、下三根，云『我則隨其根器接之』，吾輩却無這個。」先生曰：「此説固是。如克己之説，却緣衆人皆有此病，須克之乃可進。使肯相從，却不誤他錯行了路。今若教他釋子輩來相問，吾人使之『克己復禮』，他還相從否？」子壽云：「他不從矣。」「然[九七]則彼所謂根器接人者，又如何見得是與不是？解後却錯了，不可知。」大雅。

問：「論語顔淵問仁與顔淵[九八]問爲邦，必竟先是問仁，先是問爲邦？」答[九九]曰：「看他自是有這『克己復禮』底工夫後，方做得那四代禮樂底事業。」卓。

「顔子聞『克己復禮』，又問其目，直是詳審。曾子一唯悟道，真是直截。[一〇〇]」先生曰：「顔子資質固高於曾子。顔子問目却是初學時。曾子一唯，年老成熟時也。」謨。

先生曰：[一〇一]「人須會問始得。[一〇二]聖門顔子也是會問。他問仁，曰『克己復禮爲仁』，聖人恁地答他。若今人到這裏須問如何謂之克己，如何謂之復禮。顔子但言請問其目。到聖人答他『非禮勿視，非禮勿聽，非禮勿言，非禮勿動』處[一〇三]，他更不再問非禮是如何，勿視是如何，勿聽是如何，勿言、勿動又是如何，但言『回雖不敏，請事斯語矣』。這是個答問底樣子。到司馬牛問得便乖。聖人答他問仁處，他説『「其言也訒」，斯謂之仁已乎』。他心都向外去，未必將來做切己工夫，所以問得如此。又謂『「不憂不懼」，斯謂之君子已乎』，恰似要與聖人相拗底説話，[一〇四]這處亦是個不會問樣子。」[一〇五]

林正卿名學蒙。[一〇六]問：「夫子答顔淵『克己復禮爲仁』之問，説得細密。若其他弟子問，多是大綱説，如語仲弓以『己所不欲，勿施於人』之類。」先生大不然之，曰：「以某觀之，夫子答群弟子却是細密，答顔子者却是大綱。蓋顔子純粹，無許多病痛，所以大綱告之。至於『請問其目』答以『四勿』，亦是大綱説。使答其它弟子者如此，必無入頭處。如答司馬牛以『其言也訒』，是隨其病處使之做工夫。若能訒言，即牛之『克己復禮』也。至於答樊遲、答仲弓之類，由其言以行之，皆『克己復禮』之功也。」人傑。

孔子告顏子以「克己復禮」，語雖切，看見不似告樊遲「居處恭，執事敬，與人忠」更詳密〔一〇七〕。蓋爲樊遲未會見得個己是甚、禮是甚底〔一〇八〕，只分曉說教恁地做去。顏子便理會得，只未敢便領略，却問其目，待說得上下周匝了方承當去。賀孫。

問：「諸子問仁，惟孔子答顏淵以『克己復禮爲仁』說得仁之全體。」曰：「若真個見得，則門人孔子所答無非是全體；若見不得，雖是『克己復禮』也只沒理會。」僩。〔一〇九〕

國秀問：「聖人言仁處，如『克己復禮』一句，最是言得仁之全體否？」先生曰：「聖人告人，如『居處恭，執事敬，與人忠』之類，無非言仁。若見得時則何處不是全體？何嘗見有半體〔一一〇〕仁！但『克己復禮』一句，却尤親切。」時舉。

曹問：「『一日克己復禮』，便是仁〔一一一〕？」先生曰：「今日『克己復禮』是今日事，明日『克己復禮』是明日事。『克己復禮』有幾多工夫在！須在〔一一二〕日日用工。聖人告顏淵如此，告仲弓如此，告樊遲又曰『居處恭，執事敬，與人忠』。各隨人說出來，須着究竟。然大概則一，聖人之意千頭萬緒，終歸一理。」辛。〔一一三〕

孔門弟子，如「仁」字「義」字之說，已各各自曉得文義。但看答問中不曾問道如何是仁，只説道如何可以至仁只問如何何以行仁；夫子答之，亦不曾説如何是仁。〔一一四〕如顔子之問，孔子答以「克己復禮」；仲弓之問，孔子答以「出門如見大賓，使民如承大祭，己所不欲，勿施於人」；司馬牛之問，孔子答以「仁者其言也訒」；樊遲之問，孔子答以「居處恭，執事敬，與人忠」。想是「仁」字都自解理會得，但要如何做。賀孫。

問：「顔淵，孔子未告以『克己復禮』，當如何用工夫？」曰：「如『博我以文，約我以禮』等，可見。」又問云云。曰：「只消就『克己復禮』上理會便了，只管如此説做甚！〔一一五〕」賀孫。

或問：「某欲克己而患未能。」先生曰：「此更無商量。人患不知耳，既已知之，便合下手做，更有甚商量？『爲仁由己，而由人乎哉！』。」雉。〔一一六〕

問：「『一日克己復禮，天下歸仁。』向來徐誠叟説，此是克己工夫積習有素，到得一日果能『克己復禮』，然後『天下歸仁』。如何？」曰：「不必如此説，只是一日用其力之意。」問：「有人一日之中『克己復禮』，安得天下便歸仁？」曰：「只爲不曾『克己復禮』。『一日克己復禮』即便有一日之仁。顔子『三月不違仁』，只是『拳拳服膺而弗失』。『惟聖罔念作狂，惟狂克念作聖。』今日克念即可謂〔一一七〕聖，明日罔念即爲狂矣。」曰：「到顔子地位，其德已成，恐不如此。」曰：「顔子亦只是『有不善未嘗不知，知之未嘗復行』。除是夫子『七十而從心所欲，不踰矩』，方可説此。」德明。

或問顏子「克己復禮」。曰：「公且未要理會顏子如何『克己復禮』，且要理會自家身己如何須着『克己復禮』。這也有時須曾思量到這裏，顏子如何苦死要『克己復禮』？自家如何不要『克己復禮』？如今若〔一一八〕說時也自會〔一一九〕說得儘通，只是不曾關自家事。也有被別人只管說，說來說去，無奈何去克己，少間又忘了。這裏須思量顏子如何心肯意肯要『克己復禮』？自家因何不會〔一二〇〕心肯意肯去『克己復禮』？這處須有病根，先要理會這路頭，方好理會所以克之之方。須是識得這病處，須是見得些小功名利達真個是輕，『克己復禮』事真個是重，真個是不恁地不得。」賀孫。〔一二一〕

問：「顏子已是知非禮人，如何聖人更恁地向他說？」曰：「也只得恁地做。〔一二二〕橫渠教人道『夜間自不合睡。只爲無可應接，他人皆睡了，己不得不睡也〔一二三〕』。做正蒙時或夜間默坐徹曉，他直是恁地勇方做得。」因舉曾子「任重道遠」一段，曰：「子思、曾子直恁地，方被他打得透。」邵武〔一二四〕江元益問：「近日〔一二五〕門人勇者爲誰？」曰：「未見勇者。」榦。〔一二六〕

問：「『一日克己復禮，天下歸仁焉』，〔一二七〕先生集注云：『歸，猶與也。』謂天下皆與其仁。後面却載伊川語『天下歸仁』謂『事事皆仁』，恰似兩般，如何？」曰：「爲其『事事皆仁』，所以『天下歸仁』。」文蔚。〔一二八〕

問：「程先生云『克己復禮則事事皆仁，故曰天下歸仁』，如何？」答曰：「不若他更有一說云『一日克己復禮，則天下稱其仁』爲是。」大雅。

問：「『顔淵問仁』一條。『一日克己復禮，天下歸仁』，[一二九]程子曰『事事皆仁，故曰「天下歸仁」』，一日之間如何得事事皆仁？」曰：「『一日克己復禮』了，雖無一事，亦不害其爲『事事皆仁』，雖不見一人，亦不害其爲天下歸仁。」植。

問程子曰「事事皆仁，故曰『天下歸仁』」。[一三〇]先生曰：「『事事皆仁』，所以『天下歸仁』。於這事做得恁地，於那事亦做得恁地，所以天下皆稱其仁。若有一處做得不是，必被人看破了。」又曰：「天下歸仁者，是人稱之以爲仁。」[一三一]希遜。[一三二]

問：「謝氏説『克己須從性偏難克處克將去』，此性是氣質之性否？」曰：「然。然亦無難易，凡氣質之偏處皆須從頭克去。謝氏恐人只克得裏面小小不好底氣質而忘其難者，故云然。」僩。

時舉[一三三]問伊川先生四箴。先生云：「這個須着子細去玩味。」因言：「工夫也恁地做將去，也別無個[一三四]道理拘迫得他。譬如做酒相似[一三五]，只是用許多麯，到時日至時便自迸個[一三六]酒出來也。[一三七]凡看文字只要『温故知新』，只温個故底，便新意自出。若捨了故底，別要討個新意，便不得也。」時舉。

「由乎中而應乎外」，這是勢之自然；「制於外所以養其中」，這是自家做工夫處。道夫。

「『由乎中而應乎外，制於外所以養其中』，上句是説視聽言動皆由中出，〔一三八〕下句是用功處。」〔一三九〕問：「須是識得如何是禮，如何是非禮？」曰：「固是分别得緊，然要〔一四〇〕在『勿』字上，不可放過。」閎祖。

讀伯豐克己復禮爲仁説，曰：「只克己便是復禮，『克己復禮』便似『著誠去僞』之類。蓋己私既克，無非天理便是禮，大凡纔有些私意便非禮。若截爲兩段，中間便有空闕處。〔一四一〕伊川曰〔一四二〕『由乎中而應乎外』，是説『非禮勿視』〔一四三〕四者皆由此心出〔一四四〕。下面一句却是克去己私做工夫。〔一四五〕如尹彦明書四箴却云『由乎中所以應乎外』，某向見傳本，上句初無『所以』字。」𧰼。

直卿問：「伊川云〔一四六〕『制於外所以養其中』，此是説仁之體而不及用？」曰：「『制於外』便是用。」又曰：「視聽自外入，言動自内出，聖人言語緊密如此。聖人於顔子仲弓都是就綱領上説，其他則是就各人身上説。」道夫。

問：「伊川先生箴序〔一四七〕『由乎中而應乎外，制於外所以養其中』。克己工夫從内面做去，反説『制於外』。如何？」曰：「制却在内。」又問：「視箴何以特説心？聽箴何以特説理〔一四八〕？」曰：「互换説也得。然諺云『開眼便錯』，視所以就心上説。『人有秉彝，本乎天性』，道理本自好在這裏，却因雜得外面言語來誘化，聽所以就理上説。」植。

或問：「非禮勿視聽言動，程子以爲『制之於外，以安其内』，却是與『克伐怨欲不行』底相似。」先生曰：「克己工夫，其初如何便得會自然！也須着禁制始得。到養得熟後，便私意自漸漸消磨去矣。今人須要揀易底做，却不知若不自難處入，如何得到易處！所謂『非禮勿』者，只要勿爲耳。眼前道理，善惡是非，阿誰不知，只是自冒然去做。若於眼前底識得分明，既不肯去做，便却旋旋見得細密底道理。蓋天下事有似是而實非者，亦有似非而實是者，這處要得講究。若不從眼前明白底做將來，却〔一四九〕這個道理又如何得會自見！」時舉。

問：「學顔子當從『不遷怒、不貳過』起。」答曰：「不然。」過思之則曰：「當從四句起。」答曰：「程子所以云『請事斯語，所以進於聖人』。」過又曰：「學曾子則自『君子所貴乎道者三』起。」過。〔一五〇〕

「『子曰非禮勿視』章，舉伊川云『制乎外以安其内』。〔一五一〕看〔一五二〕顔子心齋、坐忘都無私意，似更不必制於外。」曰：「顔子若便恁地，聖人又何必向他説『克己復禮』？便是他也更有些私意。莫把聖人令做一個人看，便只是這樣人。『如有周公之才之美』，『使驕且吝』，便〔一五三〕不是周公。『惟聖罔念作狂』，若使堯、舜爲桀、紂之行，便狂去，便是桀、紂。」賀孫。

又〔一五四〕問四箴。先生曰：「視是將這裏底引出去，所以云『以安其内』；聽是聽得外面底來，所以云『閑邪存誠』。」又問：「四者還有次第否？」先生曰：「視爲先，聽次之。」又曰：「『哲人知幾，誠之於思」，此是動之於心；『志士勵行，守之於爲』，此是動之於身。」雉。

問：「聽箴『人有秉彝』云云，前面亦大概説，至後兩句言『閑邪存誠，非禮勿聽』，不知可以改『聽』字作視箴用得否？」答〔一五五〕曰：「看他視箴説又較力。視最在先，開眼便是，所以説得力。至於聽處，却又較輕也。」寓。

賀孫〔一五六〕問：「『知誘物化，遂忘其正』，這個知是如何？」曰：「樂記云：『人生而靜，天之性也；感於物而動，性之欲也。物至知知，然後好惡形焉。好惡無節於内，知誘於外，不能反躬，天理滅矣。』人莫不有知，知者，所當有也。物至則知足以知之而有好惡，這是自然如此。到得『好惡無節於内，知誘於外』，方始不好去。」賀孫。

賀孫問〔一五七〕説「顔淵問仁」章集注之意。曰：「如此只就上面説，又須自家肚裏實理會得始得。固是説道，若〔一五八〕不依此説却在〔一五九〕外面生意，不可；若只誦其文而自不實曉認得其意，亦不可。」又曰：「且依許多説話常常諷詠，下梢自有得。」又曰：「四箴意思都該括得盡。四個箴有説多底，有説少底，多底減不得，少底添不得。如言箴説許多，也是人口上有許多病痛。從頭起至『吉凶榮辱，爲〔一六〇〕其所召』，是就身上謹；『傷易則誕』至『出悖來違』，是當謹於接物間。都説得周備。『哲人知幾，誠之於思；志士勵行，守之於爲』，這説兩般人：哲人只於思量間便見得合做與不合做，志士便於做出了方見得。雖則是有兩樣，大抵都是順理便安裕，從欲便危險。集注所録都説得意思盡了，此外亦無可説。只是須要自實下工夫，實見是如何。看這裏〔一六一〕意思都克〔一六二〕去己私，無非禮之視，無非禮之聽，無非禮之言，無非禮之動，這是甚麽氣象！這便是渾然天理，這便是仁，須識認得這意思。」賀孫問：「視聽之間，或明知其不當視而自接乎目，明知其不當聽而自接乎耳，這將如何？」曰：「視與看見不同，聽與聞不同。如非禮之色若過目便過了，只自家不可有要視之之心；非禮之聲若入耳也過耳〔一六三〕，只自家不可有要聽之之心。然這般所在也難。古人於這處亦有以禦之，如云『姦聲亂色，不留聰明；淫樂慝禮，不接心術』。」賀孫。

問：「承誨，言箴自『人心之動，因言以宣』至『吉凶榮辱，爲〔一六四〕其所召』，是謹諸己，以下是説接物許多病痛。」曰：「上四句是就身上，是〔一六五〕緊切處，須是不躁妄方始静專。纔不静專，自家這心自做主不成，如何去接物！下云『矧是樞機，興戎出好』四句，都是説謹言底道理。下四句却説四項病：『傷易則誕』，『傷煩則支』，己肆則物忤，出悖則來違。」賀孫問：「如今所以難克，也是習於私欲之深。今雖知義理，而舊所好樂未免沉伏於方寸之間，所以外物纔誘，裏面便爲之動。所以要緊只在『克』字上。克者，勝也。日用之間只要勝得他，天理纔勝私欲便消，私欲纔長天理便被遮了。要緊最是勝得去始得。」曰：「固是如此。如權衡之設，若不低便昂，若〔一六六〕不昂便低。凡天地陰陽之消長，日月之盈縮，莫不皆然。」又云：「這『克己復禮』事體極大，非顏子之聰明剛健不足以擔當，故獨以告顏子。若其他所言，如『出門如見大賓，使民如承大祭』，如『仁者其言也訒』，又如『居處恭，執事敬』，都是克己事，都是爲仁事，但且就一事説，然做得工夫到也一般。」問「仲弓問仁」一章。曰：「看聖人言只三四句便説得極謹密。説『出門如見大賓，使民如承大祭』，下面便又説『己所不欲，勿施於人』，都無些闕處。尋常人説話，多是只説得半截。」問：「看此意思，則體、用兼備。」曰：「是如此。自家身己上常是持守，到接物又如此，則日用之間無有間隙，私意直是何所容！可見聖人説得如此極密。」問：「集注云『事斯語而有得，則固無己之可克矣』，此固分明。下云『學者審己而自擇焉，可也』，未審此意如何？」曰：「看自家資質如何。夫子告顏淵之言，非大段剛明者不足以當之。苟惟[一六七]不然，只且就告仲弓處着力。告仲弓之言只是淳和底人皆可守。這兩節一似易之乾，一似易之坤。聖人於乾説『忠信，所以進德也；修辭立其誠，所以居業也』，説得煞廣闊。於坤只説『敬以直內，義以方外』。止[一六八]緣乾是純剛健之德，坤是純和柔之德。」又云：「看集義聚許多説話，除程先生外，更要揀幾句在集注裏，都拈不起。看諸公説，除是上蔡説得猶似，如游、楊説，直看不得。」賀孫。

尹叔問：「伊川四箴，其動箴曰：『哲人知幾，誠之於思；志士勵行，守之於爲』，此四句莫分優劣否？」曰：「只是兩項。爲處動，思處亦動。思是動於內，爲是動於外。蓋思於內不可不誠，爲於外不可不守。然專誠於思而不守於爲，不可；專守於爲而不誠於思，亦不可。」先生因問坐間：「動箴那句是緊？」或云：「恐『順理則裕』是緊要處。」先生首肯曰：「『順理則裕，從欲則危』，此兩句是生死路頭。」寓。[一六九]

尹叔問：「伊川動箴云[一七〇]『哲人知幾，誠之於思；志士勵行，守之於爲』，四句莫有優劣否？」曰：[一七一]「思是動之微，爲是動之著。這個是該動之精粗。爲處動，思處亦動。是思是動於内，爲是動於外，蓋思於内不可不誠，爲於外不可不守。然專誠於思而不守於爲，不可；專守於爲而不誠於思，亦不可。」又曰：「看文字須是得個骨子。諸公且道這動箴那句是緊要？」道夫云：「『順理則裕』，莫是緊要否？」曰：「更連『從欲則危』，兩句都是。這是生死路頭。」又曰：「四者惟視爲切，所以先言視，而視爲[一七二]箴之説尤重於聽也。」道夫。寓同。[一七三]

「『克[一七四]己復禮』一[一七五]章。嘗謂克己至難能也，能克己是爲仁矣。聖人不以克己爲仁，而以克己復禮爲仁者，豈非視、聽、言、動一有非禮，則不足以盡克己之道乎？因嘗求其説而謂不能復禮以得夫仁。及讀西銘，始見仁之道若是其大，而龜山始有兼愛之疑。伊川辨之曰『西銘明理一而分殊，分立而推理一，以止私勝之流，仁之方也』，於是知聖人之仁，蓋未嘗以仁而違其分也。[一七六]及讀[一七七]外書有曰『不能克己是爲楊氏之爲我，不能復禮是爲墨氏之兼愛。故曰「親親而仁民，仁民而愛物」』，則所謂復禮爲仁，其不爲墨氏兼愛之仁乎？不知是否？〔一七八〕」先生曰：「『克己復禮』只是一事。外書所載殊覺支離，此必記録之誤。向來所以別爲一編而目之曰『外書』者，蓋多類此故也。伊川嘗曰『非禮處便是私意，既是私意，如何得仁？須是克盡己私、皆歸於禮，方始是仁』，此說是〔一七九〕爲的確。」謨。

問：「『天下歸仁焉〔一八〇〕』，如何？〔一八一〕」曰：「只是天下以仁稱之。」又問：「謝說如何？」曰：「只是他見得如此。大抵謝與范只管就見處，却不若行上做工夫。只管扛，扛得大，下梢直是没著處。如夫子告顏子『非禮勿視聽言動』，只是行上做工夫。」祖道。〔一八二〕

聖人只說做仁，如「克己復禮爲仁」，是做得這個模樣便是仁。上蔡却說「知仁」、「識仁」，煞有病。節。

問：「『一日克己，天下歸仁』，若是聖人固無可克，其餘則雖是大賢亦須是〔一八三〕著工夫，如何一日之間便能如此？到〔一八四〕顏子亦須從事於四勿。」先生曰：「若是果能『克己復禮』了，自然能如此。呂氏曰『一日有是心，則一日有是德』。」廣。

因問「一日克己復禮」，先生曰：「呂氏說得兩句最好，云『一日有是心，則一日有是德』，蓋一日真個能克己復禮，則天下之人須道我這個是仁始得。若一日之内事事皆仁，安得天下不以仁歸之！」雉。〔一八五〕

包詳道言克去勝心、忌心。先生曰：「克己有兩義，物物亦是己，私欲亦是己。呂與叔作克己銘只說得一邊。」方子。

問：「克己銘只說得公底意思？」曰：「克己銘不曾說着本意。揚子雲曰『勝己之私之謂克』，『克』字本虛，如何專以『勝己之私』爲訓？『鄭伯克段于鄢』，豈不〔一八六〕勝己之私耶？」閎祖。

問：「向見〔一八七〕或問深論克己銘之非，敢問何謂也？〔一八八〕」曰：「『克己』之『克』〔一八九〕未是對人物言，只是對『公』字說，猶曰私耳。呂與叔極口稱揚，遂以『己既不立，物我並觀，則雖天下之大，莫不皆在於吾仁之中』。說得來恁大，故人皆喜其快，纔不恁說便不滿意，殊不知未是如此。」道夫云：「如此，則與叔之意與下文克己之目全不干涉。此自是自修之事，未是道著外面在。」先生曰：「須是恁地思之。公且道，視聽言動干人甚事！」又問「天下歸仁」。先生曰：「『克己復禮』則事事皆是，天下之人聞之見之，莫不皆與其爲仁也。」又曰：「有幾處被前輩說得來大，今收拾不得。謂如『君子所過者化』，本只言君子所居而人自化；『所存者神』，本只言所存主處便神妙。橫渠却云『性性爲能存神，物物爲能過化』，至上蔡便道『唯能「所存者神」，是以「所過者化」』。此等言語，人皆爛熟，以爲必須如此說，纔不如此說便不快意矣。」道夫。

林正卿問「天下歸仁」。曰：「『痒痾疾痛，舉切吾身。』只是存想『天下歸仁』，恁地則不須克己，只坐〔一九〇〕存想月十日便自『天下歸仁』，歐陽録止此。〔一九一〕豈有此理！」時舉問：「程先生曰『事事皆仁，故曰「天下歸仁」』，是如何？」曰：「『事事皆仁』，所以『天下歸仁』。於這事做得恁地，於那事亦做得恁地，所以天下皆稱其仁。若有一處做得不是，必被人看破了。」時舉。

【校勘記】

[一] 此條僩録成化本載於卷四十四。
[二] 體道　成化本爲「遺書首卷體道之説」。
[三] 體　成化本此下有「猶體當、體究之『體』」。
[四] 是　成化本爲「言以」。
[五] 聖賢説話無非是道　成化本爲「蓋聖賢所説無非道者」。
[六] 要自家將身去體他　成化本爲「只要自家以此身去體它令此道爲我之有也」。
[七] 成化本此下注曰「以下爲學工夫」，且此條載於卷九十七，底本卷九十七重複載録。
[八] 節　成化本無。
[九] 孝　成化本此上有「與」。

〔一〇〕張公　成化本無。

〔一一〕祖道謨人傑同　成化本爲「去僞」。

〔一二〕且得　成化本爲「且如」。

〔一三〕三　成化本作「二」。

〔一四〕此條希遜録成化本無，但卷四十一載洽録曰：　因論「克己復禮」，洽歎曰：「爲學之艱，未有如私欲之難克也！」先生曰：「有奈他不何時，有與他做一片時。」洽。謙之録云：「有言『私欲難去』。曰：『難。有時忘了他，有時便與人爲一片了。』」

〔一五〕此條從周録成化本無。

〔一六〕克己復禮爲仁　成化本無。

〔一七〕上　成化本無。

〔一八〕認　成化本爲「錯誤」。

〔一九〕之事　成化本無。

〔二〇〕答　成化本無。

〔二一〕只　成化本此上有「人」。

〔二二〕此植録成化本載於卷四十一。按，成化本卷四十一所載植録，底本分爲十一條分載於卷四十、四十一，除此條外，另十條參底本卷四十一「晏問如磨昏鏡相似……無處歸着」條，卷四十一「晏云所以喚禮……便見這意思」條，卷四十「燹問曾點見得了……受用處從容」條，卷四十「燹問曾點資質……便不肯做」條，卷四十「燹又問子路若達……不只是繁文末節」條，卷四十一「燹再舉……旋克將去」條，卷四十「燹因説夜來話……曾點所以如此」條，卷四十「爲國以禮之禮……終日言而盡物」條，卷四十「燹云爲國以禮……無那禮可復」條，卷四十「燹因問這禮字……是合掌説底」條。

〔二二三〕時舉録同而略　成化本無。

〔二二四〕是　成化本無。

〔二二五〕此條泳録成化本無。

〔二二六〕成化本此下注曰：「此非定説。」

〔二二七〕燹亞夫　成化本爲「亞夫」。

〔二二八〕成化本此下注有「南升」。

〔二二九〕如　成化本作「是」。

〔二三〇〕是　成化本無。

〔二三一〕吾　成化本無。

〔二三二〕成化本此下注曰：「此下三條，疑聞同録異，而植録尤詳。」且此下依次所載爲：南升録「亞夫問克己復禮章……便剛決克除將去」條，參底本上條；時舉録「亞夫問克己復禮……如此讀書方爲有益」條；植録「燹問克己復禮……是合掌説底」條。

[三三] 晏 成化本作「又」。

[三四] 無處歸着 成化本爲「無歸着處」。

[三五] 此植録成化本載於卷四十一。按，成化本卷四十一所載植録，底本分爲十一條分載於卷四十、四十一，除此條外，另十條參底本卷四十一「晏問克己復禮……便復得這些個來」條，卷四十一「晏云所以喚禮……便見這意思」條，卷四十「晏問曾點見得了……受用處從容」條，卷四十「晏問曾點資質……便不肯做」條，卷四十「晏又問子路若達……不只是繁文末節」條，卷四十一「晏再舉……旋克將去」條，卷四十「晏因説夜來話……曾點所以如此」條，卷四十「爲國以禮之禮……終日言而盡物」條，卷四十「晏云爲國以禮……無那禮可復」條，卷四十「晏因問這禮字……是合掌説底」條。

[三六] 所以 成化本爲「必須」。

[三七] 科 原作「料」。成化本爲「腔窠」。據上下文，「料」乃「科」之誤。

[三八] 生 成化本無。

[三九] 得 成化本此下有「如何」。

[四〇] 精義 成化本爲「精處」。

[四一] 乃 成化本無。

[四二] 盡去 成化本爲「盡是」。

[四三] 只 成化本爲「只是」。

〔四四〕石先生　成化本無。

〔四五〕便是實　成化本無。

〔四六〕如曰　成化本無。

〔四七〕都　成化本此上有「便」。

〔四八〕郯伯説克己復禮云　成化本爲「龔郯伯説」。

〔四九〕録　成化本無。

〔五〇〕此植録成化本載於卷四十一。按，成化本卷四十一所載植録，底本分爲十一條分載於卷四十、四十一，除此條外，另十條參底本卷四十一「晏問克己復禮……便復得這些個來」條，卷四十一「晏問如磨昏鏡相似……無處歸着」條，卷四十「晏問曾點見得了……受用處從容」條，卷四十一「晏云所以唤禮……便見這意思」條，卷四十「晏問曾點資質……便不肯做」條，卷四十「晏又問子路若達……不只是繁文末節」條，卷四十「晏因説夜來話……曾點所以如此」條，卷四十「爲國以禮之禮……終日言而盡物」條，卷四十「晏云爲國以禮……無那禮可復」條，卷四十「晏因問這禮字……是合掌説底」條。

〔五一〕此條祖道録成化本無。

〔五二〕天下歸仁　成化本無。

〔五三〕淳録同　成化本作「寓」。

〔五四〕此條淳録成化本無。與上條同聞。

〔五五〕一日克己復禮　成化本無。
〔五六〕時舉　成化本爲「賀孫」。
〔五七〕顔子克己　成化本無。
〔五八〕不　成化本作「只」。
〔五九〕節　成化本無。
〔六〇〕文　底本闕，據上下文和成化本補。
〔六一〕得字又疑是全字　成化本無。
〔六二〕此條節録成化本載於卷五十六。
〔六三〕云　成化本作「問」。
〔六四〕爲國以禮　成化本無。
〔六五〕如今　成化本無。
〔六六〕爲　成化本此下有「來」。
〔六七〕夏　成化本無。
〔六八〕云　成化本爲「又曰」。
〔六九〕且　成化本作「是」。
〔七〇〕曾點門　成化本爲「曾皙」。

［七一］克　成化本此上有「其」。

［七二］無　成化本爲無。

［七三］此植録成化本載於卷四十一。按，成化本卷四十一所載植録，底本分爲十一條分載於卷四十、四十一，除此條外，另十條參底本卷四十一「㬊問克己復禮……便復得這些個來」條，卷四十一「㬊問如磨昏鏡相似……無處歸着」條，卷四十「㬊問曾點見得了……受用處從容」條，卷四十一「㬊云所以喚禮……便見這意思」條，卷四十「㬊問曾點資質……便不肯做」條，卷四十「㬊又問子路若達……不只是繁文末節」條，卷四十一「㬊再舉……旋克將去」條，卷四十「㬊因説夜來話……曾點所以如此」條，卷四十「爲國以禮之禮……終日言而盡物」條，卷四十「㬊因問這禮字……是合掌説底」條。

［七四］都　成化本無。

［七五］若　成化本無。

［七六］此條僩録底本卷四十二重複載録。

［七七］㬊云　成化本爲「又問」。

［七八］喚　成化本爲「喚做」。

［七九］無禮出來　成化本爲「無這禮克來」。

［八〇］此植録成化本載於卷四十一。按，成化本卷四十一所載植録，底本分爲十一條分載於卷四十、四十一，除此條外，另十條參底本卷四十一「㬊問克己復禮……便復得這些個來」條，卷四十一「㬊問如磨昏鏡

相似……無處歸着」條，卷四十「㬻問曾點見得了……受用處從容」條，卷四十「㬻問曾點資質……便不肯做」條，卷四十「㬻又問子路若達……不只是繁文末節」條，卷四十一「㬻再舉……旋克將去」條，卷四十「㬻因説夜來話……曾點所以如此」條，卷四十「爲國以禮之禮……終日言而盡物」條，卷四十「㬻云爲國以禮……無那禮可復」條，卷四十「㬻因問這禮字……是合掌説底」條。

［八一］煇　成化本無。

［八二］爲病　成化本無。

［八三］晦夫　成化本無，此條載於卷一百十九。

［八四］克己復禮一章謂　成化本無。

［八五］而　成化本無。

［八六］乃　成化本無。

［八七］限制　成化本爲「禁制」。

［八八］專　朱本作「處」。

［八九］也　成化本無。

［九〇］此條閎祖録成化本無，但另載一條閎祖録與此相似，參本卷閎祖録「由乎中而應乎外……不可放過」條。

［九一］視　成化本此下有「勿聽」。

[九二] 忒　朱本及禮記樂記原文作「慝」。
[九三] 成化本此下注有「寓」。
[九四] 現　成化本作「視」。
[九五] 聽　成化本無。
[九六] 此數語亦自好　成化本無。
[九七] 然　成化本此上有「曰」。
[九八] 顔淵　成化本無。
[九九] 答　成化本無。
[一〇〇] 直截　成化本此下有「如何」。
[一〇一] 先生曰　成化本無。
[一〇二] 成化本此下注曰：「砥録作『學須善問』。」
[一〇三] 處　成化本無。
[一〇四] 成化本此下注曰：「砥録云：『却不向裏思量，只管問出外來。正明道所謂「塔前説塔」也。』」
[一〇五] 成化本此下注有「寓」。
[一〇六] 名學蒙　成化本無。
[一〇七] 詳密　成化本爲「詳細」。

〔一〇八〕底　成化本無。

〔一〇九〕此條僩録成化本以部分内容附於燾録後，參成化本卷四十一「問克己復禮爲仁……也是閑説」條。

〔一一〇〕半體　成化本此下有「底」。

〔一一一〕仁　成化本此下有「否」。

〔一一二〕在　成化本無。

〔一一三〕辛　成化本無。

〔一一四〕但看答問中……不曾説如何是仁　成化本爲「但看答問中不曾問道如何是仁，只問如何行仁。夫子答之，亦不曾説如何是仁，只説道如何可以至仁」。

〔一一五〕做甚　成化本爲「甚麽」。

〔一一六〕此條雉録成化本載於卷一百二十一。

〔一一七〕謂　成化本作「作」。

〔一一八〕若　成化本無。

〔一一九〕會　成化本無。

〔一二〇〕會　成化本無。

〔一二一〕賀孫　成化本無。

〔一二二〕問顔子已是……只得恁地做　成化本無。

〔一二三〕也　成化本作「他」，屬下讀。

〔一二四〕邵武　成化本無。

〔一二五〕近日　成化本無。

〔一二六〕此條榦録成化本分爲兩條，其中「横渠教人道……被他打得透」爲一條，載於卷九十九；「江元益問……未見勇者」爲一條，載於卷一百二十。

〔一二七〕一日克己復禮天下歸仁焉　成化本爲「天下歸仁」。

〔一二八〕成化本此下注有「集注」。

〔一二九〕顔淵問仁一條一日克己復禮天下歸仁　成化本無。

〔一三〇〕問程子曰事事皆仁故曰天下歸仁　成化本爲「林正卿問天下歸仁曰痒痾疾痛舉切吾身只是存想天下歸仁恁地則不須克己只坐定存想月十日便自天下歸仁豈有此理時舉問程先生曰事事皆仁故曰天下歸仁是如何」。

〔一三一〕又曰天下歸仁者是人稱之以爲仁　成化本無。

〔一三二〕希遜　成化本爲「時舉」，且時舉録底本亦載録，參本卷時舉録「林正卿問天下歸仁……必被人看破了」條。

〔一三三〕時舉　成化本無。

〔一三四〕個　成化本無。

［一三五］相似　成化本無。

［一三六］個　成化本無。

［一三七］到時日至時便自迸個酒出來也　成化本爲「時日到時便自迸酒出來」。

［一三八］出　成化本此下注曰：「㽦録作『自此心形見』。」

［一三九］處　成化本此下注曰：「㽦録作『即是克己工夫』。」

［一四〇］要　成化本爲「緊要」。

［一四一］成化本此下注曰：「必大録此云：『「著誠去僞」，不彼即此。非克己之後中間又空一節，須用復禮也。』」

［一四二］曰　成化本作「説」。

［一四三］非禮勿視　成化本爲「視聽言動」。

［一四四］出　成化本無。

［一四五］下面一句却是克去己私做工夫　成化本爲「制乎外所以養其中却是就視聽言動上克去己私做工夫且其下又注曰必大録此云上句言其理下句是工夫」。

［一四六］伊川云　成化本無。

［一四七］伊川先生箴序　成化本無。

［一四八］理　成化本作「性」。

［一四九］却　成化本無。

［一五〇］此條過録成化本無。

［一五一］子曰非禮勿視章舉伊川云制乎外以安其内　成化本爲「李問伊川云制乎外以安其内」。

［一五二］看　成化本無。

［一五三］便　成化本此上有「若驕吝」。

［一五四］又　成化本無。

［一五五］答　成化本無。

［一五六］賀孫　成化本無。

［一五七］問　成化本無。

［一五八］若　成化本無。

［一五九］却在　成化本作「去」。

［一六〇］爲　成化本作「惟」。

［一六一］裏　成化本無。

［一六二］克　朱本作「説」。

［一六三］耳　成化本作「了」。

［一六四］爲　成化本作「惟」。

〔一六五〕是　成化本作「最」。

〔一六六〕若　成化本無。

〔一六七〕惟　朱本作「爲」。

〔一六八〕止　朱本作「只」。

〔一六九〕此條寓録成化本無，但載道夫録與此相似，參下條。

〔一七〇〕伊川動箴云　成化本無。

〔一七一〕成化本此下注曰：「寓録云：『只是兩項。』」

〔一七二〕爲　成化本無。

〔一七三〕寓同　成化本無。

〔一七四〕克　成化本此上有「曰」。

〔一七五〕一　成化本無。

〔一七六〕嘗謂克己至難能也……蓋未嘗以仁而違其分也　成化本無。

〔一七七〕及讀　成化本無。

〔一七八〕則所謂復禮爲仁……不知是否　成化本無。

〔一七九〕是　成化本作「最」。

〔一八〇〕焉　成化本無。

〔一八一〕如何　成化本無。

〔一八二〕祖道　成化本爲「去僞」。

〔一八三〕是　成化本無。

〔一八四〕到　成化本作「雖」。

〔一八五〕成化本此下注曰：「祖道録云：『事事皆仁，故曰「天下歸仁」。』」

〔一八六〕不　成化本作「亦」。

〔一八七〕向見　成化本無。

〔一八八〕敢問何謂也　成化本爲「何也」。

〔一八九〕克　成化本作「己」。

〔一九〇〕坐　成化本爲「坐定」。

〔一九一〕歐陽録止此　成化本無。按，「歐陽」指歐陽希遜，參底本本卷希遜録「問程子曰事事皆仁……是人稱之以爲仁」條。

晦庵先生朱文公語類卷第四十二

論語二十四

顏淵篇下

仲弓問仁章

文振説「仲弓問仁」，謂「上四句是主敬行恕，下兩句是以效言。」曰：「此六句又須作一片看始得。若只以下兩句作效驗説，却幾乎是[一]閑了這兩句。蓋内外無怨是個應處，到這裏方是充足飽滿。如上章説『天下歸仁』亦是如此。蓋天下或有一人不許以仁，便是我爲仁之[二]工夫有所未至。惟[三]如此看，方見『出門』、『使民』兩句，便[四]綴個『己所不欲，勿施於人』底[五]兩句，這兩句又便綴着個『無怨』底[六]兩句，上下貫通，都無虧欠，方始見得聖人[七]告顏淵、仲弓之[八]問仁規模尤大[九]。只依此做工夫，更不容別閑用心矣。」時舉。植同。

「『己所不欲，勿施於人』，緊接着那『出門』、『使民』；『在邦無怨，在家無怨』，緊接着那『己所不欲，勿施於人』。直到這裏，道理方透徹，似一片水流注出來到這裏方住，中間也間斷不得。效驗到這處方是做得透徹，充足飽滿，極道體之全而無虧欠。外內間纔有一人怨它便是未徹，便如『天下歸仁』底纔有一個不歸仁，便是有未到處。」又云：「內外無怨便是應處，如關雎之仁，則有麟趾之應；鵲巢之仁，則有騶虞之應。問仁者甚多，只答顏子、仲弓底説得來大。」又曰：「顏子天資明，便能於幾微之間斷制得天理人欲了。」植。

或問「推己及物之謂恕」。曰：「『推己及物』便是『己所不欲，勿施於人』，然工夫却在前面。『出門如見大賓，使民如承大祭』，須是先立個〔一〇〕敬，然後能行其恕。」或問：「未出門、使民之前，更有工夫否？」曰：「未出門、使民之時只是如此。惟是到出門、使民時易得走失，故愈着用力也。」時舉。

先生言：「自塘石歸，有一同人問：『「己所不欲，勿施於人」爲恕。〔一一〕且〔一二〕如刑人殺人之事，己亦不欲，到其時爲之則傷恕。』如何？」可學云：「但觀其事之當理，則不欲變爲欲。」曰：「設如人自犯罪至於死刑〔一三〕，到刑時其心欲否？」諸友皆無以答。曰：「此當合『忠』字看。忠者，盡己之謂。若看得己實有是罪，則外雖不欲而亦知其當罪，到此則『不欲』字使不着。若不看『忠』字，只用一『恕』字，則似此等事放不過，必流而爲姑息。張子韶解中庸云『以己之

難克而知天下皆可恕之人』，因我不會做，皆使天下之人不做，如此則相爲懈怠而已。此言最害理！」可學。〔一四〕

問「在家無怨，在邦無怨」。曰：「此以效驗言。若是主敬行恕，而在家在邦皆不能無怨，則所謂『敬恕』者未是敬恕。」問：「怨有是有非，如何都得他無怨？」曰：「此且説怨得是底，未説到不是底。」雉。

問：「『在邦無怨，在家無怨』，或以爲其怨在己，或以爲其怨在人。」曰：「若以爲己自無怨，却有甚義理？此言能以敬爲主而行之恕，則人自不怨也。人不我怨，此仁之效。如孔子告顔淵克己，則言『天下歸仁』；告仲弓以『己所不欲，勿施於人』，則言『在邦無怨，在家無怨』。此皆以效言，特其效有小大之異耳。」祖道。謨同。〔一五〕

希遜問夫子答顔子、仲弓問仁之異。曰：「此是各就它資質上説。然持敬行恕便自能克己，克己便自能持敬行恕，不必大段去分別也。〔一六〕」時舉。〔一七〕

「一日〔一八〕克己復禮」，是剛健勇決，一上便做了。若所以告仲弓者，是教他平穩做去，慢慢地消磨了。譬如服藥，克己者要一服便見效；敬恕者却〔一九〕漸漸服藥，磨去其病也。人傑。

持敬行恕，若是着力去做，然亦與「克己復禮」只一般。〔二〇〕蓋是把這個養去那私意，私意自是着不得。〔二一〕「出門如見大賓，使民如承大祭」〔二二〕，也着那私意不得；「己所不欲，勿施於人」[二三]，也着那私意不得。義剛。

問：「克己工夫與主敬行恕如何？」曰：「『克己復禮』是截然分別個天理人欲，是則行之，非則去之。敬恕則猶是保養在這裏，未能保它無人慾在。若將來保養得至，亦全是天理矣。『克己復禮』如撥亂反正，主敬行恕如持盈守成，二者自相[二四]優劣。」雉。

「『克己復禮』如内修政事、外攘夷狄，『出門』、『使民』如『上策莫如自治』。」問：「程先生說：『學，質美者明得盡，查滓便渾化；其次惟莊敬持養。及其成功，一也。』此可以分顏子、仲弓否？」曰：「不必如此說。」賀孫。

問朱飛卿：「讀書何所疑？」答云：「讀論語所疑已録。」呈。先生曰：「且舉大疑處。」[二五]答云：[二六]「論語切要處在言仁。言仁處多，某未識門路。日用至親切處覺在告顏子一章。答仲弓又却别。集注云『仲弓未及顏子，故特告以操存之要』，不知告顏子者亦只是操存否？」曰：「這須子細玩味，所告二人氣象自不同。」顧問賀孫：「前夜曾如何說？」賀孫舉先生云：「告仲弓底是防賊工夫，告顏淵底是殺賊工夫。」飛卿問：「如何？」曰：「且子細看，大意是如此。告顏子底意思是本領已自堅固了，未免有些私意，須一向克除教盡。告仲弓底意思是本領未甚周備，只是教他防捍疆土，爲自守之[二七]計。」賀孫。

李時可問：「仲弓問仁，孔子告之以『出門如見大賓，使民如承大祭。己所不欲，勿施於人』。[二八]伊川只說作敬，先生便說『敬以持己，恕以及物』。看來須如此說方全。」曰：「程子不是就經上說，是偶然摘此兩句，所以只說做敬。」又問：「伊川曰：『孔子言仁，只說「出門如見大賓，使民如承大祭」，觀其氣象，便須「心廣體胖」，「動容周旋中禮」自然。』看來孔子方是教仲弓就敬上下工夫，若是言仁，亦未到得這處。」曰：「程子也不是就經上說。公今不消得恁地看，但且就他這二句上看其氣象是如何。」又問：「孔子告顏子以『克己復禮爲仁』，若不是敬也，如何克得己、復得禮？」曰：「不必如此說。聖人說話隨人淺深。克己工夫較難，出門、使民較易。然工夫到後只一般，所謂『敬則無己可克』也。」賀孫。[二九]

或問伊川云：「孔子言仁，只說『出門如見大賓，使民如承大祭』，觀其氣象，便須『心廣體胖』，『動容周旋中禮』，[三〇]惟謹獨便是守之之法。」曰：「亦須先見得個意思，方謹獨以守之。」又曰：「此前面說敬而不見得。此便是見得底意思，便是見得敬之氣象功效恁地。若不見得，即黑淬淬地守一個敬也不濟事。」賀孫。

伊川答或人未出門、使民以前之說[三一]。或問：「未出門、使民時如何？」曰：「此『儼若思』時也。」[三二]固是好，足以明聖人之說，見得前面有一段工夫。但當初正不消恁地答他，却[三三]與他說：「今且就出門、使民時做去。」若是出門、使民時果能如見大賓、承大祭，則未出門、使民時自住不得[三四]。寓。[三五]

問：〔三六〕「『克己復禮』何以謂之乾道？『主敬行恕』何以謂之坤道？」曰：「乾道奮發而有爲，坤道靜重而持守。〔三七〕」時舉。

問「『克己復禮』，乾道也；『主敬行恕』，坤道也」。先生曰：「乾道奮發有力，坤道靜重持守。」因舉易乾卦「忠信，所以進德也；修辭立其誠，所以居業也」，坤卦「敬以直內，義以方外」。又曰：「仲弓與顏子各就其資質而教之，下工夫無甚相遠，不用大段分別。」希遜。〔三八〕

問「克己，乾道；主敬，坤道」。曰：〔三九〕「坤是個無頭底，其繇辭曰『利牝馬之貞，先迷後得』。乾爻皆變而之坤，其辭曰『見群龍無首，吉』。乾便從知處說起，故云『知至至之，知終終之』。坤只是從持守處說，故云『敬以直內，義以方外』。『克己復禮』也是有知底工夫在前，主敬行恕只是據見定依本分做得〔四〇〕去。或說仲弓顏淵〔四一〕，謂『出門如見大賓，使民如承大祭』，勝如克己底費脚手。然而顏子譬如創業底，仲弓是守成底。顏子極聰明警悟，仲弓儘和粹。」夔孫。〔四二〕

林安卿問：「克己復禮工夫全在『克』字上，蓋都〔四三〕是就發動處克將去，必因有動而後天理、人欲之機〔四四〕始分，方知所決擇而用力也。」曰：「若〔四五〕如此，則未動已前不消得用力，只消動處用力便得。如此得否？且更子細看〔四六〕。」次早問：「看得如何？」林舉注中程子所言「『克己復禮』乾道，『主敬行恕』坤道」爲對。曰：「這個也只是微有些如此分。若論敬，則自是徹頭徹尾要底。如公昨夜之說，只是發動方用克，則未發時不成只在這裏打瞌睡懞懂，坐[四七]等有私欲來時旋捉來克！如此得否？」又曰：「若待發見而後克，不亦晚乎！發時固是用克，未發時也須致其精明，如烈火之不可犯始得。」僩。[四八]

子升問：「『「克己復禮」，乾道也』，此莫是知至已後工夫否？」曰：「也不必如此說。只見得一事，且就一事上克去，便是克己，終不成說道我知未至，便未下工夫！若以大學之序言之，誠意固在知至之後，然亦須隨事修爲，終不成說道[四九]知未至便不用誠意、正心！但知至已後，自不待勉强耳。」木之。

問：「先生謂[五〇]『「克己復禮」，乾道也；主敬行恕，坤道也』，如何？」曰：「仲弓資質温粹，顔子資質剛明。『克己復禮，天下歸仁。爲仁由己，而由乎人乎哉』，顔子之於仁，剛健果決，如天旋地轉，雷動風行做將去；仲弓則斂藏嚴謹做將去。顔子如創業之君，仲弓如守成之君。顔子如漢高祖，仲弓如漢文帝。伊川曰：『質美者明得盡，查滓便渾化，却與天地同體。其次惟莊敬以持養之[五一]。』顔子則是明得盡者也，仲弓則是莊敬以持養之者也，及其成功一也。」潛夫曰：「舊曾聞先生說：『顔冉二子之於仁，譬如捉賊：顔子便赤手擒那賊出；仲弓則先去外面關防，然後方敢下手去捉他。』」廣。

「『克己復禮』，乾道也」，是一般藥，打疊了病者。「『主敬行恕』，坤道也」，是漸服藥，消磨

了病者。元秉。[五二]

問：「顏子問仁與仲弓問仁處看來，仲弓才賢勝似顏子。」曰：「陸子静向來也道仲弓勝似顏子，然却不是。蓋『克己復禮』，乾道也，是喫一服藥便效。主敬行恕，坤道也，是服藥調護，漸漸消磨去。公看顏子大小[五三]大力量，一『克己復禮』便了！仲弓只是循循做將去底，如何有顏子之勇！」祖道云：「雖是如此，然仲弓好做中人一個準繩。至如顏子，學者力量打不到，不如且學仲弓。」先生曰：「不可如此立志，推第一等與别人做。顏子雖是勇，然其着力下手處也可做。」因舉釋氏云，有一屠者放下屠刀立地成佛底事。或曰：「如『不遷、不貳』，却是學者難做底。」曰：「重處不在怒與過，只在『遷』與『貳』字上看。今不必論怒與過之大小，只看『不遷、不貳』是甚模樣。」又云：「貳，不是一二之『二』，是長貳之『貳』。蓋一個邊又添一個，此謂之貳。」又問：「『守之也，非化之也』，如何？」曰：「聖人則却無這個，顏子則泛[五四]於遷貳與不遷貳之間。」又問：「先生適説，『克己復禮』是喫一服藥便效，可以着力下手處。更望力爲開發。」曰：「非禮勿視、勿聽、勿言、勿動處便是克己。蓋人只有天理人欲，日間行住坐卧無不有此二者，但須自當省察。譬如『坐如尸，立如齋』，此是天理當如此。若坐欲縱肆，立欲跛倚，此是人欲了。至如一語一默、一飲一食，盡是也。其去復禮只争這些子。所以禮謂之『天理之節文』者，蓋天下皆有當然之理，今復禮便是天理，但此理無形無影，故作此禮文，畫出一個天理與人看，教有規矩可以憑據，故謂之『天理之節文』。有君臣便有事君底節文，有父子便有事父底節文，夫婦、長幼、朋友莫不皆然，其實皆天理也。天理人欲，其間甚微。於其發處子細認取那個是天理，那個是人欲。知其爲天理便知其爲人欲，既知其爲人欲則人欲便不行。譬如路然，一條上去，一條下去，一條上下之間。知上底是路便行，下底差了便不行。此其所操豈不甚約，言之豈不甚易！却是行之甚難。學者且恁地做將去，久久自然安泰。人既不隨私意，則此理是本來自有底物，但爲後來添得人欲一段。如『孩提之童無不知愛其親，及長無不知敬其兄』，豈不是本來底？却是後來人欲肆時，孝敬之心便失了。然而豈真失了？於静處一思念道，我今日於父兄面上孝敬之心頗虧，則此本來底心便復了也。只於此處牢把定，其功積久，便不可及。」祖道。

問：「孔子答顔淵、仲弓問仁處，旨同否？」曰：「二處[五五]不争多，大概也相似。只答顔子處是就心上説，工夫較深密，爲難。」問：「二條在學者則當並行不悖否？」曰：「皆當如此做。當『克己』則須『克己』，當『出門如見大賓』則須『出門如見大賓』。『克己復禮』，不是克己了又復禮，只克去己私便是理。有是有非，只去了非便是那[五六]是。所以孔子只説非禮勿視聽言動，只克去那非便是禮。」曰：「吕銘『痒痾疾痛，皆切吾身』句是否？」曰：「也説得是。只是不合將己對物説，一篇意都要大同於物。克己[五七]只是克這個，孔子當初本意只是[五八]克自己私欲。」淳。

伯羽問：「持敬、克己工夫相資相成否乎？」曰：「做處則一，但孔子告顔子、仲弓，隨他氣質地位而告之耳。若不敬則此心散漫，何以能克己？若不克己，非禮而視、聽、言、動，安能爲敬？」仲思問：「『敬則無己可克』，如何？」曰：「鄭子上以書問此。」因示鄭書，曰：「說得也好。」鄭書云：「孔子惟顏子、仲弓，實告之以爲仁之事，餘皆因其人而進之。顏子地位高，擔當得克己矣，故以此告之。仲弓未至此，姑告以操存之方、涵養之要。克己之功難爲而至仁也易，敬恕之功易操而至仁也難，其成功則一，故程子云『敬則無己可克』是也。但學者爲仁，如謝氏云『須於性偏處勝之』，亦不可緩。特不能如顏子深於天理人欲之際便可至仁耳，非只敬恕而不克己也。」又曰：「鄭言學者克己處亦好。大抵[五九]顏子底便體用全[六〇]仲弓底，若後人看不透便只倒歸裏去，做仲弓底了，依舊用做顏子底。克己，乾道也；敬恕，坤道也。『忠信進德』，『修辭立誠』，表裏通徹，無一毫之不實，何更用直內？坤卦且恁地守。顏子如將百萬之兵，操縱在我，拱揖指揮如意。仲弓且守本分。敬之至固無己可克；克己之至，亦不消言敬矣[六一]。所謂[六二]『敬則無己可克』者，無[六三]所不敬，故不用克己。此是大敬，如『聖敬日躋』、『於緝熙敬止』之『敬』也。」伯羽。道夫録同[六四]。

㽦[六五]問「仲弓問仁」。曰：「能敬能恕則仁在其中。」問：「呂氏之說却是仁在外？」曰：「說得未是。」又問：「只用敬否？」曰：「世有敬而不能恕底人，便只理會自守，却無溫厚愛人之[六六]氣象。若恕而無敬，則無以行其恕。」問：「『在家無怨[六七]，在邦無怨』，諸說不同。」曰：「覺得語脈不是。」又問：「伊川謂怨在己，却是自家心中之怨？」曰：「只是處己既能敬，而接人又能恕，自然是在邦國[六八]、在家人皆無得而怨之。此是爲仁之驗，便如『天下歸仁』處一般。」㽦。

又曰：[六九]「如何説得做在己之怨？聖人言語只要平看。儒者緣要切己，故在外者多拽入來做内説，在身上者又拽來就心上説。」必大。

仁者其言也訒章[七〇]

「仁者其言也訒」，這是司馬牛身上一病。去得此病，則[七一]方好將息充養耳。道夫。

問：[七二]「顔子、仲弓、司馬牛問仁，雖若各不同，然克己工夫也是主敬，『其言也訒』也是主敬。」曰：「司馬牛如何做得顔子、仲弓底工夫？須是逐人自理會。仁譬之屋，克己是大門，打透便入來；主敬行恕是第二門；言訒是個小門。雖皆可通，然小門更迂迴得些，是它病在這裏。如『先難後獲』，亦是隨它病處説。」銖。

「爲之難，言之得無訒乎」，蓋心存則自是不敢胡亂説話。人只看説話容易底便是心放了，是實未嘗爲之也。人到得那少説話時，也自是那心細了。僩。[七三]

或問「仁者其言也訒」。曰：「仁者常存此心，所以難其言[七四]。不仁者已不識痛痒，得説便説，如人夢寐中讛語，豈復知是非善惡！[七五]」

宜久問「仁者其言也訒」。曰：「仁者心常醒在。見個事來便知道須要做得合個道理，不可輕易；便是知得道『爲之難』，故自不敢輕言。若不仁底人，心常如瞌睡底相似，都不[七六]見個事理，便天來大事，也敢輕輕做一兩句說了。」時舉。植同。[七七]

仲蔚問：「『仁者其言也訒』只是『訥於言』意思否？」曰：「『訥於言而敏於行』，是怕人說得多後，行不逮其言也。『訒』，是說持守得那心定後，說出來自是有斟酌，恰似肚裏先商量了方說底模樣。而今人只是信口說，方說時它心裏也自不知得。」義剛。

問：「聖人答司馬牛『其言訒』，此句通上下言否？」曰：「就他身上說得[七八]又較親切。仁者之人，言自然訒在，學仁者則當自謹言語中以操持此心。且如而今人愛胡亂說話、輕人謹得言語不妄發即求仁之端，此心不放便存得道理在這裏。」寓。淳同。[七九]

易言語者，是他此心不在，奔馳四出，如何有仁！明作。

司馬牛問君子章

「不憂不懼」，司馬牛將謂是塊然頑然，不必憂懼。不知夫子自說[八〇]「內省不疚」，自然憂懼不來。[八一]

爲學須先尋得一個路逕，然後可以進步，可以觀書。不然則書自書、人自人。且如孔子說

「内省不疚，夫何憂何懼」，須觀所以「不憂不懼」由『内省不疚』，學者又須觀所以「内省不疚」如何得來。可學。

人皆有兄弟章〔八二〕

問「敬而無失」。曰：「把捉不定便是失。」雉。

「死生有命」是合下稟得已定，而今著力不得。「富貴在天」是你著力不得。僩。

「富貴在天」非我所與，如自〔八三〕有一人爲之主宰然。升卿。

淳〔八四〕問：「『四海皆兄弟』，胡氏謂『意圓語滯』，以其近於二本否？」曰：「子夏當初之意，只謂在我者『敬而無失』，與人又『恭而有禮』，如此則四海之内皆親愛之，何患乎無兄弟！要去開廣司馬牛之意。只不合下個『皆兄弟』字，便成無差等了。」淳。

或言：「司馬牛所憂，人當兄弟如此，也是處不得。」曰：「只是如子夏説『敬而無失，與人恭而有禮』。若大段着力不得也不奈何。若未然底可諫尚可着力，做了時也不奈何得。」明作。

子張問明章

問：「浸潤、膚受之説，想得子張是個過高底資質，於此等處有不察，故夫子語之否？」曰：

「然。」廣。

或問：「『膚受之愬』，『切近災也』。若他父兄有急難，其事不可緩，來愬時便用周他。若待我審究得實，已失事了。此意[八五]如何？」曰：「不然。所以說『明』又說『遠』，須是眼裏識個真僞始得。若不識個真僞，安得謂之明遠！這裏自有道理，見得過他真僞，却來瞞我不得。譬識藥材，或人將那[八六]假藥來賣，我識得過，任他說千言萬語，我既見破僞了，看如何說也不買。此所以謂之明遠，只是這些子。」明作。

蘇氏謂：「譖愬之言，常行於偏暗而隘迫者，蓋一有所聞而以忿心應之也。明且遠者虛以察之，則不旋踵而得其情矣。」此說亦中。不明不遠者之病，學者所當深戒。[八七]

子夏[八八]問政章

文振問「足食、足兵，民信之矣」。答曰：「看來此只是因足食、足兵而後民信，本是兩項事，子貢却做三項事認了。『信』字便是在人心不容變底事也。」時舉。

問：「『民無信不立』是民自不立，是國不可立？」曰：「是民自不立，民不立則國亦不能以有[八九]立矣。」問：「民如何是不立？」曰：「有信則相守而死。無信則相欺相詐，臣棄其君，子棄其父，各自求生路去。」淳。

棘子成曰君子質而已矣[九〇]

問：「『惜乎！夫子之説君子也』，古注只作一句説，先生作兩句説，如何？」曰：「若作一句説，則『惜乎』二字無着落。」廣。

問：「『文猶質也，質猶文也；虎豹之鞟，猶犬羊之鞟。』如何以文觀人？」曰：「無世間許多禮法，如何辨得君子小人？如老莊之徒絶滅禮法，則都打個没理會去。但子貢之言似少些[九一]差别耳，如孔子説『禮與其奢也寧儉』、『與其不遜也寧固』，便説得好。」雉。

棘子成全説質固未盡善，子貢全説文以矯子成又錯。若虎皮、羊皮，雖除了毛，畢竟自别，事體不同。使一個君子與一個屠販之人相對坐，並不以文見，畢竟兩人好惡自别。大率固不可無文，亦當以質爲本，如「寧儉」、「寧戚」之意。明作。

夫子言「文質彬彬」自然亭當恰好，不少了些子意思。若子貢「文猶質，質猶文」，便説得偏了。端蒙。[九二]

年饑用不足章[九三]

問「百姓足，君孰與不足」。曰：「『未有府庫，財非其財者也。』百姓既足，不成坐視其君不

足？亦無此理。蓋『有人斯有土，有土斯有財』。若百姓不足，君雖厚斂，亦不濟事。」雄。[九四]

或問有若對哀公「盍徹乎」之説[九五]。曰：「今之州郡盡是於正法之外，非泛誅取。且如州郡倍契一項錢，此是何名色！然而州縣無這個便做不行。當初經、總制錢本是朝廷去賴取百姓底，州郡又去瞞經、總制錢，都不成模樣。然不如此，又便做不成[九六]。」或曰：「今州郡有三項請受最可畏，宗室、歸正、添差使臣也。」曰：「然。歸正人今却漸少。宗室則日盛，可畏。小使臣猶不見得，更有那班裏換受底大使臣，這個最可畏，每人一月自用四五百千結裏它！」僩。

子張問崇德辨惑章

問「主忠信，徙義」。曰：「『主忠信』者，每事須要得忠信。且如一句話不忠信，便是當得沒這事了。『主』字須重看，唤做『主』是要將這個做主。『徙義』是自家一事未合義，遷徙去那義上；見得又未甚合義，須是[九七]更徙去，令都合義。『主忠信』，且先有本領了方『徙義』去[九八]，恁地便德會崇。若不先『主忠信』即空了，徙去甚處？如何會崇？『主忠信』而不『徙義』，却又固執。」植。

「主忠信」是劄脚處，「徙義」是進步處，漸漸進去，則德自崇矣。可學。

問：「易只言『忠信所以進德』，而孔子答子張崇德之問又及於『徙義』者，是使學者於所存、所行處兩下都做工夫否？」曰：「忠信是個基本，『徙義』又是進處。無基本，徙進不得；有基本矣，不『徙義』亦無緣得進。」廣。

問：「子張問『崇德』『辨惑』，孔子既答之矣，末又引『我行其野』之詩以結之。『誠不以富，亦祇以異。』伊川言：『此二句當冠之「齊景公有馬千駟」之上，後之傳者因齊景公問政而誤之耳。』至范氏則以爲人之成德不以富，亦祇以行異於野人而已。此二説如何？」曰：「如范氏説則是牽合。如伊川説則是以『富』言『千駟』、『異』言夷齊也。今只得如此説。」謨。

齊景公問政章

問：「『齊景公問政』與『待孔子』二章，想是　時説話。觀此兩段，見得景公是個年老志衰、苟且度日，不復有遠慮底人。」曰：「景公平日自是個無能爲底人，不待老也。」廣。

問：「『齊景公問政，孔子告以「君君，臣臣，父父，子子」』。然當時陳氏厚施於國，根株盤據如此。政使孔子爲政，而欲正其君臣父子，當於何處下手？」曰：「此便是難。據晏子之説，則曰『爲[九九]禮可以已其亂』，然當時舉國之人皆欲得陳氏之所謀成，豈晏子之所謂禮者可得而已之！然此豈一朝一夕之故？蓋其失在初，履霜而至堅冰，亦末如之何也已。如孔子相魯，欲墮三家，至成則爲孟氏所覺，遂不可墮。要之，三家孟氏最弱，季叔爲强。强者墮之，而弱者反不可墮者，强者不覺而弱者覺之故也。」問：「成既不可墮，夫子如何別無處置了便休？」曰：「不久夫子亦去魯矣。若使聖人久爲之，亦須別有個道理。」廣。

子路無宿諾章

問「子路無宿諾」。曰：「子路許了人便與人去做這事，不似今人許了人，却掉放一壁不管。」雉。

居之無倦章[一〇〇]

亞夫問「居之無倦，行之以忠」。曰：「『居之無倦』在心上説，『行之以忠』在事上説。『居之無倦』者便是要此心長在做主，不可放倒，便事事都應得去。『行之以忠』者是事事要着實，故某集注下[一〇一]云『以忠則表裏如一』，謂心裏要如此者[一〇二]便外面也如此，事事靠實去做也。」時舉。

亞夫問：「『居謂存諸心，無倦謂始終如一。行謂施諸事，以忠謂表裏如一』，此固分明。然不知[一〇三]行固是行其所居，但不知居是居個甚物事？」答[一〇四]曰：「常常恁地提省在這裏，若有頃刻放倒便不得。」賀孫。

又曰：〔一〇五〕「子張是個有鋭氣底人。它〔一〇六〕初頭乘些鋭氣去做，少間做到下梢，多無殺合，〔一〇七〕且又〔一〇八〕不朴實，故告之以此〔一〇九〕，欲其盡心力也。」燾。

賀孫〔一一〇〕問「居之無倦，行之以忠」。曰：「若是有頭無尾底人，便是忠也不久，所以孔子先將個『無倦』逼截它。」賀孫。

君子博學於文章 無〔一一一〕

君子成人之美章

問：「『君子成人之美，不成人之惡』，『成』字如何？」曰：「『成』字只是『欲』字。」僩。

季康子問政於孔子章 無〔一一二〕

季康子患盜章

問：「『季康子患盜，問於孔子，孔子對曰「苟子之不欲，雖賞之不竊」』，〔一一三〕楊氏謂『欲民之不爲盜，在不欲而已』，謝氏謂『反身以善俗』，此與楊相類。〔一一四〕獨〔一一五〕橫渠以〔一一六〕謂：

『欲生於不足則民盜，能使無欲則民自不爲盜。假設以子不欲之物，賞子使竊，子必不竊，故爲政在乎足民，使無所欲而已。』横渠〔一一七〕之説則是孔子當面以季康子比盜矣。孔子於季康子雖不純於爲臣，要之孔子必不面斥之如此，聖人氣象恐不若是。如楊氏所説，只是責季康子之貪，然氣象和平，不如此之峻厲。今欲且從楊説，如何？」先生曰：「然。〔一一八〕」謨。

如殺無道以就有道章〔一一九〕

或問「子爲政，焉用殺」。先生曰：「尹氏謂『殺之爲言，豈爲人上之語哉』，此語固好。然聖人只説『焉用殺』三字，自是不用解了。蓋上之人爲政欲善則民皆善，自是何用殺。聖人之言混成如此。」時舉。

子張問士何如斯可謂之達〔一二〇〕章

問：「『子張問何如斯可謂之達矣』，〔一二一〕『達』字之義。」曰：「此是聞達之『達』，非明達之『達』。但聞只是求聞於人，達却有實，實方能達。」𥙷。

問「何如斯可謂之達」。曰：「行得無窒礙謂之『達』。『在家必達，在邦必達』，事君則得乎君，治民則得乎民，事親則孝，事長則弟，無所不達。」〔一二二〕又曰：「『色取仁而行違，居之不

疑』，正是指子張病痛處。」希遜。時舉、植録並同。〔一二三〕

周問聞、達之別。曰：「達是退一步〔一二四〕，聞是近前一步做底。退一步底卑遜篤實，不求人知，一旦工夫至到，却自然會達。聞是近前一步做，惟恐人不知，故矜張誇大，一時若可喜，其實無足取者。」雉。

「質直而好義」，便有個觸突人底意思。到得「察言觀色，慮以下人」，便又和順低細，不至觸突人矣。「慮」謂思之詳審，常常如此思慮，恐有所不覺知也。聖人言語都如此周遍詳密。僩。

問：「『察言觀色』，想是子張躐等爲大賢『於人何所不容』之事，於人不辨别邪正與賢不肖，故夫子言此以箴之。」曰：「子張則〔一二五〕是做〔一二六〕大底意思包他〔一二七〕。」又有問：〔一二八〕「『堂堂乎張也』，它是有個忽略底意思？」曰：「他做個大底意思包了，〔一二九〕便是忽略。」希遜。時舉同。〔一三〇〕

又〔一三一〕問「察言而觀色」。先生曰：「此是實要做工夫。蓋察人之言，觀人之色，乃是要驗吾之言是與不是。今有人自任己意説將去，更不看人之意是信受它，還不信受它。如此則只是自高，更不能謙下於人實去做工夫也。大抵人之爲學，須是自低下做將去，纔自高了便不濟事。」時舉。

説〔一三二〕「色取仁而行違」，「這是占外面地位闊了，裏面填不足」。植。

「質」是質實，「直」又自是一字。「質」就性資上説，「直」漸就事上説。到得好義，又多在事上。「直」固是一直做去，然至於好義則事事區處要得其宜。這一項都是詳細收斂工夫。如「色取仁而行違，居之不疑」，這只是粗謾將去。世上有此等人事以大意氣加人。子張平日是這般人，故孔子正救其病。此章大意不出一個是名、一個是實。賀孫。

問：「孔門學者，如子張全然務外，不知當初〔一三三〕如何地學？却如此。」曰：「也干它學甚事？它在聖門亦豈不曉得爲學之要？只是它資質是個務外底人，所以終身只是這意思。子路是個好勇底人，終身只是説出那勇底話。而今學者閑時都會説道理當如何，只是臨事時依前只是他那本來底面目出來，都不如那閑時所説者。」僩。〔一三四〕

問：「子張以聞爲達，伊川以爲明達之『達』，上蔡以爲令聞四達之『達』，尹氏以爲『充於內而發於外爲達』。三説如何？」曰：「此所謂達者，只是言所行要無窒礙。如事君必得乎上，治民必得乎下，而無所不行，無所不通，與子張問行大抵相似。吕氏謂『德孚於人者必達，矯行求名者必聞』，此説却是好。」謨。〔一三五〕

楊問：「『質直而好義』，質直是質性之直，或作兩件説？」曰：「質與直是兩件。」「『察言觀色』，龜山説『察言故不失口於人，觀色故不失色於人』，如何？」曰：「自家色如何觀得？只是察人言，觀人色。若照管不及，未必不以辭氣加人。此只做自家工夫，不要人知。既有工夫，以之事親則得乎親，以之事君則得乎君，以之交朋友而朋友信，『雖蠻貊之邦行矣』。此是在邦、在家必達之理。子張只去聞處着力，聖人此語正中其膏肓。『質直好義』等處專是就實，『色取仁而行違』專是從虚。」〔一三六〕

驤〔一三七〕問：「『質直而好義』，尹和靖〔一三八〕謂『立志質直』，如何？」曰：「這個莫不須説立志質直，但只是無華僞。質是樸實，直是無遍曲，而所行又合宜。觀人之言而察人之色，審於接物，慮以下人，只是一個謙，如此便做得去。達是做得去。」又問：「仁如何以顔色取？」曰：「此處與前説相反，只是顔色做〔一三九〕仁者舉止，而所行又却不如此。此恐是就子張身上説。」道夫。〔一四〇〕

樊遲問崇德辨惑章〔一四一〕

問：「『如何『先事後得』便可以崇德？」曰：「人只有這一個心，不通着兩個物事。若一心做事，又有一個求得之心，便於這上不專，如何有積累之功？這一條心路只在〔一四二〕一直去，更無它歧，纔分成兩邊便不得。且如今做一事，一心在彼，〔一四三〕一心在此做，一心又去計較功勞，這一件事定是不到頭，不十分精緻。若是做一事只是做一事，要做這個又要做那個，便自不得。雖二者皆出於善，也只〔一四四〕不得，況於不善者乎！」賀孫。

陳希真問「先事後得，非崇德與」。先生曰：「今人做事未論此事當做不當〔一四五〕做，且先計校此事有甚功效。既有計校之心，便是專爲利而做，不復知事之當爲矣。德者，理之得於吾心者也。凡人若能知所當爲而無爲利之心，這意思便自此而愈高起也。」時舉。〔一四六〕

又〔一四七〕問「先事後得」。曰：「但做自家合做底事，不必望他功效。今做一件好事便望它功效，則心便兩岐了。非惟是功效不見，連那所做底事都壞了。而今一向做將去，不望他功效，則德何緣不崇！」時舉。希遜録同。〔一四八〕

論「先事後得」。曰：「正如韓信背水陣，都忘了反顧之心，戰必勝矣。〔一四九〕不〔一五〇〕可爲二心，一心在事則德自崇矣。」可學。〔一五一〕

「攻其惡，無攻人之惡。」須是截斷了外面它人過惡，只去〔一五二〕自檢點，方能自攻其惡。若纔去檢點它人，自家這裏便疏，心便粗了。僩。

問：「子張樊遲『崇德』、『辨惑』之問，何故答之不同？」曰：「子張是矜張不實底人，故夫子於崇德則告之以『主忠信，徙義』，欲收斂着實做工夫。常人之情，好人、惡人只是好之、惡之而已，未至於必欲其生、必欲其死處。必是子張平日於喜怒之間用心過當，故又告之以此。樊遲爲人雖無所考，以學稼、學圃及夫子答問觀之，必是個鄙俗粗暴底人，故夫子告之以『先難後獲』，此又以『先事後得』告之。蓋鄙俗則有近利之意，粗暴則有一朝之忿〔一五三〕忘其〔一五四〕身之患，皆因其失而救之也。」雉。

樊遲問仁知章

樊遲問仁、問知所未達者，〔一五五〕蓋愛人且是泛愛，知人則有所擇，二者相反，故疑之。夫子曰「舉直錯諸枉，能使枉者直」，「能使枉者直」便是仁。樊遲誤認二句只是智，故見子夏而問之，張子曰：「既問諸師，又辨諸友，當是時，學者之務實也如是。」〔一五六〕子夏遂言之。至於「不仁者遠」，然後仁、知之義皆備。德明。

或問：「愛人者，仁之用；知人者，智之用。孔子何故不以仁智之體告之？乃獨舉其用以爲說。莫是仁、知之體難言，而樊遲未足以當之，姑舉其用使自思其體？」曰：「『體』與『用』雖是二字，本未嘗相離，用即體之所以流行。」賀孫。

每常說：「仁、知，一個是慈愛，一個是辨別，各自向一路。惟是『舉直錯諸枉，能使枉者直』，方見得仁知合一處，仁裏面有知，知裏面有仁。」僩。

文振說「樊遲問仁，曰『愛人』」一節。先生曰：「『愛人、知人是仁、知之用。聖人何故但以仁、知之用告樊遲，却不告之以仁、知之體？』文振云：「聖人說用則體在其中。」先生曰：「固是。蓋尋這用便可以知其體，蓋用即是體中流出也。」時舉。

樊遲問仁，孔子答以「愛人」；問知，孔子〔一五七〕答以「知人」。有甚難曉處？樊遲因甚未達？蓋愛人則無所不愛，知人則便有分別，兩個意思自相反了〔一五八〕，故疑之。只有曾吉甫説得好：「『舉直錯諸枉』便是知人，『能使枉者直』便是愛人。」也〔一五九〕曾解一部論語，只曉得這一段。辛。〔一六〇〕

「愛人」、「知人」自相爲用。若不論直與枉，一例去〔一六一〕愛他也不得，大抵惟先知了方能頓放得個仁也。聖人此〔一六二〕兩句自包上下，後來再與子夏所言皆不出此兩句意，此〔一六三〕所以爲聖人之言也〔一六四〕。時舉。

又〔一六五〕問：「『不仁者遠矣』，謂不仁者皆爲仁，則不仁之事無矣。」先生曰：「是。」雉。

子貢問友章

問「忠告而善道之」〔一六六〕。答〔一六七〕曰：「告之之意固是忠了，須又教道得善始得。」雉。

又問「忠告而善道」。〔一六八〕曰：「『善道』，以〔一六九〕善道之。如有人雖敢忠言，未必皆合道理者，則是未善也。」時舉。希遜同。〔一七〇〕

「『以〔一七一〕道事君，不可則止』，『忠告而善道之，不可則止』。夫『以道事君，不可則止』者，謂道不合則去也；『以責善爲友，不可則止』者，謂言不從則已也。如是則聖人於事君交友之間，一有不可則去之、已之而已。恐非聖人所以盡君臣、朋友之義也。[一七二]嘗記[一七三]張子韶解此，謂：『不可則止者，[一七四]當其微有不可，則隨而[一七五]止之，無待其事之失、過之形而後用力以正[一七六]之也。此説似廣大，未審是否？[一七七]』曰：「子韶之説不通，與上下文義自[一七八]不相貫。近世學者多取子韶之説[一七九]，愛其新奇而不審[一八〇]其不當於理。此甚害事，不可不知也。」謨。[一八一]

君子以文會友章無[一八二]

【校勘記】

[一] 是 成化本無。

[二] 之 成化本無。

[三] 惟 成化本無。

[四] 便 成化本無。

[五] 底 成化本無。

〔六〕底　成化本無。
〔七〕聖人　成化本無。
〔八〕之　成化本無。
〔九〕尤大　成化本無。
〔一〇〕個　成化本作「於」。
〔一一〕先生言自塘石歸有一同人問己所不欲勿施於人爲恕　成化本無。
〔一二〕且　成化本無。
〔一三〕刑　成化本無。
〔一四〕此條可學録成化本作爲注，附於璘録後，參成化本卷四十二「先生自唐石歸……皆自恕而已」條。
〔一五〕祖道謨同　成化本爲「去僞」。
〔一六〕不必大段去分別也　成化本爲「亦不必大段分別」。
〔一七〕成化本此下注曰：「以下通論二章。」
〔一八〕一日　成化本爲「□日」，「日」上似有一字缺。
〔一九〕却　成化本無。
〔二〇〕若是着力去做然亦與克己復禮只一般　成化本爲「雖不曾着力去克己復禮然却與克己復禮只一般」。

［二一］蓋是把這個養去那私意私意自是着不得　成化本爲「蓋若是把這個養來養去那私意自是着不得」。
［二二］祭　成化本此下有「時」。
［二三］人　成化本此下有「時」。
［二四］相　成化本作「有」。
［二五］答云讀論語所疑已録呈先生曰且舉大疑處　成化本無。
［二六］答云　成化本作「曰」。
［二七］之　成化本無。
［二八］使民如承大祭己所不欲勿施於人　成化本爲「云云」。
［二九］成化本此下注有「集注」。
［三〇］只説出門如見大賓……動容周旋中禮　成化本爲「説出門云云至中禮」。
［三一］或人未出門使民以前之説　成化本無。
［三二］或問未出門使民時如何曰此儼若思時也　按，此部分内容與成化本所載義剛録相同，疑出自義剛録。
［三三］却　成化本此下有「好」。
［三四］得　成化本爲「得了」。
［三五］此條寓録成化本無，但所載義剛録末所附夔孫録與此相似，參成化本卷四十二「或問伊川……恁地

説却較淡了」條。

〔三六〕問　成化本此上有「袁子節」。

〔三七〕持守　成化本此下注曰：「一作『有守』。」

〔三八〕此條希遜録成化本無。

〔三九〕問克己乾道主敬坤道曰　成化本無。

〔四〇〕得　成化本作「將」。

〔四一〕仲弓顔淵　成化本爲「仲弓勝似顔淵」。

〔四二〕此條夔孫録成化本作爲注，附於義剛録後，參成化本卷四十二「周貴卿問克己復禮……也大故細密」條。

〔四三〕都　成化本無。

〔四四〕機　成化本作「幾」。

〔四五〕若　成化本無。

〔四六〕看　成化本無。

〔四七〕坐　成化本無。

〔四八〕此條僩録成化本載於卷四十一，而底本卷四十一重複載録。

〔四九〕道　成化本無。

〔五〇〕先生謂　成化本無。
〔五一〕之　成化本無。
〔五二〕此條元秉録成化本無。
〔五三〕大小　王本爲「多少」。
〔五四〕泛　成化本作「疑」。
〔五五〕二處　成化本無。
〔五六〕那　成化本無。
〔五七〕己　成化本無。
〔五八〕是　成化本此下有「説」。
〔五九〕抵　成化本此下有「告」。
〔六〇〕全　成化本此下有「似」。
〔六一〕矣　成化本無。
〔六二〕所謂　成化本無。
〔六三〕無　成化本此上有「是」。
〔六四〕録同　成化本無。
〔六五〕嵤　成化本無。

〔六六〕之　成化本無。

〔六七〕無怨　成化本無。

〔六八〕國　成化本無。

〔六九〕又曰　成化本作「曰」，且「曰」上有「問『家、在邦之怨，是屬己，屬人』」。

〔七〇〕仁者其言也訒章　成化本爲「司馬牛問仁章」。

〔七一〕則　成化本無。

〔七二〕問　成化本爲「或問」。

〔七三〕此條僩録成化本無，但所載燾録與此條相似，參成化本卷四十二「爲之難言之得無訒乎……存得這心在」條。

〔七四〕言　成化本作「出」。

〔七五〕成化本此下有「仁者只知『爲之難』，『言之得無訒乎』」，且録末注有「寓」。

〔七六〕不　朱本爲「不曾」。

〔七七〕植同　成化本無。

〔七八〕得　成化本無。

〔七九〕寓淳同　成化本無。

〔八〇〕説　成化本此下有「是」。

〔八一〕成化本此下注有「明作」。

〔八二〕人皆有兄弟章　成化本爲「司馬牛憂曰章」。

〔八三〕自　成化本無。

〔八四〕淳　成化本無。

〔八五〕意　成化本作「當」。

〔八六〕或人將那　成化本爲「或將」。

〔八七〕此條成化本無。

〔八八〕子夏　成化本爲「子貢」。

〔八九〕有　成化本無。

〔九〇〕君子質而已矣　成化本無。

〔九一〕些　成化本無。

〔九二〕此條端蒙録成化本載於卷三十二，卷十九所載端蒙録與此條内容相似，參成化本該卷「聖人之言雖是平説……便有廢學之弊」條。

〔九三〕年饑用不足章　成化本爲「哀公問於有若章」。

〔九四〕雄　成化本作「雉」。

〔九五〕説　成化本此下有「云云」。

〔九六〕不成　成化本爲「不行」。

〔九七〕是　成化本無。

〔九八〕去　成化本無。

〔九九〕爲　成化本作「惟」。

〔一〇〇〕居之無倦章　成化本爲「子張問政章」。

〔一〇一〕下　成化本無。

〔一〇二〕者　成化本無。

〔一〇三〕不知　成化本無。

〔一〇四〕答　成化本無。

〔一〇五〕又曰　成化本無。

〔一〇六〕它　成化本此下有「做事」。

〔一〇七〕合　成化本此下有「故告以『居之無倦』」。

〔一〇八〕且又　成化本爲「又且」。

〔一〇九〕此　成化本爲「告之以行」。

〔一一〇〕賀孫　成化本無。

〔一一一〕君子博學於文章無　成化本無。

〔一一二〕季康子問政於孔子章無　成化本無。

〔一一三〕季康子患盜……雖賞之不竊　成化本無。

〔一一四〕謝氏謂反身以善俗此與楊相類　成化本無。

〔一一五〕獨　成化本無。

〔一一六〕以　成化本無。

〔一一七〕橫渠　成化本此上有「如」。

〔一一八〕然　成化本作「善」。

〔一一九〕如殺無道以就有道章　成化本爲「季康子問政章」。

〔一二〇〕何如斯可謂之達　成化本無。

〔一二一〕子張問何如斯可謂之達矣　成化本無。

〔一二二〕成化本此下注曰：「植録云：『如事親則得乎親、事君則得乎君之類。』」

〔一二三〕希遜時舉植録並同　成化本爲「謙之」。

〔一二四〕步　成化本此下有「底」。

〔一二五〕則　成化本無。

〔一二六〕做　成化本爲「做個」。

〔一二七〕他　成化本爲「他人」。

〔一二八〕又有問　成化本爲「至之問」。

〔一二九〕了　成化本作「人」。

〔一三〇〕希遜時舉同　成化本爲「時舉」。

〔一三一〕又　成化本無。

〔一三二〕説　成化本無。

〔一三三〕當初　成化本無。

〔一三四〕此條僩録成化本載於卷九十三。

〔一三五〕謨　成化本爲「去僞集義」。

〔一三六〕成化本此下注有「寓」。

〔一三七〕驤　成化本無。

〔一三八〕尹和靖　成化本爲「和靖」。

〔一三九〕做　成化本此上有「雖」。

〔一四〇〕道夫　成化本作「驤」。

〔一四一〕樊遲問崇德辨惑章　成化本爲「樊遲從遊舞雩之下章」。

〔一四二〕在　成化本作「是」。

〔一四三〕一心在彼　成化本無。

〔一四四〕只　成化本無。

〔一四五〕當　原作「常」，據上下文及成化本改。

〔一四六〕這意思便自此而愈高起也　成化本爲「這意思便自高遠纔爲些小利害討些小便宜這意思便卑下了所謂崇者謂德自此而愈高起也」。

〔一四七〕又　成化本無。

〔一四八〕希遜録同　成化本無。

〔一四九〕矣　成化本此下有「又云：『當思「先事後得」如何可以崇德』」。

〔一五〇〕不　成化本此上有「蓋」。

〔一五一〕可學　成化本爲「方子」。

〔一五二〕去　成化本無。

〔一五三〕一朝之忿　成化本爲「因忿」。

〔一五四〕其　成化本無。

〔一五五〕樊遲問仁問知所未達者　成化本爲「樊遲未達者」。

〔一五六〕張子曰……學者之務實也如是　成化本無。

〔一五七〕孔子　成化本無。

〔一五八〕了　成化本無。

〔一五九〕也　成化本無。

〔一六〇〕辛　成化本無。

〔一六一〕去　成化本無。

〔一六二〕此　成化本爲「只此」。

〔一六三〕此　成化本無。

〔一六四〕也　成化本無。

〔一六五〕又　成化本無。

〔一六六〕忠告而善道之　成化本爲「忠告善道」。

〔一六七〕答　成化本無。

〔一六八〕又問忠告而善道　成化本爲「問忠告善道」。

〔一六九〕以　成化本此上有「是」。

〔一七〇〕希遜同　成化本無。

〔一七一〕以　成化本此上有「問」。

〔一七二〕夫以道事君……君臣朋友之義也　成化本無。

〔一七三〕嘗記　成化本無。

〔一七四〕不可則止者　成化本無。

〔一七五〕隨而　成化本爲「隨即」。
〔一七六〕正　成化本作「止」。
〔一七七〕此説似廣大未審是否　成化本無。
〔一七八〕自　成化本無。
〔一七九〕子韶之説　成化本爲「此説」。
〔一八〇〕審　成化本作「察」。
〔一八一〕此條謨録成化本載於卷四十。底本卷四十亦載，參謨録「問張子韶解不可則止……不可不知也」條。
〔一八二〕君子以文會友章無　成化本無。

晦庵先生朱文公語類卷第四十三

論語二十五

子路篇

子路問政章

鄭文振[一]問：「『先之，勞之』，[二]集注[三]云『凡民之事，以身先之，則雖勞不怨』，如何是『以身先之』[四]？」曰：「凡是以勞苦之事役使人，自家須一面與它做方可率得它。如勸課農桑等事，也須是自家不憚勤勞，親履畎畝[五]與他勾當方得。」[六]

或問：「『子路問政』章，集解取東坡『以身勞之』之説，如何是『以身勞之』？」曰：「如循行阡陌，勸課農桑之類」。廣。[七]

問：「『先之，勞之』一段，[八]『勞之』恐是以言語勸勉他？」先生曰：「如此説不盡得邦[九]

爲政之理。若以言語勸勉它，亦不甚要緊，亦是淺近事。聖人自不用説，亦不見得無倦底意。勞是勤於事，勤於事時節〔一〇〕，後來便有個倦底意，〔一一〕所以教它勞。東坡下『行』字與『事』字最好。」或問：「『愛之能勿勞乎』，有兩個勞事〔一二〕？」先生曰：「這個是它勞。」〔一三〕

寓〔一四〕問：「『先之，勞之』，『勞』字既有兩音，有兩説否？」曰：「勞之以身，勤之以事，亦須是自家喫些辛苦方能令得他。詩所謂『星言夙駕，説于桑田』，古人戴星而出、戴星而入，必是自耐勞苦，方能率〔一五〕得人。欲民之親其親，我必先之以孝；欲民之事其長，我必先之以弟。子路請益，聖人告之『無倦』。蓋勞苦亦人之難事，故以『無倦』勉之。」寓。

問：「『先之，勞之』，諸説孰長？」曰：「横渠云『必身爲之唱，且不愛其勞，而又益之以不倦』，此説好。」又問：「以身爲之唱者果勞乎？」曰：「非是之謂也。既以身爲之唱，又更不愛其勞，而終之以無倦，此是三節事。」祖道。謨同。〔一六〕

仲弓爲季氏宰章

潘立之問「先有司」。曰：「凡爲政，隨其大小各自有有司。須先責他理會，自家方可要其成。且如錢穀之事，其出入盈縮之數須是教它自逐一具來，自家方可考其虛實之成。且如今做太守，人皆以爲不可使吏人批朱，某看來不批是〔一七〕不得。如詞訴反覆，或經已斷，或彼處未結絶，或見在催追，他埋頭又來下狀。這若不批出，自家如何與它判得？只是要防其弊。若既如此後或有人詞訴，或自點檢一兩項，有批得不實，即須痛治，以防其弊。」賀孫。

問：「『仲弓問政』章，[一八]程子謂『觀仲弓與聖人，便見其用心之小大』，以此知『樂取諸人以爲善』，所以爲舜之聖。而凡事必欲出乎己者，真成小人之私矣。」曰：「於此可見聖賢用心之大小。仲弓只緣見識未極其開闊，故如此。人之心量本自大，緣私故小，蔽固之極則可以喪邦矣。」廣。

衛君待子爲政章[一九]

亞夫問「衛君待子爲政」一[二〇]章。先生曰：「其初只是一個『名不正』，便事事都做不得。『禮樂不興，刑罰不中』，便是個大底『事不成』。」問：「『禮樂不興』，疑在『刑罰不中』之後，今何故却云禮樂不興而後刑罰不中？」曰：「禮之所去，刑之所取。禮樂既不興，則刑罰宜其不中矣。」又曰：「禮是有序，樂是和樂。既事不成，如何得有禮樂耶？」時舉。

「事不成」是粗説那事做不成，「禮樂不興」是和這理也没了。「事」只是説它做出底，「禮樂」却是那事底理。禮樂只是一件物事，安頓得齊齊整整有次序便是禮，無那乖争底意思便是樂。植。

文振問：「何以謂之『事不成，則禮樂不興』？」曰：「『事不成』，以事言；『禮樂不興』，以理言。蓋事不成，則事上都無道理了，説甚禮樂！」亞夫問：「此是禮樂之實，還是禮樂之文？」曰：「實與文元相離不得。譬如影便有形，要離那形説影不得。」時舉。

或問：「如何是事不成後禮樂便不興？禮樂不興後却如何便刑罰不中？」曰：「大凡事須要節之以禮，和之以樂。事若不成，則禮樂無安頓處。禮樂不興，則天序[二二]不和，如此則用刑罰者安得不顛倒錯亂？諸家説各有所長，可會而觀之。」祖道。謨同。[二二]

衛輒，子也；蒯聵，父也。今也子以兵拒父，以父爲賊，是多少不順！其何以爲國？何以臨民？事既不成，則顛倒乖亂，禮樂如何而興？刑罰如何而中？程子所謂「一事苟，則其餘皆苟」，正謂此也。道夫。[二三]

楊問：「注謂『言不順，則無以考實而事不成』，此句未曉。」曰：「實即事也。」又問：「言與事似乎不相涉。」曰：「如何是不相涉？如那[二四]一人被火，急討水來救始得，却教它討火來，此便是『言不順』，如何濟得事？又如人捉賊一般[二五]，走東去合當從東去捉，却教它走從西去，如何捉得獲[二六]？皆言不順做事不成。若就衛論之，輒，子也，蒯聵是父。今也以兵拒父，是以父爲賊，多少不順！其何以爲國？何以臨民？事既不成，則顛沛乖亂，禮樂如何會興？刑罰如何會中？明道所謂『一事苟，其餘皆苟』，正謂此也。」又問：「子路之死於衛，其義如何？」曰：

「子路只見得下一截道理，不見上一截道理。孔悝之事，它知道是『食焉不避其難』，這合當如此，[二七]却不知食出公之食爲不義。東坡嘗論及此。」問：「如此是它當初仕衛便不是？」曰：「然。」[二八]

子路爲人粗，於精微處多未達。其事孔悝，蓋其心不以出公爲非故也。悝即出公之黨。何以見得他如此？如「衛君待子爲政」，夫子欲先正名，他遂以爲迂，可見他不以出公爲非。故其事悝，蓋自以爲善而爲之，而不知其非義也。㽦。[二九]

伯豐問：「夫子言『若爲政於衛，必也正名』，胡氏以爲『必具其事之本末，上告天子，下請方伯，命公子郢而立之』。若如此說則是霸旅之臣，一旦國君見用即遂謀逐之，此豈近於人情？意夫子若果仕衛，必以父子之大倫明告於出公，使之自爲去就，而後立郢之事始可議也。」曰：「此說得之，但聖人之權亦有非常情所可測度者。」處謙。[三〇]

問：「胡氏說『正名章』，謂：『必將具其事之本末告諸天王，請於方伯，命公子郢而立之，則人倫正。』[三一]此[三二]只是論孔子爲政正名，事理合當[三三]如此。設若衛君輒[三四]用孔子，孔子既爲之臣而爲政，則此說亦可通否？」曰：「聖人必不肯北面無父之人。若輒有意改過遷善，則孔子須先與斷約，如此方與他做。以姚崇猶先以十事與明皇約，然後爲之相，而况孔子乎！若輒不能然，則孔子決不爲之臣矣。」淳。[三五]

問：「『衛君待子爲政』章，胡氏云：『夫子爲政而以正名爲先，必將具其事之本末告諸天王，請於方伯，命公子郢而立之。』〔三六〕據衛君即是出公，〔三七〕使孔子得政則是出公用之也，如何做得此等事？」先生曰：「據事理言之，合當如此做耳。使孔子仕衛，亦必以此事告之出公，若其不聽則去之耳。」廣。

「『必也正名乎』，孔子若仕衛，必先正其君臣父子之名。如蒯聵不當立，輒亦不當立，當去輒而別立君以拒蒯聵。晉趙鞅欲立蒯聵，聖人出時必須大與他剖判一番，教它知個是與不是。」亞夫問：「論道理固是去輒，使國人自拒蒯聵。以事情論之，晉人正主蒯聵，勢足以壓魯，聖人如何請于天子、請于方伯？天子既自不奈何，方伯又是晉自做，如何得？」曰：「道理自是合如此了。聖人出來須自能使晉不爲蒯聵。」賀孫因問：「如請討陳常之事，也只是據道理，不論事情。」曰：「如這一兩件大事可惜聖人做不透，若做得透，使三綱五常既壞而復興，千條萬目自此而更新。聖人年七八十歲，拳拳之心，終做不成。」賀孫。

吴伯英問：「『衛君待子而爲政』，〔三八〕若使夫子爲衛政，不知果能使出公出從蒯聵否？」曰：「聖人行事，只問義之合與不合，不問其能與不能也。若使每事只管計較其能與不能，則豈不惑於常情利害之私乎？此在學者尤宜用力，而況聖人乎！」處謙。

問：「衛君欲召孔子爲政，而孔子欲先正名。孔子既爲之臣，復欲去出公，亦豈人情？」

曰：「惟孔子而後可。」問：「靈公既逐蒯聵，公子郢辭不立，衛人立輒以拒蒯聵。論理，輒合下便不當立，不待拒蒯聵而後爲不當立也。」曰：「固是。輒既立，蒯聵來争必矣。」僩。

誦詩三百章

亞夫問：「『誦詩三百』，何以見其必達於政？」曰：「其中所載可見。有如小夫賤隸閭巷之間至鄙俚之事，君子平日耳目所不曾聞見者，其情狀皆可因此而知之。而聖人所以修德於己、施於事業者，莫不悉備。於其間所載之美惡，讀誦而諷詠之，如是而爲善，如是而爲惡；吾之所以自修於身者，如是是合做底事；如是是不合做底事，待得施以治人，如是而當賞，如是而當罰，莫不備見，如何於政不達？若讀詩而不達於政，則是不曾讀也。」又問：「如何使於四方必能專對？」曰：「於詩有得，必是於應對言語之間委曲和平。」賀孫。

子曰其身不正章無〔三九〕

衛公子荆居室章〔四〇〕

問「衛公子荆善居室」。〔四一〕先生云：「公子荆所爲正合道理，致〔四二〕恰好處。常人爲屋室，不是極其華麗，則墻崩壁倒全不理會。子荊自合而完，完而美，循循有序，而又皆曰苟而已，初不以此累其心。在聖人德盛，此等事皆能化了，不足言。在公子荊能如此，故聖人稱之。」希遜。〔四三〕

正卿謂：「『公子荊善居室』一段也無甚高處，聖人稱善，何也？」曰：「且如今人，不治家則墻崩壁倒全不理會，又有人專去治家，則汲汲于致富。惟公子荊自合而完，完而美，循循有序，而又皆曰苟而已，則又不以此累其心，聖人所以美之。」又問：「雖之夷狄，不可棄也。」曰：「上三句散着，下一句方撮得緊。」時舉。〔四四〕

子適衛章

宜久説「子適衛」一章。先生因言：「古者教人有禮樂，動容周旋皆要合他節奏，使性急底要快也不得，性寬底要慢也不得，所以養得人情性。如今教人既無禮樂，只得把兩册文字教他讀。然而今未論人會學，喫緊自無人會教。所以明道先生欲得招致天下名儒，使講明教人之方，其〔四五〕德行最高者留以爲太學師，却以次分布天下令教學者。須是如此，然後學校方成次第也。」時舉。

苟有用我章

立之説「苟有用我者」一章。答〔四六〕曰：「聖人爲政一年之間，想見以前不好底事都革得盡。到二年，便財足兵强、教行民服。」時舉。

「如有用我者，期月而已可也。」聖人做時，須一切將許多不好底撤换了方做自家底，所以伊川云，紀綱布置必三年方可有成也。賀孫。

孔子之志在乎尊周，然「苟有用我者」，亦視天命如何耳。聖人胸中自有處置，非可執定本以議之也。人傑。〔四七〕

善人爲邦百年〔四八〕章

問：〔四九〕「『善人，勝殘去殺』，〔五〇〕注謂〔五一〕『民化於善，可以不用刑殺』。恐善人只是使風俗醇朴，未能化於善。〔五二〕若化於善，乃聖君之事否？〔五三〕」曰：「論功效大概是如此。〔五四〕其淺深在人，〔五五〕不必恁地分别。善人是他做百年工夫積累到此，自是亦〔五六〕能使人興善，不〔五七〕陷於刑辟。如文景幾致刑措，〔五八〕豈不是『勝殘去殺』。〔五九〕又〔六〇〕如陳太丘、卓茂、魯恭只是縣令，也能有此效〔六一〕。不成説〔六二〕不是聖人，如何做得這個！此等緊要只看那功效處，〔六三〕不要恁地[六四]較量道聖人之效是如此，善人之效是如彼。聖人比善人自是不同。『綏[六五]之斯來，動之斯和』，『殺之而不怨，利之而不庸，民日遷善遠罪[六六]而不知爲之』者[六七]，善人定是未能到這田地。然[六八]有這般樣[六九]見識、這般樣心胸，積累做將去，亦須有效。今若[七〇]寬刑薄賦，民亦自能興起而不陷於罪戾[七一]。聖人論功效，亦是大概如此。只思量他所以致此效處是[七二]如何便了，何必較他優劣！便理會得，也無甚切己處。」義剛。淳同。[七三]

問：「『善人爲邦百年』，又『教民七年』，又『必世後仁』，與『期月可也，三年有成』之義，如何？」曰：「此須有聖人作用方得如此。今大概亦自可見，惟明道文集中一策答得甚詳，與今人答策專是謾策題者甚別，試讀之可見。」謨。祖道、人傑同。[七四]

子曰[七五]如有王者章

或問：「言『如有用我者，三年有成』，言『如有王者』則曰『必世而後仁』，[七六]遲速不同，何也？」答[七七]曰：「伊川曰『三年，謂法度紀綱有成而化行也』，漸民以仁，磨[七八]民以義，使之浹於肌膚，淪於骨髓，天下變化，風移俗易，民歸於仁而禮樂可興，所謂仁也。此非積久何以能致？」又曰：「自一身之仁而言之，這個道理浸灌透徹；自天下而[七九]言之，舉一世之仁皆是這個道理浸灌透徹。」[八〇]

子曰苟正其身矣章[八一]

問：「范氏以先正其身，爲王者以德行仁之事；不能正其身而正人，爲以力假仁之事。」曰：「王者、霸者只是指王、霸之道，范氏之説緩而不切。」必大。

尹氏云：「揚雄曰『政之本，身也。身立則政立矣』，大學曰『身修而後家齊，家齊而後國治』。」問：「此章與第六章『其身正，不令而行；其身不正，雖令不從』，何異而複出之？」曰：「晁氏以爲此專爲臣而發，理或然也。」[八二]

冉子退朝章[八三]

問此章之説。曰：「公父文伯之母謂季康子曰：『外朝，子將業君之官職焉；内朝，子將庀季氏之家政焉。』夫『君之官職』則所謂政也，『季氏之家政』則所謂事也。冉子之所得聞者，季氏内朝之事爾。政則康子必將合諸大夫而謀之，外朝非冉有之所得而與也。冉有以家事爲國政，僭也，故夫子抑之。或謂此季氏與其家臣謀國政於私朝，而不使諸大夫與焉，故孔子爲不知者而微詞以正之。如何？」曰：「此於文義得矣。然疑其頗若傷於巧者，姑存而考之可也。詳見集注。」[八四]

定公問一言興邦章無〔八五〕

葉公問政章

曾問：「『近者悦，遠者來。』夫子答葉公之問政者專言其效，與答季康子、子夏等不同，如何？」曰：「此須有施爲之次第。葉公老成，必能曉解也。」人傑。

子夏爲莒父宰章無〔八六〕

有直躬者章無〔八七〕

樊遲問仁章

亞夫問「居處恭，執事敬」一章。先生曰：「這個道理須要到處皆在，使生意無少間斷方好。譬之木然，一枝一葉無非生意，纔有一毫間斷，便枝葉有不茂處。」時舉云：「看來此三句動静出處、待人接物無所不該，便私意自無容處。」因兼「仲弓問仁」一章説，先生曰：「大抵學問只要得個門户子入，若入得門了，便只要理會個仁。其初入底門户，不必只説道如何〔八八〕，若纔得個門户子入，須便要入去。若只在外面説道如何，也不濟事。」時舉。

問「雖之夷狄不可棄」。曰：「上三句散着，下一句方攏得緊。」希遜。

亞夫問：「如何『雖之夷狄不可棄』？」曰：「『道不可須臾離，可離非道也』，須是無間斷方得。若有間斷，此心便死了。在中國是這個道理，在夷狄也只是這個道理。」潘子善〔八九〕云：「若『居處恭，執事敬，與人忠』時，私心更無着處。」曰：「若無私心，當體便是道理。」〔九〇〕

孔門教人多以數語能使人自存其心，如「居處恭」，纔恭則心不放也。如此之類。孔子教人只言「居處恭，執事敬，與人忠」，含蓄得意思在其中，使人自求之。到孟子便指出了性善，早不似聖人了。祖道。〔九一〕

或問：「『樊遲問仁，子曰「居處恭，執事敬，與人忠，雖之夷狄不可棄也」〔九二〕』一段，聖人以是告之，不知樊遲果能盡此否？」曰：「此段須反求諸己，方有工夫，若去樊遲身上討，則與我不相干矣。必當思之曰居處恭乎？執事敬乎？與人忠乎？不必求諸樊遲能盡此與否也。又須思居處恭時如何，居處〔九三〕不恭時如何；執事敬時如何，執事〔九四〕不敬時如何；與人忠時如何，與人〔九五〕不忠時如何。方知須用恭、敬與忠也。今人處於中國飽食煖衣，未至於夷狄，猶且與之相忘而不知其不可棄。而況之夷狄，臨之以白刃而能不自棄者乎！」〔九六〕

徹上徹下，也[九七]無精粗本末，只是一理。賜。[九八]

或問：「胡氏謂『樊遲問仁者三：此最先，「先難」次之，「愛人」其最後乎』，何以知其然？」曰：「雖無明證，看得來是如此。若未嘗告之以恭、敬、忠之說，則所謂『先難』者，將何從下手乎[九九]？至於『愛人』，則又以其[一〇〇]發於外者言之矣。」廣。

子貢問士章

問：「『行己有恥，使於四方不辱君命』，兩句似不連綴。恐是『行己有恥』則足以成其身，推是心以及職分，則『不辱君命』，又可以成其職分之所當爲。」曰：「『行己有恥』則不辱其身，『使於四方』能盡其職，則『不辱君命』。」廣。

「宗族稱孝，鄉黨稱弟」，是能守一夫之私行，而不能廣其固有之良心。賀孫。

子貢問士都是退後說。子貢看見都也是不是[一〇一]易事，又問其次。子貢是着實見得那說底也難，故所以再問其次。這便是伊川所謂「子貢欲爲皎皎之行，夫子告之皆篤實自得之事」底意。植。

文振說「子貢問士」一章[一〇二]，舉程先生[一〇三]曰：「子貢欲爲皎皎之行聞於人者，夫子告之皆篤實自得之事。」謂子貢發問節次正如此去[一〇四]。先生曰：「子貢平日雖有此意思，然這一章却是他大段平實了。蓋渠見『行己有恥，使於四方』不是些小事，故又問其次。至『宗族稱孝，鄉黨稱弟』，他亦未敢自信，故又問其次。凡此節次皆是他要放平實去做工夫，故每問皆下。到下面問『今之從政者何如』，却是問錯了，聖人便云『何足算也』，乃是爲他截斷了也。此處更宜細看。」時舉。

子曰〔一〇五〕不得中行而與之章

問「不得中行而與之」一段。曰：「謹厚者雖是好人，無益於事，故有取於狂狷，然狂狷者又各墮於一偏。中道之人有狂者之志而所爲精密，有狷者之節又不至於過激，此極難得。」時舉。希遜同。〔一〇六〕

楊問：「善人何以不及狷者？」曰：「善人只循循自守據見定，更不向上去，不解勇猛精進，做不得事。循規蹈矩則有餘，責之任道則不足，故無可望。狂狷者雖非中道，然此等人終是有骨肋，有節操，可以振拔而有爲。得聖人裁抑而激昂之，則狂便不狂，狷便不狷，皆歸於中矣。聖人本欲得中道，而與之磨來磨去，難得這般恰好底人。末年無奈何，方思得此等人，可見道之窮甚。」問：「何謂狷？」曰：「介然有守也。」淳。〔一〇七〕

寓〔一〇八〕問「狂狷」集注云：「善人胡爲亦不及狷者？」曰：「善人只循循自守據見定，不會勇猛精進。循規蹈矩則有餘，責之以任道則不足。〔一〇九〕狷者雖非中道，然這般人終是有筋骨。〔一一〇〕其志孤介，知善之可爲。〔一一一〕聖人本欲得中道而與之，晚年磨來磨去難得這般恰好底人，如狂狷尚可因其有爲之資，載而歸之中道。〔一一二〕且如孔門，只一個顔子如此純粹。〔一一三〕到曾子〔一一四〕便過於剛，與孟子相似。世衰道微，人欲横流，若不是剛介有脚跟底人，定立不住。漢之〔一一五〕文帝謂之善人，武帝却有狂底氣象。陸子静省試策『謂〔一一六〕文帝過武帝，愚謂武帝勝文帝』，其論雖偏，容有此理。文帝天資雖美，然止此而已。〔一一七〕武帝多有病痛，然天資高，足以有爲，便合下得個〔一一八〕真儒輔佐它，豈不大可觀！惜夫輔非其人，不能勝其多欲之私，做從那邊去了。末年天下虚耗，其去亡秦無幾。然它自追悔，亦其天資高也。如與衛青言：『若後世又如〔一一九〕朕之〔一二〇〕所爲，是襲亡秦之迹。太子厚重好静，欲求守文之主，安有賢於太子者乎！』見得它知過處。胡氏謂『武帝能以仲舒爲相，汲黯爲御史大夫，豈不善乎』。」寓。道夫録略。〔一二一〕

子曰〔一二二〕南人有言章

畣〔一二三〕問「不占而已矣」。曰：「如只是不讀書之意。」畣。

子曰〔一二四〕君子和而不同章

君子、小人只是這一個事而心有公私不同。孔子多有論君子、小人，皆然。如「君子和而不

同，小人同而不和」，和便是公底同，同是私底和。淳。〔一一二五〕

簹問：「『君子和而不同，小人同而不和』，諸説皆以『和』如『和羹』爲義，如何？」曰：「不必專指對人説。只君子平常自處亦自和，自然不同。大抵君子、小人只在公私之間。〔一一二六〕和是公底同，同是私底和。如『周而不比』亦然，周是公底比，比是私底周，同一事而有公私。五峰云『天理人欲，同體異用，同行異情』，説『同行異情』却得〔一一二七〕。所謂同體者，却只是言一事而各用，但既犯了『體用』字，却成同〔一一二八〕體，則是體〔一一二九〕中亦有人欲。五峰只緣錯認了性無善惡，便做出無限病痛。知言中節節如此。」廣。〔一一三〇〕

立之問：「『君子和而不同』，如温公與范蜀公議論不相下之類。不知『小人同而不和』，却如誰之類？」曰：「一〔一一三一〕如吕吉甫及〔一一三二〕王荆公是也。蓋君子之心，是大家只理會這一個公當底道理，故常和而不可以苟同。小人是做個私意，故雖相與阿比，然兩人相聚也自〔一一三三〕便分個彼己了，故有些少利害，便至紛争而不和也。」時舉。

子曰鄉人皆好之章無〔一一三四〕

子曰〔一一三五〕君子易事而難説章無〔一一三六〕

子曰〔一三七〕君子泰而不驕章〔一三八〕

子曰〔一三九〕剛毅木訥近仁章

問：「『剛毅木訥近仁』，剛與毅如何分別？」曰：「剛是體質堅〔一四〇〕，如一個硬物一般，不軟不屈。毅却是有奮發作興底氣象。」寓。

子路問士章

問「何如斯可謂之士」一段。曰：「聖人見子路有粗暴底氣象，故告之以『切切偲偲〔一四一〕』。又恐子路一向和說去了，又告之以『朋友切切偲偲，兄弟則怡怡』。聖人之言是恁地密。」希遜。

問：「胡氏說『切切，懇到也；偲偲，詳勉也』，如何是懇到詳勉意思？」曰：「古人多下聯字去形容那事，亦難大段解說。想當時人必是曉得這般字，今人只是想象其聲音，度其意是如此耳。『切切偲偲』，說〔一四二〕爲當。『懇到』有苦切之意，然一向如此苦切而無浸灌意思，亦不可。又須着詳細相勉，方有相親之意。」寓。

子曰〔一四三〕善人教民七年章

問：「『善人教民七年，亦可以即戎矣』，如何恰限七年？」曰：「如此等，他須有個分明界限。如古人謂『三十年制國用，則有九年之食』，至班固則推得出那三十年果可以有九年食處。料得七年之類亦如此。」廣。

問：「孔子云『善人教民七年，亦可以即戎矣』。晉文公自始入國至僖公二十七年，教民以信、以義、以禮，僅得四年，遂能一戰而霸。此豈文公加善人一等也耶？」曰：「大抵霸者尚權譎，要功利，此與聖人教民不同。若聖人教民，則須是七年。」謨。

子曰〔一四四〕以不教民戰章

或疑：「『不教民戰』，善人教民也七年，固是教之以孝弟忠信，不須兼戰法而教之否？」曰：「不然。戰法自不用了。孔子却是爲見春秋時忒會戰，故特説用教之以孝弟忠信之意。」伯羽。

【校勘記】

〔一〕鄭文振　成化本爲「文振」。

〔二〕先之勞之　成化本無。

〔三〕集注　成化本作「注」。

〔四〕是以身先之　成化本無。

〔五〕成化本此下注曰：「廣録作『循行阡陌』。」底本以廣録另作一條，參下條。

〔六〕成化本此下注曰：「賀孫。集注。」

〔七〕此條廣録成化本以部分内容爲注，夾於賀孫録中，參上條。

〔八〕先之勞之一段　成化本無。

〔九〕邦　成化本無。

〔一〇〕節　成化本無。

〔一一〕後來便有個倦底意　成化本爲「便有倦底意」。

〔一二〕事　成化本作「字」。

〔一三〕這個是它勞　成化本爲「這個勞是使它勞」，且注有「謙之」。

〔一四〕寓　成化本無。

［一五］率　朱本作「説」。

［一六］祖道謨同　成化本爲「去僞集義」。

［一七］是　成化本無。

［一八］仲弓問政章　成化本無。

［一九］衛君待子爲政章　成化本爲「子路曰衛君待子章」。

［二〇］一　成化本無。

［二一］天序　成化本爲「無序」。

［二二］祖道謨同　成化本爲「去僞」。

［二三］此條道夫録成化本無。

［二四］那　成化本無。

［二五］一般　成化本無。

［二六］獲　成化本無。

［二七］這合當如此　成化本無。

［二八］成化本此下注曰：「寓。集注。總論。」

［二九］此條醟録成化本載於卷三十九。

［三〇］此條處謙録成化本無。

[三一] 胡氏説正名章……則人倫正　成化本爲「胡氏之説」。

[三二] 此　成化本無。

[三三] 當　成化本無。

[三四] 輒　成化本無。

[三五] 此條淳録底本卷三十四重複載録。

[三六] 衛君待子爲政章……命公子郢而立之　成化本爲「胡氏云云」。

[三七] 據衛君即是出公　成化本無。

[三八] 衛君待子而爲政　成化本無。

[三九] 子曰其身不正章無　成化本無。

[四〇] 衛公子荆居室章　成化本爲「子謂衛公子荆章」。

[四一] 室　成化本此下有「也無甚高處，聖人稱善，何也」。

[四二] 致　成化本無。

[四三] 成化本此下注曰：「時舉録小異。」底本以時舉録另爲一條，參下條。

[四四] 此條時舉録成化本無。

[四五] 其　朱本爲「選其」。

[四六] 答　成化本無。

〔四七〕此條人傑録成化本無。

〔四八〕百年　成化本無。

〔四九〕問　成化本爲「安卿問」。

〔五〇〕善人勝殘去殺　成化本無。

〔五一〕注謂　成化本爲「集注云」。

〔五二〕未能化於善　成化本無。

〔五三〕乃聖君之事否　成化本爲「恐是聖君之事」。

〔五四〕論功效大概是如此　成化本爲「大概論功效是如此」。

〔五五〕人　成化本此下有「不必恁地粘皮着骨去説。不成説聖人便得如此，善人便不得如此」。

〔五六〕亦　成化本無。

〔五七〕不　成化本此上有「人自是」。

〔五八〕如文景幾致刑措　成化本爲「如文景恁地後來海内富庶」。

〔五九〕殺　成化本此下有「如漢循吏，許多人才循良，也便有效」。

〔六〇〕又　成化本無。

〔六一〕有此效　成化本爲「如此」。

〔六二〕説　成化本此下有「你」，朱本有「你便」。

〔六三〕此等緊要只看那功效處　成化本爲「只看他功效處」。

〔六四〕不要恁地　成化本爲「又何必」。

〔六五〕綏　成化本此上有「且如」。

〔六六〕遠罪　成化本無。

〔六七〕者　成化本無。

〔六八〕然　成化本爲「但是」。

〔六九〕樣　成化本無。

〔七〇〕今若　成化本爲「且如而今」。

〔七一〕罪戾　成化本作「刑」。

〔七二〕是　成化本無。

〔七三〕淳同　成化本無。

〔七四〕謨祖道人傑同　成化本爲「去僞」。

〔七五〕子曰　成化本無。

〔七六〕言如有用我者……必世而後仁　成化本爲「三年有成必世後仁」。

〔七七〕答　成化本無。

〔七八〕磨　成化本作「摩」。

〔七九〕而　成化本無。

〔八〇〕成化本此下注有「植」。

〔八一〕子曰苟正其身矣章　成化本爲「苟正其身章」。

〔八二〕此條成化本無。

〔八三〕冉子退朝章　成化本無。

〔八四〕此條成化本無。

〔八五〕無　成化本無。成化本「定公問一言興邦章」目下，載一條義剛録。參底本卷四十四義剛録「聖人説話無不子細……亦只是心尚粗」條。

〔八六〕子夏爲莒父宰章無　成化本無。

〔八七〕有直躬者章無　成化本無。

〔八八〕如何　成化本爲「如何如何」。

〔八九〕潘子善　成化本爲「子善」。

〔九〇〕成化本此下注有「南升」。

〔九一〕此條祖道録成化本載於卷十九，而底本卷十九重複載録。

〔九二〕子曰居處恭……不可棄也　成化本無。

〔九三〕居處　成化本無。

〔九四〕執事　成化本無。

〔九五〕與人　成化本無。

〔九六〕成化本此下注有「履孫」。

〔九七〕也　成化本無。

〔九八〕此條賜録成化本載於卷八。

〔九九〕乎　成化本無。

〔一〇〇〕其　成化本無。

〔一〇一〕都也是不是　成化本爲「都不是」。

〔一〇二〕説子貢問士一章　成化本無。

〔一〇三〕程先生　成化本爲「程子」。

〔一〇四〕去　成化本無。

〔一〇五〕子曰　成化本無。

〔一〇六〕希遜同　成化本無。

〔一〇七〕此條淳録成化本無，但卷四十三所載寓録以部分淳録内容爲夾注，參底本下條。

〔一〇八〕寓　成化本無。

〔一〇九〕成化本此下注曰：「淳録下云『故無可望』。」

〔一一〇〕成化本此下注曰：「淳録作『骨肋』。」

〔一一一〕知善之可爲　成化本爲「知善之可爲而爲之知不善之不可爲而不爲直是有節操狂者志氣激昂」。

〔一一二〕道　成化本此下注曰：「道夫録云：『得聖人裁抑之，則狂者不狂，狷者不狷矣。』淳録云：『「末年無奈何，方思得此等人，可見道之窮矣」。問：「何謂狷？」曰：「介然有守也。」』」

〔一一三〕粹　成化本此下注曰：「道夫録作：『合下天資純粹。』」

〔一一四〕曾子　成化本此下注曰：「道夫録有『氣質』字。」

〔一一五〕之　成化本無。

〔一一六〕謂　成化本爲「世謂」。

〔一一七〕已　成化本此下注曰：「道夫録云：『若責之以行聖人之道，則必不能，蓋他自安於此。觀其言曰：「卑之，無甚高論，令今可行也。」』」

〔一一八〕個　成化本無。

〔一一九〕如　朱本作「爲」。

〔一二〇〕之　成化本無。

〔一二一〕道夫録略　成化本爲「道夫録淳録同」。

〔一二二〕子曰　成化本無。

〔一二三〕嵤　成化本無。

〔一二四〕子曰　成化本無。

〔一二五〕此條淳録成化本無，但卷四十三所載僩録以淳録部分内容爲夾注，參底本下條。

〔一二六〕間　成化本此下注曰：「淳録云：『君子、小人只是這一個事而心有公私不同。孔子論君子小人，皆然。』」

〔一二七〕得　成化本作「是」。

〔一二八〕同　成化本作「是」。

〔一二九〕則是體　成化本無。

〔一三〇〕廣　成化本作「僩」。

〔一三一〕一　成化本無。

〔一三二〕及　成化本無。

〔一三三〕自　成化本無。

〔一三四〕子曰鄉人皆好之章無　成化本無。

〔一三五〕子曰　成化本無。

〔一三六〕無　成化本無，且「君子易事而難説章」目下載一條燾録，參成化本卷四十三「問君子易事而難説……故易説」條。

〔一三七〕子曰　成化本無。

〔一三八〕成化本此下有「問君子泰而不驕」。曰：「泰是從容自在底意思，驕便有私意數負他無，欺負他理會不得，是靠我這些子，皆驕之謂也。如漢高祖有箇麄底恭而不驕。他雖如此胡亂駡人之屬，却無許多私意。唐太宗好作聰明與人辯，便有驕底意思。燾。」其中「數」，朱本作「欺」。

〔一三九〕子曰　成化本無。

〔一四〇〕堅　成化本爲「堅强」。

〔一四一〕偲偲　成化本爲「怡怡」。

〔一四二〕説　成化本此上有「胡氏」。

〔一四三〕子曰　成化本無。

〔一四四〕子曰　成化本無。